三十捨墮（下）

比丘戒研究
·第五冊·

淨業編委會㊟

主編：賢威

副主編：賢幫、法教

編委：賢處、法馳、賢極、賢徹、賢虛、賢爽、賢唐、法額、法愚

推薦序

道偉法師

去年底，中國智者佛教文化研究中心在天台宗祖庭玉泉寺成立了。該中心的研究範圍主要以玉泉寺祖庭文化為依託，同時涵蓋整體佛教文化、中國傳統文化以及湖北宜昌地區文化的研究。中心計劃定期舉辦佛教學術研討交流活動和文化藝術活動，開展佛學講座，培養佛學研究人才，並陸續出版一些學術研究著作。簡言之，我們成立智者佛教文化研究中心的目的，就是想為佛教教育及佛學研究做點微薄的貢獻。

深入推進新時代佛教中國化，是目前中國佛教的重要課題和發展主線。對於玉泉寺來説，它在歷史上的出現及延續本就受惠於佛教中國化，畢竟作為漢傳佛教八大宗派之一的天台宗正是佛教中國化的代表性產物。天台宗祖智者大師在這裏貢獻了智慧，玉泉寺則見證了這一大事因緣，並由此塑造出獨特的祖庭文化。如今，新時代佛教中國化成為了佛教在當代中國契理契機傳承的必由之路，在「傳統佛教如何轉型為適應現代中國社會的現代佛教」這一課題的深入研討上，玉泉寺更有着義不容辭的責任和義務。因此，我們不僅僅想讓智者佛教文化研究中心成為玉泉寺學修體系的承載平台，同時也希望該中心以推進佛教中國化作為工作主線，為弘揚社會主義核心價值觀、踐行人間佛教思想，為實現中華民族偉大復興的中國夢貢獻應有的智慧和力量！

基於這樣的理想，智者佛教文化研究中心聚集了一些志同道合的專家學者，賢威、法教、法馳、法額、法愚等法師陸續加入進來，壯大了科研隊伍。

早在中心成立之前，賢威法師等人就已經着手編撰《比丘戒研究》，數年來聚螢積雪，如今功成，將要付梓，值得祝賀。中心的其他同仁也表示這是一部佳作，值得推廣，希望能幫助推進出版事宜。他們約我寫幾句話，實在不好推辭，然而我不曾深入研究戒律學，在此謹就本書的相關情況向讀者進行一下介紹。

戒律作為佛法修學的必備基礎，其重要性無須多言。但由於時空與文化的種種隔礙，能夠準確理解戒律之內涵並在新的境況下具體行持，實屬不易。其困難來自於，雖然歷史上祖師完成了戒律的中國化——南山律在古代中國指導了戒律行持，但新時代戒律中國化的研究卻寥寥無幾。因此，修行人面臨理論與實踐方面的重重困惑，尤其需要當代對戒律的深入研究，本書即是此方面的探索。

有價值的研究必須在之前的基礎上有更豐富的研究材料，以及採取更優良的研究方法。本書採用的研究材料，除了南山律採用的當時已經翻譯的四律五論，又增加了後續翻譯的《根有律》、《巴利律》。同時利用了梵巴藏律典文獻，並借鑒了古今中外重要的律學研究成果。得益於時代的發展，本書在研究材料方面比傳統的律學研究更具優勢。

本書採用的研究方法也頗具創意。賢威法師等在多年深入南山律的基礎上，整合了教界與學界的佛學研究方法，形成了方法論的「三觀」：用無常觀涵攝史學方法，用因緣觀涵攝各類社科方法，用圓融觀指導修行實踐。應該說，本書所採用的傳統和現代結合、信仰和學術互補的綜合性研究方法，在教內外對比丘戒全體作系統性研究的著作中並不多見。教內的比丘戒研究一般遵循傳統解毗尼的方法，研究成果也就很難超越傳統結論的邊界，由於彼此立場和方法的對立，與學界的溝通也受一定限制。而學界的研究，限於對「客觀真實」的單線訴求，只求解構分析而無實踐的意識和動力，也往往造成結論的局限又無關於實際修證。本書在方法論方面的探索，能夠優化教界與學界的溝通渠道，使其更有利於理解戒律的深刻內涵，有可能成為佛學研究的優良範例。

可以說，本書所做的戒律研究是新時代佛教中國化的勇敢探索。衷心希望這本書的出版能對戒律學修有所幫助，乃至於起到實踐指導作用。

衷心感謝香港信眾黃振強、曾紅荔伉儷的大力支持，讓本書得以順利出版。

玉泉寺方丈、中國智者佛教文化研究中心發起人

釋道偉

癸卯年農曆二月廿一

編序

賢威

2009 年，我們一批戒子在香港西方寺完成了三壇大戒的受戒儀軌，從形似沙彌成為具戒比丘。想到自己成為和舍利弗、目犍連一樣的比丘，內心無比歡喜，發願要好好持守戒律。

但緊接着，關於持戒的困惑接踵而來，每天都會擔心自己犯了戒，更擔心自己因為無知犯戒而不自知，甚至因看到南山律的個別文句而擔心自己是否得戒。理工科出身的自己總是喜歡鑽牛角尖，層出不窮地產生新的戒律問題，縈繞於心不能自拔。那段時間經常因這些困惑不斷去問師父，師父也不厭其煩地回答，總算度過了最迷茫的時期。

2012 年開始，師父指導僧團研究南山律，並在研究過程中整理南山律典籍的校釋。2013 年至 2015 年，筆者帶領一個十人小組負責《四分律含注戒本》、《四分律含注戒本疏》、《拾毗尼義鈔》的研究，獲得了很多對戒律的進一步理解，得知之前的很多問題來自對律學的無知與執著，但仍然對一些持戒問題困惑不已，尤其是發現不少戒律的要求很難在實際中落實。在研究過程中，我們一開始對南山律的觀點是完全接納，毋庸置疑。但通過溯源律典原文，我們發現南山律中的一些引文過於簡略會導致理解的偏差，甚至發現祖師也會對印度文化不熟悉而產生誤解，慢慢了解到南山律雖然達到了所在時代的律學頂峰，但也存在着時代的局限。而自己和同行的持戒經歷，使筆者發現所學的律學與時空因緣有不少脱節之處，造成許多持戒的困惑，甚至誘發焦慮與恐慌。很長時間後自己才反思到，死執南山律的文句，其實完全與祖師之意背道而馳。道宣律師在反覆學習律典並精進行持的基礎上，創造性地完成了適應當時因緣的南山律，是唐代佛教戒律研究的典範。而我們作為後來的學人，沒有效學祖師的研究精神，僅將其結論作為唯一標準，其實是思想與行為的懶惰，必然導致種種困惑與矛盾。蕅益大師的感歎「《隨機羯磨》出，而律學衰，如水添乳也」，更啟發自己產生了研究律典以解決疑問的願望。在這個時代，戒律相關的各種文獻資料比過去更容易得到，對戒律背後的層層緣起可以理解得更加深入，我們有機會站在祖師的肩膀上，更深刻地理解戒律的內涵，以達成順應當下因緣的戒律實踐。

在研究戒律期間，師父也多次組織弟子們去海內外的寺院參訪，讓我們了解到，不同僧團對戒律的不同理解和行持，帶給各個僧團不同的修行氣質。由此我們大大擴展了眼界，對很多問題不再執著要找到一個標準答案，而是思考不同做法背後的現實因緣。而諸位高僧大德的智慧開示，也啟發我們深入思考，萌發了解決戒律問題的決心和自信。而解決這些問題，僅依靠南山律是不夠的，必須研究更早期的律典，並採取優良的研究方法。

研究南山律的經歷讓我們理解了傳統義理研究方法的特點。而自出家始，師父就重視弟子佛教教理的學習，除了《法華經》、《大般涅槃經》等主要的幾部大乘經典，《俱舍論》、《大智度論》、《中論》、《瑜伽師地論》也是必讀論著。同時，師父一直要求弟子掌握現代佛學研究方法，邀請了專家學者指導我們的研究，並多次邀請社會科學相關的老師授課，指導弟子學習了文獻學、語言學、思想史、哲學史、佛教史、印度史、藏經學、宗教學、法律學、印度教派義理等等各方面的知識。這些積累都成為之後研究律典的基礎。

2016年在師父的指導下，常住組建了由筆者負責的律典研究小組。我們在研究南山律的基礎上，結合傳統和現代的研究方法，目的是指導實際的修持，解決持戒的困惑。半年時間的籌備，使我們了解古今中外對比丘戒的研究成果，結合之前修學戒律的經驗，確定了小組的研究方向。研究過程中，我們收集了各類部派律典以及戒律相關的文獻素材，為掌握研究方法學習了各類學科和相關語言，結合實際行持戒律的經驗，以及僧團中共住的經驗，通過多年的閉門專研，完成了這部《比丘戒研究》。

師父多年以來孜孜不倦的教誨和培養，大恩無言；龍泉寺常住法師們的關懷與慈悲，深恩難忘。謹以此書聊以報之！

由於是集體的研究工作，本書部分行文無法做到流暢自然。而梵語、藏語的學習是在我們研究過程中進行，不免會有失誤之處。相關結論限於知識不足，或許武斷。希望讀者能夠避開本書的不足之處，獲取所需。

除了編委會成員作為主要的研究人員，先後有多位法師參與此研究工作：賢崗、賢開、賢化、賢昌、賢擦、賢衛、賢漕、賢沖、賢海、賢山、賢蘇、賢崇、賢論、賢善、賢愧、賢承、賢潮、賢泛、賢屈、賢純、賢頒、賢懺、賢伴、賢奮、賢純、賢敏和賢恩等。法教和賢保兩位法師完成了本書文字的簡轉繁工作。

衷心感謝常住龍泉寺賢健法師的大力支持與指導，讓研究工作得以順利完成並出版。感謝禪興法師和賢然法師等諸位法師的大力支持，以及上海信眾陳亮兵、陳福琴伉儷的虔心護持，讓研究工作得以順利完成。

特別感謝天台祖庭玉泉寺、智者佛教文化研究中心道偉法師的全力推動，以及香港信眾黃振強、曾紅荔伉儷的大力支持，讓本書得以順利出版。

賢威

癸卯年農曆二月初八

前言

有志於深入研究律藏的人，現在面臨着很好的時代機遇：先有上世紀南山典籍的回歸，後有現代資訊流通和技術發展所帶來的種種便利。當代的出家人，有責任利用這些外部條件，來對比丘戒進行透徹的研究。本書即是這方面的一次嘗試和努力。撰寫本書的主要目的有二：一是深入比較諸部律典的同異；二是力求闡明和解決現代比丘戒律行持中的實際問題。前者的重點在於力求學術層面的精確性；後者則要求從戒律精神出發，將律學和實踐結合。

有了目標，接下來即要考慮研究宗旨和方法。對漢地律學的發展歷史和特點作一全景式的回顧，可以為此提供線索和指導。

一、漢傳佛教律學歷史的回顧

（一）初春——律典翻譯

佛教傳入漢地，兩百年間並沒有專門的律典被翻譯和引入。人們對戒律的認識，一方面來自對梵僧言行舉止的觀察，另一方面則是基於安世高、支樓迦讖等所譯佛經中包含的一些戒律思想，即「隨經律」。天竺沙門曇柯迦羅於曹魏嘉平年間抵達洛陽，看到的是這樣的情形：「於時魏境雖有佛法，而道風訛替，亦有眾僧未稟歸戒，正以剪落殊俗耳。」[1] 由於缺少完整的律本，僧眾只能依照模糊的戒律內容來規範行持，更沒有條件秉受大戒，僅僅以剃除鬚髮而在外相上和俗人相區別。

因曇柯迦羅能誦「大小乘經及諸部毗尼」，僧眾遂祈請他翻譯律典。然而曇柯迦羅認為：「律部曲制，文言繁廣。佛教未昌，必不承用。」[2] 所以當時並沒有翻譯廣律，只是於嘉平二年（250）在洛陽白馬寺譯出《僧祇戒心》一卷。正元年間（254–256），擅精律學的安息國沙門曇帝來到漢地，譯出《曇無德羯磨》一卷。《僧祇戒心》與《曇無德羯磨》的譯出，標誌着中國佛教的戒律典籍實現了從無到有的蛻變。漢地僧眾的戒律行持有了最基本的依據，這為即將到來的律學春天播下了種子。不久，曇柯迦羅上書乞行受戒法，並在洛陽舉辦戒會。朱士行因此成為了漢地第一位受比丘戒的出家人，被後世譽為「受戒之始」[3]。

隨着佛法的傳播，到東晉時期，出家人數日盛。此時戒法初具，但並不完備，遠遠不能滿足出家僧尼的實際需要。同時，外部的持戒環境與僧侶的持戒意識也不理想。當時以道安大師為代表的諸位佛教志士，都認識到律典

1 《高僧傳》卷 1，《大正藏》50 冊，324 頁下欄。

2 《高僧傳》卷 1，《大正藏》50 冊，325 頁上欄。

3 《佛祖統紀》卷 35，《大正藏》49 冊，332 頁上欄。

的完備對於解決僧團管理與個人持戒等問題的必要性。道安大師對於廣律有着強烈的渴求，他曾嘆道：「云有《五百戒》，不知何以不至，此乃最急。四部不具，於大化有所闕。《般若經》乃以善男子、善女人為教首。而戒，立行之本，百行之始，猶樹之有根。常以為深恨。」[1] 大師曾派弟子到天竺求取律典，但當時的律典只在部分律師群體之間口耳相傳，外國沙門對律典的外傳也非常謹慎，因此求取律典殊為不易。後來，大師得知罽賓國律師耶舍可以背誦《鼻奈耶》，即令「佛提梵書，佛念為譯，曇景筆受」[2]，於前秦建元十九年譯出《鼻奈耶》。《鼻奈耶》雖算不上是一部完整的廣律，但解決了道安大師的許多疑惑，道安大師因此感歎：「於此秦邦，三藏具焉。」[3]

因緣匯聚，經由天竺、西域與漢地諸位高僧大德的持續努力，四部完整的廣律——《十誦律》、《四分律》、《僧祇律》和《五分律》終於在二十年之內（404–424）相繼傳入漢地，並被完整地翻譯出來。首先譯出的是説一切有部的《十誦律》，其翻譯過程可謂一波三折，歷經十年（404–413）才完全譯出。姚秦弘始十二年（410），佛陀耶舍於長安譯場誦出法藏部《四分律》的梵文，涼州沙門竺佛念譯為秦言，道含筆受，於弘始十四年（412）譯出。最初譯出的《四分律》為四十五卷，後開為六十卷。早在東晉隆安三年（399），因「慨律藏殘缺」，法顯大師就踏上了西行求律之旅，並抄得大眾部《僧祇律》與彌沙塞部《五分律》兩部廣律回國。後於義熙十二年至十四年（416–418），大師與天竺沙門佛馱跋陀羅在建業[4]道場寺翻譯出《僧祇律》。遺憾的是，大師未能等到《五分律》譯出便已遷化，然其「令戒律流通漢地」的夙願最終實現。宋景平元年（423），《五分律》由「專精律品兼達禪要」的罽賓國三藏佛陀什與于闐沙門智勝譯出，道生、慧嚴等筆受。另外，到南北朝時期，律學論著《毗尼母經》、《薩婆多論》、《摩得勒伽論》、《善見論》、

1 《出三藏記集》卷 9，《大正藏》55 冊，62 頁下欄。

2 《鼻奈耶》卷 1，《大正藏》24 冊，851 頁上欄。

3 《鼻奈耶》卷 1，《大正藏》24 冊，851 頁上欄。

4 建業：今南京。

《律明了論》也紛紛被翻譯引入。至此，作為漢地律學基本典籍的「四律五論」得以完備。

「四律」的譯就使得漢地僧眾有律可習，有法可依，神州大地上湧現出了一批批律學人才。從律學的發展歷史來看，當時「律本流行，隨方不同。關內《僧祇》，江左《十誦》，《四分》一律，由在藏中」[1]。作為第一部翻譯的廣律，《十誦律》經由卑摩羅叉在江陵的講解，再加上慧觀整理其講義傳行於建康[2]，在南方得到了廣泛的學習和弘揚。在北方，最初得到弘傳的是《僧祇律》。之後法聰律師考證自己的戒體是依法藏部羯磨而來，故以「受隨一致」為由，專弘《四分律》。法聰律師也因此被後世稱為「初開律師」。慧光律師（469–538）著《四分律疏》，開創了注解《四分律》的先河，並對當時流傳的《戒本》、《羯磨》作了修訂。慧光律師弘揚《四分律》的活動對僧眾有很大的影響力，有力地促進了《四分律》在北方的發展。

佛法初傳漢地的四百年內，律學發展面臨的最大困難便是典籍不足。律典是律學發展的基礎，沒有完備的律學典籍，僧人行持便缺乏依據，律學研究也會受到限制。面對這一根本性困境，歷代高僧大德積極應對，或前往天竺求取律典，或組織譯經團隊翻譯典籍。從最初只能從「隨經律」中窺探戒律，到第一部廣律《鼻奈耶》譯出，再到南北朝時期「四律五論」得以完備，律學研究也逐步深入，為後世律學的繁榮和律宗的建立奠定了基礎。

另外，由於同時傳入了多部律典，諸部又存在固有的差異與部執，漢地僧眾對律典的實際行持需要進一步調適。諸部律典的會通、融合，將在隋唐時期進一步展開。

（二）盛夏——律宗建立

隋唐兩朝是中國佛教發展的繁盛時期，在律學研究方面也獲得了空前的

1 《四分律搜玄錄》卷 2，《卍續藏》41 冊，865 頁上欄。

2 建康：今南京。

進步，南山律宗的建立更是標誌着中國律學的發展達到了高峰。

當時「四律五論」雖已完備，但僧人在如何持戒方面仍有諸多困境：「傳度歸戒多迷體相。五部混而未分，二見紛其交雜。海內受戒，並誦法正之文。至於行護隨相，多委師資相襲。緩急任其去取，輕重互而裁斷。」[1] 僧眾對五部律的持犯理解多有混淆，並無明確標準。面對這一問題，智首律師（567–635）撰《五部區分鈔》辨析諸部同異，又著《四分律疏》二十卷會通諸律。智首律師以《四分律》為主同時融合他部律的戒律思想和研究方法，後來也為道宣律師所繼承。

法礪律師（569–635）由於常居相州[2]，因此其所創律學被稱為「相部宗」。法礪律師撰寫的《四分律疏》主要依《成實論》的思想解釋《四分律》。此疏因有十卷而被稱為「中疏」，並與慧光的「略疏」、智首的「廣疏」，統稱為「三要疏」。法礪律師的弟子定賓、曇一分別著有《四分律疏飾宗義記》與《發正義記》，用以發揚、捍衛本宗的宗義。之後，其門徒中不再有重要的著作問世。一直到北宋初期，相部律在吳越一帶仍然延續，之後逐漸消融於南山宗。

道宣律師（596–667）因曾長期隱居住長安附近的終南山，所創學派得名「南山宗」。他在律學方面主要受到智首律師的影響，於其門下學習了六年。因有感於當時的律學「準事行用，浩汗難分，學者但可望崖尋途，未通鑽仰」[3]，於626年初撰《行事鈔》，完成後到關外參學，也曾拜見過法礪律師，之後又對《行事鈔》作了修訂。《行事鈔》的完成標誌着南山律思想體系基本形成，並與《戒本疏》、《羯磨疏》合稱為「南山三大部」，加上《拾毗尼義鈔》和《比丘尼鈔》，合稱為「南山五大部」。除此之外，道宣律師還為規範僧眾的法服與儀禮作法創作《釋門章服儀》與《釋門歸敬儀》，為區分五眾物而著述《量處輕重儀》，為新學比丘撰寫《教誡新學比丘行護律儀》，為比丘如法受戒撰寫《關中創立戒壇圖經》等等。這些著作不僅使整個南山律學成為一

---

1 《續高僧傳》卷22，《大正藏》50冊，614頁中欄。

2 相州：鄴都，今河南安陽。

3 《量處輕重儀》卷1，《大正藏》45冊，839頁下欄。

個完備的思想理論體系，而且還將戒律理論與比丘的日常實踐相融合。道宣律師繼承了慧光律師《四分律》分通大乘的思想，並提出「五義分通」，從理論上進一步證明此觀點。他還借用古唯識的思想來詮釋戒體，令戒學大乘化的特色更為明顯。南山律思想因此更加契合漢地宗依大乘的價值取向，對於後世漢地僧人持好比丘戒產生了莫大的作用。

懷素律師（624–697），早年隨玄奘大師出家，思想上曾受玄奘大師新譯經典的影響，後隨法礪律師的弟子道成學律。懷素律師在研讀法礪律師《四分律疏》、道宣律師《行事鈔》之後，感「古人義章未能盡善」，所以撰寫《四分律開宗記》，並遵從説一切有部的宗義，廣引《俱舍論》和《大毗婆沙論》。由於與法礪律師的「舊疏」有明顯的傳承關係，故《四分律開宗記》也被稱為「新疏」。因懷素律師曾居於長安崇福寺東塔，所以其所創律學被稱作「東塔宗」。作為唐代律學三家中最晚成立的一支，東塔宗雖然在當時有較大影響，但後來並不興盛，著作也不豐富。此宗至北宋初年尚有活動，其後不傳。

通過幾代律師的探索和積澱，再加上當時文化的兼容並包以及君王對佛教寬容乃至扶持的態度，佛教義學得以空前發展。隋唐四分律學的人才積累、研究能力均具備了深厚基礎，形成了以《四分律》為中心的律學宗派。四分律宗在內部又形成三足鼎立的態勢——「律有三宗，礪、素、宣是歟」[1]，即法礪律師開創的相部宗、懷素律師的東塔宗以及道宣律師的南山宗。

唐代除四分律學的主流學派之外，還有一迥異的支流值得留意，即義淨三藏（635–713）翻譯和倡導的根本説一切有部。義淨三藏不滿於當時「諸部互牽」、「章鈔繁雜」的律學現狀，西行天竺，留學求法，取回根本説一切有部的律典，組織譯場翻譯並加以弘揚。《根有律》是傳入漢地的幾部律典中內容比較豐富的一部，極大地擴充了中國佛教戒律典籍的內容。義淨三藏根據自己的觀察，提出了專宗有部戒律行持回歸印度傳統等主張，其律學思想獨具特色。但是當時四分為主、他部補充的律學主流已經形成，律學的本土化

1 《宋高僧傳》卷 16，《大正藏》50 冊，811 頁上欄。

也是歷史發展的大勢所趨，故義淨三藏所翻譯的有部律及其戒律主張在後世律學的發展過程中並未得到發揚而趨於沉默。

隨着對外文化交流的日漸頻繁，漢地律學逐漸傳入朝鮮半島、日本等地。新羅的慈藏律師自唐回國後，創立戒壇，整頓律制，著述《四分律羯磨私記》、《十誦律木叉記》等書，講解《菩薩戒本》，被奉為新羅戒律之祖。唐代鑒真大師（688–763）赴日本傳戒，開創日本律宗。他早年不僅師從南山宗的律師學習過道宣律師的著作，也跟隨相部宗律師學習了法礪律師的著述，赴日前已有「江淮之間，獨為化主」的盛名，並且法嗣廣布。大師從 743 年開始先後六次東渡，於 753 年以六十六歲的高齡抵達日本，受到天皇的禮遇，隨後建立戒壇，正式傳戒，講演律學。

要而言之，進入隋唐時期，律學發展有了完備的典籍作為基礎，僧人可以依照「四律五論」規範個人行持，僧團管理也有了更加明確的依據和參考。然而，擺在當時僧人和律學研究者面前的是如何將「四律五論」和漢地僧人的修行作更好的結合，如抉擇一部律還是多部律，多部律之間如何會通等問題。因此，進入這一時期，律學發展的困境已經從典籍不足轉變為理論不足。律學研究者所致力的工作不再是引入律典和組織翻譯，而是如何深化理論，解決實際問題。在此驅動力下，智首、法礪、道宣、懷素等諸多律師作出了很多努力。他們或提出諸部會通的思想與方法，或為《四分律》注疏開演。其中，最值得一提的是道宣律師。他開創了南山宗，使得以戒律為主體的宗派在漢地佔有一席之地。作為一個宗派，南山律宗有着獨特的修行法門和完整的教理行果修證次第，令漢地僧眾認識到，戒律不僅是定慧之基，更是成就法身佛的正因。

（三）深秋——中興和衰落

唐代會昌法難以及隨後的五代十國之亂，對北方佛教打擊甚重，致使典籍散失，僧侶逃遁，昔日佛教的鼎盛一去不返。南方由於戰亂較少，政治寬鬆安定，律學中心由北向南加速轉移，至北宋時形成定局。宋代的律宗已是南山律一門獨大：「天下言行事者，以南山為司南矣。」[1] 這一時期，律師研習的重點已不再是《四分律》，而是直接注疏《行事鈔》。唐代以來，對《行事鈔》注疏者傳有六十二家之多，這樣的研習規模，漢地本土僧侶撰寫的其他律學典籍無出其右。一方面表明《行事鈔》內容完善，另一方面，意味着律學趨向因循，預示着衰落的必然。不過，經歷唐末五代的短暫低迷之後，北宋律宗學人依然能夠研習律學，並融會各宗，以元照律師（1048–1116）為代表的一批南山律學的中興力量逐漸湧現出來。

元照律師早年研習天台教觀，所以兼得天台的傳承。道宣律師借《法華經》將圓教思想引入南山律學，元照律師則依天台的教義，把圓教的思想融合得更為徹底，闡發得愈加通透。元照律師觀察到當時諸家對《行事鈔》的注疏解釋多有偏差：「理致淵奧，討論者鮮得其門；事類森羅，駕說者或容遺謬。」[2] 再加上「正法下衰，人情鄙薄」[3]，為改善律學研究和僧人道風，元照律師於是撰寫《資持記》以注釋《行事鈔》，又撰寫《行宗記》、《濟緣記》分別注釋《戒本疏》、《羯磨疏》。「南山五大部」從而擴增為「南山八大部」。除了著書之外，元照律師還不遺餘力地建造戒壇，傳戒宣講，使得南山律再次得以興盛，法脈一直延續至南宋。

伴隨着天台宗的流行，元照之後的律師也多研習天台教觀，以至於對律學的認識和理解都發生了變化。例如南宋守一律師在《終南家業》開卷便有「吾祖弘律，以妙觀為本」[4] 之言。又如留學南宋的日僧俊芿（1166–1227），在《律宗問答》的發問中，已不再涉及傳統律學戒相罪行分判的問題。從中可以看出，律宗內部關注的重點漸有脫離「戒學」本位的傾向。另外，宋代禪淨流行，崇尚實修之風濃厚。比如，元照律師在個人的修持上以淨土為歸，自稱「生弘律範，死歸安養，平生所得，唯二法門」[5]，是「淨律雙修」的典範。

---

1 《宋高僧傳》卷 16，《大正藏》50 冊，812 頁上欄。

2 《四分律行事鈔資持記校釋》，8 頁。

3 《芝園集》卷 2，《卍續藏》59 冊，662 頁下欄。

4 《終南家業》卷 1，《卍續藏》59 冊，717 頁下欄。

5 《佛祖統紀》卷 29，《大正藏》49 冊，297 頁下欄。

後代律師在修持上則由兼修淨土轉向以淨土為主。因此，在宋朝宗派融合的背景下，律宗在理論以及實踐上逐漸式微，宗派主體性面臨着難以為繼的窘境。

早期禪僧都是附居於律寺別院，「至曹溪已來，多居律寺」[1]。唐代百丈懷海禪師在獨居百丈山之後，「始立天下叢林規式，謂之清規」[2]。清規作為禪宗獨創的僧團管理制度，一方面沿襲大小乘戒律的思想和規範，另一方面結合漢地的倫理道德，並和當時的社會環境相適應。禪宗具有隱居山林、農禪並舉的作風，因此受到法難、戰亂衝擊的程度較輕，加之簡練深邃、講求實行的特點，之後逐漸成為漢地最為繁盛的一宗，受到上至王公將相，下至平民百姓的追捧。相形之下，律宗受到冷落，以至宋代逐漸出現了律寺改為禪院的情況。這些因素加劇了律宗在宋代的衰落。

元代朝廷雖對佛教持親和態度，但是經過多年戰亂，宋元年間南山典籍散佚，漢地律學傳承遭到破壞。元代僧人戒行鬆弛，文化水平整體較低，缺乏專研律學的律師，因此並無重要的律學著述出現。在禪淨興盛的背景下，律學重要性進一步低落，戒律主要由其他宗派的僧人延續，律宗宗派主體性趨於消失。與此對比，元代叢林清規興盛，逐漸取代南山律著對僧團行事的指導作用。其中《敕修百丈清規》因官方推行而天下叢林皆遵從，對後世有較大影響。而省悟律師的《律苑事規》結合了戒律行事和禪宗清規，是南山後人在當時環境下試圖傳承南山律著的一種努力。

整體來看，宋元年間的律學發展面臨多方面的壓力。首先是理論困境。自道宣律師已降，雖有多達六十二家為《行事鈔》作疏釋義，然而後代律師的注解漸漸偏於理論詮釋，遠離了道宣律師「以行事為中心」的初衷，弱化了指導僧人實際行持的作用。元照律師觀察到此類問題，為重振南山宗風，回歸道宣律師本意，「仰承行事之旨」，撰述靈芝三記，中興律學。其次是僧人的行持方向。淨土宗、禪宗的興盛使得當時的僧人更加注重禪、淨的修

1　《（重雕補註）禪苑清規》卷 10，《卍續藏》63 冊，550 頁上欄。

2　《釋門正統》卷 4，《卍續藏》75 冊，312 頁中欄。

持，戒律僅作為三學之基。律宗在此過程中逐漸隱沒於他宗之中，漢地本土的清規則愈漸興盛。再次是外部壓力。政府和禪師主導的「革律為禪」，也使律宗寺院減少，研律氛圍變淡。因此，宋元期間的律學，一方面有元照律師等人的中興之舉，另一方面在多方壓力作用下開始走向衰落。

(四) 嚴冬——困境中的應對

明清時期，漢地律學在傳承不明、佛教整體衰落的緣起下迎難前進。明代律學遭遇三次戒壇封禁的低谷，後經諸多律師圓融應對，實現了短暫復興。清代廢除試經和度牒制度，降低了出家門檻，再加上經懺佛事的盛行，僧人行持難以保障，研律之風寡淡，律宗徹底進入寒冬。

明代期間革律為教，導致律學進一步衰落。明中後期鬻牒度僧氾濫，試經制度廢棄，由此僧尼素質低下，戒律廢弛。至嘉靖時期，皇帝崇道抑佛、寺院亂傳戒律等種種內外因素交織，最終導致戒壇三次封禁。第一次（1526 年）和第二次（1546 年），封禁範圍限於北京。而第三次封禁（1566 年）的範圍擴展至全國寺院，封禁時間長達四十八年，造成佛教界數十年未開壇傳戒的局面，對戒律傳承造成重大打擊。

面對戒壇封禁的無常，雲棲蓮池、古心如馨等諸位大德積極應對，為律宗的寒冬尋找溫暖，最終促成了律宗及「萬曆佛教」（1573−1620）的短暫復興。

蓮池大師一方面主動配合官方政策，遵守法令，內斂變通，隨緣創造出一套求戒、受戒新模式——「佛像前受戒」[1]。另一方面整頓戒律，將戒律的學修和持守融入清規，制定出《雲棲共住規約》。書中的求戒式、受戒式、學戒式、誦戒儀和律堂等規約[2]，體現了禪宗叢林的戒律實踐。在蓮池大師及其住持的雲棲寺影響下，一批律學研究者與律學著作湧現。蓮池大師所著《戒疏

1 《雲棲法彙》卷 22，《嘉興藏》33 冊，171 頁下欄。
2 《雲棲法彙》卷 22，《嘉興藏》33 冊，171 頁下欄。

發隱》、《沙彌律儀要略》、《沙彌沙彌尼戒錄要》、《具戒便蒙》等成果乃是大師統籌考慮戒律、清規、時代緣起及出家人根器而作，契理契機，填補了當時教界的空缺。蓮池大師的努力彌補了當時律學傳承的缺失。

在蓮池大師等祖師的應對與帶動下，更多僧人深入律藏，使律學不斷向前發展。蕅益、法藏、元賢和弘贊等諸師對律學有進一步思考和研究，其律學成果主要包括：法藏禪師調和禪律而落實於受戒、傳戒儀軌的《弘戒法儀》，元賢禪師的《四分戒本約義》和以羯磨法為研究重點的《律學發軔》，以及弘贊禪師的《四分戒本如釋》、《四分律名義標釋》、《沙彌律儀要略增註》等多部律學著作。

律學義理上，蕅益大師提出五戒、十戒、比丘戒和菩薩戒都要同等重視，同等持守，「四級重樓，級級皆圓頓境，八萬細行，行行與法界周」。[1] 蕅益大師將戒律與禪淨會通，著有律學成果《重治毗尼事義集要》和《閱藏知津》。

如馨一系的探索則系統而持續。如馨律師發心重振戒律，於五台山獲文殊菩薩授記而得戒。萬曆四十一年（1613），神宗皇帝詔請其赴五台山傳戒、講律，至此戒壇禁令終於解除。如馨律師將戒法傳於三昧寂光後，漢地戒律才真正回歸到傳統的南山法脈上。寂光律師將剛恢復的傳戒活動繼續發揚光大，大振律學，創建律宗道場寶華山千華派，並培養了大批律學人才。

見月讀體律師（1601–1679）繼承寂光律師衣鉢，大力推進規範傳戒，所著的《三壇傳戒正範》成為後世傳戒準則，影響深遠。福聚律師（1686–1765）推動了寶華山律學著作收入《乾隆大藏經》。這一輪律學發展到康熙年間達到頂峰，後又逐漸沒落。乾隆年間廢除試僧和度牒制度，僧人質素難以保證，戒律廢弛。

清末，持續十幾年之久的太平天國運動給佛教帶來了致命的摧殘，其所到之處「無廟不焚，無像不毀」，無數的寺院、佛塔、經書、典籍被毀。晚

---

1 《重治毗尼事義集要》卷 1，《卍續藏》40 冊，344 頁下欄。

清、民國時期兩次大規模「廟產興學」運動，導致大量寺產被侵吞佔用，使佛教的命運遭遇重大危機。由於國勢衰微、內外交困，佛教積弊叢生，到了清末民國期間，漢地大部分僧團的戒律已經廢弛。

總之，明清期間，律學發展走入低谷，其原因主要來自外部。政府下令鬻牒度僧，廢除試經制度，使得出家眾良莠不齊，僧人行持難以保障，引發社會譏嫌；三次封禁戒壇，更是給律學的傳承、僧種的延續造成極大的打擊；太平天國運動、「廟產興學」運動等都為佛教的發展帶來了阻礙。面對這些困境，幸有蓮池大師、如馨律師兩系積極應對，努力變通，延續了律學的命脈，並為近現代律學的復興奠定了基礎。

(五) 復興——近現代之努力

春夏秋冬又一春，律學的發展在經歷寒冬的考驗後，又迎來了春天。近代中國在恢復漢地律學方面進行了諸多探索與努力，主要有以下幾個方面：以弘一律師為代表的對南山律學的堅守與弘傳、以太虛大師為代表的佛教僧伽制度改革、虛雲大師在禪林對戒律精神的重振，以及印光大師對戒律精神與儒家倫理所作的融合。近代的漢地律學雖然面臨着很多挑戰，但也充滿了機遇，這些高僧大德的努力為現代律學發展奠定了基礎。

宋元年間，大部分南山典籍雖然在漢地散佚，但在日本一直流傳下來。近代徐蔚如居士將南山律典從日本請回，並創立刻經處付梓流通，使得深入律學研究有了文本典籍的基礎。

被後人尊為「律宗十一祖」的弘一律師（1880–1942），出家後接觸蕅益大師和見月律師的著作，發心學律。弘一律師早年重視有部律，曾引義淨三藏的說法來糾正南山律，後自悟有「輕謗古德」之過，又逐漸認識到「南山一派，尤深契此土機宜」，並經徐蔚如居士勸請，於 1931 年在佛前發願棄捨有部專學南山。弘一律師傾全力於南山典籍的整理、研究、教學、弘揚。他從多方收集古刻本精審點校，對律典進行表釋、科判、略釋、集釋等整理和簡化工作。經過整理後的南山律典版本精良、注釋完善、有條理、易學習，為人們學習南山律典提供了極大方便，對南山律學的復興起到了至關重要的作用。同時，弘一律師編纂《戒相表記》、《扶桑集釋》等律著，並廣開講筵，創建「南山律學苑」，講述南山律學著作，培育律學僧才。弘一律師還為在家信眾編成《南山律在家備覽》，闡揚南山宗義。弘一律師對律宗的復興、對近代中國佛教的提振，居功至偉。他以自己的言傳身教，實現了「誓捨身命，弘護南山四分律教久住神州」之夙願。

太虛大師（1889–1947）是中國近代著名的佛教改革者，他重視以南山律學規範佛教僧團，並對此提出了改革和重建計劃。大師在重視戒律持守的同時，強調對律學進行與時代相應的研習。大師在 1915 年撰寫完成的《整理僧伽制度論》中，提出了改良佛教律制建設的諸多構想，包括出家資格、出家流程、受戒流程和懺悔還淨等。大師在律典、祖師著作的基礎之上，結合近代中國的時代因緣，提出了很多改革辦法。雖然在當時這些舉措未能實現，但卻為今天的律制建設和律學研究提供了寶貴的參考。

虛雲大師（1840–1959）看到當時佛教衰敗的原因之一是傳戒不如法：「佛法之敗，敗於傳戒不如法。若傳戒如法，僧尼又嚴守戒律，則佛教不致如今日之衰敗。」他致力於規範傳戒，比如在鼓山湧泉寺將戒期由原來的八天改成三十天，加強戒期教育，廢止寄戒、不剃髮搭衣等不良風氣。虛雲大師還對僧制進行改良，並開辦戒律學院。

圓拙法師（1909–1997）曾經跟隨弘一大師學習南山律。圓拙法師介紹妙因法師，後者抄錄《四分律行事鈔資持記通釋》、《鈔記濟覽》二書，完成弘一律師遺作《四分律行事鈔資持記扶桑集釋》。在宗教政策恢復後，圓拙法師不遺餘力地推動傳戒工作，主張並推動按照律制三人一壇受戒以及二部僧傳戒。圓拙法師還在廣化寺組織五比丘專研南山律典，培養律學人才，其中的演蓮法師、界詮法師、濟群法師至今仍是弘揚南山律的中流砥柱。現在漢地律學研學較好的寺廟，很多和圓拙法師有一定淵源。

近幾年，龍泉寺在律學研究等方面進行了一些探索。弘一律師校勘南山律時，由於條件所限只利用了有限的敦煌寫本。龍泉寺在已出版的南山律典校釋系列中，最大限度地彌補了這一缺憾，採用了全面的敦煌寫本，以及日本、美國所藏的各種宋刊本、古刻本、寫本一切經等。在本書中，我們一方面力求對比丘戒作系統、全面的對比分析，另一方面也嘗試在新時代背景下重新審視比丘戒的行持問題。

二、漢傳佛教律學的特點

上文簡要回顧了比丘戒在漢地傳入、發展、興盛、衰落而又復興的歷史脈絡，從中可以看到漢地律學的一些特點。

（一）四分為主，博採他部

在三大語系佛教中，藏傳佛教和南傳佛教的戒律傳承都是專宗一部，而漢傳佛教大部分時間以四分為主，兼容他部。雖然也有義淨三藏主張專宗一部，但是主流的做法還是諸部會通。漢傳佛教這種多律型的特點是由歷史和現實需要等多重因素形成的。

首先，在短短二十年內，幾部廣律被相繼引入和翻譯，律師們都進行了研習，其中不乏博通多部之人。多部並習的情況，自然會產生會通的需求。四分律師中，法礪律師主張綜合諸部觀點，智首律師遍學五部而不局四分一宗之見，這些律師都具有融合諸部的思想。道宣律師曾經在《行事鈔》中列舉了之前四分律師們的六種做法：「一、唯執《四分》一部，不用外宗。二、當部缺文，取外引用。三、當宗有義，文非明了。四、此部文義具明，而是異宗所廢。五、兼取五藏，通會律宗。六、終窮所歸，大乘至極。」《行事鈔》主要採取第三、第六兩種觀點，即在大乘思想的基礎上，以《四分律》為宗，同時「餘亦參取，得失隨機」，必要的時候也會採用他部。[1]

會通諸部的思想基礎，也來自律師對於諸律同源的認識。漢地律師面對幾部廣律的態度與印度律師有所不同。漢地律師並無律典的宗派觀念，而是將幾部廣律視作一個整體來看待。如《行事鈔》：「統明律藏，本實一文，但為機悟不同，致令諸計岳立。所以隨其樂欲，成立己宗。競采大眾之文，用

1　《四分律刪繁補闕行事鈔校釋》，宗教文化出版社，2015 年 9 月，35 頁至 36 頁。

集一家之典。」[1] 既然同出一源，只是因為後世根機不同而產生差異，那麼自然可以通過綜合諸部來還原和把握律學原始統一的面貌。這是歷代律師對四律五論進行會通的原動力之一。

會通諸部的做法，還受到現實需要的驅動。諸律之間的差異，多是部派佛教為應對不同外部環境所作出的不同取捨，是律師們有意識的選擇，故可以說，部派律典是不同的律學實踐經驗的總集。中國漢地的地理、人文環境和印度差異很大，單靠一部廣律來指導所有的行持實踐是有困難的，因此會通諸部成了後世律學很自然的選擇。

總之，漢地律學「四分為主，博採他部」的抉擇，一方面可以弱化部派色彩，更好地把握佛陀的制戒精神，回歸佛陀本懷；另一方面可以靈活應對實踐中的各種情況，既增加了更多的參考點，又能夠在取捨過程中作出更加符合緣起的抉擇。

（二）比丘戒和菩薩戒並行

中國是大乘佛教流布的地區，菩薩戒和比丘戒約在同一時期傳入漢地。兩晉南北朝時期是菩薩戒經典集中翻譯的階段，鳩摩羅什譯出《梵網經盧舍那佛說菩薩心地戒品》，曇無讖譯出《菩薩地持經》、《菩薩戒本》、《優婆塞戒經》，竺佛念譯出《菩薩瓔珞本業經》。唐貞觀年間，玄奘大師譯《瑜伽師地論》，標誌着中國菩薩戒經典的翻譯趨於完整。

菩薩戒不僅出家僧尼受習，隨着佛教的昌盛也融入到整個社會生活之中，上至帝王、士大夫階層，下至尋常百姓都受持奉行。兩個主要的菩薩戒系統中，梵網菩薩戒的內容與漢地的孝道精神相契合，並經天台、華嚴兩宗高僧的弘揚，成為漢地菩薩戒的主流；瑜伽菩薩戒次第明晰，戒條內容和比丘戒互補性強，也利於漢藏佛教間的互通和交流，在近代得到太虛大師等的

1 《四分律刪繁補闕行事鈔校釋》，31 頁。

重視。

大乘佛法的開展，菩薩戒和比丘戒並行，一方面秉持大乘教理，另一方面按照聲聞戒律行持，這兩者如何結合一直是漢地佛教面臨的問題。在漢地，要推行比丘戒就必須融會大小乘，故歷代律師多致力於研究兩者的會通——在大乘思想的背景下來闡述和完善比丘戒的律學體系。在戒相判斷上，比丘戒重行而菩薩戒重心，故道宣律師以《四分律》傾向按心判罪等理由而判其分通大乘。道宣律師又依唯識思想建立南山律戒體理論，並提倡三聚淨戒而將比丘戒納於攝律儀戒。元照律師以天台圓教進一步發展南山律戒體理論，將菩薩戒納入南山律學體系。南山律以大乘思想融會比丘戒，這是其取得後世律學主流地位的重要原因。

實踐方面，大乘思想及菩薩戒對漢地比丘律學也產生了深刻的影響。後世三壇大戒的傳戒形式，是漢地比丘戒和菩薩戒並重和融合互補的集中體現。南山律的懺罪之法包含了大乘內涵的化懺，即在比丘戒原有懺罪方法的基礎上作了擴充。六祖慧能提出「無相戒」，深刻地影響了漢地出家眾的戒律觀。比丘戒律允許食用魚肉，而漢地僧眾素食的傳統則是受大乘思想和菩薩戒影響。

(三)戒律和僧制雙軌並行

佛教傳入漢地不久便出現了僧制。漢傳佛教的僧制起始於道安大師創立的「三例」，其內容包括講經、行香、六時共修、布薩、懺悔等多方面的軌則。當時僧團日益擴大，而諸部廣律尚未被翻譯進來，僧團管理與僧人行持對戒律的需求無法被滿足，道安大師便制定僧制管理僧團，規範僧人行持，統領大眾修行。

此後，「僧制」在漢傳佛教的發展歷史中從未中斷，至唐朝百丈懷海禪師時演變為「清規」。「叢林清規」最早出現在唐朝的禪宗叢林，後逐漸擴展至各宗派。其最初的內容包括僧團管理架構、普請法等制度，後逐漸增加禪門規矩、執事職責、佛事活動等多個方面。清規最能反映漢地僧團的僧制特色，經不斷發展、完善，一直沿用至今。

僧制是戒律精神在漢地僧團本土化的體現。《五分律》記載：「雖是我所制，而於餘方不以為清淨者，皆不應用；雖非我所制，而於餘方必應行者，皆不得不行。」[1] 佛法的覺悟精神是一味的，但不同的弘化地區面臨着不同的環境與問題。漢地和古印度環境的不同，給佛法住世和僧人修行方式帶來了不同的影響。漢地僧團的僧制便是在「餘方」國土對戒律最好的補充與開演，與戒律雙軌並行。

首先，僧制非常注重對戒律精神的把握和持戒環境的營造。如宋代《禪苑清規》：「參禪問道，戒律為先……受戒之後常應守護，寧有法死，不無法生。」[2] 警策僧眾在參禪之前先打好持戒的基礎，應如守護生命般守護戒體。又如《教苑清規》：「香錢、油錢不得互用，亦任施主隨心喜捨，切勿苦覓，令生厭心。」[3] 這裏則要求僧眾嚴謹遵守「三寶物不得互用」的盜戒。

其次，僧制對戒律的落實起到補充與細化作用。如宋代《入眾日用》涉及睡眠、飲食、衣鉢等威儀方面的內容，是對律典中相關規定的補充。以鉢為例，《四分律》中用鉢威儀的規定有如下幾條：「平鉢受食，應當學。平鉢受羹，應當學……不得挑鉢中而食，應當學……不得視比坐鉢中食，應當學。當繫鉢想食，應當學。」[4]《入眾日用》進一步細化為：「先展鉢單，仰左手，取鉢安單上。以兩手頭指拼取鐼子，從小次第展之，不得敲磕作聲，仍護第四指第五指為觸指，不得用鉢，拭摺令小，並匙箸袋，近身橫放。入則先匙，出則先箸……兩手捧鉢受食，想念偈云：『若受食時，當願眾生，禪悅為食，法喜充滿。』」[5] 可見，《入眾日用》對於用鉢過堂的規定更加詳細，並且結合了漢地使用湯匙的特點，這些細緻的規定和條文可令僧眾在過堂用鉢時保持正念，努力用功。

---

1 《五分律》卷 22，《大正藏》22 冊，153 頁上欄。

2 《（重雕補註）禪苑清規》卷 1，《卍續藏》63 冊，523 頁上欄至中欄。

3 《增修教苑清規》卷 1，《卍續藏》57 冊，315 頁下欄。

4 《四分律比丘戒本》，《大正藏》22 冊，1021 頁上欄至中欄。

5 《入眾日用》，《卍續藏》63 冊，557 頁上欄。

再次，僧制體現了戒律在漢地的變通。以普請法為例，普請法是叢林的集體勞作制度。由於古印度盛行乞食制度，僧人無須從事勞作，而漢地的風俗則難以接受乞食行為。百丈山在當時又恰好處在交通不便的山區，於是懷海禪師便組織僧眾集體從事農業生產，自給自足。在務農過程中，僧人難免觸犯「掘地」等遮戒，懷海禪師解釋：「不得定言有罪，亦不得定言無罪。有罪無罪，事在當人。若貪染一切有無等法，有取捨心在，透三句不過，此人定言有罪；若透三句外，心如虛空，亦莫作虛空想，此人定言無罪。」[1] 事實上，佛陀制定此戒主要是因為傷害土地的行為受到古印度人的譏嫌。律典記載，在有三寶事緣時，佛陀也開緣掘地。因此，懷海禪師創立的「普請法」也是對「掘地戒」的善巧變通，並不違背佛陀的制戒本意，且能夠保證僧團的住世與發展。

漢傳佛教的僧制是漢地律學發展歷史中深具特色的內容。它對戒律在漢地的落實起到了很好的輔助作用，提醒僧人重視戒律，持守戒律。在「隨方毗尼」的原則下，僧制結合漢地僧人的學修生活特點，對戒條的內容作出更加細緻的規定，並對漢地難以落實或影響僧團住世和僧人學修的遮戒作出變通。戒律與僧制雙軌並行的模式是漢地律學發展中的寶貴財富。

（四）律宗的形成

律宗是漢傳佛教八宗之一，南山律學成為獨立宗派，是漢地律學的又一特點。南山律宗宗派主體的形成，既有外部條件的驅動，也有自身律學體系內在因素的作用。

隋唐佛教義學發達，形成了諸多學派，對律宗理論的成熟起了很大的孕育作用。比如，道宣律師借用唯識理論建立了南山戒體觀。唐朝擁有穩定的律師群體，他們對諸部廣律都有深入研究，其律學思想也漸趨成熟。道宣律

1 《古尊宿語錄》卷 1，《卍續藏》68 冊，8 頁上欄至中欄。

師構建的南山律是以前代律師的研究成果為基礎的。南山律會通諸部的思想理論，在道宣律師之前的法礪律師、智首律師等著作中已有相關表述。道宣律師師承智首律師研習《四分律》多年，《行事鈔》對智首律師的《四分律疏》也多有借鑒和繼承。元照律師在完善南山律學體系的時候，也吸收了時代的教理營養。要而言之，佛教義學包括律學整體研究的成熟和發達，是南山律宗得以成立的外部條件。

南山律宗自身完整、豐富的理論體系，是其能夠形成獨立宗派的關鍵內因。太虛大師曾說：「一切佛法，以教、理、行、果四字攝盡。」南山律以《四分律》為宗，融合大小乘，以大乘發心持守聲聞戒，三聚圓修，最終成就佛果，即蘊含了教、理、行、果四個要素而構成完整的修學體系。擁有自己的判教體系是宗派成熟的標誌之一，道宣律師將佛法判為化制二教，又分為「神足輪」、「說法輪」、「憶念輪」，通過「二教」、「三輪」，建立了南山律宗判教體系。特別地，南山律宗戒體觀在教理層面成功地會通大小乘，一定程度上祛除了律學實踐中產生的重大輕小的流弊，解決了大乘比丘持守聲聞戒律的疑惑，對後世漢地律學作了重要的理論指引。

後代學人的傳承和發揚是律宗得以延續的必要條件。道宣律師創建南山律學之後，弟子門人如文綱律師、道岸律師等，憑藉自己淵博的學識以及對僧俗二眾的影響力，促進了南山律在北方的進一步發展，並將四分律學推進至南方地區。後又有鑒真大師等將南山律傳播至日本，為近代南山律典籍的回歸埋下了伏筆。道宣律師的弟子大慈律師著《行事抄記》，開啟了唐宋六十二家南山律疏的序幕。律師群體對南山典籍不斷深入研習和傳承實踐，使南山律宗在歷史的長河中逐漸確立了優勢地位。

律宗的成立是律學研究成熟和發達的標誌。反過來，南山律宗的出現，也使得漢地比丘戒研究的重心發生轉向。研究對象從廣律等律學原典轉向南山典籍，研究取向上也以理解和承襲祖師思想為主，律學研究的活力和開創性逐漸減弱，這種情況一直延續到了今天。

三、關於本書

關於佛教義理研究可循之路徑，太虛大師嘗言：「先以恢復初唐之故有，進之遍究全藏，旁探錫蘭、中國藏地，而溯巴利文、梵文原典，當非復宗派傳統之可拘蔽，而入世界佛學之新時代矣。」[1]

如前所述，律學於隋唐達到頂峰之後，律家的重點即轉向南山律的注疏。本書則繼承隋唐律師的研究成果和研究方法，回歸律藏原文，對諸部律典作系統性的對比研究。在具體取捨上，本書仍遵循「四分為宗，博採他部」的漢地律學傳統，並承襲傳統律學中多律型之開放態度。在此基礎上，本書積極吸收當今世界佛學研究的成果與方法，並參考和借鑒其他語系的律典，這一方面可算本書在祖師著作基礎上向外所做的拓展。

最終呈現給讀者的這十二冊書，是著者過去幾年對比丘戒進行系統梳理、研究的成果。希望以此為中國佛教律學的復興盡一份綿薄之力。囿於研究水平和時間所限，不足之處敬請教內外大德不吝指正。

1 《太虛大師全書》，宗教文化出版社，2005 年，1 冊，17 頁。

目錄

15　不揲坐具戒 / 53

16 持羊毛過限戒 / 81

17　使非親尼浣羊毛戒 / 111

18　蓄錢寶戒 / 139

19　貿寶戒 / 179

20 販賣戒 / 209

21 蓄長鉢戒 / 243

22　乞鉢戒 / 281

23 乞縷使非親織師戒 / 315

24 勸織師增縷戒 / 341

25 奪比丘衣戒 / 373

27 過前求雨浴衣戒 / 447

28　急施衣戒 / 477

29　蘭若有疑離衣戒 / 507

30　迴僧物入己戒 / 543

圖目錄

表目錄

凡例

一、對於古今用法存在差異的文字，本書採用區別對待原則：出現在引文中的文字，尊重原文；非引文中的文字，按照現代漢語的語法規則使用。如現代漢語常用的「皈依」、「三皈」等詞，在引文中保留「歸依」、「三歸」等古代用法；又如「蓄積」的「蓄」，引文中保留原來的「畜」。

二、所有引文都加了現代標點。正文及引文的標點主要參考了《古籍標點釋例》（中華書局）和《中華人民共和國國家標準·標點符號用法》(GB/T 15834-2011) 中的規則，並適當採取了一些靈活處理。

三、主要人名在各篇初次出現時，以括號加注其生卒年。若年份無法確定者，則用「？」表示。

四、文中出現的年號，在首次出現時，後面括號中加注公元年份。

五、引用中出現的佛典，被收錄入 CBETA2016 版者，標注相應藏經的冊、頁、欄；未收錄入 CBETA2016 版者，則用一般古籍通用引用方式處理。

六、對於《大正藏》中的部分錯誤，本書參考《高麗藏》再雕版作了校勘，並附校勘記。

七、線裝古籍或古籍影印本，如沒有頁碼則直接寫卷數，但注明相關版本。有一些古籍一頁包含正反兩面者，則分別將正反面用 a、b 表示。

八、現代校點整理的古籍，在引用時注明了點校者、出版社、版本和頁碼。如對原作者的標點和文字做了修改，在注釋中説明。

九、現代出版專著，在腳注中注明了作者、專著名、出版社、出版時間、頁碼。

十、期刊論文或叢書中某一單篇論文，標注了作者、題目、期刊名及該期時間、刊號、發表時間、頁碼。

十一、外文標點符號的使用遵循外文的習慣用法。中外文混排，在中文中夾用一些外文單詞、短語，使用中文標點；整句、整段引用外文，按所引文種的規定使用標點符號。

十二、外文專著標注順序為責任者與責任方式、專著名、出版地、出版者、出版時間、頁碼，書名用斜體，其他內容用正體；外文析出文獻標注順序為責任者與責任方式、析出文獻題名、所載書名或期刊名及卷冊、出版時間，頁碼，析出文獻題名用英文引號標示，期刊名或書名用斜體，其他內容用正體。

十三、當同一部書第二次引用時，使用簡引，只標明書名和頁碼。

十四、因正文中引用了大量律典的原文，為了簡化，在每一戒條緣起、戒本、辨相部分標注其所在律典的起始範圍，若後文中出現這一範圍內的引文，將不再標注。未在此範圍內或引自其他原典的引文，按正常格式標注。

十五、注釋的編碼緊跟被注字、詞的右上方，或者句子末尾點號右上方，內容呈現於當頁腳注。

十六、正文中，《巴利律》相對應的腳注為《經分別》、《犍度》、《附隨》。

十七、為了敘述簡潔，以下藏經和典籍用了簡稱：

1. 藏經：《大正藏》（《大正新修大藏經》），《卍續藏》（《卍新纂續藏經》），《高麗藏》（再雕版《高麗大藏經》）。

2. 典籍：以下書名使用簡稱，不用全稱，未列出的典籍均使用全稱。

原名稱	簡稱
《彌沙塞部和醯五分律》	《五分律》
《摩訶僧祇律》	《僧祇律》
《摩訶僧祇律大比丘戒本》	《僧祇比丘戒本》
《十誦比丘波羅提木叉戒本》	《十誦比丘戒本》
《善見律毗婆沙》	《善見論》
《薩婆多部毗尼摩得勒伽》	《摩得勒伽》
《薩婆多毗尼毗婆沙》	《薩婆多論》
《律二十二明了論》	《明了論》
《根本説一切有部毗奈耶》	《根有律》
《根本説一切有部毗奈耶……事》	《根有律……事》
《根本説一切有部戒經》	《根有戒經》
《根本薩婆多部律攝》	《根有律攝》
藏文《根本説一切有部毗奈耶》	藏文《根有律》
麗江版藏文大藏經《甘珠爾》第五函的《別解脱經》	藏文《根有戒經》
梵文、巴利文戒經使用的簡稱	梵文《説出世部戒經》 梵文《根有戒經》 梵文《有部戒經》 巴利《戒經》
《四分律刪繁補闕行事鈔》	《行事鈔》
《四分律含注戒本疏》	《戒本疏》
《四分律刪補隨機羯磨疏》	《羯磨疏》
《四分律比丘含注戒本》	《含注戒本》
《四分律刪補隨機羯磨》	《隨機羯磨》
《四分律比丘尼鈔》	《比丘尼鈔》
《四分律拾毗尼義鈔》	《義鈔》
《四分律刪繁補闕行事鈔資持記》	《資持記》
《四分律含注戒本疏行宗記》	《行宗記》
《四分律刪補隨機羯磨疏濟緣記》	《濟緣記》

15

不揲坐具戒

一、緣起

（一）緣起略述

《四分律》有一個緣起、一個本制。佛在舍衛國，比丘應供的時候，佛陀遍行僧房發現諸比丘不捨棄舊坐具又做新坐具，以至坐具狼藉，世尊因此集僧，規定今後做新坐具時需要將舊坐具的一部分貼在新坐具上，以破壞新坐具原有的顏色。之後六群比丘做新坐具時沒有遵守這個規定，招來僧團中少欲知足頭陀比丘的嫌責。頭陀比丘報告世尊後，世尊以此因緣呵責六群比丘，制定了此戒。[1]

諸律緣起差異比較：

1. 制戒地點

《四分律》、《鼻奈耶》[2]、《巴利律》[3]中，制戒地點為「舍衛國祇樹給孤獨園」，《十誦律》[4]為「舍衛國」，《僧祇律》[5]為「毗舍離大林重閣精舍」，《五分律》[6]為「拘舍彌城」，《根有律》[7]為「室羅伐城逝多林給孤獨園」。

2. 緣起比丘

《四分律》中緣起比丘為「六群比丘」，《鼻奈耶》為「跋難陀」，《十誦律》、《僧祇律》、《巴利律》為「諸比丘」，《五分律》為「跋耆比丘」，《根有律》為「諸苾芻」。

---

1 《四分律》卷 8，《大正藏》22 冊，616 頁下欄至 617 頁中欄。

2 《鼻奈耶》卷 6，《大正藏》24 冊，876 頁中欄至下欄。

3 《經分別》卷 4，《漢譯南傳大藏經》1 冊，326 頁至 330 頁；《附隨》卷 1，《漢譯南傳大藏經》5 冊，53 頁至 54 頁。

4 《十誦律》卷 7，《大正藏》23 冊，49 頁中欄至下欄。

5 《僧祇律》卷 9，《大正藏》22 冊，308 頁中欄至 309 頁中欄。

6 《五分律》卷 5，《大正藏》22 冊，35 頁下欄。

7 《根有律》卷 21，《大正藏》23 冊，737 頁上欄至 738 頁上欄。

3. 緣起情節

《四分律》是一個緣起、一個本制。《巴利律》有一個本制、一個隨制。其他律典中只有一個本制。

其中《十誦律》、《僧祇律》的情節與《四分律》類似。《十誦律》比《四分律》多了居士供養比丘的情節，《僧祇律》和《四分律》均記載了坐具狼藉的原因。

相比《四分律》，《根有律》、《巴利律》更加詳細地描述了諸比丘更換坐具的緣起。《根有律》中，商人供養五百張上等的布料，比丘用來做新坐具，導致舊坐具堆積；《巴利律》中，諸比丘希望隨時都能見到佛陀而捨坐具，這與其他律典不同。

《五分律》和《四分律》情節不同。《五分律》中，緣起比丘乞黑羺羊毛做坐褥，且蓄存了很多坐褥，被居士譏嫌。

《鼻奈耶》的制戒緣起簡單，只記載「跋難陀釋子新作尼師檀，故者捐棄」，和諸部律差別很大。

（二）緣起比丘形象

《四分律》中，緣起比丘將舊坐具隨處亂放，「處處狼藉，無人收攝」。《十誦律》、《僧祇律》、《五分律》、《根有律》與《四分律》相同。《僧祇律》中，比丘因罷道或死亡等原因棄捨故氈以致滿地狼藉，佛陀以此教育諸比丘：「比丘受施，應當用，不應棄。」說明比丘不珍惜信施，《十誦律》與之相似。

《五分律》、《巴利律》與《四分律》有所不同。《五分律》中，緣起比丘「多畜純黑羺羊毛坐褥」。純黑羺羊毛在當時是很貴重的物品，表現了緣起比丘貪求好坐具的形象。《巴利律》中，佛陀開許阿蘭若比丘、乞食比丘、糞掃衣比丘隨時見佛。諸比丘對佛陀的希求心強，為了能夠隨時親近佛陀而著糞掃衣，行頭陀行，並「處處捨去卧具」。這裏比丘是為了親近佛陀，希求聞法才這樣做，比丘形象比較正面。

另外，《四分律》中，佛陀見到比丘坐具狼藉，集僧後並沒有制戒，只是口頭上約束「當取故者縱廣一搩手帖著新者上」。緣起比丘知而不行，表現出不能依教奉行的形象，與其他律典不同。

《鼻奈耶》記載簡約，緣起比丘形象不突出。

（三）犯戒內因

《四分律》中，犯戒內因是緣起比丘「嫌坐具或重或輕，或言厚，或言薄」。換言之，是一種貪求舒適的煩惱導致比丘犯戒。《鼻奈耶》、《十誦律》與此相同。

《僧祇律》、《五分律》與《四分律》略有不同。《僧祇律》中，緣起比丘受施不知籌量的貪煩惱導致「故氈處處狼藉」。《五分律》中，緣起比丘乞索很多純黑羺羊毛，貪著好坐褥導致「諸居士厭患乞索」。

《巴利律》記載：「諸比丘因欲見世尊，捨其臥具。」

（四）犯戒外緣

《四分律》中，緣起比丘面對換新坐具的外緣，引發了犯戒的行為。

除《巴利律》外，諸律與《四分律》相似。《巴利律》中，佛陀允許阿蘭若比丘、乞食比丘、糞掃衣比丘可以隨時見佛，由此引發緣起比丘捨棄臥具。

（五）犯戒後的影響

1. 對僧團的影響

《四分律》中，「坐具眾多，處處狼藉，無人收攝」，可以看出，僧團的集體財產沒有得到合理利用，並且使比丘的修行環境也受到了影響。《十誦律》、《僧祇律》、《根有律》、《巴利律》都有類似的記載。

《僧祇律》還提到故氈被「烏鳥銜作巢，鼠曳入穴」。緣起比丘的行為招來了烏鳥、老鼠，對僧團修行環境的影響比《四分律》描寫得更詳細。

2. 對居士的影響

《四分律》沒有相關記載。《十誦律》中，佛陀感慨「諸施主乾竭血肉布施作福」，比丘卻不知道珍惜。如果施主供養的物品沒有得到合理的使用，反而被比丘多蓄，多棄，那麼居士的發心會受到很大影響。《五分律》、《根有律》與《十誦律》相似。其他律典沒有明確的記載。

其中，《五分律》提到「諸居士厭患乞索」，說明比丘過度乞索已經影響到居士供養的善心。居士看到「諸比丘多畜純黑羺羊毛坐褥」，便譏嫌呵責，表現出對比丘的不滿，進而影響了其對僧團的信心。

（六）佛陀考量

《十誦律》中，佛陀看到有些舊臥具沒有使用，為了能夠讓施主繼續增長福報，於是讓比丘把舊臥具的一部分貼到新臥具上，這樣舊臥具也能夠得到利用，充分體現了佛陀的慈悲和智慧。

《巴利律》中，當世尊得知長老優波斯那教導弟子穿糞掃衣的事情後，稱讚道:「善哉！善哉！優波斯那！善哉！優波斯那之率眾。」一連用了三個「善哉」，說明佛陀非常肯定長老優波斯那「以身作則」的率眾方式。

（七）文體分析

《四分律》有兩個因緣，其他律典都只有一個因緣。

從語言風格來看，除了《鼻奈耶》，其他律典多以對話為主，也有少量的心理描寫。總體上，語言簡潔，結構完整。

從敘述結構來看，主要有以下兩種：

第一，按照「比丘犯戒——居士或者少欲知足比丘譏嫌——白佛後制戒」的結構敘述，《四分律》、《五分律》和《鼻奈耶》都是這種敘述結構。

第二，按照「施主供齋——比丘外出受食之後佛陀查房——發現比丘臥具狼藉——集僧制戒」的結構敘述，《十誦律》、《僧祇律》和《根有律》採用的是這種敘述結構。

第一種結構側重描寫比丘受到譏嫌。《四分律》和《鼻奈耶》重點描述比丘犯戒後引起僧團其他比丘的譏嫌和呵責，可能會影響到僧團和合。《五分律》則重點描述比丘的行為引起居士譏嫌，導致居士對佛法的信心下降，不利於佛法住世。

第二種結構中，《十誦律》、《僧祇律》和《根有律》重點強調了佛陀制戒的目的：一方面要對治比丘的貪心，另一方面考慮讓施主增長福報。

二、戒本

《四分律》中，本戒的戒本為：「若比丘，作新坐具，當取故者縱廣一搩手帖著新者上，壞色故。若作新坐具，不取故者縱廣一搩手帖著新者上，用壞色故，尼薩耆波逸提。」

（一）若比丘，作新坐具

《四分律》、《四分僧戒本》[1]、《新刪定四分僧戒本》[2]、《四分律比丘戒本》[3] 作「若比丘，作新坐具」，意思是：如果比丘製作新的坐具。

與《四分律》相似：

《鼻奈耶》作「若比丘，新作坐具」。

《根有律》、《根有戒經》[4]、《根有律攝》[5] 作「若復苾芻，作新尼師但那」。在對應《四分律》「坐具」一詞的翻譯上，這裏採用梵文“niṣadana（坐具）”的音譯，即「尼師但那」。

梵文《根有戒經》[6] 作“navaṃ bhikṣuṇā niṣadanaṃ kārayitā”，意思是：比丘做新的坐具。藏文《根有戒經》作“དགེ་སློང་གིས་གདིང་བ་སར་པ་བྱེད་ན”，意思是：任何比丘，做新的坐具。

與《四分律》有部分差異：

《十誦比丘戒本》[7] 作「若比丘，欲作新尼師壇」，比《四分律》多出了「欲」

1 《四分僧戒本》，《大正藏》22 冊，1025 頁下欄。
2 《新刪定四分僧戒本》，《卍續藏》39 冊，265 頁下欄。
3 《四分律比丘戒本》，《大正藏》22 冊，1017 頁下欄。
4 《根有戒經》，《大正藏》24 冊，503 頁上欄至中欄。
5 《根有律攝》卷 6，《大正藏》24 冊，559 頁下欄。
6 麗江版《甘珠爾》（འཇང་བཀའ་འགྱུར།）第 5 函《別解脫經》（སོ་སོར་ཐར་པའི་མདོ།）10a。
7 《十誦比丘戒本》，《大正藏》23 冊，473 頁中欄。

字。這裏同樣以梵文的音譯「尼師壇」對應《四分律》的「坐具」。

《解脫戒經》[1]作「若比丘，作新卧具」。《四分律》的「坐具」，這裏作「卧具」。

《十誦律》作「若比丘，作新敷具、坐具」，比《四分律》多了「敷具」。

《僧祇律》作「若比丘，作新敷具氈、尼師檀」，《僧祇比丘戒本》[2]作「若比丘，作新敷具氈、尼師壇」，這裏的「尼師檀」和「尼師壇」對應《四分律》的「坐具」。此外，還多出了「敷具氈」。

梵文《說出世部戒經》[3]作"navaṃ santhataniṣīdanaṃ bhikṣuṇā kārāpayamāṇena"，梵文《有部戒經》[4]作"navaṃ bhikṣuṇā niṣīdanasaṃstaraṃ kārayatā"。這兩部梵文戒本的意思都是：比丘做新的坐卧具。

巴利《戒經》[5]作"nisīdanasanthataṃ pana bhikkhunā kārayamānena"，意思是：若比丘做一個坐卧具。

上述三部梵巴戒本中值得注意的是，《四分律》中「坐具」一詞所對應的語詞均為合成詞，既包括"niṣīdana（巴利文：nisīdana。尼師檀、坐具）"，也包括"saṃstara（巴利文：santhata。卧具、墊子）"。

與《四分律》差異較大：

《五分律》作「若比丘，純黑羺羊毛作新尼師檀」，《彌沙塞五分戒本》[6]作「若比丘，純黑羺羊毛作新尼師壇」。與《四分律》及其他律典相比，這兩部律典多了「純黑羺羊毛」這一材質要求。

---

1 《解脫戒經》，《大正藏》24 冊，661 頁下欄。

2 《僧祇比丘戒本》，《大正藏》22 冊，551 頁下欄。

3 Nathmal Tatia, *Prātimokṣasūtram of the Lokottaravādimahāsāṅghika School*, Tibetan Sanskrit Works Series, no. 16, p. 16.

4 Georg von Simson, *Prātimokṣasūtra der Sarvāstivādins Teil II*, Sanskrittexte aus den Turfanfunden, XI, p. 194.

5 Bhikkhu Ñāṇatusita, *Analysis of the Bhikkhu Pātimokkha*, p. 139.

6 《彌沙塞五分戒本》，《大正藏》22 冊，196 頁下欄。

（二）當取故者縱廣一搩手帖著新者上，壞色故

《四分律》作「當取故者縱廣一搩手帖著新者上，壞色故」，意思是：應當從舊坐具上截取長寬各（佛）一張手（的布），帖在新的坐具上，（為了）破壞（新坐具）的顏色。

與《四分律》相似：

《四分律比丘戒本》作「當取故者縱廣一磔手帖著新者上，用壞色故」，《四分僧戒本》作「當取故者縱廣一磔手帖新者上，為壞色故」，《新刪定四分僧戒本》作「當取故者縱廣一磔手揲新者上，為壞色故」。

與《四分律》有部分差異：

《根有律》、《根有戒經》、《根有律攝》作「應取故者堅處縱廣佛一張手帖新者上，為壞色故」，這裏的「佛一張手」對應《四分律》的「一搩手」，此外，還多出了從「堅處」取的描述。

《五分律》作「應用故尼師檀一修伽陀磔手，壞好色」，《彌沙塞五分戒本》作「應用故尼師壇一修伽陀搩手，壞好色」，此中的「修伽陀」為梵語“sugata（善逝）”一詞的音譯，因此語意與《四分律》相同。此外，與《四分律》相比，兩部戒本中均省略了「縱廣」和「著新者上」的表述。

《十誦律》「應用故敷具周匝一修伽陀磔手，壞色故」，《僧祇律》作「當著故敷具氈辟方一修伽陀搩手，為壞好色故」，《僧祇比丘戒本》作「應著故敷具氈方一修伽陀磔手，為壞色故」。這裏的「周匝」、「方」與《四分律》的「縱廣」意思稍有差別。此外，三部戒經均以「故敷具」對應《四分律》的「故坐具」，並且都省略了「著新者上」的表述。

梵文《說出世部戒經》作“tato purāṇasanthatāto samantāt sugatavitastinā bhāgo ādayitavyo navasya durvaṇṇīkaraṇārthaṃ”，意思是：應該從舊臥具的邊緣取一佛手寬的部分，用到新的上來破壞形色。

梵文《根有戒經》[1]作“purāṇaniṣadanasāmantakāt sugatavitastir ādātavyā

1 Anukul Chandra Banerjee, *Two Buddhist Vinaya Texts in Sanskrit*, p. 29.

navasya durvarṇīkaraṇāya”，意思是：應該從舊的坐具邊緣取一佛手寬（的部分）用到新的上來破壞形色。

梵文《有部戒經》作“purāṇaniṣīdanasaṃstarasāmantakāt sugatavitastir ādātavyā navasya durvarṇīkaraṇāya”，意思是：應該從舊的坐卧具的邊緣取一佛手寬（的部分）用到新的上來破壞形色。

巴利《戒經》作“purāṇasanthatassa sāmantā sugatavidatthi ādātabbā dubbaṇṇakaraṇāya”，意思是：應從舊坐具的邊緣取一佛手寬（的部分）作為壞色。

藏文《根有戒經》作“སར་པ་ཁ་དོག་མི་སྡུག་པར་བྱ་བའི་ཕྱིར་གདིང་བ་རྙིང་པ་བདེ་བར་གཤེགས་པའི་མཐོ་གང་འཁོར་བས་གླན་པར་བྱའོ།།”，意思是：新（坐具）應取佛一張手大小的舊坐具來修補，使其顏色不可意。

《解脱戒經》作「當取故者方一手，褋新者上」，「方」與《四分律》的「縱廣」意思稍有差別，此外，還少了「搩」字。

與《四分律》差異較大：

《鼻奈耶》作「取故者緣，緣四邊，以亂其色」。

《十誦比丘戒本》作「故尼師壇四邊各取一修伽陀磔手，為壞好色故」。這裏要求從舊坐具四邊各取一磔手的布料，與《四分律》不同。

（三）若作新坐具，不取故者縱廣一搩手帖著新者上，用壞色故，尼薩耆波逸提

《四分律》作「若作新坐具，不取故者縱廣一搩手帖著新者上，用壞色故，尼薩耆波逸提」，意思是：如果製作新的坐具，不從舊的坐具上截取長寬各（佛）一張手（的布）帖在新的坐具上，用來破壞新坐具（原有的）顏色，犯捨墮罪。

與《四分律》相似：

《四分律比丘戒本》作「若作新坐具，不取故者縱廣一磔手帖著新者上，用壞色故，尼薩耆波逸提」。《四分僧戒本》作「若比丘作新坐具，不取故者

縱廣一磔手帖新者上壞色者，尼薩耆波逸提」。《根有律》、《根有戒經》、《根有律攝》作「若苾芻作新尼師但那，不以故者帖新者上，為壞色故，泥薩衹波逸底迦」。

《新刪定四分僧戒本》作「若比丘作新坐具，不取故者縱廣一磔手揲者，尼薩耆波逸提」，缺少了對應《四分律》「用壞色故」的內容，但不影響文意。

梵文《根有戒經》作“anādāya ced bhikṣuḥ purāṇaniṣadanasāmantakāt sugatavitastiṃ navasya durvarṇīkaraṇāya navaṃ niṣadanaṃ paribhuṃjīta naisargikapāyantikā”，意思是：如果比丘沒取舊坐具的邊緣一佛手寬（的部分用）到新的上來破壞形色，（而）使用新的坐具，捨墮。相比《四分律》，這裏多出了「使用新的坐具」。

藏文《根有戒經》作“གལ་ཏེ་དགེ་སློང་གིས་གདིང་བ་སར་པར་ཁ་དོག་མི་སྡུག་པར་བྱ་བའི་ཕྱིར། གདིང་བ་རྙིང་པ་བདེ་བར་གཤེགས་པའི་མཐོ་གང་འཁོར་བས་མ་གླན་པར་གདིང་བ་སར་པ་སྤྱོད་ན་སྤང་བའི་ལྟུང་བྱེད་དོ། །”，意思是：如果比丘做新坐具，不取佛一張手舊坐具來修補，不以惡色壞新，捨墮。

巴利《戒經》作“anādā ce bhikkhu purāṇasanthatassa sāmantā sugatavidatthiṃ navaṃ nisīdanasanthataṃ kārāpeyya, nissaggiyaṃ pācittiyaṃ”，意思是：如果比丘在做新坐具的時候，沒有從舊坐具的邊緣取一佛手寬的部分來修補，捨墮。這裏缺少「用壞色故」。

與《四分律》有部分差異：

《十誦律》作「若比丘作新敷具、坐具，不用故敷具周匝一修伽陀磔手壞色，為好故，尼薩耆波夜提」。這裏以「為好故」對應《四分律》中的「用壞色故」。

《僧衹律》作「若比丘作新敷具氈、尼師檀，不著故敷具氈辟方一搩手，尼薩耆波夜提」，《僧衹比丘戒本》作「若不著，作新敷具氈、尼師壇，尼薩耆波夜提」。這兩部戒本均缺少「用壞色故」。

梵文《有部戒經》作“anādāya ced bhikṣuḥ purāṇaniṣīdanasaṃstarasā mantakāt sugatavitastiṃ navasya durvarṇīkaraṇāya navaṃ niṣīdanasaṃstaraṃ kārayet kalyāṇakāmatām upādāya niḥsargikā pātayantikā”，意思是：如果比丘沒取舊坐卧具的邊緣一佛手寬（的部分用）到新的上來破壞形色，（而）做新

的坐卧具，（因為）貪求好的，捨墮。

上述《十誦律》及之後的律典均以「新敷具、坐具」或「新敷具氈、尼師檀」、「新坐臥具」等，對應《四分律》的「新坐具」。

《五分律》、《彌沙塞五分戒本》作「若不壞，尼薩耆波逸提」，《解脫戒經》作「若不著，尼薩耆波逸提」。這三部律典相比《四分律》有所簡化。

梵文《說出世部戒經》作"tato ca bhikṣur anādāya navasanthataṃ niṣīdanaṃ kārāpeya nissargikapācattikaṃ"，意思是：如果比丘沒取（而）做新的坐臥具，捨墮。相比《四分律》，省去了尺寸的要求及原因的敘述。

與《四分律》差異較大：

《鼻奈耶》作「若不取故緣，緣四邊者，捨墮」。

《十誦比丘戒本》作「若比丘不取故尼師壇四邊各一修伽陀磔手壞色，為好故，尼薩耆波夜」。這裏要求是從舊坐具四邊各取一磔手的布料，與《四分律》有較大不同。

三、關鍵詞

坐具

梵文《有部戒經》作“niṣīdanasaṃstara”，該詞由“niṣīdana（坐、坐具）”和“saṃstara（臥具）”複合而成。巴利《戒經》與之相似，作“nisīdanasanthata”。梵文《説出世部戒經》作“santhataniṣīdana”，這一詞同樣由“santhata（臥具）”和“niṣīdana（坐具）”構成，但順序恰好相反。梵文《根有戒經》作“niṣadana”，意思較為單一，即坐具（英譯：sitting-cloth）。藏文《根有戒經》作“གདིང་བ་”，名詞，意思是：坐墊（英譯：a carpet made into a seat）。

《四分律》本戒中對「坐具」一詞並沒有作詳細的闡釋。一般的理解均把「坐具」當成是「尼師壇」[1]的意譯，計作一物。但如果縱觀各律對前面「綿作臥具」等與臥具相關的四條戒（《四分律》中為捨墮第十一條至十四條：「綿作臥具戒」、「黑毛臥具戒」、「白毛臥具戒」、「減六年臥具戒」）及「過量尼師壇戒」（《四分律》中為單墮第八十七條）中所使用的詞語（見下表「諸律使用『坐具』及相關詞語對比」），可以發現本戒中「坐具」一詞的使用要遠比其後的「過量尼師壇戒」中的「尼師壇」複雜得多，這也從側面證明上述的理解似乎並不完全合理。為了便於討論、界定「坐具」的確切內涵，在涉及對象的實際指代時，統一使用《四分律》的詞語「臥具」和「尼師壇」。由此對各律所用詞語進行分類組合，進而推測出「坐具」可能有的三種理解：1. 臥具和尼師壇；2. 尼師壇；3. 臥具。

支持第一種解釋最直接的證據是：《僧祇律》、《僧祇比丘戒本》中，本戒使用了「敷具氈」和「尼師壇」兩個詞。另外，《僧祇律》在關鍵詞部分對

1 《四分律名義標釋》卷 6：「尼師壇，此云坐具，或云隨坐衣。」《卍續藏》44 冊，546 頁下欄。

二者分別作了解釋：「敷具者，氈；尼師檀者，如佛所聽。」可見在《僧祇律》中，「敷具」和「氈」是等同的，這與前面幾條卧具戒中關鍵詞的解釋是一致的。其所使用的兩種表述，與前四條中的「敷具」和其後的「尼師壇」是完全對應的。

第二種解釋主要源自根本説一切有部的觀點。《根有律》、《根有律攝》、《根有戒經》中，「尼師但那」一詞與其後過量尼師壇戒中「尼師壇」完全相同。梵文《根有戒經》中也使用"niṣadanaṃ"一詞。

第三種解釋主要來自對《鼻奈耶》、《解脱戒經》用詞的總結，但因為兩部律文都缺乏更豐富的表述，所以深入探究也就無從下手。

需要説明的是，梵文《有部戒經》中「坐具」對應"niṣīdanasaṃstara"，這一複合詞的解讀本身就存有歧義。這一詞可以拆成"niṣīdana（尼師壇）"和"saṃstara（卧具）"兩部分。如果理解成「並列複合詞（相違釋，dvandva）」，那麼對應的意思就是：尼師壇和卧具，這便對應了第一種理解。但是另一種解讀是「限定複合詞（持業釋，karmadhāraya）」，即把"niṣīdana"作為"saṃstara"的修飾，即成了第三種解釋：供比丘坐的卧具。因此，一些英文翻譯將「坐具」一詞譯為：sitting-rug（直譯為：供人坐的毛毯）。

巴利《戒經》的構詞方法與之如出一轍。《巴利律》在關鍵詞中的解釋：「『座具』者，謂座墊；『卧具』者，攤開而製作者，非織物也。」似乎更支持第一種理解。有意思的是梵文《説出世部戒經》的「坐具」和「尼師壇」順序恰恰是相反的，如果以「限定複合詞」的前詞修飾後詞的話，則得出的結論卻是第二種理解。另外，《根有律》在關鍵詞中定義了「尼師但那者，謂是敷具」，更把「坐具」、「卧具」、「尼師壇」三者混為一談。諸律對「卧具」的觀點已不盡相同，使得「坐具」的內涵更加撲朔迷離。

不過，一種會通的解釋是，可能在「過量尼師壇戒」制定之前，「卧具」、「坐具」、「尼師壇」三者區分得並不明顯。佛世時，一些氈、毯子本屬於卧具，但比丘臨時當坐具也並無不可。加之當時的坐具還沒有明確限制大小，所以可能與卧具的本質差別僅僅體現在布料的材質和厚薄上。而在佛制定過量尼師壇戒之後，「尼師壇」才單獨從原來的「卧具」、「坐具」中分化出來，變成一塊用於保護臥具的單獨薄方布。

另一種可能的解讀是，「尼師壇」一詞強調的是供人坐的用途，「臥具」強調的是布料的製作工藝。如《僧祇律》中對「敷具」的定義即是氈——用獸毛加膠汁壓製成的織物，這與《巴利律》中對「臥具」的定義基本相同。由此也不難理解《巴利律》中為何將此戒的「坐具」單獨翻譯為“felt（氈製的）sitting-rug（供人坐的毛毯）”。

表 5-1　諸律使用「坐具」及相關詞語對比

律典	「綿作臥具」等四戒	不揲坐具戒	過量尼師壇戒
《四分律》、《四分律比丘戒本》、《四分僧戒本》、《新刪定四分僧戒本》	臥具	坐具	尼師壇
《十誦律》	敷具	敷具、坐具	尼師檀
《僧祇律》、《僧祇比丘戒本》	敷具	敷具氈、尼師壇	尼師壇
梵文《說出世部戒經》	santhataṃ	santhataniṣīdanaṃ	niṣīdanaṃ
梵文《有部戒經》	saṃstaraṃ	niṣīdanasaṃstaraṃ	niṣīdanaṃ
巴利《戒經》	santhataṃ	nisīdanasanthataṃ	niṣīdanaṃ
《鼻奈耶》	臥具	臥具	尼師檀
《解脫戒經》	臥具	臥具	坐具
《五分戒本》	敷具	敷具	尼師壇
《五分律》、《彌沙塞五分戒本》	臥具	尼師檀	尼師檀
《十誦比丘戒本》	敷具	尼師壇	尼師壇
《根有律》、《根有律攝》、《根有戒經》	敷具	尼師但那	尼師但那
梵文《根有戒經》	saṃstaraṃ	niṣadanaṃ	niṣīdanaṃ

四、辨相

（一）犯緣

具足以下五個方面的犯緣便正結本罪：

1. 所犯境

《四分律》中，本戒的所犯境為做新坐具。其他律典與《四分律》相同。

另外，諸律中對坐具的描述有所不同，《四分律》為「坐具」，《鼻奈耶》、《五分律》為「尼師檀」，《薩婆多論》[1]為「尼師壇」，《十誦律》為「敷具、坐具」，《僧祇律》為「敷具氈、尼師檀」，《根有律》為「尼師但那」，藏傳《苾芻學處》[2]「所作之物是尼師怛那，如法應量，是自物，是新作（未受用一季者），未貼故者縱廣一張手」，《巴利律》為「座卧具」。其中，《僧祇律》、《五分律》中對坐具的描述是來自戒條。

《摩得勒伽》、《善見論》、《毗尼母經》、《明了論》沒有此戒內容，下不贅述。

2. 能犯心

（1）發起心

《四分律》記載：「為他作，成不成，盡突吉羅。」由此可以推出此戒的發起心是「為己作之心」。

《巴利律》與《四分律》相同，也是通過「為他作」不正犯，反推出發起心為「為己作之心」。

從《十誦律》的戒條中可知，此戒的發起心應該為「為好故」。

---

1 《薩婆多論》卷 5，《大正藏》23 冊，533 頁下欄至 535 頁上欄。

2 《苾芻學處》，《宗喀巴大師集》卷 5，75 頁。

藏傳《苾芻學處》發起心為「不欲貼舊者一張手」，與《四分律》差異較大。

其他律典沒有發起心的記載。

（2）想心

《根有律攝》[1]中，「若有故者作有故想、疑，並如上說」，結合上文「綿作卧具戒」的想心可推出此戒的想心為：有故者作有故想、疑，正犯此戒。

藏傳《苾芻學處》為想不錯亂。

其他律典沒有想心方面的記載。

3. 方便加行

《四分律》中，本戒的方便加行是：「不取故者縱廣一搩手貼新者上。」

《鼻奈耶》戒條中，方便加行是「若不取故緣緣四邊」。

《十誦律》戒條中，方便加行是「不用故敷具周匝一修伽陀磔手壞色」。

《薩婆多論》從正面描寫：「若作新尼師壇，應取故敷具最長者，廣中取一搩手長裂，隨廣狹分作緣，周匝緣尼師壇。」

《僧祇律》戒條中，方便加行是「作新敷具氈、尼師檀，不著故敷具氈辟方一搩手」。

《五分律》戒條中，方便加行為「純黑糯羊毛作新尼師檀，應用故尼師檀一修伽陀磔手壞好色」。

《根有律》戒條中記載：「應取故者堅處縱廣佛一張手帖新者上……作新尼師但那，不以故者帖新者上。」

《根有律攝》戒條中，方便加行是「作新尼師但那，不以故者帖新者上，為壞色故」。

《巴利律》中，方便加行為「不從舊卧具之邊緣取入一佛搩手而自作或令作新座卧具」。

藏傳《苾芻學處》中，本戒的方便加行是「身作方便正為受用」。

---

1 《根有律攝》卷 6，《大正藏》24 冊，559 頁下欄。

此外，《四分律》、《僧祇律》、《五分律》、《根有律》、《巴利律》還記載，「令他作」，正犯此戒。

4. 究竟成犯

《四分律》中，新坐具做成正犯。

《五分律》、《巴利律》與《四分律》相同。

藏傳《苾芻學處》為受用時成犯，與《四分律》差異較大。

其他律典均沒有究竟成犯的明確記載。

5. 犯戒主體

《四分律》中，犯戒主體為比丘。諸律相同。

(二) 輕重

1. 所犯境

《四分律》中，比丘做新坐具，結尼薩耆波逸提罪。其他律典結尼薩耆波逸提罪的所犯境如上述犯緣。

此外，諸律沒有其他的結罪情況。

2. 能犯心

(1) 發起心

《四分律》中，本戒的發起心是「為己做之心」。

《巴利律》與《四分律》相同。

從《十誦律》的戒條中可知，此戒的發起心應該為「為好故」。

藏傳《苾芻學處》發起心為「不欲貼舊者一張手」，與《四分律》差異較大。

其他律典沒有發起心的記載。

《四分律》、《巴利律》中，為他人作，結突吉羅罪。此外，《巴利律》中，教別人為他人作，也犯突吉羅，如律文：「為他人作，或令作者，突吉羅。」

（2）想心

《根有律攝》中，若有故者作有故想、疑，得捨墮；無故者作有故想、疑，突吉羅。

藏傳《苾芻學處》中，「想不錯亂」，犯捨墮。

其他律典沒有想心方面的明確記載。

3. 方便加行

諸律正犯的情況如上犯緣所述。

此外，《四分律》、《僧祇律》、《五分律》、《根有律》、《巴利律》中，「若令他作」，犯捨墮。

對於不滿一搩手的結罪情況，以下諸律有相關記載。《十誦律》記載：「若減取作乃至半寸，突吉羅。」《根有律》記載：「若苾芻以故尼師但那如佛一張手帖著之時，若減一指、半指者，亦得泥薩祇波逸底迦。」《根有律攝》記載：「若以故帖新，於佛張手或減一指，或減半指，此不成帖，得捨墮罪。」《薩婆多論》記載：「若故敷具中無大長者，隨有處長者用；若無長者，短者亦用；若一切都無，不用無罪。若四方僧雖有故衣服，非是棄物，不得取用。若有處不用，捨墮。」

4. 究竟成犯

《四分律》中，新坐具做而未成，犯突吉羅；做成，捨墮。《五分律》、《巴利律》與《四分律》相同。藏傳《苾芻學處》記載，比丘受用新坐具，結尼薩耆波逸提罪，乃至新坐具未舊以前，每受用一次便得一尼薩耆波逸提罪。

其他律典沒有此戒究竟成犯的結罪記載。

5. 犯戒主體

《四分律》中，比丘結尼薩耆波逸提罪。其他律典在這一點上與《四分律》相同。

此外，《四分律》中，比丘尼、式叉摩那、沙彌、沙彌尼，結突吉羅罪。

《五分律》記載：「沙彌，突吉羅。」

（三）不犯

1. 所犯境不具足

《巴利律》中，「作傘蓋、地毯、幕、長枕、枕」，不犯。

2. 方便加行不具足

《四分律》中，「裁取故者帖新者上」、「若彼自無，得更作新者，若他為作，若得已成者，若純故者作」，不犯。

《十誦律》中，「若取過一修伽陀磔手作」、「若以故敷具，遍著新敷具、坐具上」，不犯。

《根有律》記載：「若以故者遍覆新者，或總破碎不堪補帖新尼師但那者，無犯。」

《巴利律》中，「從舊卧具之邊緣取入一佛搩手而作，不得時取入小量以作之，不得時不取入而作之，由他人作而獲得受用者」，不犯。

3. 犯戒主體不具足

《四分律》中，「最初未制戒，癡狂、心亂、痛惱所纏」，無犯。

《五分律》、《根有律》與《四分律》相同。

《巴利律》中，「癡狂者、最初之犯行者」，無犯。

4. 其他開緣

《根有律攝》記載：「或忘故者，或復全壞不堪補治，但有新成者，無犯。」

五、原理

見「綿作卧具戒」原理部分。

六、總結

（一）諸律差異分析

1. 緣起差異

（1）結構差異

《四分律》有一個緣起、一個本制。《鼻奈耶》、《十誦律》、《僧祇律》、《五分律》、《根有律》、《巴利律》都只有一個本制。

（2）情節差異

《十誦律》、《僧祇律》、《根有律》情節與《四分律》相似。其中《十誦律》、《根有律》都描述了佛陀巡寮時看到比丘的舊坐具「狼藉滿地」，感慨「諸施主乾竭血肉布施作福」，比丘沒有好好珍惜，故制定此戒。《四分律》中沒有佛陀感慨的細節，可以將這一情節補充到緣起故事中。

《鼻奈耶》、《五分律》、《巴利律》情節與《四分律》有一些差異。其中《鼻奈耶》內容簡單，沒有佛陀巡視僧房的情節。《五分律》也沒有佛陀巡視僧房的情節，而是居士到僧房中看到比丘多蓄好臥具，於是譏呵比丘。《巴利律》則提到了佛陀允許阿蘭若比丘、乞食比丘和糞掃比丘隨意見佛，諸多比丘為了能隨意見佛，紛紛捨棄臥具，受持為阿蘭若比丘、乞食比丘和糞掃比丘，佛陀因此制定了此戒。

（3）結論

綜上所述，本戒仍以《四分律》的緣起結構和情節為準，補充《十誦律》中佛感慨「諸施主乾竭血肉布施作福」的情節。

2. 戒本差異

整體而言，諸律的表述較為一致。所犯境方面，《四分律》為「坐具」，《解脫戒經》為「臥具」，《十誦比丘戒本》為「尼師壇」，《十誦律》為「敷具、坐具」，《僧祇律》、《僧祇比丘戒本》中分別為「敷具氈、尼師檀」和「敷具氈、尼師壇」，梵文《說出世部戒經》、梵文《有部戒經》、巴利《戒經》都為「坐卧具」。這一現象可能的原因已在關鍵詞中辨析。《五分律》、《彌沙塞五分戒本》兩部律典中還特別增加了「純黑羺羊毛」的限定。

此外，《鼻奈耶》缺少對取舊卧具尺寸的要求。《十誦比丘戒本》則要求從舊坐具的四邊各取一部分，這與《四分律》及其他律典中表述的意思都不相同。而《十誦律》、《十誦比丘戒本》和梵文《有部戒經》在最後都多出了「為好故」這一發起心的描述。

為了使文意更加淺白，將《四分律》的「一搩手」，據《根有律》等改為「佛一張手」。其後的「壞色故」前，為了讀誦通順和表述完整，依《四分僧戒本》、《新刪定四分僧戒本》在前面補上一個「為」字。文末的「若作新坐具，不取故者縱廣一搩手帖著新者上，用壞色故」與前文重複，借鑒《解脫戒經》的表述，將其精簡為「若不著」。

3. 辨相差異

（1）能犯心

《四分律》、《巴利律》中，發起心為「為己作之心」。藏傳《苾芻學處》為「不欲貼舊者一張手」，《十誦律》為「為好故」。「為好故」的發心更傾向於貪求坐具品質和使用時的享受，而「為己做」的發心既可以包括前者，還有貪多無厭的心理在裏面，所攝貪心的內涵更全面，與本戒的制戒意趣更相吻合。因此，本戒發起心為「為己作之心」。

（2）方便加行

《四分律》中，方便加行是：不取舊坐具縱廣一搩手，貼在新坐具上而做。《鼻奈耶》、《十誦律》、《薩婆多論》、《僧祇律》、《五分律》、《根有律》、《根有律攝》、《巴利律》與《四分律》大致相同，都是用舊坐具為新坐具壞色，但壞色的方式不完全相同。藏傳《苾芻學處》中，方便加行是「身作方便正為受用」，與前者的觀點差異較大。此處取《四分律》的觀點。

所搩坐具縱廣不滿一搩手時，諸律中結罪有差異。《十誦律》中，所搩舊坐具若縮小半寸以內，結突吉羅罪。《根有律》、《根有律攝》中，若縮小佛半指到一指，結捨墮罪。《薩婆多論》則較為靈活，根據實際情況來決定所揲的舊坐具的大小，甚至沒有舊坐具時，不揲無罪。《根有律》、《根有律攝》判罪較嚴，《薩婆多論》判罪過寬，此處取《十誦律》的觀點，即所揲舊坐具若縮小半寸以內，結突吉羅罪。

（3）究竟成犯

《四分律》、《五分律》、《巴利律》中，新坐具做成時，正犯。藏傳《苾芻學處》中，受用新坐具時，正犯。藏傳《苾芻學處》是從比丘受用新坐具的角度來判罪，與其發起心「不欲貼舊者一張手」相對應。《四分律》等律典則是從比丘做新坐具的角度來判罪，所以新坐具做成，即犯。此處取《四分律》等三部律典的觀點，即坐具做成時，正犯。

《根有律》中，如果舊坐具十分破爛，不堪補貼新坐具，不犯。這種情況可以作為對《四分律》辨相的補充。

4. 諸律內部差異

《四分律》辨相中，除自做外，教他做，正犯；為他人做，得突吉羅。而緣起和戒條中都是比丘自做。《僧祇律》、《根有律》除了辨相中沒有「為他人作」的情況之外，其他與《四分律》相同。

（二）調整文本

通過以上諸律間觀點同異的對比與分析，文本在《四分律》的基礎上作如下調整：

1. 緣起

佛在舍衛國祇樹給孤獨園，比丘外出應供，佛陀遍行僧房查看。諸比丘不捨棄舊坐具又做新坐具，導致坐具狼藉。世尊感慨「諸施主乾竭血肉布施作福」，因此集僧，規定今後做新坐具需要將舊坐具縱廣一搩手貼在新坐具上，以破壞新坐具原有的顏色。

六群比丘做新坐具時沒有遵守這個規定，被其他比丘嫌責，並且報告佛陀，佛陀以此因緣呵責六群比丘並制定了此戒。

2. 戒本

若比丘，作新坐具，當取故者縱廣佛一張[1]手帖著新者上，為[2]壞色故。若不著[3]，尼薩耆波逸提。

3. 關鍵詞

坐具：比丘坐臥的器具，包括臥具和尼師壇。

4. 辨相

（1）犯緣

本戒具足四緣成犯：一、做新坐具；二、為己做之心；三、不取舊坐具縱廣一搩手，揲新坐具上；四、新坐具做成時，成犯。

（2）辨相結罪輕重

①做新坐具

自做或令他做，捨墮。

②為己做之心

為己做，捨墮；為他人做，突吉羅；若他人為自己做，不犯。

③不取舊坐具縱廣一搩手揲新坐具上

若比丘做新坐具時，不取舊坐具縱廣一搩手貼於新坐具上，正犯；若所取舊坐具不足一搩手（少半寸以內），結突吉羅罪；若比丘取故坐具縱廣一搩手貼新者上，作壞色用，不犯。

---

1 「佛一張」，底本作「一搩」，據《根有律》、《根有戒經》、《根有律攝》改。

2 「為」，底本闕，據《四分僧戒本》、《新刪定四分僧戒本》、《僧祇比丘戒本》、《根有律》、《根有戒經》、《根有律攝》加。

3 「不著」，底本作「作新坐具，不取故者縱廣一搩手帖著新者上，用壞色故」，據《解脫戒經》改。

④新坐具做成

新坐具做成，捨墮；做而未成，突吉羅。

若令他做，成者，捨墮；不成者，突吉羅。

⑤犯戒主體

比丘若犯，捨墮；比丘尼、式叉摩那、沙彌、沙彌尼若犯，突吉羅。

⑥不犯

若比丘沒有坐具時，做新坐具，不犯。

若得已做好的坐具，不犯。

若用純舊坐具為原料做新坐具，不犯。

若舊坐具十分破爛，不堪補貼新坐具，不犯。

最初未制戒，癡狂、心亂、痛惱所纏，不犯。

七、現代行持參考

佛世時，坐具是與比丘修行生活密切相關的物品，平時打坐、吃飯、誦經時都會使用。現代社會的椅子等公共設施漸漸取代了坐具的實用功能，比如在漢地，坐具慢慢演變成了儀式的用品，日常的修行生活中很少會用到。

現代比丘行持本戒，更多是把握本戒的精神內涵。佛陀要求做新坐具時要把舊坐具的一部分貼到新坐具上，一方面破除了比丘對新坐具的貪著，另一方面也變相延長了舊坐具的使用期限，可以培養比丘知足惜福的觀念。在物資豐富的今天，面對潮流時尚、花樣眾多的物資用品，從本戒精神出發，比丘應該不貪新、不貪好，隨緣、惜福受用物資。

16

持羊毛過限戒

一、緣起

（一）緣起略述

《四分律》只有一個本制。佛在舍衛國祇樹給孤獨園時，跋難陀遊行中得到很多羊毛，便用杖擔着趕路，被居士譏嫌。佛呵責跋難陀，並以此因緣制戒。[1]

諸律緣起差異比較：

1. 制戒地點

《四分律》中，制戒地點為「舍衛國祇樹給孤獨園」，《鼻奈耶》[2]、《巴利律》[3] 與《四分律》相同，《十誦律》[4] 為「舍衛國」，《僧祇律》[5]、《五分律》[6] 為「舍衛城」，《根有律》[7] 為「室羅伐城逝多林給孤獨園」。

2. 緣起比丘

《四分律》中，緣起比丘為「跋難陀」，《鼻奈耶》為「憂陀夷與眾多比丘」，《十誦律》為「諸比丘」，《僧祇律》為「六十比丘」，《五分律》為「一山居比丘」，《根有律》為「六眾苾芻」，《巴利律》為「一比丘」。

---

1 《四分律》卷 8，《大正藏》22 冊，617 頁中欄至 618 頁上欄。

2 《鼻奈耶》卷 6，《大正藏》24 冊，876 頁下欄。

3 《經分別》卷 4，《漢譯南傳大藏經》1 冊，330 頁至 332 頁；《附隨》卷 1，《漢譯南傳大藏經》5 冊，54 頁。

4 《十誦律》卷 7，《大正藏》23 冊，49 頁下欄至 50 頁中欄；卷 53，《大正藏》23 冊，389 頁下欄。

5 《僧祇律》卷 9，《大正藏》22 冊，309 頁中欄至 310 頁上欄。

6 《五分律》卷 5，《大正藏》22 冊，35 頁下欄至 36 頁上欄。

7 《根有律》卷 21，《大正藏》23 冊，738 頁上欄至 739 頁上欄。

3. 緣起情節

除《僧祇律》和《五分律》外，其他律典與《四分律》一致，均只有本制。諸律情節與《四分律》均有所不同。

《巴利律》中，緣起比丘持羊毛道路行，因被人譏笑而瞋恚，便把羊毛扔在地上。《鼻奈耶》、《十誦律》中，因道路中有盜賊，緣起比丘與賈客同行，其中一賈客的車軸折斷，他便把羊毛布施給緣起比丘。

《五分律》有一個緣起、一個本制和一個隨制。本制中，一山居比丘擔負羊毛，道路疲極，暈倒在僧坊庭中，諸比丘知道其暈倒的原因後譏嫌緣起比丘，並報告給佛陀，佛陀因此制戒。隨制中，居士供養比丘羊毛，比丘因持戒不敢接受；後來又有比丘需要羊毛做卧具，自己不知道怎麼做，請其他比丘做，其他比丘也不敢接受，佛因此集僧，詢問得知其所要請的人距此三由旬，便增制了此戒，規定比丘自持羊毛行走不得超過三由旬。

《僧祇律》有一個緣起和一個本制。緣起情節與《四分律》本制情節類似。本制記載，六十比丘持羊毛去禮拜、供養佛陀和其他比丘，路上被人譏嫌，佛陀因此制戒。

《根有律》與《四分律》情節差異最大。六群比丘嫉妒其他比丘供養豐厚，就出遊找商旅尋求利養，其得到羊毛的因緣與《鼻奈耶》中緣起比丘得羊毛的因緣相似。六群比丘得羊毛後，遭到外道言語戲弄，且驚擾到村民，又被守關征稅的人誤會，還被「摩訶羅」錯認為是「客擔人」。回到寺院後，六群比丘又被少欲比丘譏嫌，諸比丘將此事匯報佛陀，佛因此制戒。

（二）緣起比丘形象

《四分律》、《鼻奈耶》、《十誦律》、《五分律》沒有明確記載緣起比丘的形象。

《僧祇律》中，緣起比丘有很強的供養心：「我欲往彼少供養梵行人，齎何等物當得適彼所須？」為了供養佛陀和諸梵行比丘，緣起比丘「各各持羊毛重擔而行」，被世人譏嫌。《巴利律》中，緣起比丘「被眾人所嘲笑而有瞋恚」，然後「立擲羊毛而去」。

《根有律》中，緣起比丘很強勢，面對居士的譏嫌和嬉笑，他們一一還擊：「無智者，汝將我是偷稅商人？」「老叟，汝將我是客擔人耶？」這一點和其他律典明顯不同。

(三) 犯戒內因

《四分律》中，緣起比丘的犯戒內因是對羊毛貪求且無厭足，如律文：「時跋難陀釋子道路行，多得羊毛，貫杖頭擔在道行。」《鼻奈耶》、《十誦律》、《五分律》、《根有律》、《巴利律》與《四分律》相似。如《根有律》中，緣起比丘計議：「我等喻若井蛙，曾不遊行欲何所獲？我等亦可四出遊行。」擔回羊毛後，「以諸毛擔，總置寺中，悉積如山，見者稱異」。

《僧祇律》中，緣起比丘的犯戒內因是非染污無明，其持羊毛是為了供養佛及大德比丘，但沒有預料到擔羊毛趕路所產生的過患。

(四) 犯戒外緣

《四分律》中，緣起比丘在路上行走時得到羊毛，於是將羊毛「貫杖頭」而行，導致犯戒。《巴利律》與《四分律》類似。這兩部律典中沒有明確記載比丘因何得到羊毛，有可能是來自他人供養。所以，比丘有機會得到羊毛是犯戒外緣。

《鼻奈耶》中，「賈客以毳布施比丘僧」是犯戒外緣，《十誦律》、《根有律》與《鼻奈耶》相似。《十誦律》中，估客對諸比丘說：「共集一處，我以是羊毛布施眾僧。」《根有律》中，商人對緣起比丘說：「隨意皆取，於我無用。」因此，這三部律典中，估客供養比丘羊毛是犯戒外緣。《五分律》中，居士供養羊毛是犯戒外緣，如律文：「有一比丘來止其房，便施羊毛。」

《僧祇律》沒有明確記載犯戒外緣。

（五）犯戒後的影響

《四分律》中，諸居士嫌責緣起比丘，還戲弄緣起比丘：「大德，此羊毛賣不？」

《鼻奈耶》、《僧祇律》、《五分律》中，世人嫌責比丘的情節與《四分律》類似。如《五分律》中，路人見之皆譏呵言：「無沙門行，破沙門法。」《僧祇律》中，世人譏嫌比丘：「如駝，如驢，如客作人，如商人。」

《根有律》中，外道戲弄緣起比丘「得幾利潤」，「諸人見已咸皆驚怖」，守關征稅的人錯認其為「偷稅商人」，「摩訶羅」見了以為他是「客擔人」。緣起比丘擔羊毛行影響很大，這與其他律典差異較大。

《十誦律》中，估客見了「心生嫉妒」而呵責緣起比丘。《巴利律》中，眾人見而取笑比丘。

（六）佛陀考量

《僧祇律》中，尊者優陀夷擔重羊毛出城，被世人譏嫌。佛只是說：「此是惡事，從今日後不聽擔負。」但沒制戒。後來六十比丘「皆擔羊毛」，這時佛才制戒。

《五分律》中，佛先制戒：比丘擔羊毛道路行犯捨墮罪。因此，當有居士供養比丘羊毛時，比丘擔心犯戒而不敢接受。但比丘又需要羊毛做臥具，佛因此集眾，核實情況後增制了此戒。佛這樣做的目的有三：一是給居士提供培福的機會；二是當眾讚歎比丘持戒，樹立榜樣；三是充分聽取意見，在比丘生活需求與實際持戒中尋求平衡，依緣起隨制隨開，體現出佛陀制戒的中道精神。

（七）文體分析

諸律都只採用了因緣的文體，其中《四分律》、《鼻奈耶》、《十誦律》、

《根有律》、《巴利律》均只有一個因緣，《僧祇律》有兩個因緣，《五分律》有三個因緣。

《四分律》、《鼻奈耶》在敘述方式上直接簡單，對話和心理描寫不多。

《五分律》中，緣起比丘「擔負羊毛，道路疲極」，最後倒在僧坊庭中，諸比丘誤認為「鬼著」，以「小便灑之」。這樣的行為看似滑稽，甚至有些離譜，但從側面反映出了當時印度的民俗文化。

《根有律》對整個緣起故事的前因後果作了大篇幅的記載，文中有大量的對話和心理活動的細節描寫，人物性格突出，較好地還原了緣起比丘犯戒的過程和情景，使整個故事更加完整和飽滿。如緣起比丘拿到羊毛以後被商人誤會：「時諸商人見而報曰：『聖者，我欲雇人來取其毛，今時聖者並悉將至，我欲酬價還取其毛。』苾芻報曰：『汝無識物，我等豈是客作人耶？汝若如是，我當棄卻。』商人報曰：『我等戲言，幸無見責，可持而去。』」緣起比丘擔羊毛路過聚落時驚擾到村民，如律文：「諸人見已咸皆驚怖，棄其家宅走入林中，留諸強壯防守村邑，共相告曰：『彼非象軍，是駱駝也。』又曰：『彼非駱駝，應是牛馱。』又云：『彼非牛馱，是人擔物。』」這樣的對白突出了村民被緣起比丘驚擾時內心的驚慌。最後緣起比丘回寺以後被問道：「具壽，仁等能持如斯重擔，豈不畏彼世俗譏嫌？」比丘回答道：「我口豈唯啖食？有調弄者三倍弄之！」

《巴利律》用對話的方式道出了佛陀規定不得持羊毛超過三由旬的原因：「『汝從多遠之地持來此羊毛乎？』『友，超越三由旬。』」說明佛制定這樣的規定並非是無本之木，而是有現實緣起。

二、戒本

《四分律》中，本戒的戒本為：「若比丘，道路行得羊毛。若無人持，得自持乃至三由旬。若無人持，自持過三由旬，尼薩耆波逸提。」

(一) 若比丘，道路行得羊毛

《四分律》、《四分律比丘戒本》[1] 作「若比丘，道路行得羊毛」，意思是：如果比丘在道路上行走時得到羊毛。

與《四分律》有部分差異：

《鼻奈耶》作「若比丘，行路，人施羊毛」，相比《四分律》，此處強調的是他人布施羊毛。

《四分僧戒本》[2] 作「若比丘，行道中得羊毛，比丘須者應取」，《新刪定四分僧戒本》[3] 作「若比丘，行道中得羊毛，須者應取」。

《十誦律》作「若比丘，行道中得施羊毛，比丘須者自取」，《僧祇律》作「若比丘，行道中得羊毛，欲取」，《僧祇比丘戒本》[4] 作「若比丘，道行得羊毛，若須得取」，《解脱戒經》[5] 作「若比丘，行路中得羊毛，須者應取」，《根有律》、《根有戒經》[6]、《根有律攝》[7] 作「若復苾芻，行路中得羊毛，欲須應取」，《十誦比丘戒本》[8] 作「若比丘，行道中得羺羊毛，欲受」。

---

1 《四分律比丘戒本》，《大正藏》22 冊，1017 頁下欄。

2 《四分僧戒本》，《大正藏》22 冊，1025 頁下欄。

3 《新刪定四分僧戒本》，《卍續藏》39 冊，265 頁下欄。

4 《僧祇比丘戒本》，《大正藏》22 冊，551 頁下欄。

5 《解脱戒經》，《大正藏》24 冊，661 頁下欄。

6 《根有戒經》，《大正藏》24 冊，503 頁中欄。

7 《根有律攝》卷 6，《大正藏》24 冊，560 頁上欄。

8 《十誦比丘戒本》，《大正藏》23 冊，473 頁中欄。

梵文《說出世部戒經》[1] 作“bhikṣusya kho punar adhvānamārge pratipannasya utpadyeṃsu e(ḍa)kalomāni| ākāṃkṣamāṇena bhikṣuṇā pratigṛhṇitavyaṃ”，梵文《有部戒經》[2] 作“bhikṣoś ced adhvānamārgapratipan nasyotpadyerann eḍakalomāni ākāṅkṣatā tena bhikṣuṇā pratigṛhītavyāni”，梵文《根有戒經》[3] 作“bhikṣoḥ khalv adhvapratipannasyotpadyerann eḍakaromāṇy ākāṃkṣatā tena bhikṣuṇā pratigṛhītavyāni”。這三部梵文戒經的意思都是：如果比丘在行路途中獲得羊毛，想要的比丘可以接受。

巴利《戒經》[4] 作“bhikkhuno pan’eva addhānamaggappaṭipannassa eḷakalomāni uppajjeyyuṃ, ākaṅkhamānena bhikkhunā paṭiggahetabbāni”，意思是：如果比丘在行路途中獲得羊毛，想要的比丘可以接受。

藏文《根有戒經》[5] 作“དགེ་སློང་ལམ་དུ་ཞུགས་པས་ལུག་བལ་དག་རྙེད་ལ་འདོད་ན་དགེ་སློང་དེས་བླང་བར་བྱའོ།”，意思是：比丘行路中得羊毛，如果想要，比丘可以接受。

相比《四分律》，《四分僧戒本》及之後的律典增加了「須者應取」、「欲取」或類似意思的內容。

與《四分律》差異較大：

《五分律》、《彌沙塞五分戒本》[6] 作「若比丘，得羊毛，須持有所至」。

(二) 若無人持，得自持乃至三由旬

《四分律》、《四分律比丘戒本》作「若無人持，得自持乃至三由旬」，意思是：如果沒有別人（替比丘）拿着，比丘可以自己拿着行走三由旬。

---

1 Nathmal Tatia, *Prātimokṣasūtram of the Lokottaravādimahāsāṅghika School,* Tibetan Sanskrit Works Series, no. 16, p. 16.

2 Georg von Simson, *Prātimokṣasūtra der Sarvāstivādins Teil II,* Sanskrittexte aus den Turfanfunden, XI, p. 194.

3 Anukul Chandra Banerjee, *Two Buddhist Vinaya Texts in Sanskrit,* p. 29.

4 Bhikkhu Ñāṇatusita, *Analysis of the Bhikkhu Pātimokkha,* p. 140.

5 麗江版《甘珠爾》（འཇང་བཀའ་འགྱུར།）第 5 函《別解脫經》（སོ་སོར་ཐར་པའི་མདོ།）10b。

6 《彌沙塞五分戒本》，《大正藏》22 冊，196 頁下欄。

與《四分律》相似：

《四分僧戒本》作「若無人持，得自持行至三由旬」，《新刪定四分僧戒本》作「無人持，自持行三由旬」，《解脱戒經》作「若無人持，得自持行三由旬」。

《根有律》、《根有戒經》、《根有律攝》作「若無人持，得自持至三踰繕那」。這裏的「踰繕那」和《四分律》的「由旬」一樣，都是梵文“yojana”的音譯。

梵文《說出世部戒經》作“pratigṛhṇitvā sāmaṃ triyojanaparamaṃ hartavyam asante anyasmi(n) hārake”，意思是：接受以後，（如果）沒有其他人攜帶，（比丘）自己最多可以攜帶三由旬。

梵文《有部戒經》、梵文《根有戒經》均作“pratigṛhya yāvat triyojana-paramaṃ svayaṃ hartavyāny”，意思都是：接受以後，（比丘）自己最多可以攜帶三由旬。

巴利《戒經》作“paṭiggahetvā tiyojanaparamaṃ sahatthā haritabbāni, asante hārake”，意思是：接受以後，如果沒有其他人攜帶，（比丘）自己最多可以親手攜帶三由旬。

藏文《根有戒經》作“བླངས་ནས་ཁྱེར་བ་མེད་ན་དཔག་ཚད་གསུམ་གྱི་མཐའི་བར་དུ”，意思是：接受以後，若無人攜帶，自己最多可攜帶三由旬的距離。

與《四分律》有部分差異：

以下律典相比《四分律》，均缺少與「若無人持」相對應的內容。

《鼻奈耶》作「得持行三由延」，《十誦律》作「持去乃至三由延」，《僧祇比丘戒本》作「至三由旬」，《十誦比丘戒本》作「是比丘應自手取，乃至三由旬」，《僧祇律》作「是比丘得自手取至三由延」，《五分律》、《彌沙塞五分戒本》作「若自持，乃至三由旬」。

（三）若無人持，自持過三由旬，尼薩耆波逸提

《四分律》、《四分律比丘戒本》作「若無人持，自持過三由旬，尼薩耆波逸提」，意思是：如果沒有別人（替比丘）拿（羊毛），比丘自己拿着行走超過了三由旬的距離，犯捨墮罪。

與《四分律》相似：

《四分僧戒本》作「若無人持，自持過者，尼薩耆波逸提」，《十誦比丘戒本》作「若無代，過擔者，尼薩耆波夜提」。

巴利《戒經》作 "tato ce uttariṃ hareyya asante pi hārake, nissaggiyaṃ pācittiyaṃ"，意思是：如果在沒有人持的情況下，攜帶超過了（三由旬的限制），捨墮。

與《四分律》有部分差異：

梵文《說出世部戒經》作 "taduttariṃ hāreya sante vā asante vā anyasmi(n) hārake, nissargikapācattikaṃ"，意思是：（比丘）攜帶超過了這個（限制），（不管）有或沒有其他人來攜帶，捨墮。《四分律》中強調的是沒有別人持，比丘自持的情況，而梵文《說出世部戒經》中則是說，不管有沒有人為比丘持，只要比丘自持。二者略有差異。

以下幾部律典與《四分律》相比，有所簡化。

《僧祇律》作「若過三由延擔者，尼薩耆波夜提」，《新刪定四分僧戒本》、《解脫戒經》作「若過者，尼薩耆波逸提」，《鼻奈耶》作「若過者，捨墮」，《僧祇比丘戒本》作「若過者，尼薩耆波夜提」，《根有律》、《根有戒經》、《根有律攝》作「若過者，泥薩祇波逸底迦」，《五分律》、《彌沙塞五分戒本》作「若過，尼薩耆波逸提」。

梵文《有部戒經》作 "asati hartari tata uttaraṃ haren niḥsargikā pātayantikā"，梵文《根有戒經》作 "asati hārake tata uttari pāren naisargikapāyantikā"，以上兩部梵文戒經的意思都是：（如果）攜帶超過了限制，捨墮。

藏文《根有戒經》作 "བདག་ཉིད་ཀྱིས་བསྐུར་བར་བྱའོ། །དེ་ལས་འདས་པར་ཁྱེར་ན་སྤང་བའི་ལྟུང་བྱེད་དོ། །"，意思是：若攜帶超過此距離，捨墮。

與《四分律》差異較大：

《十誦律》作「若無人代，過是擔者，尼薩耆波夜提。若二比丘得羊毛持去，得至六由延。若三比丘得至九由延，若四比丘得至十二由延，若五比丘得至十五由延。如是隨人多少，一人得至三由延」。與《四分律》相比，此處除了有「若無人代，過是擔者」的表述外，在戒條的最後還額外增加了多位比丘持羊毛時，路程的計算方式。

三、關鍵詞

三由旬

梵文戒經中均作“triyojana”，該詞由“tri（三）”和“yojana（由旬）”組成，描述長度或距離：三由旬（英譯：three yojanas）。由旬、由延、踰繕那都是“yojana”的音譯。巴利《戒經》作“tiyojana”，該詞由“ti（三）”、“yojana（由旬）”組成，意思和梵文相同。藏文《根有戒經》作“དཔག་ཚད་（由旬）གསུམ་（三）”，意思是“三由旬（英譯：three yojanas）”。

「由旬」，古印度的一種長度計量單位，《四分律》中沒有明確解釋。

《僧祇律》記載：「五肘弓、二千弓名一拘盧舍；四千弓半由延；八千弓一由延；十六千弓二由延；二十四千弓為三由延。」說明了由旬與其他長度單位的換算標準。

《根有律》記載：「七極微成一微塵，此七成銅塵，此七成水塵，此七成兔毛塵，此七成羊毛塵，此七成牛毛塵，此七成隙遊塵，此七成蟣，此七成蝨，此七成穬麥，此七成一指，二十四指成一肘，三肘半成一人，四肘成一弓，五百弓為一拘盧舍，八拘盧舍為一踰繕那。」《根有律攝》與《根有律》相似，但是只解釋到「五百弓為一拘盧舍」。這兩部律典同樣記載了由旬與其他長度單位的換算標準，但標準與《僧祇律》不同。

《薩婆多論》記載：「由旬者，四十里一由旬。」

《根本說一切有部百一羯磨》記載：「言瑜膳那者，既無正翻，義當東夏一驛可三十餘里。舊云由旬者，訛略。若准西國俗法，四俱盧舍為一瑜膳那，計一俱盧舍可有八里，即是當其三十二里。若准內教，八俱盧舍為一瑜膳那，一俱盧舍有五百弓，弓有一步數，准其步數才一里半餘，將八倍之當十二里，此乃不充一驛。親驗當今西方瑜膳那，可有一驛，故今皆作一驛翻之，庶無遠滯。然則那爛陀寺南向王舍城有五俱盧舍，計其里數可一驛餘耳。」[1]

《四分律名義標釋》說：「此有三別：大者，八十里；中者，六十里；下者，四十里。若西國俗用，以三十里為一由旬，聖教所載，當六十里，常用則四十里也。」[2]

綜上所述，詞源分析中，諸部戒經意思相同，但都沒有具體解釋三由旬與現在的長度單位的換算標準。漢譯律典中，《僧祇律》、《根有律》、《根有律攝》、《根本說一切有部百一羯磨》都記載了由旬與古印度其他長度單位的換算標準，其中《僧祇律》與其他三部律典的標準不同。《薩婆多論》直接記載四十里為一由旬。《四分律名義標釋》中列舉了三種標準。

1 《根本說一切有部百一羯磨》卷 3，《大正藏》24 冊，467 頁上欄。

2 《四分律名義標釋》卷 20，《卍續藏》44 冊，560 頁上欄。

四、辨相

（一）犯緣

具足以下五個方面的犯緣便正犯本戒：

1. 所犯境

《四分律》中，此戒的所犯境為「羊毛」。除藏傳《苾芻學處》[1]外，其他律典的所犯境與《四分律》相同。

藏傳《苾芻學處》中，持「清淨，滿一擔，是自所有，未易換」的羊毛，才正犯此戒。

此外，《摩得勒伽》[2]只有所犯境、方便加行與犯戒主體的內容，下文不再贅述。《毗尼母經》和《明了論》沒有此戒的內容。

2. 能犯心

（1）發起心

《四分律》中沒有明確説明此戒的發起心。除藏傳《苾芻學處》外，其他律典與《四分律》相同。

藏傳《苾芻學處》中，「為自故，欲擔之心未間斷」，正犯此戒。

（2）想心

《四分律》沒有想心方面的明確記載。除《巴利律》和藏傳《苾芻學處》外，其他律典與《四分律》相同。

《巴利律》中，過三由旬作過想、疑，不過三由旬想，均正犯此戒。

藏傳《苾芻學處》中，「想不錯亂」，正犯此戒。

---

1 《苾芻學處》，《宗喀巴大師集》卷 5，83 頁。

2 《摩得勒伽》卷 9，《大正藏》23 冊，618 頁下欄。

3. 方便加行

《四分律》中，在沒有人幫比丘持羊毛的情況下，比丘「自持過三由旬」，正犯此戒。《巴利律》的戒條和關鍵詞中，方便加行與《四分律》相同。《五分律》的方便加行與《四分律》類似，不同點為：要求在沒有「淨人」幫比丘持羊毛的情況下，比丘才可以自持羊毛。

《鼻奈耶》、《十誦律》、《薩婆多論》[1]、《僧祇律》、《善見論》[2]中，比丘自持羊毛超過三由旬，正犯此戒。與《四分律》相比，這五部律典沒有要求比丘在「無人持」的情況下，才可以自己持羊毛行走三由旬。其中，《善見論》中，即使攜帶「下至塞耳」的微量羊毛行過三由旬，也會正犯此戒。《僧祇律》中也有類似的規定：「若未成作物，乃至齊塞針筒毛，亦犯。」《根有律》、《根有律攝》[3]中，在沒有人幫比丘持羊毛的情況下，比丘自己持羊毛，有兩種情況：

(1)「若從村處往曠野時」，或是在村間行走時，只要超過一「拘盧舍」，就正犯此戒；

(2)「若在曠野處」行走超過三「踰繕那」，正犯。

藏傳《苾芻學處》中，在有人可以幫忙持的情況下，比丘自己持羊毛行走超過一「俱盧舍」，正犯此戒。如果在無人幫忙持的情況下，比丘自持羊毛行走「三踰繕那，再過一俱盧舍」，才正犯。此律還對持羊毛行走的地點與時間，作了相關規定：「擔毛所行之路是地上路……時間是一日所行。」

4. 究竟成犯

《四分律》中，比丘持羊毛行走，超過三由旬時，正犯此戒。《鼻奈耶》、《十誦律》、《薩婆多論》、《五分律》、《善見論》與《四分律》相同。

《僧祇律》、《巴利律》的究竟成犯與《四分律》相似，兩部律規定：過一腳不正犯，過兩腳才正犯。如《僧祇律》記載：「若直行齊三由延，過一腳

---

1 《薩婆多論》卷 5，《大正藏》23 冊，535 頁上欄。

2 《善見論》卷 15，《大正藏》24 冊，777 頁中欄。

3 《根有律攝》卷 6，《大正藏》24 冊，559 頁下欄至 560 頁上欄。

越比尼罪；過兩腳，尼薩耆波夜提。」《巴利律》與之類似：「過三由旬之最初一步，突吉羅；過第二步者，捨墮。」

《根有律》和《根有律攝》中，在沒有人幫比丘持羊毛的情況下，比丘自持羊毛，有兩種情況：(1) 在村間道路上行走，或是「從村處往曠野時」，行走超過一「拘盧舍」之時，正犯此戒；(2) 在曠野處行走超過三「踰繕那」之時，正犯。

藏傳《苾芻學處》的究竟成犯分為兩種情況：(1)「若無人持，聽許自持三逾繕那，再過一俱盧舍」時，正犯此戒；(2)「若有人持，略一擔荷即犯惡作，過一俱盧舍」，正犯此戒。

《巴利律》和《善見論》中，比丘自持羊毛行走至三由旬時，用其他方法將羊毛帶出三由旬，也正犯此戒。如《巴利律》中，「立於三由旬內，擲於三由旬外者」，或是「不令知而放置於他人之乘物或行李上，過三由旬者」，均正犯此戒。《善見論》中，「至三由旬已放地，若以杖撥，或以腳轉，過三由旬」，正犯。

《摩得勒伽》沒有明確記載究竟成犯。

5. 犯戒主體

《四分律》中，此戒的犯戒主體為比丘，其他律典在這一點上與《四分律》相同。此外，《摩得勒伽》中，「學戒人」正犯此戒。

(二) 輕重

1. 所犯境

《四分律》中，持「羊毛」，犯捨墮。除藏傳《苾芻學處》外，其他律典與《四分律》相同。

藏傳《苾芻學處》中，持「清淨，滿一擔，是自所有，未易換」的羊毛，才犯捨墮。

《四分律》中，「若持餘物——拘遮羅，若乳葉草，若芻摩，若麻，若廁羅婆尼」，犯突吉羅。

《僧祇律》記載「若擔駱駝毛、羖毛，得偷蘭遮罪；若擔犛牛尾，越毗尼罪」、「若擔師子毛、豬毛，越比尼心悔」。

2. 能犯心

（1）發起心

《四分律》沒有發起心方面的明確記載。除藏傳《苾芻學處》外，其他律典與《四分律》相同。

藏傳《苾芻學處》中，「為自故，欲擔之心未間斷」，犯捨墮。

（2）想心

《四分律》中沒有與想心有關的判罪。除《巴利律》和藏傳《苾芻學處》外，其他律典與《四分律》相同。

《巴利律》中，過三由旬作過想、疑，或作不過三由旬想，都犯捨墮；不過三由旬作過想、疑，均犯突吉羅；不過三由旬而有不過想，不犯。

藏傳《苾芻學處》中，「想不錯亂」，犯捨墮。

3. 方便加行

（1）自持

《四分律》中，在沒有人幫比丘持羊毛的情況下，比丘「自持過三由旬」，犯捨墮。《巴利律》與《四分律》相同。《五分律》中，比丘在沒有「淨人」幫自己持羊毛的情況下，自己持羊毛超過三由旬，犯捨墮。

《鼻奈耶》、《十誦律》、《薩婆多論》、《僧祇律》、《善見論》中，比丘自持羊毛超過三由旬，犯捨墮。與《四分律》相比，這五部律典中沒有要求比丘在「無人持」的情況下，才可以自己持羊毛行走三由旬。其中，《善見論》還規定，即使攜帶「下至塞耳」的微量羊毛行過三由旬，也會犯捨墮。《僧祇律》中也有類似的規定：「若未成作物，乃至齊塞針筒毛，亦犯。」

《根有律》中，在沒有人幫比丘持羊毛的情況下，比丘自持羊毛，有兩種結罪情況：「若從村處往曠野時」，或是在村間行走時，只要超過一「拘盧舍」，就犯捨墮；「若在曠野處」，行走超過三「踰繕那」，犯捨墮。《根有律攝》的結罪情況與《根有律》相同。

藏傳《苾芻學處》中，在有人幫忙持的情況下，比丘沒有讓別人幫忙，而是自持羊毛行走超過一「俱盧舍」，就犯捨墮。如果是無人幫忙持的情況下，比丘自持羊毛行走「三踰繕那，再過一俱盧舍」，才犯捨墮。

（2）教他持

《四分律》中，比丘讓比丘尼、式叉摩那、沙彌、沙彌尼持過三由旬，犯突吉羅。《十誦律》除了上述判罪與《四分律》相同外，還額外增加了判罪：如果比丘令其他比丘持過三由旬，也犯突吉羅。《薩婆多論》也有類似規定：「若使五眾持去過三由旬，突吉羅；不得車載馱負，若使淨人持去過三由旬，突吉羅。」

（3）其他

《四分律》中，他人幫比丘持羊毛時，「比丘於此中間不得助持，若助持，突吉羅」。

《十誦律》記載：「若與化淨人持過，得突吉羅；若比丘知是化人，不犯。」

《摩得勒伽》記載：「空中持羊毛去，突吉羅；與化人持去，突吉羅。」

《五分律》中，比丘持羊毛時「不得擔擔、頭戴、背負，犯者，突吉羅」。

《根有律攝》記載：「乘空持去者，得惡作罪。」藏傳《苾芻學處》記載：「除修得神通，以餘方便乘空持去，或變化持去，皆惡作罪。」此外還記載：「若以肩之頭擔，或用脅、背、腰、頭，及餘身分擔者，或必須擔時過半擔者，皆惡作罪。」

4. 究竟成犯

《四分律》中，比丘持羊毛行走，超過三由旬的那一刻，犯捨墮。《鼻奈耶》、《十誦律》、《薩婆多論》、《五分律》與《四分律》相同。《善見論》的究竟成犯與《四分律》相同，此律還特別記載了此戒的結罪次數為「隨毛多少，一一犯尼薩耆罪」。

《僧祇律》、《巴利律》的究竟成犯與《四分律》相似，只是額外規定：

過一腳，犯突吉羅；過兩腳，捨墮。如《僧祇律》記載：「若直行齊三由延，過一腳，越比尼罪；過兩腳，尼薩耆波夜提。」《巴利律》與之類似：「過三由旬之最初一步，突吉羅；過第二步者，捨墮。」

《根有律》和《根有律攝》中，在沒有人幫比丘持羊毛的情況下，比丘自持羊毛，有兩種結罪情況：

（1）在村間道路上行走，或是「從村處往曠野時」，每行走超過半「拘盧舍」，犯一個突吉羅，每行走超過一「拘盧舍」，就犯一個捨墮；

（2）在曠野處行走超過三「踰繕那」之時，犯捨墮。

藏傳《苾芻學處》的究竟成犯分為兩種情況：

（1）「若無人持，聽許自持三逾繕那，再過一俱盧舍則成犯」；

（2）「若有人持，略一擔荷即犯惡作，過一俱盧舍則成捨墮」。

此外，不管有沒有人持，只要比丘持羊毛行走超出了限定距離之後，「再過半半俱盧舍即得一一惡作罪」。

《巴利律》和《善見論》中，比丘自持羊毛行走至三由旬時，用其他方法將羊毛帶出三由旬，也犯捨墮。如《巴利律》中，「立於三由旬內，擲於三由旬外者」，犯捨墮；此外，「不令知而放置於他人之乘物或行李上，過三由旬者」，犯捨墮。《善見論》記載：「至三由旬已放地，若以杖撥，或以腳轉，過三由旬，皆尼薩耆罪。」《善見論》還特別交代「虎、狼、賊」等難緣不屬於開緣的情況：「至三由旬，若虎、狼、賊難擔出三由旬，悉尼薩耆罪。」

《摩得勒伽》沒有記載與究竟成犯相關的判罪。

5. 犯戒主體

《四分律》中，比丘，犯捨墮。對此，其他律典與《四分律》相同。

《四分律》中，比丘尼及下三眾，犯突吉羅。《薩婆多論》與《四分律》相同。

《摩得勒伽》中，學悔沙彌，犯捨墮。另外還記載：「本犯戒人乃至污染比丘尼人，皆突吉羅。」

《五分律》中，沙彌，犯突吉羅。

(三) 不犯

1. 所犯境不具足

《四分律》記載:「若擔毳莊、毳繩，若擔頭毛、項上毛、腳毛，若作帽，若作攝熱巾、若裹革屣，盡無犯。」

《僧祇律》記載:「若已成物，若作氈、若枕、若褥等，不犯。」此外，「若施柄」、「若成器」，都不犯。

《善見論》記載：「無罪者，欽婆羅尼師檀、已成氈，不犯。」

2. 想心不具足

《巴利律》中，「於不足三由旬而有不足想者，不犯也」。

3. 方便加行不具足

《四分律》記載：「若有人與持者，語使持，乃至某處中間更不助擔；使比丘尼、式叉摩那、沙彌、沙彌尼擔三由旬……盡無犯。」

《十誦律》記載：「若比丘持羺羊毛，著耳上去，若著耳中，若著咽下，若作氈，若著針線囊中持去，不犯。」此外，「飛持過，不犯」。

《薩婆多論》記載：「若著耳上，若著耳中，若著咽下，若作氈，若著針筒中持去，不犯；若與人持去三由旬，不犯。」

《五分律》記載：「若展轉持，若有人代，若於三由旬持反，及持五六波羅。」

《巴利律》記載：「被奪〔再〕獲得而持，獲得已捨物可再持，作為行李令他人持……不犯也。」

《善見論》記載：「若三由旬內為賊劫奪，劫奪已後還比丘，比丘復得擔三由旬，不犯。……至三由旬已，有人代擔過三由旬，不犯。」《十誦律》中規定：兩個比丘可以持至六由延，三個比丘九由延，「如是隨人多少，一人得至三由延」。《僧祇律》中也有類似規定：「若二人各有擔，齊三由延已，轉易各復得三由延，三人九由延，四人十二由延。若如是眾多人，隨人為限，唯不得更重檐。曾檐者，若貿易，若更得，得更至三由延。」《薩婆多論》關鍵詞中也有類似記載：「若得羊毛，一比丘擔去，得至三由旬；若二比丘，至六由旬；如是不計人多少。」

4. 究竟成犯不具足

《四分律》記載：「不犯者，若持至三由旬，若減三由旬。」

《五分律》和《薩婆多論》均記載：「不犯者，三由旬內。」

《巴利律》中，「持三由旬，持三由旬以下，持三由旬又持回，意欲停留而行三由旬之後由此處持往他處」，均不犯。

《善見論》記載：「三由旬內不犯。」

《根有律》記載：「若在曠野處齊三踰繕那，無犯。」

5. 犯戒主體不具足

《四分律》記載：「無犯者，最初未制戒，癡狂、心亂、痛惱所纏。」

《五分律》、《根有律》與《四分律》相同。

《巴利律》記載：「癡狂者、最初之犯行者，不犯也。」

6. 其他

《五分律》記載，「為作腰繩、帽綖等」，不犯。

《根有律》記載：「若為作帽及作布羅，或立幡等密而持去者，無犯。」

《根有律攝》記載：「若為作帽、富羅或腰條，立播密而持去者，無犯。」

五、原理

（一）猶如商人

本戒屬於遮戒，主要是防止俗眾的譏嫌。

本戒的制定有一定的社會背景。佛世時，商人屬於吠舍階級，社會地位低下，比丘自擔羊毛在路上行走，容易引發世人對商人形象的聯想。這與比丘尊貴的沙門身分不相稱，容易招致世人的輕視、譏嫌，讓信眾喪失對佛法的信心。如《僧祇律》中，白衣譏諷比丘像商人馱負貨物：「沙門釋子持重擔而行，如駝，如驢，如客作人，如商人，如是擔重擔。」「此間賤買，欲彼間貴賣。」《五分律》中，路人譏呵：「我等家累，擔負羊毛。諸比丘亦復如是，徒著壞色割截衣，剃頭乞食，與我何異？無沙門行，破沙門法。」《薩婆多論》記載：「諸沙門擔負羊毛，非出家人法，是故呵之。」

此外，《薩婆多論》記載：「凡有三戒，大利益佛法在餘誦：一、不得擔；二、不殺草木；三、不掘地。若不制三戒，一切國王當使比丘種種作役；有此三戒，帝主國王一切息心。」[1] 可見，佛陀制定此戒，還有避免國王使比丘執勞服役的考慮，以此讓比丘有更多的時間和精力用於聞思修道。

（二）比丘與商人的關係

本戒中比丘與商人原本是正常的信施關係，然而一旦比丘的行為可能觸及到商人的利益時，雙方的關係就變得緊張起來。如《十誦律》中「一估客」因為車折牛傷無法運輸羊毛而心生「愁憂」，等見到比丘後轉心為喜作是念：「是羊毛必當不失，當以布施是比丘僧。」但是當其他估客看見比丘擔着羊毛

1　《薩婆多論》卷 6，《大正藏》23 冊，543 頁中欄。

以後，便心生嫉妒而呵責：「汝等何處買是毛來？欲何處販去？何處坐肆？是為得利？為不得利？」

其背後的原因在於：比丘擔着羊毛到處行走，商人看見後，誤認為比丘要與之爭利，也就是說比丘的出現使其多了一個競爭對手，所以令其心生嫉妒，詆毀比丘。正如《薩婆多論》所言：「諸比丘持毛從後來，心生嫉妒者，諸賈客欲販羊毛，不欲令羊毛多入國故。」此外，商人看見比丘擔羊毛而不高興，還有一個重要原因，即比丘不需要繳納關税，而商人卻不行。如《根有律》中的「税關人」看到緣起比丘擔着羊毛，以為是「偷税商人」，拒絕其通過，但等到核實了比丘的身分之後，就立刻改口說「聖者隨去」。正因為比丘不用繳納關税，販賣羊毛更具競爭優勢，這就更加重了商人的緊張情緒。

六、總結

（一）諸律差異分析

1. 緣起差異

（1）結構差異

《四分律》、《鼻奈耶》、《十誦律》、《根有律》、《巴利律》有一個本制。《僧祇律》有一個緣起、一個本制。《五分律》有一個緣起、一個本制、一個隨制。

（2）情節差異

《鼻奈耶》、《十誦律》、《根有律》的情節與《四分律》相似，不同點是《鼻奈耶》、《十誦律》、《根有律》多了緣起比丘得到羊毛的詳細經過：緣起比丘與賈客同行，其中有一賈客的車軸折斷，就把羊毛布施給緣起比丘。此外，《根有律》還比《四分律》多了緣起比丘擔羊毛時，遭外道同行調侃，驚擾村民，被誤會是偷稅人、客擔人，被少欲比丘譏嫌的情節。

《僧祇律》的緣起情節與《四分律》相似，但比《四分律》多了六十比丘擔羊毛前去禮拜佛及眾僧，路上被人譏嫌的情節。

《五分律》的本制情節和《四分律》相似，但比《四分律》多了一個隨制的情節：佛制不得擔羊毛超過三由旬。這一情節說明了佛制定「自持過三由旬」的緣起，可以將其補充到《四分律》的緣起情節中。

（3）結論

綜上所述，本戒仍以《四分律》本制情節為準，補充《五分律》中佛制定「自持過三由旬」的隨制情節。

2. 戒本差異

諸律戒本之間的差異，僅在翻譯表達上略有不同。不過，比較突出的地方是《十誦律》在最後增加了一段解釋多位比丘持守羊毛的里程如何計算的內容。

為了使《四分律》中「道路行得羊毛」一句，表達更為清晰，借鑒《四分僧戒本》、《新刪定四分僧戒本》等，將其改為「行道中得羊毛」。為了使文意完整，據《十誦律》在其後增補「須者自取」。「乃至三由旬」的「乃至」，為了便於理解，依《四分僧戒本》改為「行至」。最後的「若無人持，自持過三由旬，尼薩耆波逸提」中的「若無人持，自持過三由旬」與前文重複，故依《新刪定四分僧戒本》等精簡為「若過者」。

3. 辨相差異

（1）能犯心

《四分律》及大部分律典，都沒有明確提到本戒的發起心。藏傳《苾芻學處》中，發起心為「為自故，欲擔之心未間斷」。《四分律》中，比丘因為自己擔持羊毛而被居士譏嫌，但同時也有持三由旬的開緣，可見本戒的意趣是為了防止持羊毛的路程過限。因而，本戒的犯緣應當包括發起心，將發起心定義為：不護過限之心。

（2）方便加行

《四分律》中，本戒的方便加行是「無人時自持」。《巴利律》的方便加行同《四分律》，《五分律》是「沒有淨人時比丘自持」，《鼻奈耶》、《十誦律》、《薩婆多論》、《僧祇律》、《善見論》五部律典是自持，而沒有「無人持」的限制。

諸律中方便加行都有自持，不同之處在於是否有人幫持。有些律典中未明確提及，從避譏嫌的角度來說，只要有人幫忙時，比丘是不應該自持的，所以此處取《四分律》的觀點。

（3）究竟成犯

《四分律》中，究竟成犯是超過三由旬。《根有律》、《根有律攝》中究竟成犯有兩種情況：①曠野中，超過三由旬；②村落間，村落曠野間，超過一「拘盧舍」。原因可能是曠野人少，村落間人多，更容易碰到在家人而被譏嫌。藏傳《苾芻學處》中則規定：在有人可以幫忙持的情況下，比丘自己沒有讓別人幫忙，而是持羊毛行走超過一「拘盧舍」（八拘盧舍為一由旬），犯捨墮；如果是無人可以幫忙持的情況下，比丘自持羊毛行走三由旬「再過一俱盧舍」，才犯捨墮。因此《根有律》和《根有律攝》中在人員密集處的判罪比較嚴格，藏傳《苾芻學處》也有類似特點。總體而言，《四分律》的標準更便於實踐，予以採納。

結罪次數方面，《善見論》記載：「隨毛多少，一一犯尼薩耆罪。」《四分律》中沒有相關記載。上述觀點不符合實踐的需求，本戒不予採納。

4. 諸律內部差異

《僧祇律》辨相中記載：「若二人各有擔，齊三由延已，轉易各復得三由延，三人九由延，四人十二由延。」即比丘可以相互擔羊毛，以增加可行距離。緣起和戒本中並沒有提到這種方式。《巴利律》辨相中提到，比丘將羊毛悄悄放在別人的行李中或車乘上，過三由旬正犯。而緣起和戒本都是比丘自己持羊毛。

《根有律》戒條中，自持羊毛超過三由旬，正犯。而在辨相中，如果比丘持羊毛在村間或村莊通往曠野的道路上，則只要超過一「拘盧舍」，就正犯；如果在曠野處行走，超過三由旬，正犯。

（二）調整文本

通過以上諸律間觀點同異的對比與分析，文本在《四分律》的基礎上作如下調整：

1. 緣起

（1）本制

佛在舍衛國祇樹給孤獨園，跋難陀外出時得到很多羊毛，用杖擔着在路上走，被居士看見後譏嫌「販賣羊毛」。諸比丘將此事向佛匯報，佛因此制定了此戒：「若比丘，行道中得羊毛，尼薩耆波逸提。」

（2）隨制

有一位居士供養比丘羊毛，比丘因為佛制不允許自擔羊毛，沒有接受居士供養；之後，又有比丘用羊毛做臥具，自己不知道怎麼做，想請其他比丘幫忙，其他比丘不敢受，於是該比丘將此事向佛匯報，佛問：「所請的比丘離這裏多遠？」該比丘回答：「離這裏三由旬。」佛以此因緣增制了此戒。

2. 戒本

若比丘，行道中[1]得羊毛，須者自取[2]。若無人持，得自持行[3]至三由旬。若過者[4]，尼薩耆波逸提。

3. 關鍵詞

三由旬：「由旬」是一種長度計量單位。律典中的說法不同，有的記載一由旬為四千弓，也有的記載為八千弓。對應中國古代的長度單位，一由旬有四種說法，分別為：八十里、六十里、四十里和三十里。

4. 辨相

（1）犯緣

本戒具足五緣成犯：一、是好羊毛；二、是己物；三、無人持時，比丘自持；四、不護過限之心；五、行走超過三由旬，成犯。

（2）辨相結罪輕重

①是好羊毛

若比丘所持的是好羊毛，捨墮；若是拘遮羅，若乳葉草，若芻摩，若麻，若廁羅婆尼等，突吉羅。

---

1 「行道中」，底本作「道路行」，據《四分僧戒本》、《新刪定四分僧戒本》、《十誦律》、《十誦比丘戒本》、《僧祇律》改。

2 「須者自取」，底本闕，據《十誦律》改。

3 「行」，底本作「乃」，據《四分僧戒本》改。

4 「過者」，底本作「無人持，自持過三由旬」，據《新刪定四分僧戒本》、《鼻奈耶》、《僧祇比丘戒本》、《解脫戒經》、《根有律》、《根有戒經》、《根有律攝》改。

②是己物

③無人持時，比丘自持

比丘自持（過三由旬），捨墮；若有在家人幫忙，令在家人持，不犯；比丘若中間助持，突吉羅。

令比丘尼、式叉摩那、沙彌、沙彌尼持（過三由旬），突吉羅。

④不護過限之心

⑤行走超過三由旬

無人持，比丘自持超過三由旬，捨墮；若正好行三由旬，或不足三由旬，不犯。

⑥犯戒主體

比丘若犯，捨墮；比丘尼、式叉摩那、沙彌、沙彌尼若犯，突吉羅。

⑦不犯

持羊毛的製成品（如毛衣、帽子等物）行走，不犯。

若有人幫忙持時，比丘於期間沒有助持，不犯。

令比丘尼、式叉摩那、沙彌、沙彌尼持至三由旬，不犯。

若所持的不是好羊毛，如頭毛、脖子上毛、腳毛等，不犯。

最初未制戒，癡狂、心亂、痛惱所纏，不犯。

七、現代行持參考

在現代社會比丘較難觸犯此戒，但是此戒的精神並不過時。比丘應盡量避免做與出家人形象不太符合的事情。否則，有可能讓人感覺僧俗不分，引發質疑。與此同時，比丘需要注意自己在公眾中的威儀，在出行時應盡可能提前作好安排。一般情況下盡量不用肩扛、擔挑等方式來攜帶物品，以避免他人的譏嫌。

17

使非親尼浣羊毛戒

一、緣起

(一) 緣起略述

《四分律》有一個本制和一個隨制。佛在釋翅瘦迦維羅衛尼拘律園時，六群比丘讓比丘尼浣、染、擘羊毛，用以做新坐具。摩訶波闍波提比丘尼（大愛道比丘尼）因為料理羊毛，手被顏料染色。佛陀發現後，集僧詢問原委，呵斥緣起比丘並制戒。後來諸比丘都不敢使親里比丘尼浣、染、擘羊毛，於是佛陀增制了此戒。[1]

諸律緣起差異比較：

1. 制戒地點

《四分律》中，制戒地點為「釋翅瘦迦維羅衛尼拘律園」，《巴利律》[2] 與《四分律》相同，《鼻奈耶》[3] 為「舍衛國祇樹給孤獨園」，《十誦律》[4] 為「舍衛國」，《僧祇律》[5]、《五分律》[6] 為「舍衛城」，《根有律》[7] 為「室羅伐城逝多林給孤獨園」。

2. 緣起比丘

《四分律》中，緣起比丘為「六群比丘」，《巴利律》與《四分律》相同，《鼻奈耶》、《十誦律》為「迦留陀夷」，《僧祇律》為「優陀夷」，《五分律》

---

1 《四分律》卷 8，《大正藏》22 冊，618 頁上欄至下欄。

2 《經分別》卷 4，《漢譯南傳大藏經》1 冊，333 頁至 335 頁；《附隨》卷 1，《漢譯南傳大藏經》5 冊，54 頁。

3 《鼻奈耶》卷 6，《大正藏》24 冊，876 頁下欄。

4 《十誦律》卷 7，《大正藏》23 冊，50 頁中欄至 51 頁上欄；卷 53，《大正藏》23 冊，389 頁下欄至 390 頁上欄。

5 《僧祇律》卷 9，《大正藏》22 冊，301 頁上欄至下欄、310 頁上欄至中欄。

6 《五分律》卷 4，《大正藏》22 冊，26 頁下欄至 27 頁上欄；卷 5，《大正藏》22 冊，36 頁上欄至中欄。

7 《根有律》卷 21，《大正藏》23 冊，739 頁上欄至 740 頁上欄。

為「諸比丘」，《根有律》為「鄔陀夷」。

3. 緣起情節

《五分律》與《四分律》相同，也有一個本制和一個隨制，且隨制情節類似。不同之處在於，《五分律》的本制中，諸比丘尼為緣起比丘「浣、染、擘羺羊毛」而妨廢道業，居士譏嫌呵責，但沒有明確記載波闍波提比丘尼親自為緣起比丘料理羊毛的內容。

《鼻奈耶》、《十誦律》、《巴利律》均只有一個本制，情節與《四分律》的本制情節略有差異。其中，《鼻奈耶》沒有提及緣起比丘「取羊毛作新坐具」。《十誦律》中，佛跟波闍波提比丘尼核實原委後為比丘尼眾說法，令大家心生歡喜。《巴利律》中，佛問波闍波提比丘尼諸比丘尼是否精進辦道，當得知緣起比丘令比丘尼浣羊毛，以致比丘尼妨廢道業的事情後，佛因此集僧制戒。

《僧祇律》有一個緣起和一個本制，其本制情節與《四分律》本制類似。緣起中，緣起比丘讓其「本二」善生比丘尼「浣、染、擗治」羊毛，後者料理好後就將「掖下粗毛、屏處粗毛」蓋在了羊毛上，還給緣起比丘。緣起比丘就此事在諸比丘面前炫耀，遭到六群比丘嘲笑。佛陀因此規定比丘不能使非親里比丘尼浣、染、擗羊毛。

《根有律》只有本制，但與《四分律》的本制情節有部分差異。其不同點在於緣起比丘讓比丘尼料理羊毛的經過為：緣起比丘分得羊毛後，正尋思如何處理時，恰好碰到摩訶波闍波提來禮拜世尊，於是就請她幫忙料理羊毛，後者答應並安排兩位比丘尼來取羊毛。因為羊毛太多太重，一位比丘尼將羊毛頂在頭上，一位則繫在腰間，非常辛苦地將羊毛帶回寺裏。

（二）緣起比丘形象

《四分律》與《五分律》、《巴利律》都沒有直接描寫緣起比丘形象。

《十誦律》中，緣起比丘有「大名聞威德力勢」，諸比丘尼對其很敬畏，

「不能違逆」。《鼻奈耶》與《十誦律》相似，緣起比丘是「波斯匿王善知識、末利夫人阿闍梨」，諸比丘尼「不違語」。

《僧祇律》中，雖然沒有直接描寫緣起比丘的形象，但從緣起比丘犯戒過程可以看出，緣起比丘淫欲煩惱粗重，且不遵守佛制。如律文記載，緣起比丘拿着善生比丘尼的毛髮，歡喜地給諸比丘看，諸比丘看見後說：「此是覆藏之物，云何出示人？」此時，佛沒有制戒，卻規定比丘不得使非親里比丘尼浣、染、擗羊毛，而緣起比丘仍然讓摩訶波闍波提為其浣、染、擗羊毛。

《根有律》中，緣起比丘力氣很大，兩個比丘尼都拿不動的羊毛，緣起比丘可以「以手小指擎一束著一頭上，復以一束著一腰間」。另外，緣起比丘還有點刻薄，摩訶波闍波提好不容易把羊毛料理好，還派人送過去，緣起比丘卻說：「汝等尚有餘心，擬還我物。」

（三）犯戒內因

《四分律》中，緣起比丘自己要做新坐具，卻讓比丘尼來料理羊毛，很可能是因為懶惰。其他律典與《四分律》相似。如《僧祇律》中，緣起比丘先是讓善生比丘尼「浣、染、擗治」羊毛，被佛陀禁止後，又讓大愛道比丘尼料理。《根有律》中，緣起比丘心想：「我今多得羊毛，遣誰料理？……其大世主靜慮為心，所有門人皆修寂定，稍有容暇得請治毛。」

（四）犯戒外緣

《四分律》中，犯戒外緣是緣起比丘要做新坐具，需要料理羊毛。

《鼻奈耶》中，諸比丘尼對緣起比丘很恭敬。《十誦律》與《鼻奈耶》相似，如：「迦留陀夷有大名聞威德力勢，諸比丘尼以敬畏故不能違逆。」

《五分律》中，諸比丘尼供養緣起比丘，如律文記載：「諸比丘尼為供養故，不敢辭憚。」

《根有律》中，緣起比丘羊毛太多，沒人料理，正好比丘尼來到比丘僧團，如律文記載：「我今多得羊毛，遣誰料理？」「我本故來禮世尊足，若見佛已當令二尼就房相見，所料理物付與將來。」

《僧祇律》、《巴利律》沒有明確記載犯戒外緣。

（五）犯戒後的影響

《四分律》與《十誦律》、《僧祇律》、《根有律》均記載了比丘尼因為給緣起比丘料理羊毛，結果手被染色。說明料理羊毛已經給她們的生活與修行造成了一定的負擔與影響。

《根有律》中，兩位比丘尼因為給緣起比丘搬運羊毛累得「頭痛腰疼」，回寺後即「委卧在床」。《鼻奈耶》、《五分律》、《巴利律》均記載了諸比丘尼因為要給緣起比丘料理羊毛，以致荒廢道業。如《巴利律》中，六群比丘令比丘尼浣、染、疏鬆羊毛，導致比丘尼「怠廢於説教、質問、增上戒、增上心、增上慧也」。另外，《五分律》還記載諸居士「見聞譏呵」，其他律典都沒有提到這點。

（六）佛陀考量

《四分律》、《十誦律》、《巴利律》中，佛陀都是等大愛道比丘尼離開以後，才集眾呵責緣起比丘，然後制戒。因為僧尼有別，不能一同制戒，況且僧眾還有教誡比丘尼的責任。如果當着大愛道比丘尼的面呵責緣起比丘，一是可能會引起其他比丘尼對比丘的過失產生看法；二是要對大愛道比丘尼善護其意，避免其因看到比丘的過失而起慢心；三是如果比丘尼觀察比丘的過失，不利於教誡工作的開展；四是照顧緣起比丘的情緒。可見通達緣起的佛陀，清楚地知道僧尼各自的煩惱，以及僧尼間的微妙關係，並以適當的方式妥善處理，體現出佛陀的慈悲和智慧。

《十誦律》、《巴利律》中，佛陀在得知大愛道比丘尼的手因料理緣起比丘的羊毛被染色以後，便為大愛道比丘尼説法讓她歡喜。佛陀這樣做，一是安慰大愛道比丘尼，二是解決緣起比丘讓大愛道比丘尼幫其料理羊毛的事情。

《僧祇律》緣起中，佛只是規定「不得使非親里比丘尼浣、染、擗羊毛」，但沒有制戒。可能是因為緣起比丘最初讓比丘尼料理羊毛只是個案，負面影響不是很大。後來緣起比丘又讓大愛道比丘尼料理，而大愛道比丘尼是尼眾中的第一位比丘尼，如果不及時制戒，負面影響有可能繼續擴張，波及到更多的比丘尼，乃至其他比丘也會群起效尤。

（七）文體分析

諸律都只採用了因緣的文體形式，其中《四分律》、《僧祇律》、《五分律》各有兩個因緣，其他律典都只有一個因緣。

《僧祇律》有一段對話，教育性很強，如文：「『設使親里比丘得親里比丘尼應藏之物，當出示人不？』『不也，世尊。』」不僅是親里僧尼之間，在僧團這樣的群體生活中，尊重個人私隱，善護他意，也顯得格外重要。

《根有律》中，大愛道比丘尼答應為緣起比丘料理羊毛，雖然羊毛數量比預期的多，但她還是對諸尼說：「彼行惡行，於佛教中常作毀壞，如好河岸，崩令墮落。然佛所說有二善人：一謂不許其事，二謂許已令與。此既許言，事須周畢。汝等若能共料理者，隨取多少，事了送還。」並親自料理完畢，很有教育意義。

二、戒本

《四分律》中，本戒的戒本為：「若比丘，使非親里比丘尼浣、染、擘羊毛者，尼薩耆波逸提。」

（一）若比丘，使非親里比丘尼

《四分律》、《四分僧戒本》[1]、《新刪定四分僧戒本》[2]、《四分律比丘戒本》[3]作「若比丘，使非親里比丘尼」，意思是：如果比丘，指使不是親屬的比丘尼。

與《四分律》相同：

《十誦律》、《十誦比丘戒本》[4]、《僧祇律》、《僧祇比丘戒本》[5]、《五分律》、《彌沙塞五分戒本》[6]、《解脫戒經》[7]均作「若比丘，使非親里比丘尼」。

與《四分律》相似：

《根有律》、《根有戒經》[8]、《根有律攝》[9]作「若復苾芻，使非親苾芻尼」。

《鼻奈耶》作「若比丘，非親里比丘尼與〔羊毛浣擇染者〕」。

梵文《說出世部戒經》[10]作"yo puna bhikṣur anyātikāye bhikṣuṇīye"，梵文《根有戒經》[11]作"yaḥ punar bhikṣur ajñātikayā bhikṣuṇyā"，梵文《有部戒

1 《四分僧戒本》，《大正藏》22 冊，1025 頁下欄。
2 《新刪定四分僧戒本》，《卍續藏》39 冊，265 頁下欄。
3 《四分律比丘戒本》，《大正藏》22 冊，1017 頁下欄。
4 《十誦比丘戒本》，《大正藏》23 冊，473 頁中欄。
5 《僧祇比丘戒本》，《大正藏》22 冊，551 頁下欄。
6 《彌沙塞五分戒本》，《大正藏》22 冊，196 頁下欄至 197 頁上欄。
7 《解脫戒經》，《大正藏》24 冊，661 頁下欄。
8 《根有戒經》，《大正藏》24 冊，503 頁中欄。
9 《根有律攝》卷 6，《大正藏》24 冊，560 頁上欄。
10 Nathmal Tatia, *Prātimokṣasūtram of the Lokottaravādimahāsāṅghika School*, Tibetan Sanskrit Works Series, no. 16, p. 16.
11 Anukul Chandra Banerjee, *Two Buddhist Vinaya Texts in Sanskrit*, p. 29.

經》[1] 作 “yaḥ punar bhikṣur ajñātyā bhikṣuṇyā”，意思都是：任何比丘，讓不是親屬的比丘尼。

巴利《戒經》[2] 作 “yo pana bhikkhu aññātikāya bhikkhuniyā”，意思是：任何比丘，讓不是親屬的比丘尼。

藏文《根有戒經》[3] 作 “ཡང་དགེ་སློང་གང་དགེ་སློང་མ་ཉེ་དུ་མ་ཡིན་པ་ལ”，意思是：任何比丘，(讓) 不是親屬的比丘尼。

(二) 浣、染、擘羊毛者，尼薩耆波逸提

《四分律》、《四分僧戒本》、《新刪定四分僧戒本》、《四分律比丘戒本》作「浣、染、擘羊毛者，尼薩耆波逸提」。這裏「擘」指的是「分開」，因此整句話的意思是：(做) 洗、染、分開羊毛的事，犯捨墮罪。

與《四分律》相似：

《十誦律》作「浣、染、擘羊毛者，尼薩耆波夜提」，《根有律》、《根有戒經》、《根有律攝》作「浣、染、擘羊毛者，泥薩祇波逸底迦」。

《僧祇比丘戒本》作「浣、染、擘羊毛，尼薩耆波夜提」，《解脫戒經》作「浣、染、擗羊毛，尼薩耆波逸提」，《僧祇律》作「浣、染、擗羊毛，尼薩耆波夜提」，《鼻奈耶》作「非親里比丘尼與羊毛浣、擇、染者，捨墮」。這些律典與《四分律》相比，在「擘」的翻譯文字上有差異，但意思相同。

梵文《說出世部戒經》作 “eḍakalomādi dhovāpeya vā raṃjāpe(ya) vā vivaṭāpaye vā, nissargikapācattikaṃ”，梵文《有部戒經》作 “eḍakalomāni dhāvayed vā rañjayed vā vijaṭayed vā niḥsargikā pātayantikā”，梵文《根有戒經》作 “eḍakaromāṇi dhāvayed raṃjayed vivaṭed vivaṭāpayed vā

1 Georg von Simson, *Prātimokṣasūtra der Sarvāstivādins Teil II*, Sanskrittexte aus den Turfanfunden, XI, p. 195.

2 Bhikkhu Ñāṇatusita, *Analysis of the Bhikkhu Pātimokkha*, p. 143.

3 麗江版《甘珠爾》(འཇང་བཀའ་འགྱུར།) 第 5 函《別解脫經》(སོ་སོར་ཐར་པའི་མདོ།) 10b。

naisargikapāyantikā”，這三部戒經的意思都是：洗、染或分開羊毛，捨墮。

巴利《戒經》作“eḷakalomāni dhovāpeyya vā rajāpeyya vā vijaṭāpeyya vā, nissaggiyaṃ pācittiyaṃ”，意思是：洗、染或者分開羊毛，捨墮。

藏文《根有戒經》作“ལུག་བལ་འཁྲུར་འཇུག་གམ། འཚེད་དུ་འཇུག་གམ། སྙིལ་དུ་འཇུག་ན་སྤང་བའི་ལྟུང་བྱེད་དོ།།”，意思是：如果讓其洗、染、分開羊毛，捨墮。

與《四分律》有部分差異：

《十誦比丘戒本》作「浣、染、擘羺羊毛，尼薩耆波夜提」，《彌沙塞五分戒本》作「浣、染、擘羺羊毛，尼薩耆波逸提」，《五分律》作「浣羺羊毛，若染，若擗，尼薩耆波逸提」。其中「羺」指「胡羊」，這三部律典中強調是胡羊的毛，而《四分律》對此則沒有明確的限定。

三、辨相

(一) 犯緣

具足以下五個方面的犯緣便正犯本戒：

1. 所犯境

此戒的所犯境包含了兩個要素：「非親尼」和「羊毛」。只有這兩個要素同時滿足時，才會正犯此戒。

(1) 非親尼

《四分律》中，所犯境是非親里比丘尼。除《巴利律》、藏傳《苾芻學處》[1]外，其他律典在這一點上與《四分律》相同。

《巴利律》中，所犯境是「於二部僧中受具戒」的非親尼。

藏傳《苾芻學處》中，所犯境是「戒清淨，見同，相不同，身可依止，具足三種名言，身平等住，非親，非有神通」的比丘尼。

《薩婆多論》[2]中，非親式叉摩那及沙彌尼，均為此戒的所犯境。

(2) 羊毛

《四分律》中，此戒的所犯境為「羊毛」。《鼻奈耶》、《十誦律》、《薩婆多論》、《僧祇律》、《根有律》、《根有律攝》、《巴利律》與《四分律》相同。

《摩得勒伽》[3]、《五分律》中，所犯境為「羺羊毛」。

藏傳《苾芻學處》中，所犯境為「清淨，應擘，非先令他人擘餘者，是自所有」的「滿作衣一肘以上之羊毛」。《善見論》[4]、《毗尼母經》、《明了論》沒有關於此戒的內容，下不贅述。

---

1 《苾芻學處》，《宗喀巴大師集》卷 5，83 頁至 84 頁。

2 《薩婆多論》卷 5，《大正藏》23 冊，535 頁上欄至中欄。

3 《摩得勒伽》卷 9，《大正藏》23 冊，618 頁下欄。

4 《善見論》卷 15，《大正藏》24 冊，777 頁中欄至下欄。

2. 能犯心

（1）發起心

《四分律》中沒有明確說明此戒的發起心。除《根有律攝》、《巴利律》、藏傳《苾芻學處》外，其他律典與《四分律》相同。

藏傳《苾芻學處》中，發起心為「為自故，欲令浣等相續未斷」。《根有律攝》和《巴利律》中，為他人而使非親尼料理羊毛，不正犯，由此可以反推出為己而使非親尼處理羊毛，正犯此戒。

（2）想心

《四分律》中沒有與想心有關的內容。除《十誦律》、《根有律》、《根有律攝》、《巴利律》、藏傳《苾芻學處》外，其他律典與《四分律》相同。

《十誦律》、《巴利律》中，非親尼作非親想、疑或是親里想，均正犯。

《十誦律》中，非親里比丘尼作親里、比丘、式叉摩尼、沙彌、沙彌尼、出家、出家尼想，均正犯。非親里比丘尼，疑是親里非親里、比丘非比丘、式叉摩尼非式叉摩尼、沙彌非沙彌、沙彌尼非沙彌尼、出家非出家、出家尼非出家尼，均正犯。

《根有律》、《根有律攝》、藏傳《苾芻學處》中，非親尼作非親想、疑，正犯此戒。

3. 方便加行

（1）浣、染、擘羊毛

《四分律》中，使非親里比丘尼浣、染、擘羊毛，正犯此戒。《十誦律》、《薩婆多論》、《摩得勒伽》、《僧祇律》、《根有律》、《根有律攝》與《四分律》相同。

藏傳《苾芻學處》中，比丘「以具足五種相之語言」指令非親尼浣、染或擘羊毛，正犯此戒。

此外，《僧祇律》中，如果比丘將羊毛拿給親里尼，並指示親里尼將羊毛拿給非親尼料理，正犯此戒。

《五分律》中，使非親尼，或使親、非親尼共同浣、染、擗羊毛，正犯此戒。

（2）浣、染、擇或梳羊毛

《鼻奈耶》中，將羊毛交給非親尼「浣、擇、染者」，正犯此戒。

《巴利律》中，令非親尼浣、染或梳羊毛，正犯此戒。

4. 究竟成犯

《四分律》中，非親尼受比丘指令而浣、染或擘羊毛時，正犯。《根有律》」《根有律攝》與《四分律》相同。

《十誦律》中，不管非親尼料理羊毛的行為是否與比丘的指示相符，只要非親尼料理羊毛的行為開始，就正犯。例如比丘讓非親尼浣羊毛，而非親尼染或打，也正犯。

《薩婆多論》、《僧祇律》、《五分律》中，非親尼受指令後浣、染或擗羊毛時，正犯此戒。《巴利律》中，「浣已者」也就是浣洗羊毛完成時，正犯此戒；染、梳也是完成時，正犯。藏傳《苾芻學處》中，「由彼因緣浣、染一分以上」，正犯此戒。

《五分律》中，比丘使令非親尼浣、染、擗，或是使親、非親共同浣、染、擗，那麼不管是親里尼、非親尼，還是親里和非親尼共同浣、染、擗羊毛時，均正犯此戒。

《鼻奈耶》、《摩得勒伽》沒有明確記載究竟成犯。

5. 犯戒主體

《四分律》中，此戒的犯戒主體為比丘。對此，其他律典與《四分律》相同。

《摩得勒伽》中，「學戒人」，正犯此戒。

（二）輕重

1. 所犯境

此戒的所犯境包含了兩個要素：「非親尼」和「羊毛」。只有這兩個要素同時滿足時，才會犯捨墮。

（1）非親尼

《四分律》中，所犯境若是非親里比丘尼，犯捨墮。除《巴利律》和藏傳《苾芻學處》外，其他律典與《四分律》相同。其中，《五分律》和《根有律攝》的「所犯境」是從戒條內提取出來的。

《巴利律》中，使「於二部僧中受具戒」的非親尼浣、染或梳羊毛，才犯捨墮；如果使「唯依比丘尼僧受具戒」的非親尼浣、染、梳羊毛，只犯突吉羅。藏傳《苾芻學處》中，比丘指令「戒清淨，見同，相不同，身可依止，具足三種名言，身平等住，非親，非有神通」的比丘尼浣、染或擘羊毛，犯捨墮。

《四分律》記載：「使非親里沙彌尼、式叉摩那浣、染、擘者，突吉羅。」《薩婆多論》中，使非親式叉摩那、沙彌尼料理羊毛，犯捨墮。

（2）羊毛

《四分律》中，所犯境是羊毛時，犯捨墮。《鼻奈耶》、《十誦律》、《薩婆多論》、《僧祇律》、《根有律》、《根有律攝》、《巴利律》與《四分律》相同。其中，《根有律攝》這條記載是從戒條內提取出來的。

《摩得勒伽》、《五分律》中，「羺羊毛」，犯捨墮。《五分律》這條記載是從戒條內提取出來的。

藏傳《苾芻學處》中，「清淨，應擘，非先令他人擘餘者，是自所有」的「滿作衣一肘以上之羊毛」，犯捨墮。另外，若是「已犯捨墮」的羊毛，或是「已分別」的羊毛，則犯突吉羅。

《十誦律》記載：「使浣、染、擘不淨毛，謂駱駝毛、羖羊毛、雜毛，突吉羅。」「若浣、染、擘枕毳，得突吉羅。」此外，本律記載：「二人共毳使浣、染、擘，得突吉羅；使浣、染、擘眾僧毳，得突吉羅；使浣、染、擘尼薩耆毳，得突吉羅；使浣、染、擘作淨施毳，得突吉羅。」

《薩婆多論》記載：「若捨墮羊毛未作淨，使浣、染、擗，突吉羅；若淨施羊毛使浣、染、擗，淨施主得突吉羅。」

《摩得勒伽》中，「僧物」、「尼薩耆物」，突吉羅；駱駝毛雜，牛毛、鹿毛、羖羊毛雜，均犯突吉羅。

《根有律攝》記載：「若不淨毛，咸得惡作。」

《五分律》中，如果羊毛「未可浣、染、打，而令非親里浣、染、打」，比丘得突吉羅罪。

藏傳《苾芻學處》中，若比丘令非親尼浣「僧眾」或「在家人」的羊毛，均犯突吉羅。

2. 能犯心

（1）發起心

《四分律》中沒有與發起心有關的判罪。除《僧祇律》、《根有律攝》、《巴利律》、藏傳《苾芻學處》外，其他律典與《四分律》相同。

藏傳《苾芻學處》中，「為自故，欲令浣等相續未斷」，犯捨墮。《巴利律》和《根有律攝》中，為他人而使非親尼料理羊毛，犯突吉羅。由此可以反推出：為自己而使非親尼處理羊毛，犯捨墮。

《根有律攝》中，「為三寶」，突吉羅。

《僧祇律》中，「若為和尚、阿闍梨」而持羊毛令比丘尼浣，則犯突吉羅。

（2）想心

《四分律》中沒有與想心有關的判罪。除《十誦律》、《根有律》、《根有律攝》、《巴利律》、藏傳《苾芻學處》外，其他律典與《四分律》相同。

《十誦律》中，非親尼作非親想、疑或是親里想，均犯捨墮；親里尼作非親里尼想、疑，均犯突吉羅。《巴利律》在這一點上與《十誦律》相同。

《十誦律》中，非親里比丘尼作親里、比丘、式叉摩尼、沙彌、沙彌尼、出家、出家尼想，尼薩耆波逸提。非親里比丘尼，疑是親里非親里、比丘非比丘、式叉摩尼非式叉摩尼、沙彌非沙彌、沙彌尼非沙彌尼、出家非出家、出家尼非出家尼，尼薩耆波夜提。親里比丘尼作非親里、比丘、式叉摩尼、沙彌、沙彌尼、出家、出家尼，突吉羅。親里比丘尼，疑是親里非親里、比丘非比丘、式叉摩尼非式叉摩尼、沙彌非沙彌、沙彌尼非沙彌尼、出家非出家、出家尼非出家尼，突吉羅。

《根有律》、《根有律攝》、藏傳《苾芻學處》中，非親尼，非親想、疑，捨墮。親里尼，非親想、疑，突吉羅。

《根有律》和《巴利律》中，於親里尼作親里尼想，不犯。

3. 方便加行

（1）浣、染、擘羊毛

《四分律》中，比丘使非親里比丘尼浣、染、擘羊毛，犯捨墮。《十誦律》、《薩婆多論》、《摩得勒伽》、《僧祇律》、《根有律》、《根有律攝》中，使非親尼浣、染、擘羊毛，犯捨墮。

《僧祇律》還記載，如果比丘將羊毛拿給親里尼，並指示親里尼將羊毛拿給非親尼料理，犯捨墮。

《五分律》中，使非親尼，或是親、非親尼共同浣、染、擗羊毛，犯捨墮。

藏傳《苾芻學處》中，比丘「以具足五種相之語言」指令非親尼浣、染或擘羊毛，犯捨墮。

（2）浣、染、擇或梳羊毛

《鼻奈耶》中，將羊毛交給非親尼「浣、擇、染者」，捨墮。

《巴利律》中，令非親尼浣、染或梳羊毛，犯捨墮。如果讓非親比丘尼浣、染、梳三項，犯一捨墮二吉羅；如果讓其完成其中任意兩項，犯一捨墮一突吉羅；比丘只要命令非親尼執行浣、染、梳之中的任意一項指令時，就會犯一個突吉羅。

（3）遣使等方式令非親尼處理羊毛

《十誦律》記載：「若展轉令浣、染、擘；若遣使、若教他、若作書、若示相使浣、染、擘：皆得突吉羅。」

《薩婆多論》記載：「若遣使、書信、印信浣、染、擗，突吉羅。」

《摩得勒伽》記載：「遣使、手印、展轉使浣，皆突吉羅。」此外，如果非親尼在接到羊毛之後，又「使他浣」，即讓他人代做，則比丘結突吉羅罪。

《根有律攝》中，「若遣書令作」，突吉羅。

藏傳《苾芻學處》記載：「若遣使令浣等，皆惡作罪。」

（4）其他

《十誦律》記載：「先已小浣，更浣；先已小染，更染；先已小擘，更擘；浣如不浣、染如不染、擘如不擘：皆突吉羅。」《摩得勒伽》記載：「已浣、擘，更使浣、擘，突吉羅。」《根有律攝》中，若與羊毛後「尼轉根者，或時歸俗」，比丘得突吉羅罪。此外，如果「兩人共作」，也就是比丘和非親尼共同浣、染、打羊毛，犯突吉羅。

4. 究竟成犯

《四分律》中，非親尼受比丘指令而浣、染或擘羊毛時，比丘均犯捨墮；如果非親尼受指令而不浣、染、擘羊毛，比丘犯突吉羅。

《薩婆多論》中，非親尼受命「為浣、為染、為擗，隨作一事，各得捨墮」。

《根有律》、《根有律攝》中，非親尼浣、染或是擘羊毛時，比丘犯捨墮。此外，《根有律攝》中，「使非親尼、親尼為浣」，比丘犯突吉羅。如果本來要浣此羊毛而錯浣餘羊毛，比丘犯波逸提。

《十誦律》中，不管非親尼料理羊毛的行為是否與比丘的指示相符，只要非親尼料理羊毛的行為開始，就正犯捨墮。

《僧祇律》中，非親尼遵照比丘指令浣、染或擗羊毛時，比丘犯捨墮；非親尼違反比丘指令而浣、染、擗羊毛時，比丘犯越毗尼罪。如果比丘將羊毛交給非親尼令其浣、染、擗，但是被親里尼浣、染、擗了，比丘犯越毗尼。

《五分律》中，如果非親尼執行了比丘的指令，浣、染、擗羊毛，比丘犯捨墮。如果非親尼拒不執行比丘的指令，令浣而擗，令擗而染等情況，比丘犯突吉羅。值得一提的是，如果比丘使令非親尼浣、染、擗，或是使親、非親共同浣、染、擗，那麼不管是親里尼、非親尼，還是親里和非親尼共同浣、染、擗羊毛時，均犯捨墮。

《巴利律》記載：「令浣之前行者，突吉羅；浣已者，捨墮。」染、梳與此相同。藏傳《苾芻學處》中，「由彼因緣浣染一分以上」，犯捨墮。此外，如果由一個加行而令非親尼作浣、染、擘三事，只結一個捨墮罪。

《薩婆多論》記載：「若比丘尼更轉使他浣、染、擗，突吉羅。」

《鼻奈耶》、《摩得勒伽》沒有與究竟成犯有關的判罪。

5. 犯戒主體

《四分律》中，比丘，捨墮。對此，其他律典與《四分律》相同。

《四分律》記載：「比丘尼，突吉羅；式叉摩那、沙彌、沙彌尼，盡突吉羅。」《薩婆多論》與《四分律》相同。

《五分律》中，沙彌，突吉羅。

《摩得勒伽》中，「學戒人」，捨墮;「本犯戒乃至污染比丘尼人」，突吉羅。

（三）不犯

1. 所犯境不具足

《四分律》記載：「不犯者，使親里比丘尼浣、染、擘。」

《十誦律》記載：「不犯者，親里。」

《薩婆多論》記載：「不犯者，親里尼、式叉摩尼、沙彌尼不犯。」

《根有律攝》記載：「或使親尼，或時自浣，或師主為浣，或鄔波索迦、鄔波斯迦，或使親尼非親為浣，斯皆無犯。」

《巴利律》中，「令浣未使用之羊毛製品時」，不犯。此外，「令式叉摩那，令沙彌尼〔浣之〕」，不犯。

2. 能犯心不具足

《四分律》記載：「若為病人浣、染、擘；若為眾僧、為佛、為塔浣、染、擘；不犯。」

《僧祇律》中，為塔或僧而使比丘尼浣、染、擗，無犯。

《根有律》記載：「若親親想，無犯。」

《巴利律》中，「於親里有親里想者，不犯也」。

3. 方便加行不具足

《五分律》中，若令親里浣、染、擗，而非親里浣、染、擗，不犯。

《僧祇律》中，比丘將羊毛拿給親里尼浣、染、擗，而該尼的弟子主動取來浣、染、擗，不犯。此外，如果沒有比丘的指示，親里尼自己主動將羊毛交給非親尼處理，不犯。

《巴利律》中，「由親里比丘尼浣之，以非親里比丘尼為助力者時，不語而浣時」，不犯。

4. 究竟成犯不具足

《根有律攝》中，「或使親尼，非親為浣」，這裏指的是教親里尼處理羊毛，可是非親尼來處理了，所以不犯。

5. 犯戒主體不具足

《四分律》記載：「不犯者，最初未制戒，癡狂、心亂、痛惱所纏。」

《五分律》、《根有律》與《四分律》相同。

《巴利律》記載：「癡狂者、最初之犯行者，不犯也。」

6. 其他

《根有律攝》記載：「若老病無力，或苾芻尼恭敬尊德情樂為洗，及是門徒，悉皆無犯。」

四、原理

（一）保護修道與遮止染緣

1. 性遮分析與對比丘尼修行生活的保護

本戒屬於遮戒。

比丘讓尼眾為其洗浣羊毛，這無疑會佔用尼眾修道的時間，致使她們道業廢弛。如《鼻奈耶》中，諸比丘尼「與取毳浣、擇、染、妨誦經稟受」。《善見論》記載：「浣羊毛戒者，妨廢坐禪誦經者，比丘尼由為六群比丘浣、染、擘羊毛故，是以妨廢。」《薩婆多論》記載：「與諸比丘結戒者，為增上法故。若諸尼眾執作浣、染，廢息正業，則無威德，破增上法。」所以，佛制定此戒，也是為了保護尼眾正常的修道生活免受干擾，能夠有時間增進道業。

2. 染緣的防範

《薩婆多論》中總結了佛陀的制戒意趣：「為止惡法次第因緣，又為二部眾各有清淨故。」比丘讓非親里尼浣、染羊毛，隨着相互交往的加深，有可能產生情染，也會引發世人的猜測和非議。所以，《巴利律》中，佛陀呵責說：「愚人！非親里對非親里不知威儀、非威儀、淨行、非淨行。」另外，佛陀開許親里之間洗浣羊毛，是因為在血緣關係和道德倫理的約束下，能夠避免男女間產生情染。

（二）男女分工

佛世時，印度女性社會地位低下，女性依附於男性，這種情形背後正是男尊女卑觀念的體現。在這種社會觀念的影響下，僧尼出家以後，在一些事務的處理上，仍然延續了世俗社會的陳規，把男女的不平等的觀念帶入到僧團中。

從古印度社會當時的男女分工上看，一般男性主要從事重體力勞動，養家餬口，而女性則由於自身條件限制，主要做些如洗浣羊毛等簡單的手工活。所以，男眾比丘在出家以後還不習慣從事這些一般由女眾來完成的瑣碎事務，再加上男尊女卑觀念的影響，自然會想到將羊毛交給比丘尼料理。此戒的制定可以説很好地扭轉了二部僧之間的不平等關係。

五、總結

(一) 諸律差異分析

1. 緣起差異

(1) 結構差異

《四分律》有一個本制、一個隨制。《僧祇律》有一個緣起、一個本制。《鼻奈耶》、《十誦律》、《五分律》、《根有律》、《巴利律》均有一個本制。

(2) 情節差異

《四分律》中，六群比丘使比丘尼浣、染、擘羊毛，比丘尼染羊毛時手被染色，世尊因此制戒。《十誦律》、《僧祇律》、《根有律》與《四分律》的情節基本一致。《鼻奈耶》、《巴利律》情節類似，均為緣起比丘使比丘尼浣、染、羊毛，妨廢了比丘尼的道業，佛陀因此制戒。《五分律》包括前面的兩種情況，既提到比丘尼因此道業妨廢，被居士譏嫌，又提到比丘尼手被染色。其中，道業妨廢、居士譏嫌，是佛陀制定本戒的重要因素，可將此細節補充到《四分律》的緣起情節中。《四分律》的隨制為世尊制戒後，比丘不敢使親里比丘尼浣、染、擘羊毛，於是佛陀增制了此戒予以開許。

(3) 結論

綜上所述，本戒仍以《四分律》的緣起結構和情節為準，補充《五分律》中比丘尼道業妨廢、居士譏嫌的情節。

2. 戒本差異

除了《四分律》中的「擘」與其他一些律典中的表述稍有不同，以及《五分律》、《彌沙塞五分戒本》、《十誦比丘戒本》中，以「糯羊毛」對應《四分律》的「羊毛」外，其他方面諸部律典基本一致。《四分律》中，本戒的表述清晰完整，沒有調整的必要。

3. 辨相差異

（1）所犯境

《四分律》中，所犯境若為非親里比丘尼，正犯此戒。《巴利律》中，「於二部僧中受具戒」的非親尼才正犯此戒。藏傳《苾芻學處》中，「戒清淨，見同，相不同，身可依止，具足三種名言，身平等住，非親，非有神通」的比丘尼正犯此戒。差異原因同前浣故衣戒，可能是因為《巴利律》只承認二部僧受戒的比丘尼的身分，所以作了這樣的規定。《薩婆多論》中，非親里式叉摩那及沙彌尼也正犯此戒。其他各部律中所犯境與《四分律》相同，故本戒的所犯境仍以《四分律》為準，即為非親里比丘尼。

除非親里比丘尼外，還有另一個所犯境，即浣、染、擘的對象。《四分律》、《鼻奈耶》、《十誦律》、《薩婆多論》、《僧祇律》、《根有律》、《根有律攝》、《巴利律》中為「羊毛」，《摩得勒伽》、《五分律》為「羺羊毛」，藏傳《苾芻學處》為「清淨，應擘，非先令他人擘餘者，是自所有」的「滿作衣一肘以上之羊毛」。羺羊毛是胡羊毛，比較名貴。從影響比丘尼道業的角度來看，沒有必要限定為某種類型的羊毛，因此，依多數律典所犯境為羊毛。

（2）能犯心

①發起心

藏傳《苾芻學處》中，發起心是「為自故，欲令浣等相續未斷」。《巴利律》和《根有律攝》中，為他人料理羊毛，犯突吉羅。由此可以反推出這兩部律中，發起心是「為己」。《四分律》及其他律典中沒有發起心的相關記載。

在實際行持中，如果沒有發起心，可能會導致比丘無意之中違犯此戒，不利於防護此戒。因此，根據《根有律攝》、《巴利律》、藏傳《苾芻學處》，本戒的發起心為「為己浣羊毛之心」。

②想心

《十誦律》、《巴利律》中，非親尼作非親想、疑或是親里想，均正犯。《根有律》、《根有律攝》、藏傳《苾芻學處》中，非親尼作非親想、疑，正犯。《四分律》及其他律典中沒有想心的相關內容。本戒仍以「取非親尼衣戒」中所述，由於此想心並不常見，因而，本戒不將此想心列為犯緣。

（3）方便加行

《四分律》、《十誦律》、《摩得勒伽》、《薩婆多論》、《僧祇律》、《根有律》、《根有律攝》、藏傳《苾芻學處》中，方便加行是令非親尼「浣、染或擘」羊毛。《鼻奈耶》中，方便加行是「浣、擇、染」羊毛。《五分律》中，方便加行是「浣、染、擗」羊毛。《巴利律》中，方便加行是「浣、染或梳」羊毛。

此處「擘」、「擗」意思相同，均是分開之意。對於「梳」，《巴利律》作「梳鬆」，也有分開之意，與「擘」、「擗」沒有本質差別。故本戒的方便加行依《四分律》為「浣、染或擘」羊毛。

另外，在「使令」比丘尼的方式上，有直接令和間接令的不同，結罪輕重也不一。《四分律》中沒有與之對應的判罪。《十誦律》、《薩婆多論》、《摩得勒伽》、《根有律攝》、藏傳《苾芻學處》等諸律中，通過遣使、書信等間接方式令比丘尼浣、染、擘羊毛，均結突吉羅罪。其原因可能為比丘用遣使、寫信等方式令非親尼為自己料理羊毛，雙方沒有面對面接觸，不容易因為遞交羊毛引發染情，所以判罪較輕，可予以採納。

（4）究竟成犯

《四分律》、《薩婆多論》、《僧祇律》、《五分律》、《根有律》、《根有律攝》中，非親尼受比丘指令而浣、染或擘羊毛時，比丘正犯此戒。《十誦律》中，不管非親尼是否遵從了比丘的指示，只要非親尼浣、染、擘羊毛時，比丘便正犯此戒。《巴利律》中，浣，或染，或梳完成時，正犯此戒。藏傳《苾芻學處》中，浣、染一分以上，正犯此戒。

可以看到，本戒的究竟成犯有三種觀點：浣、染或擘羊毛時；浣、染或擘一分以上；浣，或染，或梳完成時。三種觀點的差異體現在的浣、染、擘的不同程度上。從妨廢道業的角度來看，按照浣、染、擘的程度判罪較為合理。

結罪次數方面，《四分律》、《十誦律》、《薩婆多論》中，使非親里比丘尼浣、染、擘羊毛，結三捨墮。又《四分律》中，若比丘尼執行一事，拒絕另外兩事，一捨墮二突吉羅，依次類推。藏傳《苾芻學處》中，使非親里比丘尼浣、染、擘羊毛，結一個捨墮罪。《巴利律》中，令非親尼浣、染、梳羊毛，結一捨墮、二突吉羅；令其執行任意兩項，結一捨墮、一突吉羅。另外，比丘只要命令其執行任意一項時，就會結一個突吉羅。此處取《四分律》的觀點。

（5）不犯

《四分律》中，為眾僧、為佛、為塔浣、染、擘，不犯；《僧祇律》中，為塔或僧，無犯。而有的律典判罪不同：《十誦律》、《摩得勒伽》、藏傳《苾芻學處》中，使為僧浣，結突吉羅罪；《根有律攝》中，「為三寶」浣等，亦結突吉羅罪。

為三寶事的判法體現了諸律所屬部派的觀點差異。如有部的《薩婆多論》中，本戒的制戒緣起有三：「若諸尼眾執作浣染，廢息正業，則無威德破增上法；又為止惡法次第因緣；又為二部眾各有清淨故。」因此，從其制緣來看，即使為三寶事浣、染、擘羊毛，也會有荒廢正業，觸發染情等過患。可能是基於此，《十誦律》等律典判為突吉羅罪。而法藏部的《四分律》和大眾部的《僧祇律》可能是為了佛教整體發展的考慮，將三寶事放在更重要的位置，從承事三寶等角度，判為無罪。從現實緣起來看，可採用《四分律》的觀點，判為不犯。

4. 諸律內部差異

《鼻奈耶》戒條中，所犯境為「非親里比丘尼」。而緣起中並沒有説明是否是親里。《巴利律》辨相中，若令非親里比丘尼為他人浣，得方便罪，而緣起、戒本中並未提到為他人浣的情況。

（二）調整文本

通過以上諸律間觀點同異的對比與分析，文本在《四分律》的基礎上作如下調整：

1. 緣起

（1）本制

佛在釋翅瘦迦維羅衛尼拘律園時，六群比丘取羊毛做新坐具，使摩訶波闍波提等比丘尼浣、染、擘羊毛。比丘尼因忙於浣、染等務，妨廢了讀誦、坐禪、行道，居士知道後便譏呵比丘尼。波闍波提比丘尼在染羊毛時手被染上了顏色，她去拜見世尊時，世尊便問其原因，而後便制了此戒：「若比丘，使比丘尼浣、染、擘羊毛者，尼薩耆波逸提。」

（2）隨制

世尊制戒後，諸比丘不敢使親里比丘尼浣、染、擘羊毛，佛陀於是增制了此戒予以開許。

2. 戒本

若比丘，使非親里比丘尼浣、染、擘羊毛者，尼薩耆波逸提。

3. 辨相

（1）犯緣

本戒具足五緣成犯：一、是己羊毛；二、是非親尼；三、為己浣羊毛之心；四、令非親尼浣、染、擘羊毛；五、浣、染、擘羊毛完成時，成犯。

（2）辨相結罪輕重

①是羊毛

令非親尼浣、染、擘、羊毛時，捨墮；浣、染、擘駱駝毛、羖羊毛、雜毛，突吉羅。

②是非親尼

令非親尼浣、染、擘羊毛，捨墮；令親里尼、非親尼共同浣、染、擘羊毛，捨墮；令非親里沙彌尼、式叉摩那浣、染、擘，突吉羅；令親里尼浣、染、擘羊毛，不犯。

③為己浣羊毛之心

使非親尼為己浣、染、擘羊毛，捨墮；為他人浣等，突吉羅。

④令非親尼浣、染、擘羊毛

比丘親自令非親尼浣、染、擘羊毛，捨墮；若通過間接的方式，如展轉令、遣使、教他、書信等方式令非親尼浣、染、擘羊毛，突吉羅；如果令非親尼浣、染、擘羊毛，而被對方拒絕，突吉羅。

⑤浣、染、擘羊毛完成

非親里比丘尼浣、染、擘羊毛完成時，三捨墮。

若使非親里比丘尼浣、染、擘，尼浣、染完成而不擘者，二捨墮，一突吉羅。

若使浣、染、擘，尼浣不染而擘完成時，二捨墮，一突吉羅。

若使浣、染、擘，尼不浣而染、擘完成時，二捨墮，一突吉羅。

若使浣、染、擘，尼不浣、染、擘，三突吉羅。

⑥犯戒主體

比丘若犯，捨墮；比丘尼、式叉摩那、沙彌、沙彌尼若犯，突吉羅。

⑦不犯

為病人浣、染、擘羊毛，不犯。

為三寶事務而使非親尼浣、染、擘羊毛，不犯。

最初未制戒，癡狂、心亂、痛惱所纏，不犯。

六、現代行持參考

此戒雖然只禁止比丘讓非親尼浣、染、擘羊毛，但是考察佛陀的制戒意趣，令非親尼為自己做其他事情，同樣容易生染招譏，妨廢尼眾修道，故而應盡量避免。另外，現代社會提倡男女平等，反對性別歧視，如果比丘認為比丘尼為自己做事理所當然，這顯然不符合社會共識，容易引發譏嫌。

此外，本戒的制定跟古印度當時的男女社會分工、教育背景等也有一定的關係。現代社會隨着男女受教育的普及，社會越來越趨向以以知識分工，而非按體力分工；男女之間的差別更多體現在個人的經驗及能力的差異上，而非只是單純的性別差異。所以，比丘不應受限於傳統的思想而對比丘尼有刻板的印象和偏見。

18

蓄錢寶戒

一、緣起

(一) 緣起略述

《四分律》只有一個本制。佛陀在羅閱城時，城中一位大臣是跋難陀的舊友，有一次他在家中預留了一份豬肉，準備供養跋難陀，但其子當晚參加節會歸來，因飢餓而將肉食盡，留下了同等價值的錢。次日跋難陀來應供，大臣的妻子欲持錢去買肉，跋難陀制止，直接受取錢財，並寄存到市場上。居士們看到後譏嫌比丘販賣錢財，此事還引起了朝廷的議論，一位叫作珠髻的大臣特意拜見佛陀，請問此事。佛明確答覆比丘不能捉金、銀、珍寶等，並解釋了捉持金銀的過患。佛陀隨即集僧，呵斥跋難陀，並制戒。[1]

諸律緣起差異比較：

1. 制戒地點

《四分律》中，制戒地點為「羅閱城耆闍崛山」，《鼻奈耶》[2] 為「鞞舍離獼猴江石台所」，《十誦律》[3]、《五分律》[4] 為「王舍城」，《僧祇律》[5] 為「迦維羅衛城」，《根有律》[6] 為「逝多林給孤獨園」，《巴利律》[7] 為「王舍城迦蘭陀竹林園」。

2. 緣起比丘

《四分律》、《鼻奈耶》中，緣起比丘為「跋難陀」，《十誦律》為「六群

---

1 《四分律》卷 8，《大正藏》22 冊，618 頁下欄至 619 頁下欄。

2 《鼻奈耶》卷 6，《大正藏》24 冊，876 頁下欄至 877 頁上欄。

3 《十誦律》卷 7，《大正藏》23 冊，51 頁上欄至中欄；卷 53，《大正藏》23 冊，390 頁上欄。

4 《五分律》卷 5，《大正藏》22 冊，37 頁上欄至中欄。

5 《僧祇律》卷 10，《大正藏》22 冊，310 頁下欄至 312 頁下欄。

6 《根有律》卷 21，《大正藏》23 冊，740 頁上欄至 741 頁下欄。

7 《經分別》卷 4，《漢譯南傳大藏經》1 冊，336 頁至 339 頁；《附隨》卷 1，《漢譯南傳大藏經》5 冊，54 頁。

比丘」，《僧祇律》為「一比丘」，《五分律》為「難陀」、「跋難陀」，《根有律》為「六眾苾芻」，《巴利律》為「優波難陀」。

3. 緣起情節

諸律緣起中，《巴利律》只有本制，情節與《四分律》基本相同，其他律典的緣起與《四分律》差異較大。其中《鼻奈耶》只有本制，情節與《四分律》差異較大。跋難陀去鞞舍離城中乞食時，城內有些年輕人認為跋難陀是「凶橫惡比丘」，因此故意在道路中放上金銀以試探他。跋難陀撿到金銀後，被年輕人誣陷盜竊財物，跋難陀辯解、否認，被年輕人拉到諸位長老處評斷。由於長老是信佛居士，相信比丘不會偷盜，同時也告訴跋難陀以後不要再這樣做。其他比丘將此事報告世尊，世尊因此制戒。

《十誦律》、《五分律》均只有一個本制。《十誦律》中，六群比丘自己捉錢寶，被居士們譏嫌。頭陀比丘將此事報告給佛陀，佛因而制戒。《五分律》中，難陀、跋難陀自己捉持金銀和錢，也教人捉，還接受別人施予的錢寶，因此被居士們譏嫌。長老們將此事報告給佛陀，佛因此制戒。

《僧祇律》有三個緣起、一個本制。第一個緣起中，世尊在王舍城，一位聚落主拜見世尊，並向佛講述了很多大臣、居士等在王宮中討論比丘是否應蓄金銀的事情。佛明確告訴他比丘不應該蓄金銀。聚落主離去後，佛陀告誡比丘們不得蓄金銀。第二個緣起中，佛陀在舍衛城時，例行巡視寮房，看見難陀、跋難陀數錢之後手上沾了塵土，佛告誡他們今後不得親手捉持金銀。第三個緣起中，佛在毗舍離時，優陀夷到泥師家乞食，主人因為沒有好的食物，便給優陀夷錢，讓其自己去市場購買。因佛不允許手持金錢，優陀夷就讓施主把錢繫在衣角上，去市場上購買食物，遭到商販戲弄，呵責。其他比丘將此事報告佛陀，佛禁止了衣角繫錢的行為。本制中，佛在迦維羅衛城時例行巡寮，看到一個比丘因生病而面色痿黃，身體羸瘦。得知比丘不持金錢，又沒有人給他藥和食物，才深受病苦，於是世尊開緣病比丘可以讓淨人拿錢，但是不應起貪著心，並以此因緣制戒。

《根有律》有一個緣起、一個本制。其緣起與《僧祇律》第一個緣起情節基本一致。本制中，六群比丘捉持金錢，被外道譏嫌。比丘們告知世尊，世尊集眾制定了此戒。

（二）緣起比丘形象

《四分律》沒有明確記載緣起比丘的形象。

《十誦律》、《五分律》、《根有律》、《巴利律》與《四分律》相似。

《鼻奈耶》中，跋難陀看到路上有金銀便撿起，從中可以看出其行為舉止不是特別謹慎。另外，年輕人認為他是「凶橫惡比丘」，因此設下圈套陷害他，由此可以推斷出跋難陀平時就給人留下了不良的印象。

《僧祇律》中，緣起比丘「痿黃羸瘦」，儘管他很苦惱，卻仍然能持守不捉錢寶的規定。

（三）犯戒內因

《四分律》中，跋難陀去應供時，聽說本來給他準備好的食物沒有了，但留了錢可以去買，就直接受取錢財。拿到錢之後，他並沒有購買食物，而是將錢寄存在店鋪中。由此推斷，其犯戒的內因是對財物的貪心。

《鼻奈耶》中，跋難陀隨意拾取別人掉在路上的金銀，內心作意：「我亦不盜，此落墮地，我取之。」可能也有貪財的心理。

《十誦律》、《五分律》、《根有律》、《巴利律》中緣起較為簡略，無法直接判斷比丘犯戒的內因。但他們的行為都受到了居士或者外道的譏嫌，由此可以推斷比丘捉持金錢在當時的環境並不被大眾接受。因此，行為不謹慎，內心對外境不敏感，沒有維護比丘形象的意識，可能是他們犯戒的內因。

《僧祇律》本制中沒有比丘犯戒內因的明確記載。

（四）犯戒外緣

《四分律》中，居士預留了為跋難陀購買食物的錢財，所以居士供養錢是跋難陀犯戒的外緣。《巴利律》與《四分律》相同。

《鼻奈耶》中，年輕人設下圈套，故意在路上放置金銀誘使跋難陀拾取，是緣起比丘犯戒的外緣。

《五分律》提到了「人施亦受」，所以別人給比丘錢財是其犯戒的外緣。

《根有律》中，六群比丘「自手捉金銀錢，或教他捉，造作房舍，或置床座上」。可以看出，犯戒外緣是他們想建造房舍，因此需要錢來僱用人。

《十誦律》沒有明確記載犯戒外緣；《僧祇律》本制中沒有比丘犯戒外緣的明確記載。

（五）犯戒後的影響

除《鼻奈耶》外，諸律緣起比丘的行為都引來了譏嫌和爭議，對比丘的形象有一定影響。如《十誦律》中，居士呵責比丘們「如王，如大臣」。《根有律》中，外道譏嫌比丘：「此沙門釋子，自手執捉金銀錢等，或教他捉，廣說如上，諸餘俗人亦皆如是，斯與我等有何別處？」《巴利律》中，居士說：「恰如我等持金錢，彼等沙門釋子亦如此受持金錢。」按譏嫌者的類別來看，《四分律》、《十誦律》、《五分律》、《巴利律》是居士，《僧祇律》是商人，《根有律》是外道。

另外，《四分律》中，比丘將錢寄存於市肆一事，還引起了王和大臣們集會時對比丘該不該拿錢的討論。可見，比丘拿錢的行為對公眾產生了比較負面的影響。

《鼻奈耶》沒有明確記載比丘犯戒後的影響。

（六）佛陀考量

佛陀制戒一方面是為了防止大眾譏嫌，另一方面是為了保護比丘不受五欲侵蝕。

《四分律》中，佛陀對珠髻大臣說：「沙門釋子不得捉持金銀若錢，沙門釋子捨離珍寶、珠瓔，不著飾好。汝今當知，若應捉金銀若錢，不離珠瓔、珍寶，亦應受五欲。若受五欲，非沙門釋子法。」「若沙門、婆羅門不捨飲酒，不捨淫欲，不捨手持金銀，不捨邪命自活，是謂沙門、婆羅門四大患，能令沙門、婆羅門不明，不淨，不能有所照，亦無威神。」《僧祇律》亦有類似記載：「若得畜金銀者，亦應得畜五欲。何等五？一者眼分別，色愛染著，乃至身受觸愛染著，當知是非沙門釋種法。」佛陀在這裏強調捉持金銀的過患，如引發比丘貪求五欲，令身心不明淨等。

《四分律》中，佛陀說：「比丘若為作屋故，求材木、竹、草、樹皮，得受，不應自為身受。」《根有律》中，佛陀說：「若為修營房舍等事，應求草木、車乘、人功，然不應求金銀錢等。」如果比丘有營造事務，應該直接求取所需物資，但不能求金銀錢財。

《僧祇律》中，佛陀會見聚落主時，指出了沙門捉持金銀的過患。佛陀分別制了不得蓄、不得手持、不得把錢繫在衣角等規定。之後，由於病比丘的因緣，佛陀開許病比丘讓淨人持錢，以保證病比丘能及時獲得食物、醫藥等必需物資。

《巴利律》中，佛陀呵斥優波難陀：「何以汝欲受持金錢耶？愚人，此非令未信者生信。」可以看出，佛陀制戒的目的是防止俗眾譏嫌，使人對三寶生起信心。

（七）文體分析

《四分律》、《鼻奈耶》、《十誦律》、《五分律》、《巴利律》都有一個因緣，《僧祇律》有四個因緣，《根有律》有兩個因緣。

《四分律》中，佛通過對日月四患的說明，比較形象地闡明了比丘蓄捉金錢的過患和嚴重性：「日月有四患：不明，不淨，不能有所照，亦無威神。云何為四？阿修羅、煙、雲、塵霧是日月大患，若遇此患者，不明，不淨，不能有所照，亦無威神。沙門、婆羅門亦有四患，不明，不淨，不能有所照，亦無威神，亦復如是。云何為四？若沙門、婆羅門不捨飲酒，不捨淫欲，不捨手持金銀，不捨邪命自活，是謂沙門、婆羅門四大患，能令沙門、婆羅門不明，不淨，不能有所照，亦無威神。」

《鼻奈耶》記載了跋難陀遭年輕人戲弄的前因後果，故事情節富有戲劇性。可見出家比丘需要面對種種的境界，如果平時不檢點，遇到考驗就難以抵擋誘惑。

《十誦律》和《五分律》記載的故事很簡略，只講了比丘持寶遭譏嫌然後佛陀制戒的過程。《根有律》則主要從居士的爭議方面來描述。

《僧祇律》有四個因緣，故事較其他律更為詳細完整。前三個因緣中，佛陀雖然沒有正式制戒，但已經對比丘作出明確的指示，最後制戒只是對這四次教誡的總結。

二、戒本

《四分律》中，本戒的戒本為：「若比丘，自手捉錢，若金銀，若教人捉，若置地受者，尼薩耆波逸提。」

（一）若比丘，自手捉錢，若金銀

《四分律》、《四分律比丘戒本》[1] 作「若比丘，自手捉錢，若金銀」，意思是：如果比丘自己親手拿錢，或金銀。

與《四分律》相似：

《四分僧戒本》[2] 作「若比丘，自手取金銀，若錢」，《根有律》、《根有戒經》[3]、《根有律攝》[4] 作「若復苾芻，自手捉金銀錢等」，《五分律》、《彌沙塞五分戒本》[5] 作「若比丘，自捉金銀及錢」。

與《四分律》有部分差異：

《新刪定四分僧戒本》[6] 作「若比丘，自手受金銀，若錢」，此處的「受」相比《四分律》中的「捉」字，被動接納的意味更強。

《鼻奈耶》作「若比丘，若手捉金銀」，《十誦比丘戒本》[7] 作「若比丘，自手取金銀」，《僧祇律》、《僧祇比丘戒本》[8] 作「若比丘，自手捉生色、似色」。在廣律中解釋「生色」是「金」的異名，「似色」則指「銀」。

---

1 《四分律比丘戒本》，《大正藏》22 冊，1017 頁下欄。
2 《四分僧戒本》，《大正藏》22 冊，1025 頁中欄至下欄。
3 《根有戒經》，《大正藏》24 冊，503 頁中欄。
4 《根有律攝》卷 6，《大正藏》24 冊，560 頁中欄。
5 《彌沙塞五分戒本》，《大正藏》22 冊，197 頁上欄。
6 《新刪定四分僧戒本》，《卍續藏》39 冊，265 頁下欄。
7 《十誦比丘戒本》，《大正藏》23 冊，473 頁中欄至下欄。
8 《僧祇比丘戒本》，《大正藏》22 冊，551 頁下欄。

《十誦律》、《解脱戒經》[1] 作「若比丘，自手取寶」。這裏的「寶」，《十誦律》中解釋有金、銀兩種，《解脫戒經》沒有相關的解釋。

梵文《說出世部戒經》[2] 作 “yo puna bhikṣuḥ svahastaṃ jātarūparajataṃ udgṛhṇeya vā”，梵文《有部戒經》[3] 作 “yaḥ punar bhikṣuḥ svahastaṃ rūpyam u(d)gṛhṇīyād vā”，梵文《根有戒經》[4] 作 “yaḥ punar bhikṣuḥ svahastaṃ jātarūparajataṃ udgṛhṇīyād”。三部梵文戒本意思都是：任何比丘，親手捉金銀。

巴利《戒經》[5] 作 “yo pana bhikkhu jātarūparajataṃ uggaṇheyya vā”，意思是：任何比丘，親手捉金銀。

藏文《根有戒經》[6] 作 “ཡང་དགེ་སློང་གང་རང་གི་ལག་གིས་གསེར་དང་། དངུལ་ལེན་”，意思是：任何比丘，親手接受金銀。

以上幾部律典中僅提及「金銀」或「寶」，與《四分律》相比，缺少與「錢」直接對應的內容。

（二）若教人捉

《四分律》、《四分律比丘戒本》作「若教人捉」，意思是：如果指使別人拿。

與《四分律》相似：

《四分僧戒本》、《新刪定四分僧戒本》作「若教人取」，《鼻奈耶》作「教他捉者」，《十誦律》作「若使他取」，《五分律》、《彌沙塞五分戒本》作「若使人捉」，《根有律》、《根有戒經》、《根有律攝》作「若教他捉」。

---

1 《解脫戒經》，《大正藏》24 冊，662 頁上欄。

2 Nathmal Tatia, *Prātimokṣasūtram of the Lokottaravādimahāsāṅghika School,* Tibetan Sanskrit Works Series, no. 16, p. 16.

3 Georg von Simson, *Prātimokṣasūtra der Sarvāstivādins Teil II,* Sanskrittexte aus den Turfanfunden, XI, p. 195.

4 Anukul Chandra Banerjee, *Two Buddhist Vinaya Texts in Sanskrit,* p. 29.

5 Bhikkhu Ñāṇatusita, *Analysis of the Bhikkhu Pātimokkha,* p. 144.

6 麗江版《甘珠爾》（འཇང་བཀའ་འགྱུར། ）第 5 函《別解脫經》（སོ་སོར་ཐར་པའི་མདོ། ）10b。

梵文《說出世部戒經》作“udgṛhṇāpeya vā”，意思是：或讓（他人）接受。

梵文《有部戒經》作“udgrāhayed vā”，梵文《根有戒經》作“udgrāhanasatvā”，意思都是：或讓（他人）接受。

巴利《戒經》作“uggaṇhāpeyya vā”，意思是：或讓他人捉舉。

藏文《根有戒經》作“དམ། གཞན་ལེན་དུ་འཇུག་ན”，意思是：或讓他人接受。

《僧祇律》、《僧祇比丘戒本》作「若使人捉舉」，比《四分律》多「舉」字，但意思相同。

與《四分律》有部分差異：

《十誦比丘戒本》作「若使人取，若教他取」。相比《四分律》多出了「使人取」。

與《四分律》差異較大：

《解脫戒經》沒有與此相對應的內容。

（三）若置地受者，尼薩耆波逸提

《四分律》、《四分律比丘戒本》作「若置地受者，尼薩耆波逸提」，意思是：如果（讓人）放置在地上（而）受取，犯捨墮。

與《四分律》相似：

巴利《戒經》作“upanikkhittaṃ vā sādiyeyya, nissaggiyaṃ pācittiyaṃ”，意思是：或者同意（別人）放到近處來受，捨墮。

與《四分律》差異較大：

梵文《說出世部戒經》作“antamasato iha nikṣipehīti vā vadeya, upanikṣiptaṃ vā sādiyeya nissargikapācattikaṃ”，意思是：乃至說「放到這裏」，或是同意（別人）放置，捨墮。

《四分僧戒本》、《新刪定四分僧戒本》作「若口可受者，尼薩耆波逸提」。這一受取的方式與《四分律》「置地」不同。

《五分律》、《彌沙塞五分戒本》作「若發心受，尼薩耆波逸提」，《僧祇律》作「貪著者，尼薩耆波夜提」，《僧祇比丘戒本》作「染著者，尼薩耆波夜提」。這四部律典表述的都與發起心有關，而《四分律》則是在說明受取的方式。

以下律典中缺乏與「若置地受者」相對應的內容。

《鼻奈耶》作「捨墮」，《十誦律》、《十誦比丘戒本》作「尼薩耆波夜提」，《解脱戒經》作「尼薩耆波逸提」，《根有律》、《根有戒經》、《根有律攝》作「泥薩祇波逸底迦」。

梵文《有部戒經》作"niḥsargikā (pātayantikā)"，梵文《根有戒經》作"naisargikā pāyantikā"，藏文《根有戒經》作"སྤང་བའི་ལྟུང་བྱེད་དོ། །"，意思都是「捨墮」。

三、關鍵詞

(一) 錢，若金銀

梵文《説出世部戒經》、梵文《根有戒經》均作“jātarūparajata”，該詞由“jātarūpa（金）”和“rajata（銀）”複合而成，直譯為「金銀」(英譯：gold and silver)。巴利《戒經》作“jātarūparajataṃ”，語詞和文意與上述梵文完全相同。但是該詞除了直接表示「金銀」外，也可以引申用來指代「錢」，因此也可以翻譯成「金錢」(英譯：money)。此外，梵文《有部戒經》中使用的“rūpya”，本意指銀、銀幣（英譯：silver, silver coin），也可以泛指金銀鑄造印製的錢幣（英譯：silver or gold stamped coin）。

藏文《根有戒經》作“གསེར་（金）དང་།（連詞）དངུལ་（銀）”，意思是：金子、銀子（英譯：gold and silver）。

《四分律》中解釋：「錢者，上有文像。」但沒有關於「金銀」的解釋。

《十誦律》、《薩婆多論》中沒有對錢的解釋，「金銀」在這兩部律典中對應的是「寶」。《十誦律》中解釋：「寶者，名為金、銀。是二種：若作，若不作；若相，若不相。」《薩婆多論》在《十誦律》的基礎上增加了六種寶：「寶者，重寶：金銀、摩尼、真珠、珊瑚、車璩、馬瑙。此諸寶：『若作，若不作；若相，若不相。』」並對「作」和「相」作了進一步解釋：「作者，以寶作諸器物；不作者，但是寶，不作器物；相者，不作器寶，或作字相，或作印相；不相者，不作器寶，不作字相，不作印相。」[1]

《僧祇律》辨相中，錢有八種：金錢、銀錢、銅錢，若具子錢，若鐵錢，若胡膠錢、竹籌錢、皮錢。另外，戒條中提到的錢，是指一切隨國土中所用的錢。「金銀」在《僧祇律》中作「生色、似色」，律中解釋為：「生色者，是

1 《薩婆多論》卷 5，《大正藏》藏 23 冊，535 頁中欄至下欄。

金也；似色者，是銀；生色、似色者，錢等市用物。」從字面理解，金銀包含了所有的錢。

《根有律》解釋為：「錢者，金等錢。」「金銀者，謂金銀及貝齒。」可以看出，金銀也包含了錢，這與《根有律攝》的解釋一致：「言金銀等者，謂金銀，或貝齒，或諸錢。」

《巴利律》中解釋：「『金銀』者，言黃金〔等〕；『錢』者，迦利沙槃錢、銅錢、木錢、樹膠錢等，言一般所通用者。」

綜上所述，詞源分析中，「金銀」和「錢」這兩個詞，在諸部戒經中對應同一個詞，而這個詞的原意僅指「金銀」，梵文《說出世部戒經》、梵文《根有戒經》、巴利《戒經》中也可以引申用來指代「錢」，梵文《有部戒經》中也可以泛指金銀鑄造印製的錢幣，而藏文《根有戒經》中卻沒有此內涵。漢譯律典中，《四分律》的關鍵詞中只有對「錢」的簡單解釋；《十誦律》、《薩婆多論》、《僧祇律》關鍵詞中沒有對「錢」的解釋，僅《僧祇律》的辨相部分提及錢的分類，並且強調本戒中的錢是指一切隨國土中所用的錢；《巴利律》中「錢」指一般所通用的各種錢。

「金銀」在《十誦律》、《薩婆多論》中對應的是「寶」。《十誦律》中「寶」等同於「金銀」，而《薩婆多論》中「寶」包含「金銀」。《巴利律》中「金銀」解釋為「黃金〔等〕」。《僧祇律》、《根有律》、《根有律攝》中「金銀」還包含了「錢」。

結合上面分析，我們推測，此關鍵詞的內涵經歷了一個演變的過程。考古資料顯示，佛世時，中印度的商業貿易已比較發達，金銀和以金、銀、銅等材料鑄造的錢幣已在商品交換中充當媒介，並且隨着經濟的發展，慢慢地出現了其他材質鑄造的錢幣。可能戒本中的語詞逐漸發生衍化，由原始的「金銀」變成了「金錢」，也有可能是後代的祖師在翻譯時為了便於理解，結合制戒精神，翻譯成「錢」。

（二）捉

梵文《說出世部戒經》作"udgṛhṇeya（捉）udgṛhṇāpeya（使……捉）vā"，意思是：捉持或指使別人接受（英譯：take, or have it taken）。其他兩部梵文戒本與之相似。巴利《戒經》作"uggaṇheyya（捉）"，內涵與梵文戒經相同。藏文《根有戒經》作"ལེན"，意思是：拿、握、接受（英譯：take, obtain, receive）。此外，在上述諸部戒經的戒條中還記載，「捉」既包含「自己捉」，也包含「教他捉」。

《四分律》無相關解釋。

《十誦律》作「取」，律中記載：「取者有五種：以手從他手取，若以衣裓從他衣裓取，[1] 若以器從他器取，若言『著是中』，若言『與是淨人』。」即通過自手或者工具自取，或通過語言讓別人取，概括起來也是自作、教他作的內涵。《薩婆多論》記載了五種取：「以手捉手取，若以衣從衣取，若以器從器取，若言『著是中』，若言『與是淨人』，為畜故。」《僧祇律》記載：「捉者，若自捉，若語人捉。」這兩部律典中「捉」的內涵與《十誦律》相同。

《巴利律》解釋為「自取」。

其他律典的關鍵詞中沒有關於「捉」的直接解釋，但在戒條中，都記載了「自捉」、「教他捉」，或者相關的內容。

綜上所述，詞源分析中，諸部戒經的內涵一致，意思是：拿或者接受。關鍵詞有直接記載的幾部漢譯律典中，只有《巴利律》是「自取」的內涵，其他律典都包含「自作」與「教他作」兩種方式。另外，《十誦律》、《薩婆多論》還提到「取」的多種途徑。同時，所有律典的戒條部分，都有「捉」或者與「捉」對應的「自作教他」的內容。

1　衣裓：衣襟，原為一切衣服之總稱，佛典中則統稱僧尼所著用之袈裟、覆肩、裙類等法衣。

四、辨相

(一) 犯緣

具足以下五個方面的犯緣便正犯本戒：

1. 所犯境

《四分律》中，本戒的所犯境是金銀和錢。

《僧祇律》、《五分律》、《巴利律》與《四分律》相同。

《根有律》中，所犯境是金銀及寶、貝齒、錢等，《根有律攝》[1]與《根有律》相似，只是少了「寶」的明確記載。

《善見論》[2]中，所犯境範圍比較廣，包括「金銀」、「珂琉璃、珊瑚、一切諸寶及販賣之物」。此外，「下至樹膠錢，國土所用，皆不得捉」。

《薩婆多論》[3]中，所犯境是「重寶」，包含了金銀以及其他的一些寶，如珍珠、珊瑚等。

《鼻奈耶》、《十誦律》、《摩得勒伽》[4]中，所犯境是「金銀」。

藏傳《苾芻學處》[5]中，所犯境為：「是寶，可作買賣等用，是自所有，在能取得處，是自執持，未作三種隨一清淨（三種清淨者：一、作施主物想；二、令執事人作施主；三、加持），無失壞因緣。」

以上諸律中，大部分律典都和《四分律》相同，包含了金銀和錢，《薩婆多論》、《根有律》等還多了寶和貝齒等物，《鼻奈耶》、《十誦律》、《摩得勒伽》中只是金銀。

---

1 《根有律攝》卷 6，《大正藏》24 冊，560 頁中欄至下欄。

2 《善見論》卷 15，《大正藏》24 冊，777 頁下欄至 778 頁中欄。

3 《薩婆多論》卷 4，《大正藏》23 冊，526 頁下欄、527 頁上欄；卷 5，《大正藏》23 冊，535 頁中欄至下欄。

4 《摩得勒伽》卷 2，《大正藏》23 冊，573 頁下欄；卷 9，《大正藏》23 冊，619 頁上欄。

5 《苾芻學處》，《宗喀巴大師集》卷 5，84 頁至 85 頁。

《毗尼母經》、《明了論》中無具體辨相內容，以下不再重複。

2. 能犯心

（1）發起心

《四分律》中沒有明確記載此戒的發起心。《鼻奈耶》、《十誦律》、《摩得勒伽》、《根有律》、《巴利律》與《四分律》相同。

《薩婆多論》中，發起心為「為畜故」，即蓄積之心。

《僧祇律》中，發起心為貪著之心。

《五分律》戒本中，此戒的發起心為「發心受」，即有故意受取金銀之心。

《根有律攝》中，此戒的發起心為「作心受」，即有欲接受金銀的心。此律還提到，為自己而接受物品，才正犯，如律文「此據自物，得捨墮。若他物自捉，得墮無捨。」

《善見論》中，發起心是為自己受取錢寶之心。

藏傳《苾芻學處》中，發起心為「欲觸之心未間斷」。

（2）想心

《四分律》中本戒沒有想心方面的記載。

《鼻奈耶》、《十誦律》、《薩婆多論》、《摩得勒伽》、《僧祇律》、《五分律》、《根有律》、《善見論》與《四分律》相同。

《根有律攝》中，金作金想、疑，銀作銀想、疑，均正犯。

《巴利律》中，無論是把金銀作金銀想、疑，還是作非金銀想，均正犯。

藏傳《苾芻學處》中，此戒的想心為「想不錯亂」。

3. 方便加行

《四分律》中，此戒的方便加行是自手受，教人受，或者置地受。《巴利律》與《四分律》相同。

藏傳《苾芻學處》中，方便加行是「或自或教他現前而觸」。

其他律典的方便加行均為自取或教人取。相比《四分律》，少了置地受的方式。

4. 究竟成犯

《四分律》沒有明確記載究竟成犯。

《鼻奈耶》、《十誦律》、《摩得勒伽》、《五分律》、《善見論》與《四分律》相同。

《薩婆多論》、《僧祇律》、《根有律》、《根有律攝》中，取到時，正犯。

《巴利律》中，究竟成犯為「已受持」。

藏傳《苾芻學處》中，究竟成犯為「觸著時」。

5. 犯戒主體

《四分律》中，犯戒主體是比丘，比丘尼同犯。

《薩婆多論》、《五分律》、藏傳《苾芻學處》與《四分律》相同。

《摩得勒伽》中，犯戒主體包括比丘和學悔沙彌。

其他律典中犯戒主體為比丘。

（二）輕重

1. 所犯境

《四分律》中，本戒的所犯境是金銀和錢時，結捨墮罪，沒有其他犯輕情況的記載。

其他律典正犯的情況如上犯緣所述。

《僧祇律》中，所犯境為一個國家所用的、外相具足的錢時，比丘捉，結捨墮罪；如果是其他國家所用、相不成就，或是國家不用、相成就，結突吉羅罪；國家不用、相也不成就，不犯。

《根有律》中，比丘如果捉的是成、未成金銀，文相成就金銀、錢、貝齒，末尼寶、璧琉璃寶，方國共所用錢，則結捨墮罪；若捉非方國所用錢，結惡作罪；「若捉赤銅、鍮石、銅鐵、鉛錫者，無犯」。《根有律攝》與《根有律》類似：「金銀等物，若成不成，觸皆捨墮。若非通用錢，或缺，或廢，或少分似，捉皆惡作。」又記載：「若鍮石、銅鐵、鉛錫，捉時，無犯。」

《十誦律》中，所犯境為銅錢、白鑞錢、鉛錫錢、樹膠錢、皮錢、木錢、鐵錢、似錢時，結突吉羅罪。

藏傳《苾芻學處》記載：「如寶未在能取得處執為自有，或是能通用之五種寶類（即鍮石、銅、鐵、鉛、錫，鐫有字數，可作錢用者），或金水所塗之草鬘等假寶，或雖是真寶，已破裂等，不可通用者⋯⋯皆惡作罪。」另外，此律還提到：「收藏佛所聽許之印章等時以寶作盒而自執持，或在家時以鍮石等所作之不清淨鉢出家後仍受用」，也犯突吉羅。

《薩婆多論》中，若比丘所取的是錢，則結突吉羅罪，如：「若比丘自手取鐵錢、銅錢、白鑞錢、鉛錫錢、樹膠錢、皮錢、木錢⋯⋯當五種取時，突吉羅。」又如：「若種種錢似寶，玻璃、琥珀、水精、種種偽珠、鍮石、銅鐵、白鑞、鉛錫，如是等名似寶錢及似寶，若畜，得突吉羅。」

《摩得勒伽》記載：「不中用碎者大團，突吉羅；斷壞，突吉羅；似金銀，突吉羅；國土所譏，突吉羅；未壞相，突吉羅；國土不譏，不犯。」

2. 能犯心

（1）發起心

《四分律》沒有發起心方面的明確記載。其他律典正犯的情況如上犯緣中所述。

《根有律攝》中，比丘若以輕慢心捉，結惡作罪。

《善見論》中，比丘為自己捉，結捨墮罪；又記載：「若為僧，若為眾乃至一人，若為像捉，悉突吉羅罪。」

（2）想心

《四分律》沒有想心方面的明確記載。

《根有律攝》記載：「若金作金想、疑，皆犯捨墮；非金作金想，得墮，無捨，疑，便惡作；若金、非金作非金想，無犯。銀等同此。」

《巴利律》中，若於金銀有金銀想、疑，或是非金銀想，犯捨墮；又記載：「於非金銀有金銀想者，突吉羅；於非金銀有疑想者，突吉羅；於非金銀有非金銀想者，不犯也。」

藏傳《苾芻學處》中，「想不錯亂」，犯捨墮。

其他律典沒有想心方面的相關判罪。

3. 方便加行

《四分律》中，自手受、教人受，或置地受，結捨墮，沒有其他犯輕的情況。

其他律典正犯的情況如上犯緣所述，沒有其他結輕的情況。

4. 究竟成犯

《四分律》沒有究竟成犯的明確記載。

《僧祇律》中，比丘懷疑自己的錢丟失，開始尋找時，結突吉羅罪；找到時，結捨墮罪。如律文：「若比丘，多有金銀錢失去，若疑在床間，欲求覓故，出床時，越比尼罪；若得，尼薩耆。」如果是病比丘找自己的藥錢，不犯，如：「若病比丘，有人與藥直錢，病故得著敷褥底，眼闇求時，手摩觸在不，無罪。」

《根有律》中，比丘教他人取金銀，教時，結惡作罪；到手時，犯捨墮。

《根有律攝》中，比丘「於可得處使他取時，得惡作罪，捉便本罪。若不可得處，二皆惡作」；又記載：「他施金等，已作心受，若自若他未捉觸時，咸非本罪。」

《巴利律》記載：「受持之前行者，突吉羅；已受持者，捨墮。」

其他律典正犯的情況如上犯緣中所述。

5. 犯戒主體

《四分律》中，犯戒主體是比丘，比丘尼同犯；式叉摩那、沙彌、沙彌尼，突吉羅。

《摩得勒伽》中，比丘，結捨墮罪；學悔沙彌，捨墮。此外，「本犯戒乃至污染比丘尼，皆突吉羅」。

《薩婆多論》中，比丘、比丘尼同犯捨墮；「式叉摩尼、沙彌、沙彌尼不得畜，畜得突吉羅，捉則無罪」。

《五分律》中，比丘和比丘尼同犯捨墮；式叉摩那、沙彌、沙彌尼，突吉羅。

藏傳《苾芻學處》中，比丘尼與比丘同犯捨墮。

其他律典中僅有比丘犯捨墮的記載。

（三）不犯

1. 發起心不具足

《巴利律》中，比丘「於僧園內，或於住處，自捉或令捉而藏之，言：『所有者當持去。』」，不犯。比丘沒有蓄心，對此物品不作屬己想，所以不犯。

《摩得勒伽》中，「若作念為他取，主還當還主」，不犯。

《五分律》記載：「不犯者：雖施比丘，比丘不知，淨人受之為買淨物。」

《根有律攝》記載了兩種發起心不具足的開緣，如律文：「若坐夏時安居，施主持衣價與苾芻眾，即作委寄此施主心而受取之……苾芻若得金等物時，作施主物想，執捉無犯。縱相去遠得不淨物，遙作施主物心持之，乃至施主命存以來，並皆無犯。」

2. 想心不具足

《僧祇律》中，若作銅鐵想而捉，不犯。

《根有律攝》中，「若金、非金作非金想，無犯」。

《巴利律》中，「於非金銀有非金銀想者，不犯也」。

3. 方便加行不具足

《四分律》中，比丘為錢寶說淨，不犯，如：「不犯者，若語言：『知是看是。』」

《薩婆多論》記載：「莫自手捉，如法說淨者，不犯。」

《善見論》記載：「無罪者，不自受，不教人受。」

4. 犯戒主體不具足

《四分律》中，「最初未制戒，癡狂、心亂、痛惱所纏」，不犯。《五分律》和《根有律》的開緣與《四分律》相同。

《巴利律》記載：「癡狂者、最初之犯行者，不犯也。」

5. 開緣

《根有律攝》記載：「若被賊盜錢寶等物，自奪取時，無犯。」「聞有難事將欲至時，無淨人可得，若僧伽物，若窣睹波物，若法物，應自掘坑，密藏舉已，當去；若後時來，應自出取，無難為者，咸得本罪。」「若苾芻於行路中得金銀等，為道糧故，應自持去，或令淨人等及求寂持去。」

五、原理

(一) 為成聖種故

本戒是一條遮戒。

緣起比丘因蓄金錢而引起大眾的議論甚至譏嫌，佛陀為了遮止俗眾對僧團的誹謗，也為了避免比丘貪著金錢，便制定了此戒。如《薩婆多論》中，此戒的制戒意趣：「與諸比丘結戒者，為止誹謗故，為滅鬥諍故，為成聖種故。」

(二) 惡緣的防範

1. 對治貪欲

金錢本身並無善惡。當比丘不合理追求諸如飲食、衣服、地位、名聲等外緣時，蓄積的金錢便很容易滿足這些欲望，與此同時可能會誘發更多的貪欲，進而侵蝕道心。如果比丘把追求錢財當成出家的目的時，就會與修道的目標越來越遠，甚至可能因為過度的貪婪而做出種種不如法的事情。

2. 避免糾紛

世間人在追逐經濟利益的過程中，由於貪婪引起激烈的競爭，進而導致衝突也時常可見。比丘處理錢財時，如果不謹慎或者不恰當，就有可能會捲入經濟糾紛。

(三) 供養已足，不需錢財

印度自古以來修道氛圍非常濃厚，外道大多崇尚苦行，追求離欲解脫。正是因為眾多外道營造的社會氛圍影響了人們的普遍認知，所以大家認為出家人不應該蓄金銀。

《四分律》中，「不捨手持金銀」是沙門、婆羅門四大患之一。佛陀說：「若應捉金銀若錢，不離珠瓔珍寶，亦應受五欲。若受五欲，非沙門釋子法。」

《僧祇律》中，聚落主得到了比丘不能蓄金錢的回答，正好符合他心中的預想：「沙門釋子不應畜金銀，若畜者無異受五欲人。」

《根有律》中，佛陀明確回答聚落主：「居士，若彼說言『沙門釋子得受捉金銀』者，斯不稱理，斯非法言，斯為謗我，是勝人所恥。」居士回應說：「若苾芻不受捉金銀之物，斯真沙門，善釋迦子。」

可見，出家人不拿金錢就像一種不成文的約定，是比丘們共同遵守的行為規範。

從律典中可知，古印度出家人的食物來源都是托鉢乞食或者到居士家應供，居士也會供養出家人衣服、卧具、醫藥來保障其基本所需。此外，當時貨幣流通還不普遍，居士供養出家人物品顯然更方便。居士供養的物品保證了出家人的生活所需，出家人之間也常常以以物易物的形式來滿足自己的需求，這些因素都為本戒的持守提供了良好的外在條件。因此，在當時的社會背景下，比丘沒有金錢，也能夠生存和修行，並不需要積蓄金錢來保障自己的物質生活。如果比丘蓄金錢，就可能會引起人們的譏嫌。

(四) 比丘與國王、大臣的關係

《四分律》、《僧祇律》、《根有律》中，有關於國王、大臣等集會討論「沙門釋子是否應蓄錢」的情節，並在這個問題上存在不同的看法：有人認為應該蓄，有人認為不應該蓄。比丘能否蓄金銀錢寶成為一個世人關注的問題。

《四分律》中，「有威勢，有能，善說」的珠髻大臣，向佛陀諮詢蓄錢寶的問題，佛陀明確告知對方比丘不蓄錢寶，還說手持金銀是沙門、婆羅門四大患之一，它能使比丘「不明，不淨，不能有所照，亦無威神」。《僧祇律》中，聚落主因得知比丘確實不蓄錢而「歸依佛，歸依法，歸依僧」。《根有律》中，佛陀向僧團宣布：「汝諸苾芻，彼聚落主於王眾中作師子吼，決定而說沙門釋子不合受捉金銀錢等。我亦說言：『沙門釋子不應受捉金銀錢等。』」

由上可知，佛陀積極回應了國王大臣的詢問，比丘不蓄金銀錢寶能夠贏得世人的尊重讚歎。

六、專題

專題1：錢寶的說淨法

（一）戒條部分的相關描述

《四分律》蓄寶戒中，佛陀允許比丘通過說淨語，讓淨人保管供養的錢寶，並為比丘購買相應的生活資具。如：「不犯者，若語言：『知是看是。』若彼有信樂優婆塞守園人，當語彼人言：『此物我所不應，汝當知之。』若彼人受已還與比丘者，比丘當為彼故受持，與淨人掌之。後若得淨衣鉢、針筒、尼師檀，得持貿易持之。若彼人取已與淨衣鉢，若坐具，若針筒，應取持之。」

《十誦律》中，佛也也開許通過淨人受蓄錢寶，如果找不到可信任的淨人，則應將此錢寶轉成四方僧物。如：「若比丘自手取寶，若少應棄。若多，設得同心淨人者，應語是人言：『我以不淨故，不應取是寶，汝應取。』淨人取是寶已，語比丘言：『此物與比丘。』比丘言：『此是不淨物，若淨當受。』若不得同心淨人，應用作四方僧卧具。」

《薩婆多論》中，比丘可以先找白衣或者淨人作為淨施主，找到淨主後，比丘以後若得到錢寶則只需要向其他比丘說淨即可，說淨的時候並不需要說明淨主是誰。如：「淨施法者，如錢，一切寶物，應先求一知法白衣淨人語意令解：『我比丘之法，不畜錢寶。今以檀越為淨主，後得錢寶盡施檀越。』得淨主已後得錢寶，盡比丘邊說淨，不須說淨主名。說淨已隨久近畜。若淨主死，遠出異國，應更求淨主。」從這段文字可以作兩點推測：說淨時，只需向其他比丘說，不需淨主在現場；說淨後，比丘可以直接蓄錢寶，並不真的要告知淨主。這是一種比較寬鬆的做法。

《僧祇律》記載：「比丘凡得錢及安居訖，得衣直時，不得自手取，當使淨人知。若無淨人，指示腳邊地語言：『是中知。』著地已，自得用草葉磚瓦等物遙擲覆上，待淨人來令知。」可以看出，《僧祇律》中比丘可以通過淨人受持金銀錢寶，但不能觸。這樣嚴格的規定，在原文中還有多處描寫，此不贅述。「是中知」是對供養人説的淨語，供養人聽明白後會將錢放置在地上，接下來比丘讓淨人來取。至於比丘在告知淨人取錢的過程中是否需要説淨語，以及説什麼樣的淨語，《僧祇律》並沒有詳細説明。

另外，《僧祇律》中，病比丘可以儲蓄醫藥錢，須藏在被褥下，並且可以摩觸：「若病比丘有人與藥直錢，病故得著敷褥底，眼闇求時，手摩觸在不，無罪。」

《根有律》中，有施主因好衣服還沒有準備好，又不願意隨便供養粗惡衣服，因此堅持要供養比丘衣價。而比丘因為要持不捉錢寶的戒，故只能拒絕，導致安居後沒有得到新衣來替換自己的破舊衣服。佛陀看到這個情況，便開許通過淨施給淨人或者優婆塞的方法來蓄衣價：「佛作是念：『諸有敬信婆羅門、長者、居士等，歡喜欲施苾芻衣價。我諸弟子情欲得衣，我應作法令諸苾芻得無廢闕。』告諸苾芻曰：『若有他施衣價，欲須便受，受已即作彼人物心而持畜之。然諸苾芻應可求覓執事之人。』苾芻不知欲覓何人。佛言：『應求寺家人，或鄔波索迦。寺家人者，謂是淨人。鄔波索迦者，謂受三歸五戒。應問彼云：「汝能為我作施主不？」若言「能」者，即作委寄此人心而畜其物，應使人持，不應自捉。』」從以上描述可看出，比丘在收取供養的時候，內心應該作意衣價是「彼人物」，即衣價還是供養者的。「應使人持，不應自捉」，依此推斷，淨施後錢寶要交給淨施主保管，因為比丘自己不能捉。

如果比丘找不到合適的淨人或者優婆塞作為淨施主，則可以向其他比丘説淨，然後就可隨意使用，也就是説比丘可以自持錢寶。如：「時有苾芻未求得施主，他施與物，苾芻疑惑，不敢受之，以事白佛，佛言：『應受。受已持物對一苾芻作如是語：「具壽存念，我苾芻某甲得此不淨物，我當持此不淨之物換取淨財。」如是三説，隨情受用勿致疑心。』」這種做法相較上述律典更為寬鬆。所以《根有律》提供了按淨主有無為區分的兩種嚴格程度不同的做法，但是都需要説淨。

《根有律攝》與《根有律》相似，但更為寬鬆。比丘得到供養時作淨施主物想，便可自手「執捉無犯」。如：「若坐夏時安居，施主持衣價與苾芻眾，即作委寄此施主心，而受取之。諸苾芻應求信敬人，若寺家淨人，若鄔波索迦為淨施主。苾芻若得金等物時，作施主物想，執捉無犯。縱相去遠得不淨物，遙作施主物心持之，乃至施主命存以來，並皆無犯。」若無法找到淨施主，可向比丘説淨，然後自己持有，或者令人持有：「無施主可得者，應持金銀等物對一苾芻隨住隨立，作如是説：『具壽存念！我苾芻某甲得此不淨財，當持此不淨財換取淨財。』如是再三，應自持舉，或令人舉。」甚至比丘若在路上看到金銀，也可以自己捉取並持有，以充作道糧：「若苾芻於行路中得金銀等，為道糧故，應自持去，或令淨人等及求寂持去。應知求寂於金銀等但制自畜，不遮執捉。」[1]

《巴利律》的「蓄錢寶戒」中沒有關於錢寶説淨法的描述。不過根據捨墮第十「過限急索衣戒」的描述，比丘可以將所得的衣價交由淨人保管，由他來為自己購置所需衣物。對此，《善見論》解釋説，這種做法是比丘受金銀的唯一方法：「是故律本中説：『比丘，若有執事人信心敬法，可以直付之。若汝等須衣，當往取，當取淨物，不受金銀。以此因緣方便可得受金銀，除此無受金銀法。』」[2] 從法理上看，這筆錢的所有權屬於原施主而不是比丘，這一點可以從比丘若拿不到衣服就需要報告原施主推斷出，比丘只是擁有從淨人手中獲得生活資具的權利。

《五分律》的蓄寶戒中也沒有説淨法的記載。如果從「過限急索衣」這條戒的角度看，也開許由淨人保管錢寶這種方式。

（二）犍度部分的描述

《巴利律》卷 6 藥犍度中，單獨記載了佛陀開許比丘通過淨人接受金銀供養的故事：「諸比丘，有具信心、具淨心眾人，彼等以黃金授與相應者，言：『以此施與相應尊者。』諸比丘，以此若得相應者，許受之。諸比丘，但以

1　《根有律攝》卷 6，《大正藏》24 冊，560 頁下欄。
2　《善見論》卷 15，《大正藏》24 冊，776 頁上欄。

任何方便亦不得受金、銀，此我言也。」[1] 因為佛陀作此開許的緣起是由於一個名叫"Meṇḍaka"的大居士要做供養，所以在南傳佛教中稱這個開許叫作"Meṇḍaka allowance"。

《巴利律》這個故事在《四分律》「藥犍度」、《十誦律》「醫藥法」、《五分律》「食法」中都能找到對應的故事，但是細節不完全一致。《四分律》並沒有提到佛陀開許受金銀的事情。《五分律》記載：「佛言：『聽僧淨人為僧受，以易僧所須物，諸比丘不應知事。』」[2] 從文字上看似乎只能交給僧團，不是給比丘個人。《十誦律》中，比丘可以用作淨的方式受錢寶，稱之為「不淨隨受」：「不淨隨受者，謂五寶、五似寶。彼淨隨受，受已作淨。不淨隨受者，言：『此不淨，得淨當受。』」此外，《十誦律》的毗尼序部分也有關於「不淨隨受」的記載，並明確說作淨後可受：「何等不淨隨受？五寶、五似寶。五寶者，金、銀、摩尼珠、玻梨、毗琉璃。何等五似寶？赤銅鐵、鍮石、水精、鉛錫、白鑞。若淨物直受，不淨物作淨已受。」[3]

（三）總結

綜上所述，諸律都開許比丘通過淨施主（或優婆塞，或淨人）的方式，對供養的錢寶說淨。這是一種幫助比丘持「蓄錢寶戒」的同時又能保證其生活所需的變通方式。下表是對諸律具體方式的總結。

表 5-2　諸律錢寶說淨法

律典	開許說淨與否	淨施後錢寶的保管方法
《四分律》	是（蓄錢寶戒）	淨施主
《十誦律》	是（蓄錢寶戒、醫藥法）	淨施主

---

1 《犍度》卷 6，《漢譯南傳大藏經》3 冊，321 頁。

2 《五分律》卷 22，《大正藏》22 冊，151 頁中欄。

3 《十誦律》卷 26，《大正藏》23 冊，192 頁下欄；卷 61，《大正藏》23 冊，462 頁中欄。

〈續上表〉

律典	開許説淨與否	淨施後錢寶的保管方法
《薩婆多論》	是（蓄錢寶戒）	比丘直接保管
《僧祇律》	是（蓄錢寶戒）	淨人，比丘明確不可觸碰
《五分律》	是（過限急索衣戒）	淨人
《根有律》	是（蓄錢寶戒）	交給淨主；若無淨主比丘可直接保管
《根有律攝》	是（蓄錢寶戒）	比丘可直接保管
《巴利律》	是（過限急索衣戒、犍度）	淨人

總體而言，《薩婆多論》、《根有律》、《根有律攝》提供了較為寬鬆的做法，都開許向比丘説淨，説淨後比丘可以自持錢寶。從部派內部看，《薩婆多論》較《十誦律》寬鬆，《根有律攝》又較《根有律》寬鬆。其他的幾部律典中，比丘都需要找一位淨施主，而且説淨後不能親自持有錢寶。

諸律在錢寶説淨方面的差異，反映出各部派為順應不同地區生活環境和時代變遷而作的調適和努力。《薩婆多論》晚於《十誦律》，《根有律攝》又晚於《根有律》，可以看到後出的律典在觀點上較早期的律典寬鬆。究其原因，有可能是在戒律的傳承過程中時空因緣發生了改變。比如不同地區文化習俗和觀念的差異，以及古印度社會經濟的發展，使得社會大眾對於比丘持有金錢產生了不同的看法。根據《四分律》所記載的公案，佛世時，王舍城的比丘拿錢，受到了當時上至國王、下至民眾的譴責，國王甚至在廷議時，專門討論比丘拿錢的事。在佛陀滅度後一百年，七百結集的時候，毗舍離國的居士已經開始用金錢供養跋闍比丘。隨着社會和經濟環境的變革，比起使用各種物品來供養比丘，金錢的供養對於施主和比丘雙方來講都變得更為方便。通過對比上述部派可以看出，為了既順應現實緣起又保持「蓄錢寶戒」的精神，部派律學中的相關內容也在不斷調整，加入了更容易行持的淨施法。

專題 2：僧團蓄錢寶

對於比丘個人來説，不應蓄錢寶，否則犯捨墮罪。那麼，僧團是否可以蓄錢寶呢？

《四分律》中，僧團可以接受居士供養的藥錢：「時有居士作是念：『云何作福供養眾僧便成施藥？』白佛，佛言：『聽布施眾僧藥錢。』」[1] 在「販賣戒」中，《四分律》還記載：「若以錢貿瓔珞具為佛法僧，若以瓔珞具易錢為佛法僧，無犯。」律中允許比丘為了佛法僧三寶，用錢買瓔珞具，或者將瓔珞具換成錢財，從中可以看出當時的僧團很可能是蓄有錢寶的。

《五分律》中，有居士施僧金錢等，佛開許讓淨人替僧團接受，並用來置辦僧團所需要的物品：「有諸比丘欲遠行，從索道糧，長者即使人齎金銀錢物送之。既至所在，所長甚多，使還白言:『所齎資糧今大有餘。』長者語言:『我已為施，不應還取。汝可持去至僧房施僧。』即以施僧。諸比丘不知云何，以是白佛，佛言：『聽僧淨人為僧受，以易僧所須物，諸比丘不應知事。』」[2]

《根有律》明確記載了佛世時僧團已經出現集體蓄錢寶的現象：「時有施主於邊隅處造寺施僧，時時有賊來相驚怖。彼諸苾芻空寺而去，便有賊來取寺家物。佛言：『若僧伽物，若窣睹波物，所有金銀錢寶等應牢藏舉，方可移去。』」另外，該律典的「貿寶戒」中還提到，僧團如果為了營造的需要，可以放貸，如：「佛告諸苾芻：『若為僧伽有所營造，受無盡物。』」這也表明了僧團可以蓄錢寶。

《僧祇律》中，可以用賣花的錢來供養佛及治塔，錢寶若有多餘，可以放入佛款的放貸中：「若花多者，得與華鬘家，語言：『爾許華作鬘與我，餘者與我爾許直。』若得直，得用然燈買香以供養佛，得治塔。若直多者得置著佛無盡物中。」又記載，比丘私蓄錢寶犯捨墮，在懺罪的時候應當將錢寶捨給僧團，僧團可以將此錢寶用來放貸：「此金銀，若錢，若作、不作，若多，

1　《四分律》卷 42，《大正藏》22 冊，869 頁中欄。

2　《五分律》卷 22，《大正藏》22 冊，151 頁上欄至中欄。

若少，若純，若雜，若成器、不成器等，僧中捨已不得還，彼比丘僧亦不得分。若多者，應著無盡物中。於此無盡物中，若生息利得作房舍中衣，不得食用。」又記載，有居士為僧團建造精舍，直接供養金錢：「時居士郊坻以十八億金買地，十八億金作僧房舍，十八億金供養眾僧，合五十四億金。」[1] 可知僧團是可以接受金錢供養的。

《五分律》中，護法居士毗舍佉母將自己原本以為已經丟失而讓僧團撿到並奉還的寶衣供養給僧團，以作四方僧物用。佛陀明示可以接受：「毗舍佉母讚言：『善哉，我有如是大師及同梵行！若餘外道得此物者，何緣還我？我昨夜已捨，今應卒之。』即持施四方僧，白舍利弗：『可以此作招提僧堂。』舍利弗不敢受，以是白佛，佛言：『受之！』」

由上述資料可以看出，佛世時，僧團可以蓄有錢物，以滿足各種實際需求，如修治房舍，莊嚴供養佛塔、佛像，僧眾看病等。

另外，寺院蓄用的錢物需要進行合理的管理和使用。過度發展寺院經濟可能會給寺院乃至整個佛教帶來負面的影響。比如，中國歷史上發生過的一些法難，部分原因是寺院經濟過度發展，從而遭到他人的覬覦。寺院掌握的錢財，除了用於寺院建設，滿足僧人日常所需，也應積極用於弘法利生活動，隨力開展慈善事業等，這樣也能讓佛教深入社會，利益眾生。

1 《僧祇律》卷 33，《大正藏》22 冊，498 頁中欄；卷 23，《大正藏》22 冊，415 頁下欄。

七、總結

(一) 諸律差異分析

1. 緣起差異

(1) 結構差異

《四分律》、《鼻奈耶》、《十誦律》、《五分律》、《巴利律》均有一個本制。《僧祇律》有三個緣起、一個本制。《根有律》有一個緣起、一個本制。

(2) 情節差異

《鼻奈耶》的情節與《四分律》差異較大。諸童子故意在道路上放置金銀，試探緣起比丘。緣起比丘拾取金銀後，被諸童子捉拿，並誣陷其盜竊財物，將其帶到諸位長老處。這些長老是信佛居士，為緣起比丘解圍，同時告誡比丘以後不要再這樣做。

《十誦律》、《五分律》與《四分律》相似，只是少了居士給緣起比丘金銀錢的情節。

《僧祇律》、《根有律》的情節和《四分律》差別較大。其中《僧祇律》、《根有律》的第一個緣起和《四分律》的本制情節相似，都為大臣、居士討論比丘是否應蓄金銀。之後，大臣、居士前來問佛，佛說比丘不應該蓄金銀。《僧祇律》的第二個緣起為佛巡視寮房，看見難陀、跋難陀數錢；第三個緣起為優陀夷到泥師家乞食，主人因為沒有好的食物，於是給緣起比丘錢讓他自己去市場上購買，緣起比丘讓施主把錢繫在衣角後，去市場上購買食物，遭到商販的戲弄和呵責；本制為佛巡視寮房，看到一位比丘「疾病苦惱」，因佛先前制戒比丘不得持有金錢，自己又無法去乞藥，致使身體「痿黃羸瘦」。於是，佛允許「病人得使淨人畜，莫貪著」。《根有律》的本制為緣起比丘捉持金錢，被外道看到並譏嫌。

《巴利律》與《四分律》相似，比《四分律》少了緣起比丘將錢寄存在市中店鋪的情節。

（3）結論

綜上所述，本戒緣起無需調整，仍取《四分律》的結構與情節。

2. 戒本差異

諸戒本間的差異，一方面體現在所犯境的表述上。《四分律》中規定為金銀和錢。但其中的「錢」，僅《四分僧戒本》、《新刪定四分僧戒本》、《四分律比丘戒本》、《五分律》、《彌沙塞五分戒本》、《根有律》、《根有戒經》、《根有律攝》中有直接提及。《十誦律》作「寶」，《僧祇律》、《僧祇比丘戒本》作「生色、似色」即金和銀。此外，五部梵巴藏戒本中都是「金銀」的意思。部分律典中出現的「錢」，如關鍵詞部分分析，應該是後代律師根據制戒意趣在「金銀」的基礎上把「錢」添加了進來，使戒條能夠反映社會經濟的發展狀況。

另一方面，對於《四分律》、《四分律比丘戒本》「若置地受者」這一究竟成犯條件，部分律典缺少相關的內容，巴利《戒經》的意思與《四分律》相似。《僧祇律》作「貪著者」，《僧祇比丘戒本》作「染著者」，《五分律》、《彌沙塞五分戒本》作「若發心受」，這幾部描述的內容都與發起心有關。《四分僧戒本》、《新刪定四分僧戒本》作「若口可受者」。梵文《說出世部戒經》作「乃至說：『放到這裏』，或是同意（別人）放置」。

《四分律》中，「自手捉錢，若金銀」，借鑒《新刪定四分僧戒本》的表述，改為「自手受金、銀，或錢」，使所犯境對象及相互間的關係，表述得更為精確。「若教人捉」一句，為了避免歧義以及與其他戒條中指使他人的表述統一，將其中的「教」字，依《十誦律》、《僧祇律》等改為「使」字，依《四分僧戒本》、《新刪定四分僧戒本》將其中的「捉」改為「取」字，以使文意更加淺白。《四分僧戒本》、《新刪定四分僧戒本》中「若口可受者」的犯緣條件，相比《四分律》顯得更為寬泛、合理，由此替換《四分律》中「若置地受者」這一部分內容。

3. 辨相差異

（1）所犯境

《四分律》中，本戒的所犯境為金銀和錢。《薩婆多論》、《根有律》中所犯境包括重寶。《善見論》中所犯境包括一切諸寶及販賣之物。其他律典的所犯境與《四分律》相同。《薩婆多論》中，若蓄玻璃、琥珀、銅鐵等種種似寶及錢，得突吉羅。儘管諸律有這些差別，但都包含了金銀和錢。現代社會中的鑽戒等各類名貴珠寶，可歸到《薩婆多論》重寶的範疇之內。對於《薩婆多論》中記載的似寶，其價值和應用範圍在現代社會裏已經發生了很大的變化，故本戒所犯境以金銀、錢、重寶為宜。另外，現代社會中，所在國的法定貨幣、市面上可以流通或兑換的外幣等均屬於所犯境「錢」的範疇。

（2）能犯心

①發起心

《薩婆多論》中，發起心為「為畜故」，《僧祇律》為貪著之心，藏傳《苾芻學處》為「欲觸之心未間斷」，《善見論》中，發起心是為自己受取錢寶之心。《五分律》戒本中，此戒的發起心為「發心受」，即有故意受取金銀之心。《根有律攝》中，此戒的發起心為「作心受」，即有欲接受金銀的心。其他律典都沒有明確提到發起心。各律典中對錢寶的最終處理都是要求比丘捨棄，這表示錢寶的所有者是比丘。因此可以看出，本戒中比丘最初捉取錢寶時的發起心是「為己蓄之心」。

②想心

《四分律》沒有想心方面的明確記載。

《根有律攝》中，金作金想或疑，非金作金想，均犯捨墮；非金作金疑，犯突吉羅；金、非金作非金想，不犯。《巴利律》中，金銀作金銀想或疑，或作非金銀想，均犯捨墮；非金銀作金銀想或疑，犯突吉羅；非金銀作非金銀想，不犯。藏傳《苾芻學處》為「想心不錯亂」。對於金銀作疑想，比丘內心不確定，判為方便罪較為合理。如果比丘將金銀作非金銀想，因缺少犯戒的發起心，應判為不犯。

其他律典與《四分律》相同。

（3）方便加行

《四分律》中，方便加行是自捉，教人捉，或令他人將錢寶置於地上等。這些都是具體取錢的方法，諸律基本都含有這方面的意思，但是也有一些不同的地方。如《五分律》中，提到比丘內心作意領受，但還沒有觸到錢，便正犯此戒，顯得過於嚴格。《十誦律》具體提到了五種取的方式，可分為自作教他兩種情況：「取者，有五種：以手從他手取，若以衣裓從他衣裓取，若以器從他器取，若言『著是中』，若言『與是淨人』，尼薩耆波夜提。」藏傳《苾芻學處》中，此戒的方便加行是「或自或教他現前而觸」。

綜合考慮，《四分律》的加行內涵較為全面，但沒有展開討論具體方式，故方便加行還以《四分律》為準。

（4）究竟成犯

《四分律》沒有明確記載究竟成犯，但是從上下文推測，應是得到錢寶時，正犯此戒。《薩婆多論》、《僧祇律》、《根有律》、《根有律攝》中，此戒的究竟成犯為取到錢寶時，《巴利律》為「已受持」，藏傳《苾芻學處》為「觸著時」。其他律典未明確記載究竟成犯。參考諸部律典，本戒的究竟成犯為「得到時」。

4. 諸律內部差異

《四分律》緣起中，居士把錢放在地上給跋難陀，跋難陀自手捉錢而去。而戒條和辨相中，「教人捉」也正犯。《僧祇律》、《巴利律》和《四分律》相同。《鼻奈耶》除了沒有辨相之外，其餘與《四分律》相同。《僧祇律》緣起中，比丘不得自手捉錢，也不得用衣角繫錢；戒條中，不得自手捉錢；辨相中，用自己的身體如手腳等，以及用三衣、鉢盂等器具捉錢，均正犯。

《十誦律》緣起和戒條中都是「取寶」，並未提到錢以及作淨的情況；辨相中提到，取鐵錢、銅錢、白鑞錢、鉛錫錢、樹膠錢、皮錢、木錢，均犯突吉羅。另外，若淨人「取寶」，作淨後比丘「當受」。《四分律》與此類似，辨相中記載，可通過說「知是看是」而作淨。《根有律》辨相中，若無執事人，可以用對首法作淨，而緣起和戒本中沒有這樣的記載。

(二) 調整文本

通過以上諸律間觀點同異的對比與分析，文本在《四分律》的基礎上作如下調整：

1. 緣起

佛在羅閱城耆闍崛山，有一大臣預留一份豬肉欲供養跋難陀，但被其子所食，留下五錢給跋難陀。次日跋難陀來應供，取走五錢，並將錢寄存在店鋪中。居士們看到後，譏嫌沙門販賣錢財。此事甚至引起朝議，國王大臣一起討論沙門釋子是否應該捉錢寶。後來大臣珠髻去拜見佛陀，請問此事。佛陀說：「沙門釋子不得捉持金銀若錢，沙門釋子捨離珍寶珠瓔，不著飾好。」並因此廣說譬喻，講述捉持金銀的過患，以是制戒。

2. 戒本

若比丘，自手受[1]金、銀[2]或[3]錢[4]，若使[5]人取[6]，若口可[7]受者，尼薩耆波逸提。

3. 關鍵詞

(1) 受：拿或接受。

(2) 金、銀或錢：包括金銀和在商品交換中充當媒介的貨幣。

---

1 「受」，底本作「捉」，據《新刪定四分僧戒本》改。

2 「金、銀」，底本作「錢」，據《四分僧戒本》、《新刪定四分僧戒本》、《鼻奈耶》、《十誦比丘戒本》、《五分律》、《彌沙塞五分戒本》、《根有律》、《根有戒經》、《根有律攝》改。

3 「或」，底本作「若」，據梵文《說出世部戒經》、梵文《有部戒經》、梵文《根有戒經》、巴利《戒經》改。

4 「錢」，底本作「金銀」，據《四分僧戒本》、《新刪定四分僧戒本》、《五分律》、《彌沙塞五分戒本》、《根有律》、《根有戒經》、《根有律攝》改。

5 「使」，底本作「教」，據《十誦律》、《十誦比丘戒本》、《僧祇律》、《僧祇比丘戒本》、《五分律》、《彌沙塞五分戒本》改。

6 「取」，底本作「捉」，據《四分僧戒本》、《新刪定四分僧戒本》、《十誦律》、《十誦比丘戒本》改。

7 「口可」，底本作「置地」，據《四分僧戒本》、《新刪定四分僧戒本》改。

4. 辨相

（1）犯緣

本戒具足五緣成犯：一、是金銀錢寶；二、作金銀錢寶想；三、為己蓄之心；四、自受取或教人受取；五、得到時，成犯。

（2）辨相結罪輕重

①是金銀錢寶

若比丘蓄金、銀、錢、珠寶等，捨墮。

②作金銀想

金銀作金銀想，捨墮；金銀作金銀疑，突吉羅；金銀作非金銀想，不犯；非金銀作金銀想或疑，突吉羅。

③為己蓄之心

為自己蓄錢寶，捨墮；為他人蓄，突吉羅。

④自受取或教人受取

自受取，教人受取，或者口可受，均捨墮。

⑤得到時

比丘得到錢寶時，捨墮；未得到，突吉羅；教其他人取金銀時，結突吉羅；得到時，捨墮。

⑥犯戒主體

比丘、比丘尼若犯，捨墮；式叉摩那、沙彌、沙彌尼若犯，突吉羅。

⑦不犯

受取錢寶後及時如法說淨，令淨人掌管，不犯。

僧團蓄錢寶，不犯。

最初未制戒，癡狂、心亂、痛惱所纏時，不犯。

八、現代行持參考

現代出家人的生活方式相比古代印度有很大的差異，物資來源多不相同。直接供養比丘金錢已經是居士普遍採用的方式，而比丘在日常生活中也常常需要用到錢。

在這種社會背景下，比丘蓄錢主要有以下三種方式：

（一）僧團與個人都不蓄錢，財務方面都由居士處理

這樣做的好處是比丘減少了很多所緣境，身心更容易專注在修道上。但其不足之處在於：比丘作為現代商業社會中的個體，行住坐臥都已離不開貨幣的支付，開展弘法事業更是需要大量而穩定的經濟支持，所以這種不蓄錢的方式必須依賴可靠、有力的護法居士團體才能長期維繫，只有個別團體或人士才能夠做到。

（二）個人少量蓄錢

目前很多道場所採用的方式，是通過定期給僧眾發放少量的單資，方便他們支付日常生活中的一些基本花銷。這樣做的好處是易於實行，對比丘來說在生活上也能得到很大的便利。在中國，比丘個人蓄用少量錢並不會受到居士及社會大眾的譏嫌。但如果比丘無限度的蓄錢，則可能會增長其對錢財的貪戀，處理不好甚至會妨廢道業。因此，對於個人得到的錢財供養，有條件的比丘可以採用《根有律攝》所述的方法，將錢作淨之後再持有。

（三）僧團群體蓄錢

這種模式下比丘不用自己蓄錢，個人所接收的錢財供養都交由僧團作

為僧眾的共同財產統一管理，僧團則負責滿足個人合理的需求和管理開銷。這樣做就避免了比丘個人蓄用錢財的過患，同時也保障了比丘正常的生活所需。在一定程度上避免了前兩種方式的不足，但也增加了僧團的管理成本，故而需要一個知見統一、和合有力的僧團作為保障。

上述三種方式是不同的僧團在各自緣起下採用的不同處理方式，各有其優缺點，也各有其需要具備的客觀條件。對於僧團和比丘個人來說，可以根據實際的因緣條件來取捨。此外，現在錢的種類也大大增多，除了常見的國內外貨幣，還出現了電子貨幣等新形式，給比丘持戒帶來更多的考驗。

19

貿寶戒

一、緣起

（一）緣起略述

《四分律》只有一個本制。世尊在羅閱祇耆闍崛山的時候，跋難陀在市場上以錢換錢，居士們看到後譏嫌比丘很會做買賣。佛陀知道後呵責緣起比丘，並制定了此戒。[1]

諸律緣起差異比較：

1. 制戒地點

《四分律》中，制戒地點為「羅閱祇耆闍崛山中」，《鼻奈耶》[2]、《巴利律》[3]為「舍衛國祇樹給孤獨園」，《十誦律》[4]、《五分律》[5]為「王舍城」，《僧祇律》[6]為「毗舍離大林重閣精舍」，《根有律》[7]為「室羅伐城逝多林給孤獨園」。

2. 緣起比丘

《四分律》、《鼻奈耶》中，緣起比丘為「跋難陀」，《十誦律》、《巴利律》為「六群比丘」，《僧祇律》為「難陀」、「優波難陀」，《五分律》為「難陀」、「跋難陀」，《根有律》為「六眾苾芻」。

1 《四分律》卷 8，《大正藏》22 冊，619 頁下欄至 620 頁中欄。

2 《鼻奈耶》卷 6，《大正藏》24 冊，877 頁上欄。

3 《經分別》卷 4，《漢譯南傳大藏經》1 冊，339 頁至 341 頁；《附隨》卷 1，《漢譯南傳大藏經》5 冊，54 頁。

4 《十誦律》卷 7，《大正藏》23 冊，51 頁下欄至 52 頁上欄；卷 53，《大正藏》23 冊，390 頁上欄。

5 《五分律》卷 5，《大正藏》22 冊，36 頁下欄至 37 頁上欄。

6 《僧祇律》卷 10，《大正藏》22 冊，313 頁下欄至 314 頁中欄。

7 《根有律》卷 22，《大正藏》23 冊，741 頁下欄至 743 頁下欄。

3. 緣起情節

《鼻奈耶》只有本制，情節與《四分律》類似。《巴利律》也只有本制，記載六群比丘「買賣種種金銀」，被眾人譏嫌「恰如在家受欲之人」，佛陀知道後呵責緣起比丘，並因此制戒。

《十誦律》只有本制，情節與《四分律》略有差異。《十誦律》更詳細地羅列出了六群比丘善於經營的各種項目。其中有人為了和他們做生意，搶奪別人的田產賣給比丘，導致失去產業的人非常惱怒，呵責比丘。少欲比丘得知後便匯報佛陀，佛以此因緣集僧制定了此戒。

《僧祇律》、《五分律》也只有本制，情節與《四分律》差異較大。《僧祇律》中，難陀和優波難陀從王室購買黃金，並請王家工匠製作成瓔珞莊嚴用具，然後將這些金具裝在箱子裏，讓沙彌攜至貴族婦女家出售。這使得去市場購買金銀具或者請匠人鍛打金銀具的人越來越少，市場的商人和匠人利益受損，便譏嫌比丘與俗爭利。佛陀知道此事後呵責難陀、優波難陀，並以此因緣集僧制定了此戒。《五分律》中，難陀和跋難陀用各種金銀、雜錢做買賣，被盜賊認為比丘都很富有，便至阿蘭若處拷打諸比丘以獲取金銀等財物，並掠奪諸比丘的衣鉢後離開。無故遭殃的比丘呵責難陀、跋難陀，佛知道後以此因緣制定了此戒。

《根有律》有一個緣起和一個本制，與《四分律》差異較大。緣起故事中，有位露形外道得到一條上好的毛毯，披在身上到比丘處炫耀。鄔波難陀看到後，便巧言說服外道將毛毯供養給他，而他把「一粗硬毛緂」給了外道。外道同伴們知道此事後都很生氣，逼他取回毛毯，否則將其驅擯。於是，該外道來找鄔波難陀，而鄔波難陀閉門不見，外道無奈之下只好向世尊求助，世尊讓阿難轉告鄔波難陀歸還毛毯。鄔波難陀將毛毯毀壞，並在交給外道時毆打對方，對方保證今後不再來僧團。本制故事中，六群比丘因為作種種錢寶交易，被外道譏嫌。佛陀知道後制戒。

（二）緣起比丘形象

《四分律》中，跋難陀在市場上「以錢易錢」。《鼻奈耶》中，跋難陀「坐肆販賣金銀求利」。《巴利律》中，六群比丘「買賣種種金銀」。除這些情節，這幾部律對緣起比丘的言行描述較少。總體來說，這幾部律典中，緣起比丘的共同特點是在市場上做金銀買賣，善能交易。

《五分律》中，盜賊們考察城中的情況後說：「觀此邑里，無勝沙門釋子之富。」從中可以看出，難陀、跋難陀非常富足，做生意很高調，惹人注目，以致引起了盜賊的注意。

《十誦律》、《根有律》中，緣起比丘非常善於經營。《十誦律》中，六群比丘經營範圍涉及各種行業：「所捨寶作種種用，令起房舍作金肆、客作肆、鍛銅肆、治珠肆，畜象群、馬群、駱駝群、牛群、驢群、羊群、奴婢、子弟、人民。」《根有律》記載：「六眾苾芻種種出息：或取，或與，或生，或質；以成取成，以未成取成，以成取未成，以未成取未成。」

《僧祇律》中，難陀、跋難陀非常有生意頭腦，且頗具規劃和營銷能力。他們深諳貴族婦人的心理，在利用王室工匠打造好精美的黃金製品後，故意保持物品的神秘感，刺激對方的好奇心和購買欲望，通過高超的議價能力，讓貴族婦女們紛紛搶購。

（三）犯戒內因

《四分律》、《十誦律》、《五分律》、《巴利律》都只是簡單描述緣起比丘的貿易行為，沒有直接說明他們的貿易目的。按常理推斷，應該是為了追求利潤。

《五分律》中，被殃及的比丘埋怨難陀、跋難陀「如何出家積畜寶物」，劫賊也感嘆緣起比丘富有，可見緣起比丘通過經營，蓄積了很多財富。對財物的貪心可能是緣起比丘犯戒的主要內因。

《僧祇律》中，從難陀、跋難陀對金製品的精心打造和營銷的行為看，他倆對獲得利潤的渴求是很明顯的。

《鼻奈耶》中，緣起比丘在市場「販賣金銀求利」。《根有律》記載：「苾芻如是交易以求其利。」這兩部律典中，比丘的犯戒內因都是為求利。

（四）犯戒外緣

諸律沒有明確記載犯戒外緣但從律文可以推斷出，緣起比丘能從各種渠道獲得貿易的金銀物品等資源，是誘發比丘犯戒的外緣。

《僧祇律》中，緣起比丘將金製品銷售給貴族婦人這一特定群體。因此，能夠接觸貴族婦人也是其犯戒的重要外緣。

（五）犯戒後的影響

諸律中緣起比丘的行為所產生的影響，大致可以分為如下幾類：

1. 俗眾譏嫌

《四分律》記載：「諸居士見已皆譏嫌言：『沙門釋子以錢易錢，善能賣買。』」《鼻奈耶》記載：「諸長者嫌，自相謂言：『此沙門釋子自坐肆販賣金銀求利，與彼賈客有何異？』」《巴利律》記載：「眾人……非難：『何以沙門釋子恰如在家受欲之人，買賣種種金銀耶？』」

2. 外道譏嫌

《根有律》中，六群比丘的買賣行為引起外道嫉妒和譏嫌。如：「云何沙門釋子出物求利，與俗何殊？誰能與彼衣食而相供給？」

3. 俗眾利益受損

《僧祇律》中，難陀、優波難陀的銷售行為壟斷了市場，使得市場上其他人的生意大受打擊，引起了他們的譏嫌。《十誦律》中，因六群比丘做生意的緣故，一些人的田業遭到別人強奪，這些人因此憤怒而呵責比丘。

4. 其他比丘受到傷害

《五分律》中，難陀、跋難陀的行為引起了盜賊的注意，盜賊搶劫了阿蘭若比丘，給比丘造成了嚴重的傷害。

（六）佛陀考量

《鼻奈耶》中，佛陀制戒：「若比丘坐肆販賣金銀求利，與世人不別者，捨墮。」這裏佛陀強調比丘應該遵循與俗有別的生活方式，否則如同在家人，與出家人離欲修道的形象不符，並容易遭致譏嫌。

《五分律》中，佛陀譴責了難陀、跋難陀，如果他們之前沒有做那些交易，比丘也不會因此受到連累，被盜賊們劫奪財物、毆打受傷。佛陀是在教育比丘要充分認識蓄積金錢財物的過患，以免引火燒身，對自、他造成傷害。

《根有律》中，佛陀開許：「若為僧伽應求利潤。」如果為了僧團的事業，如修補房屋等而缺乏錢財的話，比丘可以用施主供養的物品去謀求利潤。這反映出佛陀基於現實緣起的考量，在促進團體事業發展的同時也要保護比丘的出離心，因此，並不開許比丘個人的獲利行為。

（七）文體分析

《四分律》有一個因緣，《根有律》有兩個因緣，其他律典與《四分律》相同，都只有一個因緣。

《僧祇律》對緣起比丘製作金具和銷售金具的過程描寫細緻，其策劃巧妙，欲擒故縱，營銷技巧高超。如律文：「作成已，瑩治發光，盛著箱中，青氍蓮花覆上，與沙彌，先教言：『我將汝到貴勝家，若語汝開時，汝但開現一角頭。』即將至貴勝家。貴勝家婦女見來，頭面禮足，卻住一面即問言：『此箱中是何等？』答言：『用問此為？非汝所問。』以不示故，復更殷勤，語沙彌言:『出示與看。』沙彌即示一角，菁助發色，日光照金晃昱耀目。問言:『尊者，此是誰許？』答言:『用問此為？有金有作者即是其主。』」

《根有律》中，故事情節和人物對話描寫得非常詳細，並有一定的心理描寫，如緣起比丘看到外道披着上好毛毯後心想:「外道披者是好貴物，我若不能得此物者，不復更名鄔波難陀矣。」一個佔有欲強的比丘形象躍然紙上。

二、戒本

《四分律》中，本戒的戒本為：「若比丘，種種賣買寶物者，尼薩耆波逸提。」

若比丘，種種賣買寶物者，尼薩耆波逸提

《四分律》、《新刪定四分僧戒本》[1]、《四分律比丘戒本》[2]作「若比丘，種種賣買寶物者，尼薩耆波逸提」，意思是：如果比丘用各種方式買賣寶物，犯捨墮。

與《四分律》相似：

《四分僧戒本》[3]作「若比丘，種種賣買金銀、寶物者，尼薩耆波逸提」，比《四分律》多了「金銀」二字。

《解脫戒經》[4]作「若比丘，種種貿易寶物，尼薩耆波逸提」，此處的「貿易」即「交易、買賣」的意思，與《四分律》內涵相同。

以下律典中均以「金銀」或相似的表述對應《四分律》中的「寶物」。

《僧祇律》、《僧祇比丘戒本》[5]作「若比丘，種種販賣生色、似色，尼薩耆波夜提」，這裏的「生色、似色」意指「金、銀」。

梵文《說出世部戒經》[6]作 "yo puna bhikṣur anekavidhaṃ jātarūparajatavikṛtivyavahāraṃ samāpadyeya nissargikapācattikam"，意思是：任何比丘，從事

1 《新刪定四分僧戒本》，《卍續藏》39 冊，265 頁下欄。

2 《四分律比丘戒本》，《大正藏》22 冊，1018 頁上欄。

3 《四分僧戒本》，《大正藏》22 冊，1025 頁下欄。

4 《解脫戒經》，《大正藏》24 冊，661 頁下欄。

5 《僧祇比丘戒本》，《大正藏》22 冊，551 頁下欄。

6 Nathmal Tatia, *Prātimokṣasūtram of the Lokottaravādimahāsāṅghika School*, Tibetan Sanskrit Works Series, no. 16, p. 16.

各種金銀的交易，捨墮。與《四分律》有部分差異：《五分律》、《彌沙塞五分戒本》[1] 作「若比丘，以金銀及錢種種賣買，尼薩耆波逸提」，此處將《四分律》中的「寶物」細化為「金銀及錢」。另外此處的戒條可以有兩種理解：一種是用「金銀、錢」去買賣其他的物品；另一種是將「金銀、錢」作為經營的對象。兩種理解都與《四分律》有一定差異。

梵文《有部戒經》[2] 作 "yaḥ punar bhikṣur nānāprakāraṃ rūpyavyavahāraṃ samāpadyeta niḥsargikā pātayantikā"，梵文《根有戒經》[3] 作 "yaḥ punar bhikṣur nānāprakāraṃ rūpikavyavahāraṃ samāpadyeta naisargikā pāyantikā"，兩部戒本的意思都是：任何比丘，從事各種金銀錢的交易，捨墮。

巴利《戒經》[4] 作 "yo pana bhikkhu nānappakārakaṃ rūpiyasaṃvohāraṃ samāpajjeyya, nissaggiyaṃ pācittiyaṃ"，意思是：任何比丘，從事各種金銀錢的交易，捨墮。

藏文《根有戒經》[5] 作 "ཡང་དགེ་སློང་གང་མངོན་མཚན་ཅན་གྱི་སྤྱོད་པ་རྣམས་པ་སྣ་ཚོགས་བྱེད་ན་སྤང་བའི་ལྟུང་བྱེད་དོ།།"，意思是：任何比丘，從事種種金銀錢等的交易，捨墮。

與《四分律》差異較大：

《十誦律》作「若比丘，種種用寶者，尼薩耆波夜提」，此處沒有說明「用」的具體內涵。

《十誦比丘戒本》[6] 作「若比丘，以金銀買種種物，尼薩耆波夜提」，本處特指用金銀買其他物品，《四分律》則是對「寶物」的買和賣。

---

1 《彌沙塞五分戒本》，《大正藏》22 冊，197 頁上欄。

2 Georg von Simson, *Prātimokṣasūtra der Sarvāstivādins Teil II*, Sanskrittexte aus den Turfanfunden, XI, p. 196.

3 Anukul Chandra Banerjee, *Two Buddhist Vinaya Texts in Sanskrit*, p. 29.

4 Bhikkhu Ñāṇatusita, *Analysis of the Bhikkhu Pātimokkha*, p. 144.

5 麗江版《甘珠爾》（འཇང་བཀའ་འགྱུར།）第 5 函《別解脫經》（སོ་སོར་ཐར་པའི་མདོ།）10b。

6 《十誦比丘戒本》，《大正藏》23 冊，473 頁下欄。

《根有律》、《根有戒經》[1]、《根有律攝》[2]作「若復苾芻，種種出納求利者，泥薩祇波逸底迦」，文中「出納」內涵與「賣買」近似，文中沒有說明「出納」的對象，相比《四分律》中的「寶物」，此處涵蓋的範圍更廣。另外，此處指出了發起心為「求利」，《四分律》中則沒有對應的內容。

《鼻奈耶》作「若比丘，坐肆販賣金銀求利，與世人不別者，捨墮」。

1 《根有戒經》，《大正藏》24 冊，503 頁中欄。

2 《根有律攝》卷 6，《大正藏》24 冊，560 頁下欄至 561 頁上欄。

三、關鍵詞

種種賣買

梵文《有部戒經》作“nānāprakāraṃ（種種）rūpya（金銀錢）vyavahāraṃ（交易）”，梵文《根有戒經》作“nānāprakāraṃ（種種）rūpika（金銀錢）vyavahāraṃ（交易）”，其意思均為「各種金銀錢的交易（英譯：various kinds of trading in gold or silver or money）」。巴利《戒經》作“nānappakārakaṃ（各種）rūpiya（金銀錢）saṃvohāraṃ（交易）”，意思與梵文《有部戒經》、梵文《根有戒經》相同。藏文《根有戒經》作“མངོན་མཚན་ཅན་གྱི་སྤྱོད་པ”，拆分為“མངོན་མཚན་ཅན་（金銀錢等）གྱི་（的）སྤྱོད་པ（事務、交易）”，意思是「種種金銀錢等的交易（英譯：various transactions in gold or silver or money)」。

梵文《說出世部戒經》作“anekavidhaṃ（各種）jātarūpa（金）rajata（銀）vikṛti（形成）vyavahāraṃ（交易）”，意思是「各種金銀的交易（英譯：various kinds of sales in gold or silver）」，與上面戒本的意思稍有差別。

《四分律》將「種種賣買」解釋成金、銀、錢，以及金銀做成的物品之間的買賣或交易。《僧祇律》作「種種販賣」，解釋與《四分律》相似。《巴利律》：「『種種之』者，言已成、未成、已成未成。」其內涵與《四分律》一致，但更詳細地舉例解釋了「已成」、「未成」以及「金銀」，如文：「已成者，〔已做成〕頭飾、頸飾、手飾、足飾、腰飾。未成者，其整塊物〔尚未製為成品〕之謂。已成未成者，言前面兩者。金銀者，謂黃金、迦利沙槃、銅錢、木錢、樹膠錢等，一般通用之物。」可見，《巴利律》中記載的也是指金、銀、錢之間的買賣。《十誦律》中對「種種」和「買賣」分別作了解釋，內涵與《四分律》一致。

《根有律》中對「種種」和「出納求利」分別作了解釋：「言種種者，謂非一事。出納求利者，謂作取與生貪而覓利潤。」即通過各種買賣，來獲取利潤。

《根有律攝》中解釋：「言種種者，謂作多種經求方便。出納息利者：謂以錢等而規其利；或以金、銀、真珠、貝玉，及諸縷線，貯聚穀麥，驅馳車馬，為求利故；或以成物博未成物。」此律不僅包括金、銀、珠寶等買賣，還包括了縷線、穀物等物品的買賣。

《薩婆多論》記載的是寶物及寶物製品之間的買賣，沒有更具體地提及寶物的具體內涵。[1]

綜上所述，「種種賣買」的詞源分析中，梵文《說出世部戒經》指的是「各種金銀的交易」，其餘梵巴藏戒經都是指「各種金銀錢的交易」。漢譯律典中，《四分律》、《十誦律》、《僧祇律》、《巴利律》指的是金、銀、錢及其製品之間的交易；《根有律》、《根有律攝》側重於買賣求利；《薩婆多論》中，買賣對象僅限於寶及寶製品，但沒有提及寶的內涵。

---

1 《薩婆多論》卷 5：「以寶相貿者，如以作貿作、以作貿不作、以作貿作不作。不作亦有三句：若以相貿相，若以相貿不相，若以相貿相不相。不相亦有三句：是謂以寶貿寶。用有五種：一者取、二者持來、三者持去、四者賣、五者買取。取者，若言取此物、從此中取、取爾所、從此人取。持來持去亦如是四種，賣與買亦如是四種。」《大正藏》23 冊，536 頁上欄。

四、辨相

(一) 犯緣

具足以下五個方面的犯緣便正犯本戒：

1. 所犯境

《四分律》中，本戒的所犯境為金、銀、錢。其中金又分為已成金、未成金、已成未成金，銀亦如是。錢分為八種：金錢、銀錢、鐵錢、銅錢、白鑞錢、鉛錫錢、木錢、胡膠錢。

《五分律》與《四分律》相同，所犯境都是金銀錢，但沒有說明具體的種類。

《十誦律》中，所犯境為寶，指的是金銀；寶又可以分為作、不作、相、不相四類。

《僧祇律》中，所犯境為金銀，如：「生色者，金；似色者，銀。」

《巴利律》中，所犯境為金銀，其中金銀又分為已成、未成、已成未成三種。金銀包括黃金、迦利沙槃、銅錢、木錢、樹膠錢等一般通用之物。

藏傳《苾芻學處》記載：「納質境是具五法之在家人。所納物是寶穀等貨，自己自在，或滿一肘以上之衣價。」[1]

《根有律》、《根有律攝》[2]中，所犯境為種種財物，不過對財物的種類沒有作說明與限制。

《薩婆多論》[3]中，所犯境為重寶。

《鼻奈耶》中，所犯境為金銀。

---

1 《苾芻學處》，《宗喀巴大師集》卷 5，85 頁。

2 《根有律攝》卷 6，《大正藏》24 冊，560 頁下欄至 561 頁上欄。

3 《薩婆多論》卷 5，《大正藏》23 冊，535 頁下欄至 536 頁上欄。

《善見論》[1] 中沒有記載所犯境，但辨相中提到了金錢和銅錢。

《摩得勒伽》[2] 中沒有明確說明此戒的所犯境。

《毗尼母經》、《明了論》沒有關於此戒犯緣的內容，下不贅述。

2. 能犯心

(1) 發起心

《四分律》沒有明確記載發起心。

《根有律》、《根有律攝》中，此戒的發起心是為求利。

藏傳《苾芻學處》中，發起心是為自己生利之心相續不斷。

《薩婆多論》中，發起心是「為利」之心。

其他律典與《四分律》相同。

(2) 想心

《四分律》沒有明確記載想心。

《巴利律》中，於金銀作金銀想、疑、非金銀想，正犯此戒。

藏傳《苾芻學處》中，「想不錯亂」，正犯此戒。

其他律典與《四分律》相同。

3. 方便加行

《四分律》中，方便加行為相互交換各種金、銀、錢，《鼻奈耶》為「坐肆販賣金銀求利」，《五分律》為用錢寶種種買賣，《十誦律》為種種寶之間的交換，《僧祇律》為買賣，《巴利律》為各種金銀之間的買賣，《根有律》、《根有律攝》為用財物放貸出息求利。《薩婆多論》中，方便加行有兩種，「以重寶相貿」也就是交換種種寶物，或是「以重寶與人求息利」也就是用寶物出息求利，均會正犯此戒。藏傳《苾芻學處》為「以具五相語教令生利」，《摩得勒伽》為買物，《善見論》為交易。

---

1 《善見論》卷 15，《大正藏》24 冊，778 頁中欄。

2 《摩得勒伽》卷 9，《大正藏》23 冊，619 頁上欄。

4. 究竟成犯

《四分律》中未明確記載究竟成犯。

《根有律》、《根有律攝》中，此戒的究竟成犯為得利時。

《巴利律》中，「已作買賣者」也就是交易完成時，正犯。

藏傳《苾芻學處》中，此戒的究竟成犯是「於時於處得利時成犯」。

《薩婆多論》記載：「以重寶與人求息利，當與時得捨墮；若為利故以重寶相貿，得彼寶時捨墮；以重寶為利故更買餘物，得物時捨墮。」

其他律典與《四分律》相同，均沒有此戒的究竟成犯的記載。

5. 犯戒主體

《四分律》中，犯戒主體是比丘，比丘尼同犯。

《薩婆多論》、《五分律》、藏傳《苾芻學處》與《四分律》相同。

《摩得勒伽》中，犯戒主體包括比丘與學悔沙彌。

其他律典的犯戒主體是比丘。

（二）輕重

1. 所犯境

《四分律》中，本戒的所犯境是金、銀、錢時，結捨墮罪。沒有其他犯輕的情況。

《十誦律》中，若是鐵錢、銅錢、白鑞錢、鉛錫錢、樹膠錢、皮錢、木錢，則結突吉羅。此外，「用似錢買者，得突吉羅。」

《摩得勒伽》：「用似銀買物，突吉羅。」

其他律典正犯捨墮的所犯境如上犯緣所述。

2. 能犯心

（1）發起心

《四分律》沒有明確記載發起心。

其他律典的內容如上犯緣所述。

（2）想心

《四分律》沒有明確記載想心。

《巴利律》中，銀作銀想、疑、非銀想，犯捨墮。非銀作銀想、疑，突吉羅；非銀作非銀想，無罪。

其他律典的內容如上犯緣所述。

3. 方便加行

《四分律》中，各種金、銀、錢之間相互交換，結捨墮罪。

《十誦律》中，種種寶之間的交換，犯捨墮。此外，如果「共非人買物。非人者，天、龍、夜叉、羅剎、鳩槃茶、薜荔伽、毗舍遮等共買物，得突吉羅。若共狂人、散亂心人、病壞心人、若親里共買，得突吉羅」。

《根有律攝》中，他人將比丘的物品拿去出息，比丘為利而不制止，犯捨墮。如律文：「若他將苾芻物為生利時，苾芻貪利默而不止，得利之時得根本罪。」

藏傳《苾芻學處》中，「若將三寶財物令僧伽藍民及鄔波索迦等生利時，未取押二倍質物。若不知納質法之比丘往作此事，僧眾未告知等」，結突吉羅罪。

《薩婆多論》中，如果比丘用鐵錢等買賣，結突吉羅罪。如：「若比丘用鐵錢乃至木錢與人求息利，突吉羅；若為利故，以錢買物，突吉羅；若餘似寶，若縠絹布，如是比丘若出息，若以買物為利故，盡突吉羅。」

《善見論》記載：「若以寶易鐵，以此鐵作鉢，作斧，隨作一一作器，悉不得用，若用，突吉羅罪。」

《摩得勒伽》中，「共親里、狂、散亂、苦痛乃至污染比丘尼人買，皆突吉羅」。此外，用銀子從「非人、天、龍、夜叉、乾闥婆、緊那羅、摩睺羅伽、餓鬼、毗舍遮、鳩槃茶、富單那」買物，犯突吉羅。

其他律典正犯的情況如上犯緣所述。

4. 究竟成犯

《四分律》沒有明確記載究竟成犯。

《根有律》、《根有律攝》中，此戒的究竟成犯是得利時；未得利前，得惡作罪。

《巴利律》記載：「買賣前行者，突吉羅；已作買賣者，捨墮。」

諸律正犯的情況如上犯緣所述。

5. 犯戒主體

《四分律》中，比丘、比丘尼，結捨墮罪；式叉摩那、沙彌、沙彌尼，結突吉羅罪。

《薩婆多論》、《五分律》與《四分律》相同。

藏傳《苾芻學處》中，比丘、比丘尼，結捨墮罪。

《摩得勒伽》中，比丘、學悔沙彌，結捨墮罪。此外，律中還記載：「比丘買銀時轉根作比丘尼，突吉羅；比丘尼以銀買物，轉根作比丘，亦如是；未受具戒時買銀，未受具戒時得，突吉羅。」

其他律典中，此戒的犯戒主體是比丘，未提及其他情況。

（三）不犯

1. 能犯心不具足

《五分律》中，如果有人施與比丘錢財，而比丘不知道，淨人代為接受並為之買淨物，比丘不犯。如：「不犯者，雖施比丘，比丘不知，淨人受之為買淨物。」

《巴利律》中，於非金銀作非金銀想，不犯。

2. 犯戒主體不具足

《四分律》記載：「無犯者，最初未制戒，癡狂、心亂、痛惱所纏。」

《五分律》、《根有律》與《四分律》相同。

《巴利律》記載：「癡狂者、最初之犯行者，不犯也。」

3. 開緣

《四分律》中，比丘為三寶事，不犯。如：「若以錢貿瓔珞具為佛、法、僧，若以瓔珞具易錢為佛、法、僧，無犯。」

《根有律》、《根有律攝》中，為僧團不犯。如《根有律》：「世尊告曰：『若為僧伽應求利潤。』」《根有律攝》：「若為三寶出納，或施主作無盡藏，設有馳求並成非犯。」

五、原理

(一) 與賈客何異？

1. 性遮分析

本戒屬於遮戒。

同樣是關於金錢的戒條，「蓄寶戒」遮止的是比丘被動接受居士的錢寶供養，而本戒遮止的是比丘以主動交易的方式獲得錢寶來為個人謀利。如《鼻奈耶》中，居士譏嫌說：「此沙門釋子自坐肆販賣金銀求利，與彼賈客有何異？」

2. 對貪煩惱的約束

從煩惱的約束上來看，佛陀制定本戒的意趣與「蓄寶戒」相同，都是為了對治比丘對錢財的貪欲。人之所以熱衷於進行錢寶交易，其目的在很大程度上就是為了賺取利潤。比丘從事錢寶貿易，在利益的驅使下引發貪心，可能會陷入循環往復的貪欲之中，難以自拔。《僧祇律》中，佛陀就呵責緣起比丘：「汝常不聞我無數方便呵責多欲，讚歎少欲？此非法，非律，不如佛教，不可以是長養善法。」

3. 惡緣的防範

比丘欲交易錢寶就需要往來穿梭於市肆、顧客之間，不僅會妨廢道業，招致譏嫌，還可能會成為不法分子覬覦的目標。如《五分律》中，群賊因為見到緣起比丘「大以金銀及錢買物」，認為「無勝沙門釋子之富，阿練若處劫之又易」，結果將諸比丘「拷之垂死，盡奪衣鉢而去」。對於此事，佛陀仍然呵責說：「若不作是，彼諸比丘何由遭此？」

另外，金錢交易中有很多不確定的因素，經營不善或者謀劃不周，可能會使比丘陷入經濟與法律的糾紛中，這也是此戒所防範的一個風險。

(二) 法律與商貿

從《薩婆多論》「以重寶與人求息利」，以及《根有律》「若苾芻為求利故，以諸財貨金銀等物，出與他人共立契保」中可以看出，本戒還涉及到貸款出息，乃至高利貸的情況。

佛世時，商業發展比較突出，其中一個重要表現是貨幣的出現。貨幣又促進了商業貿易的發展。有些大商人還兼營存貸款業務，向手工行業和個人發放貸款，謀取高利。[1]

婆羅門教的《摩奴法論》中有大量的篇幅記載了關於高利貸的法律條款，也提到了如何計算和償還利息，乃至擔保、抵押等金融服務，可見行業發展之興盛。從其中一些條款，可以看到社會階層不平等的跡象。如關於債務人和債權人的權利與義務，法典記載：「種姓相同的和較低的債務人即使利用勞役也應該及時還清債；種姓較高的應該逐漸還清。」[2] 借債利息視種姓高低而有別，種姓越低，利率越高：「他可以按種姓的順序分別收取百分之二整、百分之三整、百分之四整和百分之五整的月息。」[3] 同時，還規定經商、放貸這些經濟活動只是作為吠舍階層商人的職司，[4] 與高種姓無關，如法典中記載：「婆羅門或刹帝利不得放債食利。」[5]

可見，從當時商業貿易所存在的不平等以及相關法律規定來看，比丘確實不適合參與「貿寶」之類的活動。

1 林承節：《印度古代史綱》，載於《東方文化集成》，光明日報出版社，64 頁至 65 頁。

2 《摩奴法論》，156 頁。

3 《摩奴法論》，153 頁。

4 《摩奴法論》：「他把畜牧、布施、祭祀、學習吠陀、經商、放債和務農派給吠舍。」「國王應該只讓吠舍經商、放債、務農和畜牧，只讓首陀羅做再生人的奴隸。」《摩奴法論》，13 頁、175 頁。

5 《摩奴法論》，217 頁。

（三）社會關係分析

1. 比丘與女人

本戒中，比丘與女人的關係是值得考察的。《僧祇律》中，貴族婦女們對難陀、跋難陀非常恭敬。比如當難陀、跋難陀到貴族家中時，「貴勝家婦女見來，頭面禮足」。難陀、跋難陀利用貴族婦女的信任，將金銀瓔珞之具賣給她們牟取利益。這樣，他們之間原本以佛法信仰為基礎的關係就變得不再純粹。難陀、跋難陀能夠受到貴族婦女信賴的原因，可能是他們出家前是釋迦王種，種姓、社會地位比較高，比較容易接觸到貴族階層的婦女並能夠獲得她們的信任。因此，比丘出家前顯赫的世俗身分，如果正當地用於弘揚佛法，自然大有助益，若用來謀利則偏離了聖道。

2. 比丘與外道

從《根有律》緣起故事中可以看出，六群比丘和某些外道的關係比較緊張。與鄔波難陀換衣的外道剛拿到好衣時，同伴立即慫恿他去向比丘們炫耀一下：「仁者，我等常被沙門釋子之所輕蔑，每告我曰：『汝等曾不親近貴勝好人，但唯狎習傭力賤品旃荼羅類。』仁今宜可披此貴服，往詣沙門釋子之處刺彼心胸。」可以看出，有些外道平時被六群比丘鄙視，處於弱勢地位，心理不平衡，一有機會就想報復。後來同伴們聽説他與鄔波難陀交換了衣服，都很憤怒：「仁者，此之釋子常思殺我，餘雖見欺，不同六眾，六人之內，無越鄔波難陀。仁若施與餘大德者，我亦隨喜，而鄔波難陀欲飲我血，將衣施彼，誰堪忍耶？即宜往索。若得者善，若不得者，我同擯汝，移汝坐處，覆汝食器，不相共語。」從外道的憤懣之言可以看出，六群比丘與外道之間積累的怨恨比較多，衝突比較嚴重。

六、總結

(一) 諸律差異分析

1. 緣起差異

(1) 結構差異

《四分律》只有一個本制，《鼻奈耶》、《十誦律》、《僧祇律》、《五分律》、《巴利律》與之相同。《根有律》有一個緣起、一個本制。

(2) 情節差異

《鼻奈耶》、《巴利律》情節與《四分律》相似。

《十誦律》、《僧祇律》、《五分律》情節與《四分律》有一些差異。其中《十誦律》提到比丘貿寶導致有人田業被強奪。《僧祇律》提到了因為比丘貿寶，婦女不再去肆上買金，也不僱傭金銀師，使商人和匠人利益受損，引發譏嫌。《五分律》則是比丘貿寶連累阿蘭若比丘被盜賊劫奪。

《根有律》與《四分律》差異較大，講述了緣起比丘巧言騙取外道的好毛毯，外道後悔索還，比丘不還，後在佛陀的要求下歸還。本制故事中，六群比丘因為作種種錢寶交易，被外道譏嫌，佛陀因此制定了此戒。

(3) 結論

綜上所述，本戒緣起無需調整，仍取《四分律》的結構與情節。

2. 戒本差異

《四分律》「種種賣買寶物」中「寶物」一詞，《四分僧戒本》對應為「金銀、寶物」;《僧祇律》、《僧祇比丘戒本》為「生色、似色」，即金、銀;《解脱戒經》為「寶物」;《五分律》、《彌沙塞五分戒本》為「金銀及錢」; 梵文《説出世部戒經》為「金銀」; 梵文《有部戒經》、梵文《根有戒經》、巴利《戒經》、藏文《根有戒經》為「金銀錢」。

此外，還有幾部戒本與「種種賣買寶物」這句的意思有所差異。《十誦律》

作「種種用寶」，《十誦比丘戒本》作「以金銀買種種物」。《鼻奈耶》作「坐肆販賣金銀求利，與世人不別」。《根有律》、《根有戒經》、《根有律攝》作「種種出納求利」，這一表述更傾向於是對行為動機的約束，相比其他戒本而言，更為寬泛和靈活。

戒本的調整上，借鑒《鼻奈耶》、《根有律》中對發起心的描述，在「賣買寶物」後面添加「求利」二字。

3. 辨相差異

（1）所犯境

關於本戒的所犯境，諸律記載不同。《四分律》、《五分律》中，本戒的所犯境是金、銀、錢。《鼻奈耶》、《十誦律》、《僧祇律》、《巴利律》中，此戒的所犯境是金銀。藏傳《苾芻學處》記載：「納質境是具五法之在家人，所納物是寶穀等貨，自己自在，或滿一肘以上之衣價。」《薩婆多論》中，此戒的所犯境是重寶。《善見論》未記載所犯境，但在辨相中提到了金錢、銅錢。《摩得勒伽》未提及所犯境。《根有律》、《根有律攝》中，此戒的所犯境是種種財貨金銀等物，並包括以財物生息的方式。藏傳《苾芻學處》中還提到了「穀」，這一說法應該是來自《根有律》：「若苾芻為求生利，將諸財穀舉與他人，升斗校量共立契證，乃至得罪如前廣說。」綜合各部律典，除《根有律》之外，其他律典的所犯境都可歸入金銀錢寶的範疇，而不包括物。故將本戒的所犯境定為金銀錢寶。

（2）能犯心

①發起心

《四分律》中沒有明確記載本戒的發起心。《薩婆多論》、《根有律》、《根有律攝》中，發起心是為自己求利。《僧祇律》緣起中，比丘為求利而貿寶，不過辨相裏沒有説明。藏傳《苾芻學處》中，發起心是為自己生利之心相續不斷。其他律典與《四分律》相同，均沒有記載此戒的發起心。從實際行持來看，此戒的發起心應該是為己獲利之心，《根有律》中的記載比較合理。

②想心

本戒只有《巴利律》和藏傳《苾芻學處》有想心的記載。《巴利律》中，若比丘於金銀作金銀想、疑，或者作非金銀想而買賣，均犯捨墮；於非金銀作金銀想、疑，則犯突吉羅；若非金銀作非金銀想，不犯。藏傳《苾芻學處》的想心為，「想不錯亂」即正犯。對於金銀，無論作何想，只要進行買賣都可能涉及到實質的利益交換，因而判為正犯較為合理。所以，本戒的想心可借鑒《巴利律》的標準。

（3）方便加行

《四分律》中，方便加行是各種金、銀、錢之間的相互交換，即以錢寶換取錢寶，《五分律》與《四分律》相同，《十誦律》為種種寶之間的交易，《鼻奈耶》、《僧祇律》、《巴利律》為金銀之間的交易，《摩得勒伽》為用銀買物，《善見論》為金錢和銅錢的交易。

《根有律》、《根有律攝》中，此戒的方便加行是用財物放貸，出息求利。《薩婆多論》中，此戒的方便加行是用寶出息，互貿，買物求利。藏傳《苾芻學處》中，此戒的方便加行是放貸獲利。

由上可知，諸律的方便加行可分為兩類：一類是金、銀、錢之間的交易；一類是為求利而出息放貸等。鑑於本戒的所犯境並不包括物，本戒的方便加行除《四分律》中金銀錢寶之間的交易外，還應包括金銀錢寶的放貸行為。

（4）究竟成犯

《四分律》、《十誦律》、《僧祇律》、《五分律》等律典沒有記載究竟成犯。《根有律》、《根有律攝》、藏傳《苾芻學處》中，究竟成犯是得利時。《巴利律》為交易完成時。《薩婆多論》記載：「以重寶與人求息利，當與時得捨墮；若為利故以重寶相貿，得彼寶時捨墮；以重寶為利故更買餘物，得物時捨墮。」

《薩婆多論》的究竟成犯比較複雜。除《薩婆多論》外，其他律的究竟成犯有兩種情況，一種是得利，另一種是交易完成。若以得利為究竟成犯，則完成交易但未獲利的情況會被排除在外，而這種行為顯然已經觸犯到本戒。此外，因本戒的所犯境包括錢寶間的交換和借貸生息兩種，故本戒的究竟成犯為「交易完成」或取息時。

（5）不犯

《四分律》中，比丘為三寶事貿寶，不犯。

《根有律》、《根有律攝》中，為僧團求利不犯，如《根有律》記載：「世尊告曰：『若為僧伽應求利潤。』」可見個人和僧團不同，個人應該嚴持此戒，調伏煩惱，而僧團則需要一些錢財來維持正常的日用，如律文中提到的營造僧房、佛塔等。故此應作為開緣。

4. 諸律內部差異

《四分律》緣起中為「以錢易錢」，戒條中則為「賣買寶物」，而辨相中則包括金銀錢。《根有律》辨相中得利時正犯，而緣起和戒條中則只提到金銀錢的「買賣」。《巴利律》緣起和戒條中提及買賣金銀，而辨相中則包括金銀錢。

（二）調整文本

通過以上諸律間觀點同異的對比與分析，文本在《四分律》的基礎上作如下調整：

1. 緣起

佛在羅閱祇耆闍崛山，跋難陀在市肆上以錢易錢。居士譏嫌說，比丘們很會做買賣。佛陀知道後制戒。

2. 戒本

若比丘，種種賣買寶物求利[1]者，尼薩耆波逸提。

1 「求利」，底本闕，據《鼻奈耶》、《根有律》、《根有戒經》、《根有律攝》加。

3. 關鍵詞

種種賣買寶物求利：以各種金、銀、錢及其製品相互交易以獲取利潤。

4. 辨相

（1）犯緣

本戒具足五緣成犯：一、是金銀錢寶；二、作金銀錢寶想；三、為己獲利之心；四、互相交易或放貸；五、交易完成或取息時，成犯。

（2）辨相結罪輕重

①是金銀錢寶

金銀錢寶，捨墮。

②作金銀錢寶想

金銀錢寶作金銀錢寶想或疑，捨墮；金銀錢寶作非金銀錢寶想，捨墮；非金銀錢寶作金銀錢寶想或疑，突吉羅；非金銀錢寶作非金銀錢寶想，不犯。

③為己獲利之心

④互相交易或放貸

若用金銀錢寶交換金銀錢寶，捨墮；用金銀錢寶放貸，捨墮。

⑤交易完成或取息時

交易完成或取息時，捨墮；交易中或取息之前，突吉羅。

⑥犯戒主體

比丘、比丘尼若犯，捨墮；式叉摩那、沙彌、沙彌尼若犯，突吉羅。

⑦不犯

若比丘為僧團貿寶，不犯。

最初未制戒，癡狂、心亂、痛惱所纏時，不犯。

（3）專題判罪總結

「貿寶戒」以求利為目的，其重點是規範金銀錢寶的使用，以及對利用其增值的行為進行制約。主要涵蓋如下行為：①錢寶之間的交換；②以錢寶生息。

七、現代行持參考

現在看來，佛世時比丘貿寶，其實就是一種金融投資的行為。所以依戒律精神，現代的金融投資行為也屬於本戒所攝。

現代社會的金融市場環境跟佛世時相比有着天壤之別，情況錯綜複雜。對於本戒的持守，比丘面對的所犯境要更加複雜，關鍵要看是否有為自己謀利的心。

對於個人來説，無論是參與何種金融活動，包括外匯交易，貴金屬投資，投資銀行理財，股票、基金、信託、債券、期貨、附帶預期收益的保險產品、互聯網金融產品、虛擬貨幣等等，只要有為自己謀利之心即正犯本戒。將錢存入銀行能夠得到利息，這是否也違犯本戒呢？如果比丘存錢的本意只是為了方便與安全，便不會觸犯本戒；若存錢的動機是為投資獲利，那就正犯本戒。此外，使用電子支付工具等也是如此。

對於寺院而言，本戒則有開緣。如《四分律》記載：「若以錢貿瓔珞具為佛法僧，若以瓔珞具易錢為佛法僧，無犯。」寺院作為一個營運實體，不論是自身的存續還是弘法利生、接引信眾，都需要穩定的經濟保障來維持正常運轉。因此，寺院的資金營運管理很關鍵，如何如理如法地操作，需要寺院管理者作智慧的抉擇。對寺院來説，處理財務時應該本着安全、穩定、保值的原則，並且要避免世間物議。比如以銀行儲蓄的方式獲得合理的利息，既可靠，也不會受到譏嫌。如果採用股票、債券、期貨等投資方式，不僅會面臨較高的風險，也易於引起社會輿論的關注甚至攻擊。對於有條件的寺院，經僧團允許後可以用寺院資金支持公益慈善事業，令資金發揮最大效用。出家人參與社會公益慈善事業，不但不會遭致譏嫌，反而是社會大眾鼓勵和認可的，還可以踐行慈悲濟世的精神，發揮化世導俗的積極作用。

另外，《僧祇律》和《根有律》中都提到了「無盡物」，律典中所謂的「無盡物」也叫「無盡藏」。中國寺院也曾設立「無盡藏」：「設置的目的，原在社會救濟。即以信眾喜捨之財為基金，於發生饑饉時，借給貧民，借貸時不須立字據，利息極低，且以不定期限方式歸還。但至宋代所謂的長生庫、元朝的解典庫時，則變成一種主辦放款業務的營利事業，全然成為寺院經濟來源之一。」[1] 也就是說「無盡藏」從公益變成盈利了，這是違背戒律精神的，最終也被統治者所取締。[2] 如今金融系統的監管比古時更加系統、規範、嚴格，寺院所面對的金融風險、道德風險也比以往更加高。所以，即便僧團同意，也不宜將寺院資金拿去放貸謀利。

---

1 藍吉富編：《中華佛教百科全書》，7 冊，4349 頁。

2 謝和耐：《中國 5—10 世紀的寺院經濟》，耿昇譯，上海古籍出版社，2004 年 11 月。

20

販賣戒

一、緣起

（一）緣起略述

《四分律》有一個緣起和一個本制。緣起故事中，跋難陀在拘薩羅國，用生薑和村民換取食物，後來舍利弗也到那個村莊乞食，對方讓舍利弗像跋難陀一樣付錢，舍利弗聽到後非常慚愧。乞食後，舍利弗回到僧伽藍中將此事告知比丘們。本制故事中，舍衛城中一個外道得到一件貴重衣服，後來跋難陀將舊衣服翻新與之交換。外道回去後，舊衣被同伴識破，外道於是向跋難陀索衣，跋難陀拒絕歸還，被外道譏嫌。因上述二事，比丘們呵斥跋難陀，並且稟告世尊，世尊以此因緣制定了此戒。[1]

諸律緣起差異比較：

1. 制戒地點

《四分律》、《僧祇律》[2]、《五分律》[3] 中，制戒地點為「舍衛城」，《鼻奈耶》[4]、《巴利律》[5] 為「舍衛國祇樹給孤獨園」，《十誦律》[6] 為「舍衛國」，《根有律》[7] 為「室羅伐城逝多林給孤獨園」。諸律制戒地點因翻譯的用詞以及記載的詳略而略有差異，實則相同。

---

1 《四分律》卷 8，《大正藏》22 冊，620 頁中欄至 621 頁中欄。

2 《僧祇律》卷 10，《大正藏》22 冊，312 頁下欄至 313 頁下欄。

3 《五分律》卷 5，《大正藏》22 冊，36 頁中欄至下欄。

4 《鼻奈耶》卷 6，《大正藏》24 冊，877 頁上欄。

5 《經分別》卷 4，《漢譯南傳大藏經》1 冊，341 頁至 343 頁；《附隨》卷 1，《漢譯南傳大藏經》5 冊，54 頁。

6 《十誦律》卷 7，《大正藏》23 冊，52 頁上欄至 53 頁中欄；卷 53，《大正藏》23 冊，390 頁上欄。

7 《根有律》卷 22，《大正藏》23 冊，743 頁下欄至 744 頁上欄。

2. 緣起比丘

《四分律》、《鼻奈耶》、《十誦律》、《五分律》中，緣起比丘為「跋難陀」，《僧祇律》為「六群比丘」，《根有律》為「六眾苾芻」，《巴利律》為「優波難陀」。

3. 緣起情節

《鼻奈耶》有一個本制，情節與《四分律》差異較大。跋難陀將各種雜物一分為二用來貿易，被長者們譏嫌：「此沙門釋子自稱精進，懷雜物而行貨賣，欲活誰命？」世尊因此制定了此戒。《根有律》有一個本制，情節與《鼻奈耶》類似，六群比丘在市場做各種買賣，佛陀知道後制定了此戒。

《十誦律》有一個本制。一梵志外道有件好衣服「翅彌樓染欽婆羅衣」，跋難陀見到後生起貪心，就利用自己出家前和外道是熟識，成功勸說外道把好衣換給了自己。其餘內容與《四分律》本制一致。

《僧祇律》有一個本制。六群比丘「在市中買酥油、蜜、石蜜、乳酪、魚肉，種種買食」，被世人譏嫌。佛知道後呵責六群比丘，並制定了此戒。

《五分律》有一個本制，情節與《四分律》本制比較相似。不同點是外道得到一些布料，經人推薦後找跋難陀貿易得到一件低劣的衣服。外道內心反悔，跋難陀卻拒絕歸還，外道大哭。居士們得知事情的經過之後，譏嫌緣起比丘：「白衣賣買，七日猶悔。如何沙門須臾不得？形服與人異，而販賣過於人。」《巴利律》有一個本制，情節與《五分律》類似。

綜上所述，諸律緣起事由按照情節可以分成三大類：第一類為以衣換衣，如《十誦律》、《五分律》、《巴利律》中，緣起比丘與外道換衣引發爭執；第二類為做買賣，如《鼻奈耶》、《根有律》中，緣起比丘做買賣遭人譏嫌；第三類為買食物，如《僧祇律》中，比丘在市場上購買食物而引發譏嫌。《四分律》比較特別，包括了緣起比丘購買食物和換衣兩類行為。

（二）緣起比丘形象

《四分律》、《十誦律》、《五分律》、《巴利律》中，緣起比丘的整體形象比較一致：都是在對方不能辨識衣服好壞，雙方資訊不對等的情況下，用自己的劣衣換取對方的好衣，進行不等價交換，佔他人便宜，當對方反悔時又拒絕歸還，表現比較蠻橫。

進一步來看，《四分律》中，跋難陀一夜之間就以種種手段將舊衣服整飭一新，可見手藝高超，卻用來騙人。這種嫻熟的世俗行騙手法和欲佔便宜的欺誑心理很好地表現出來。《五分律》中，跋難陀是個貿易高手，「種種貿易，能得人利，而人無能得其利者」，乃至眾人評價「彼沙門常能強得，大名估客」，可見，跋難陀巧取豪奪的名聲讓人忌憚。《十誦律》中，跋難陀能說會道，用出家前的老交情打動外道，換取好衣，當外道想要回自己的好衣，卻翻臉不認人：「若立木榜治汝，若更餘治，何豫我事？貿已決了，終不與汝。」對對方沒有任何同情心。

《鼻奈耶》、《僧祇律》、《根有律》中對緣起比丘的形象描寫很少，只是簡單提到了其交易行為。

（三）犯戒內因

《四分律》、《十誦律》、《五分律》、《巴利律》中，緣起比丘愛佔小便宜。緣起比丘想盡辦法以自己的舊衣、劣衣換取別人的好衣、貴價衣，主要原因是對衣服的貪著。

《四分律》、《僧祇律》中，從購買食物的行為推斷，緣起比丘可能不願受乞食的限制，而購買就可以自由選擇喜歡的食物。比如《僧祇律》中，比丘買種種美食「酥油、蜜、石蜜、乳、酪、魚肉」，犯戒原因可能是貪著美味。

《鼻奈耶》、《根有律》中，緣起比丘做各種交易行為，可能是為了獲得財物利潤。因此，犯戒原因可能是貪著金錢。

總之，諸律中緣起比丘犯戒的根本原因都是一致的，即緣起比丘受貪心的驅使去追求外在的物質。

(四) 犯戒外緣

《鼻奈耶》、《根有律》中，緣起比丘進行交易，這些行為一般情況下都是要用到金錢的。《僧祇律》中，六群比丘購買食物的行為，雖未明確以何種方式購買，但是一般情況下也是要用到金錢的。因此，比丘手中有可以支配的金錢，是觸發犯戒的外緣之一。

《四分律》、《十誦律》、《五分律》、《巴利律》中，跋難陀由於看到別人的好衣服，引發貪心，故進行交換。因此，接觸到好的物品，並且能夠和對方交換，是犯戒的外緣之一。

(五) 犯戒後影響

諸律中，緣起比丘的行為造成的影響可分為如下幾類：

1. 世人誤解，不供比丘

《四分律》中，由於跋難陀之前在村中交易食物，造成當地人以為比丘不乞食，導致舍利弗乞食時得不到供養。

2. 外道譏嫌，內外對立

《四分律》、《巴利律》中，外道因在交易行為中利益受損，故譏嫌比丘。如《四分律》中，外道譏嫌比丘：「自是我衣，求不可得耶？我衣新好，廣大堅緻，汝衣弊故。云何俱共出家，共貿易衣不得還悔？」《根有律》中，外道看到六群比丘的買賣行為後，譏嫌比丘沒有厭離心，所作所為如同在家人，認為大家不應該再供養他們食物。這樣不同宗教的出家人之間會有更多的對立。

3. 大眾譏嫌，比丘失譽

《鼻奈耶》中，諸長者見跋難陀的買賣行為後譏嫌：「此沙門釋子自稱精進，懷雜物而行貨賣，欲活誰命？」《十誦律》中，不信佛法的人聽說了外道和跋難陀換衣的事情後，心生嫉妒，呵責比丘，説比丘欺負其他出家人；信佛的人對此也不滿，呵責比丘做買賣。《僧祇律》中，世人看到六群比丘買食物，譏嫌他們不守沙門之法，不可能有真正的道行。《五分律》中，外道大哭，居士看到譏嫌比丘所做連白衣都不如，「如是惡名流布遠近」，對比丘群體的名譽產生了很不好的影響。

（六）佛陀考量

《僧祇律》中，佛告誡緣起比丘：「此是惡事，正應為世人所嫌。」《十誦律》中，佛以種種因緣呵責：「云何名比丘，作種種賣買事？」佛陀制戒不准比丘與在家人交易，是為了讓比丘安貧樂道，不以邪命謀生，安住修道本務，只有這樣才能在修行上有所成就。

《四分律》中，佛陀呵責跋難陀：「云何生薑易食食，與外道貿易衣而不聽悔？」又告訴諸比丘：「自今已去聽五眾出家人共貿易，應自審定，不應共相高下如市道法，不得與餘人貿易，應令淨人貿易，若悔聽還。」從中可以體會佛陀的幾點考慮：第一點，佛陀開許出家五眾之間可以互相交換物品，可以解決一部分出家人不容易得到衣服的問題，比如比丘尼獲得衣服相對不易，有此開緣，比丘尼就能夠從比丘手中獲得更合適的衣服；第二點，即使在允許的範圍內進行物品交換，比丘也不能仿效在家人討價還價，保護自己不被世間自利習氣所染污；第三點，與他人有所交換要「聽悔」，即允許對方反悔並索回相關物品。佛陀教誡比丘與他人交往時要懷有慈悲心和同情心，而不是從一己私利出發，同時也須隨順世間道德規範和商業準則，防止世人譏嫌。

（七）文體分析

《四分律》有兩個因緣，其他律典均為一個因緣。諸律都未用到因緣之外的其他文體。

諸律的故事描述詳略不同。《四分律》、《十誦律》、《五分律》、《巴利律》中，故事描寫比較詳細，人物的對話和心理描寫較多，人物形象比較突出。如《四分律》中，外道得一貴價衣後的心理活動：「心自念言：『我何用此貴價衣為？我今寧可易餘衣。』復念言：『我當何處貿易衣？唯有沙門釋子喜著好衣，彼必能易。』」又如《十誦律》中，緣起比丘說服梵志換衣的過程：「跋難陀語梵志言：『汝欽婆羅好可愛。』答言：『實好。』跋難陀言：『可與我，我持此常欽婆羅與汝。』梵志言：『我自須用。』跋難陀復言：『汝梵志法裸形無德，何用好衣為？』梵志言：『我須用臥。』跋難陀又言：『汝本與我白衣時善知識，深相愛念，我本時無有好物不與汝者，汝亦無有好物不與我者。汝今出家已，意懷生慳貪心，不如本耶？』」《鼻奈耶》、《僧祇律》、《根有律》行文很簡單，對緣起比丘的行為一筆帶過，也沒有語言描寫。

《十誦律》中，「犯相分別」部分有三個和佛陀有關的「就事分別」的例子，其他律典中沒有這種例子，應是律典集結過程中的部派差別所致。

二、戒本

《四分律》中，本戒的戒本為：「若比丘，種種販賣，尼薩耆波逸提。」

若比丘，種種販賣，尼薩耆波逸提

《四分律》作「若比丘，種種販賣，尼薩耆波逸提」，意思是：如果比丘以各種方式販賣（物品），犯捨墮。其中「販賣」一詞的含義是「買進貨物再賣出以獲取利潤」[1]。

與《四分律》相同：

《解脫戒經》[2]作「若比丘，種種販賣，尼薩耆波逸提」。

與《四分律》相似：

《十誦比丘戒本》[3]作「若比丘，種種販賣，尼薩耆波夜提」。《四分僧戒本》[4]、《新刪定四分僧戒本》[5]、《四分律比丘戒本》[6]作「若比丘，種種販賣者，尼薩耆波逸提」，相比《四分律》多一個「者」字。

《十誦律》作「若比丘，種種賣買者，尼薩耆波夜提」，《根有律》、《根有戒經》[7]、《根有律攝》[8]作「若復苾芻，種種賣買者，泥薩祇波逸底迦」，《僧祇律》作「若比丘，種種買賣，尼薩耆波夜提」，《僧祇比丘戒本》[9]作「若比丘，種種賣買，尼薩耆波夜提」。

---

1 販賣：商人買進貨物再加價賣出以獲取利潤。《漢語大詞典》卷 10，漢語大詞典出版社，102 頁。

2 《解脫戒經》，《大正藏》24 冊，661 頁下欄。

3 《十誦比丘戒本》，《大正藏》23 冊，473 頁下欄。

4 《四分僧戒本》，《大正藏》22 冊，1025 頁下欄。

5 《新刪定四分僧戒本》，《卍續藏》39 冊，265 頁下欄。

6 《四分律比丘戒本》，《大正藏》22 冊，1018 頁上欄。

7 《根有戒經》，《大正藏》24 冊，503 頁中欄。

8 《根有律攝》卷 6，《大正藏》24 冊，561 頁上欄。

9 《僧祇比丘戒本》，《大正藏》22 冊，551 頁下欄。

梵文《根有戒經》[1]作“yaḥ punar bhikṣur nānāprakāraṃ krayavikrayaṃ samāpadyeta naisargikā pāyantikā”，梵文《有部戒經》[2]作“yaḥ punar bhikṣur nānāprakāraṃ krayavikrayaṃ samāpadyeta niḥsargi(kā pātayantikā)”，意思都是：任何比丘，從事各種買賣交易，捨墮。

巴利《戒經》[3]作“yo pana bhikkhu nānappakārakaṃ kayavikkayaṃ samāpajjeyya, nissaggiyaṃ pācittiyaṃ”，意思是：任何比丘，從事各種買賣交易，捨墮。

藏文《根有戒經》[4]作“ཡང་དགེ་སློང་གང་ཉོ་ཚོང་རྣམ་པ་སྣ་ཚོགས་བྱེད་ན་སྤང་བའི་ལྟུང་བྱེད་དོ།།”，意思是：任何比丘，如果從事種種買賣貿易，捨墮。

《十誦律》及之後的諸部律典中的「賣買」、「買賣」等，和《四分律》的「販賣」意思相近。

《五分律》、《彌沙塞五分戒本》[5]作「若比丘，種種販賣求利，尼薩耆波逸提」，相比《四分律》多出了「求利」。

與《四分律》有部分差異：

《鼻奈耶》作「若比丘，俠種種物行市貨賣者，捨墮」。其中「俠」通「夾」，此處指攜帶；「貨賣」指出售。戒條大意是：帶着各種物品到集市上去出售。比《四分律》多出了「俠種種物」、「行市」。

梵文《說出世部戒經》[6]作“yo puna bhikṣur anekavidhaṃ krayavikrayavyavahāraṃ samāpadyeya saṃyyathīdaṃ imaṃ kriṇa ito kriṇa ettakamettake(na krī)ṇāhīti vā vadeya , nissargikapācattikaṃ”，意思是：「從事各種買賣交易，即是買這個，從這裏買，或是說：『買這麼多』，捨墮。」這裏對買賣交易行為的舉例「買這個，從這裏買，或是說：『買這麼多』」的內容，是《四分律》和其他律典所沒有的。

---

1 Anukul Chandra Banerjee, *Two Buddhist Vinaya Texts in Sanskrit*, p. 29.

2 Georg von Simson, *Prātimokṣasūtra der Sarvāstivādins Teil II*, Sanskrittexte aus den Turfanfunden, XI, p. 196.

3 Bhikkhu Ñāṇatusita, *Analysis of the Bhikkhu Pātimokkha*, p. 145.

4 麗江版《甘珠爾》（འཇང་བཀའ་འགྱུར།）第 5 函《別解脫經》（སོ་སོར་ཐར་པའི་མདོ།）10b。

5 《彌沙塞五分戒本》，《大正藏》22 冊，197 頁上欄。

6 Nathmal Tatia, *Prātimokṣasūtram of the Lokottaravādimahāsāṅghika School*, Tibetan Sanskrit Works Series, no. 16, p. 14.

三、關鍵詞

販賣

梵文戒本中均使用“krayavikraya”一詞，該詞由“kraya（買）”和“vikraya（賣）”複合而成，泛指：買賣、交易（英譯：bartering, trading）。巴利《戒經》中是“kayavikkaya”，其構詞和文意與梵文基本相同。

藏文《根有戒經》作“ཉོ་ཚོང་”，意思是：買賣，貿易（英譯：business, buying and selling transactions）。

《四分律》記載:「賣者，價直一錢數數上下;增賣者，價直一錢言直三錢;重增賣者，價直一錢言直五錢。買亦如是。」描述的是如何買賣東西，賣東西有賣、增賣以及重增賣三種，獲利動機明顯，買亦然。

《僧祇律》記載：「種種者，若自問價，若使人問價；若自上價，若使人上價；若自下價，若使人下價。」通過詢價、抬價或壓價的方式展現買賣的過程，也是為了獲利。《僧祇律》的辨相中還詳細地記載了比丘討價還價的內容。《根有律》記載:「取與賣買者:取謂餘處物賤，此處物貴，即從彼取來也;與者，謂此處賤，餘處貴，即從此持去，豐時買取、儉時當賣。」強調了求利的意圖。

《根有律攝》記載:「言種種者，謂作多種販賣，或賤處、賤時多聚財貨，貴時、貴處轉賣規求，或瞻相時宜預知豐儉，乘時射利以求活命。言賣買者，謂劫貝、縷線、芻摩、白氎、酥油、糖蜜、米豆、稻麻、銅鐵、金銀、真珠、貝玉，及諸錢貨。」[1]買賣的內容非常廣泛，也是為了獲利。

《巴利律》記載：「『若交易』者，言以此與彼，以此取彼，以此交換彼，以此購彼……由是有買賣，己之物入他人之手，他人之物入己之手。」只提到交換，沒有提及獲利的動機。

---

1 《根有律攝》卷 6，《大正藏》24 冊，561 頁上欄。

綜上所述，「販賣」一詞詞源分析中諸部戒經的意思一致，都是買賣、交易之意。漢譯律典中，《四分律》、《僧祇律》、《根有律》、《根有律攝》及《巴利律》則側重於通過描述諸如低買高賣、討價還價等方式來詮釋「販賣」的內涵。同時，除《巴利律》外，上述幾部漢譯律典都強調「販賣」行為的動機是為了獲利。

四、辨相

(一) 犯緣

具足以下五個方面的犯緣便正犯本戒：

1. 所犯境

《四分律》中，本戒的所犯境是出家五眾以外的其他人，如：「不犯者，與五眾出家人貿易，自審定不相高下如市易法，不與餘人貿易。」

《十誦律》中，「從今日聽眾僧中賣衣」不犯，從中可以得知所犯境為眾僧以外的其他人。

《五分律》中，未明確提及正犯的所犯境，但也應是出家五眾和白衣之外的人，也就是外道，如律文：「若自貿易，應於五眾中；若與白衣貿易，突吉羅。」

《僧祇律》中，所犯境是除佛教和外道出家人外的所有在家人，與其他律略有不同，如：「若比丘還共比丘市買博易，作不淨語，買者無罪；一切九十六種出家人邊，作不淨語，買者無罪。」

藏傳《苾芻學處》為具五法的在家人。[1]

《善見論》、《毗尼母經》、《明了論》中無此戒辨相內容，以下不再重複提及。

其他律典均沒有明確記載。

2. 能犯心

(1) 發起心

《四分律》中，本戒的發起心為得利之心，如關鍵詞中記載：「賣者，價

1 《苾芻學處》，《宗喀巴大師集》5 卷，86 頁。

直一錢數數上下；增賣者，價直一錢言直三錢；重增賣者，價直一錢言直五錢。買亦如是。」

《十誦律》、《薩婆多論》中，發起心為求利之心。《五分律》戒條中記載，此戒的發起心是「求利」之心。

《僧祇律》記載：「若比丘儲藥草時，作是念：『此後當貴。』買時，犯越比尼罪；後賣者，尼薩耆。若比丘買藥草時，作是念：『為後病時，藥草貴難得故。』買後若不病，或服殘，賣得利者，無罪。」由此可以得知其發起心為求利之心。

《根有律》和《根有律攝》[1]開緣中，沒有「求利」心而交易，不犯此戒。由此可明確得知此戒的發起心為「求利」之心。

藏傳《苾芻學處》中，發起心是求利而欲作買賣之心，並且這種心要相續不斷，如律文：「發起心，有得利心，欲作買賣，相續未斷。」

《鼻奈耶》、《摩得勒伽》[2]、《巴利律》未明確提及此戒的發起心。

（2）想心

《四分律》中沒有想心的記載。

《巴利律》中，於交易有交易想、疑、非交易想，均正犯此戒。

藏傳《苾芻學處》中，此戒的想心為「想不錯亂」。

其他律典沒有明確記載。

3. 方便加行

《四分律》中，此戒的方便加行為買賣各種物品。《巴利律》與《四分律》相同，僅限於交易物品。

《摩得勒伽》、《僧祇律》、《五分律》、《根有律攝》、藏傳《苾芻學處》中，交易的範圍不僅限於物品，還將錢寶、貨幣也納入到了交易的範圍。

---

1 《根有律攝》卷 6，《大正藏》24 冊 561 頁，上欄至中欄。

2 《摩得勒伽》卷 2，《大正藏》23 冊，573 頁下欄至 574 頁上欄；卷 9，《大正藏》23 冊，619 頁上欄。

《根有律》雖沒有說明此戒交易的具體範圍，但是從律文來看，應該不只是單純交易物品，可能包括了貨幣。如律文「苾芻為利故而作賣」。

《鼻奈耶》中，此戒的方便加行為「種種物行市貨賣」，也就是帶着種種物品到集市上去賣的意思。

《十誦律》、《薩婆多論》[1]中，「買已還賣」，正犯此戒，這兩部律典並未交代買賣物品的具體種類。

此外，《僧祇律》的方便加行有二。(1) 買賣物品時，說了「不淨語」，正犯此戒；如果說「淨語」，則不犯此戒。此戒對於不淨語的解釋為：「若自問價，若使人問價；若自上價，若使人上價；若自下價，若使人下價。」問價，也就是詢問價格；上價，就是賣出物品時抬高價格；下價，也就是購買物品時壓低價格（合理壓價是允許的，如律文：「若估客賣物應直五十而索百錢，比丘言：『我以五十。』如是如是求者，不名為下。」）。(2) 為了求利，購買物品之後再賣出也正犯此戒。

藏傳《苾芻學處》中，方便加行為「以具五相語而談買賣事」。

4. 究竟成犯

《四分律》中，販賣交易完成，得到財物時，正犯此戒。如律文：「若比丘種種販賣得者，尼薩耆波逸提。」

《十誦律》、《薩婆多論》中，「若為利故買已還賣」，也就是買進物品再賣出的那一刻，正犯。

《根有律》中，此戒的究竟成犯是物品賣掉時。如：「此中犯者，苾芻為利故而作賣，買時惡作，賣時捨墮。」「若不為利買，為利故賣，買時無犯；賣時捨墮。」

《根有律攝》有兩種究竟成犯。第一種與《根有律》相同，如：「買時為利，買得輕罪；賣無利心者，無犯。若翻前，初無犯，後得捨墮罪。俱有利心，初輕後重。俱無，非犯。」第二種為：「初為利買即得重罪，後賣獲利方

---

1 《薩婆多論》卷 3，《大正藏》23 冊，518 頁上欄；卷 5，《大正藏》23 冊，536 頁上欄至下欄。

為捨悔。」

《巴利律》中，「已作買賣者」，即買賣完成時，正犯此戒。

藏傳《苾芻學處》中，比丘得利時，即正犯。如律文：「由彼因緣得利時成犯。」

《僧祇律》中，此戒的究竟成犯有兩種：(1) 以「不淨語」買賣物品的時候，物品得到時成犯；(2) 為利而買賣物品，物品賣出時正犯此戒。

其他典律沒有明確記載究竟成犯。

5. 犯戒主體

《四分律》中，犯戒主體是比丘，比丘尼同犯。

《薩婆多論》、《五分律》、藏傳《苾芻學處》與《四分律》相同。

《摩得勒伽》中，比丘正犯。另外，此律卷 9 還記載，學悔沙彌也正犯，而卷 2 記載，學悔沙彌不正犯。

其他律典中，犯戒主體均為比丘，沒有記載比丘尼的情況。

(二) 輕重

1. 所犯境

《四分律》中，若所犯境是五眾出家人以外的其他人，結捨墮罪；若是五眾出家人，則不犯。

《十誦律》記載：「共非人買物。非人者，天、龍、夜叉、羅剎、鳩槃荼、薜荔伽、毗舍遮等共買物，得突吉羅。若共狂人、散亂心人、病壞心人，若親里共買，得突吉羅。」

《摩得勒伽》中，共非人等販賣，突吉羅罪，如「非人、天、龍、夜叉、乾闥婆、緊那羅、摩睺羅伽、餓鬼、毗舍遮、鳩槃茶、富單那買物，突吉羅」。此外，「共親里、狂、散亂、苦痛乃至污染比丘尼人買，皆突吉羅」。

《五分律》中，「若與白衣貿易，突吉羅」。

諸律正犯的情況如上犯緣所述。

2. 能犯心

（1）發起心

《四分律》中，若發起心是為利，則結捨墮罪，未提及其他情況。

其他律典的情況如上文犯緣中所述。

（2）想心

《四分律》中沒有想心方面的記載。

《巴利律》中，於交易有交易想、疑、非交易想，均正犯捨墮。「於非交易有交易想者，突吉羅；於非交易有疑想者，突吉羅；於非交易有非交易想者，不犯也。」

藏傳《苾芻學處》中，「想不錯亂」，犯捨墮。

其他律典沒有記載想心的判罪。

3. 方便加行

《四分律》中，如果比丘買賣物品，則結捨墮罪，未提及其他結輕情況。其他律典正犯的情況如上犯緣所述。

《十誦律》中，如果比丘以低價索求別人的貴價衣，結突吉羅罪。如：「若減價索他貴衣，突吉羅。」此外，如果是通過販賣得來的物品，比丘不得使用，否則會犯到波逸提或突吉羅罪。如律文：「若比丘是可捨物，若用金買銀，用銀買錢，用錢糴穀，用穀買物，是物若可啖，口口得突吉羅罪；是物若可作衣著，隨著得波夜提。」

《薩婆多論》也有類似記載：「若販賣物作食啖，口口波逸提；若作衣，著著波逸提；若作褥敷，臥上轉轉波逸提。」又記載：「凡市買法，不得下價索他物，得突吉羅。」

《根有律攝》中，在買賣的時候如果故意欺騙顧客牟利，會觸犯盜戒與妄語戒。如律文：「不依實說，或以為濫斗秤欺誑於他，得妄語罪。獲物之時，便犯盜罪。」此律還記載了僧團拍賣「現前物」的相關判罪規定，如律文：「若現前眾物欲賣之時，上座應先為作本價，不可因斯即便唱斷，應取末後價極高者，方可與之。實不欲買妄增他價，得惡作罪。唱得衣時，未還價直，即便著者，得惡作罪。」由此可知，此律中，僧團內部是可以拍賣物品的，在拍賣時還應該讓拍賣物品的價值最大化。如果不想買而惡意抬價，或是拍到的物品沒付錢而使用，均犯突吉羅。

《僧祇律》中，營事比丘「為僧作值月」，也就是為公事說不淨語而買賣，犯突吉羅。如律文：「若營事比丘雇窯師、木師，作不淨語，犯越比尼罪；若泥師畫師、一切作師，亦如是；若僦賃車、馬、牛、驢、駝、人、船等，亦如是；若比丘為僧作直月，行市買酥油，糴米、豆、麥、麵、麨、糒，求一切物時，作不淨語者，犯越比尼罪。」

此外，在買物品時，如果「抄市」犯突吉羅。這裏的「抄市」就是知道別人有想買的物品，故意搶在前面買下來。如律文：「若比丘知前人欲買物，不得抄市，應問言：『汝止未？』若言：『未，我方堅價。』比丘爾時不得中間抄買。買者，犯越比尼罪。」

比丘在購買物品時，是否說淨語的結罪為：「不淨語分別價，淨語取者，犯越毗尼罪；淨語分別價，不淨語取者：犯越比尼罪。不淨語分別價，不淨語取者，尼薩耆波夜提。淨語分別價，淨語取者，無罪。」

比丘在買已經有定價的東西時，需要說一些特定的言語來購買，否則就結突吉羅罪。如：「肆上衣先已有定價，比丘持價來買衣，置地時應語物主言：『此直知是衣。』若不語默然持去者，犯越比尼罪。買傘、蓋、箱、革屣、扇、篋、甘蔗、魚、脯、酥、酪、油、蜜種種，亦如是。」

《摩得勒伽》記載：「用似銀買物，突吉羅。」

藏傳《苾芻學處》中還有關於一些學處惡作的判罪，原文為：「若在家人作買賣時，為彼作經濟；或自欲買法衣等時，有在家人未令代購，自酬其值；若無在家人，應與以相當之值，或二或三番還其價；除為三寶外，為他買物不應強令增添；不應以物與人賭爭輸贏，如云：『若不爾者，與汝此物』；若未將生利物與執事人，或生利者未問上座即行其事；僧物生利幾許用去幾許等未詳記賬：皆學處惡作罪。」

諸律正犯的情況如上犯緣所述。

4. 究竟成犯

《四分律》中，販賣交易完成，得到財物時，犯捨墮；沒有得到財物，犯突吉羅。如律文：「若比丘種種販賣得者，尼薩耆波逸提；不得者，突吉羅。」

《十誦律》中，「若比丘為利故買已不賣，突吉羅；若為利故賣不買，亦突吉羅；若為利故買已還賣，尼薩耆波夜提」。

《根有律》中，比丘買物品時，結突吉羅罪；賣掉時，結捨墮罪。如：「此中犯者，苾芻為利故而作賣：買時，惡作；賣時，捨墮。若為利故買，不為利賣：買時，惡作；賣時，無犯。若不為利買，為利故賣：買時，無犯；賣時，捨墮。」

《根有律攝》有兩種究竟成犯。第一種與《根有律》相同，如：「買時為利，買得輕罪；賣無利心者，無犯。若翻前，初無犯，後得捨墮罪。俱有利心，初輕後重；俱無，非犯。」第二種究竟成犯為：「初為利買即得重罪，後賣獲利方為捨悔。」

《僧祇律》有兩種究竟成犯。(1) 說「不淨語」來買賣物品，說出「不淨語」時，犯突吉羅；得到物品時，犯捨墮。如律文：「若自為買酥油等物，一切作不淨語，越比尼罪；得者，犯尼薩耆。」(2) 如果是為利而買賣物品，物品買入時，犯突吉羅；賣出時，犯捨墮。如：「若比丘糴穀時，作是念：『此後當貴。』糴時，犯越毗尼罪；糶時，尼薩耆。」

《薩婆多論》中，比丘只是單獨的買或賣時，結突吉羅罪；如果有買有賣，則最後完成時，結捨墮罪。如律文：「若比丘為利故買，買已不賣，突吉羅；若為利故賣已不買，買亦突吉羅；若為利故買已還賣，尼薩耆波逸提。」

《巴利律》的究竟成犯判罪為「買賣前行者，突吉羅；已作買賣者，捨墮」。藏傳《苾芻學處》記載，「由彼因緣得利時成犯」，也就是得到利益時，犯捨墮。

從以上諸律可以看出，大部分律對於買賣的全過程，買時一般結突吉羅罪，賣時結捨墮罪。

其他律典沒有究竟成犯的判罪記載。

5. 犯戒主體

《四分律》中，比丘和比丘尼，犯捨墮；下三眾，犯突吉羅。《薩婆多論》、《五分律》與《四分律》相同。藏傳《苾芻學處》中，比丘和比丘尼犯捨墮。

《摩得勒伽》中，對於學悔沙彌買賣的判罪，有兩種記載：卷 2 中，學悔沙彌犯突吉羅；卷 9 中，學悔沙彌犯捨墮。

其他律典正犯的情形如上犯緣所述。

（三）不犯

1. 所犯境不具足

《四分律》記載：「不犯者，與五眾出家人貿易。」

《十誦律》中，比丘於僧眾中，可三唱溢價賣衣，「佛言：『三唱未竟，益價不犯。』」

《五分律》中，「若自貿易，應於五眾中」，不犯。

《僧祇律》中，比丘與比丘或外道出家人進行交易，則不犯。如：「若比丘還共比丘市買博易，作不淨語，買者無罪；一切九十六種出家人邊，作不淨語，買者無罪。」此外，「若眾僧中賣物，得上價，取無罪」。

2. 能犯心不具足

《根有律》中，不為利則不犯。如：「不為利買，不為利賣，二俱無犯。若向餘方買物而去，元不求利，到處賣時雖復得利，而無有犯。」

《根有律攝》也有類似記載：「凡持財物欲賣買時，先須定意無求利心，隨處獲利悉皆無犯。」

《十誦律》中，不為利則不犯。如：「若此賤彼貴賣，雖有利，不犯，本不為利故。」

《僧祇律》中，不為利不犯。如律中所舉的三個案例：「到某方或和尚阿闍梨所須，或自為病，或作功德，買去本不為利，臨時得貴價賣，無罪。」

「若比丘見人賣鉢時……若作是念：『我有是物，無有淨人，此是淨物。』得買去，無罪。」「若作是念：『恐某時穀貴，我今糴此穀，我當依是得誦經坐禪行道；到時穀大貴，若食長，若與和尚阿闍梨，若作功德。』餘者糶得利，無罪。」

《巴利律》中，於非交易有非交易想，不犯。

3. 方便加行不具足

《四分律》記載：「與五眾出家人貿易，自審定不相高下如市易法；不與餘人貿易，若使淨人貿易，若悔者應還；若以酥易油，以油易酥；無犯。」

《僧祇律》中，買賣時，「得訶嫌說實前人物——此好此惡，若粗若細，斗秤大小，香臭等——無罪」。

《根有律攝》記載：「又於俗人作市易處，不應自酬價直，應令敬信俗人，或使求寂為買，無犯。」

《摩得勒伽》中，讓未受具戒人買賣，不犯。如：「『頗有比丘種種販賣不犯耶？』答：『有。使未受具戒人是也。賣買一切亦如是。』」

《巴利律》中，問價等不犯，如「問價、言於造淨物者，言此為我等之物，言我等要此物」，不犯。

4. 犯戒主體不具足

《四分律》中，「最初未制戒，癡狂、心亂、痛惱所纏」，不犯。

《五分律》、《根有律》與《四分律》相同。

《巴利律》記載：「癡狂者、最初之犯行者，不犯。」

《摩得勒伽》記載：「狂心、散亂心者，不犯。」

五、原理

(一)遮止逐利

本戒是一條遮戒。

佛陀制定本戒的用意與前戒「貿寶戒」基本相同,都是為了對治比丘的貪欲,遮止在交易過程中的逐利之心。同時,避免比丘在交易過程中,發生鑽營求利、投機取巧的不良行為,以免他人譏嫌。

(二)沙門法

古印度社會中,商業買賣是吠舍種姓的生計。《摩奴法論》記載:「從軍是刹帝力的生計,經商、牧畜和務農是吠舍的生計;而布施、學習吠陀和祭祀則是他們的法。婆羅門的最好本業是教授吠陀,刹帝力的最好本業是保護百姓,吠舍的最好本業是經商。」[1]

《四分律》中,緣起比丘用生薑向居士換取食物,結果其他比丘再去乞食時,居士便索要報酬:「向者跋難陀以生薑易食,食已去。大德,何故不應?」可見,比丘與居士之間以物易食這種做法一旦形成慣例,就會破壞之前免費供養的原則,這將會給比丘的生活帶來困難。

《僧祇律》中,在家人譏嫌緣起比丘:「云何沙門釋子不能乞食,到諸市中買食而食?失沙門法,何道之有?」托鉢乞食是「沙門法」,如果比丘在市場上買食物,就會打破以出家乞食為生的傳統,與出家人共通的行為準則相違。

1 《摩奴法論》,214 頁。

（三）市道法

人在販賣交易的過程中，往往被一種求利的動機驅使，會不惜時間與精力經營自己的產品。如《四分律》記載：「跋難陀善能治衣，即其夜浣故衣，擣治光澤如新衣。」緣起比丘為了與外道達成交易，不惜連夜清洗，擣治衣服，使舊衣像新衣一樣，這個過程必然花費時間與精力。有時候為了獲得利益，也很難考慮到對方的感受。緣起比丘與外道交換衣服，得到好衣後，「我貿易已，終不相還」。比丘的行為是不合情理的，因此招來譏嫌：「白衣賣買，七日猶悔。如何沙門須臾不得？形服與人異，而販賣過於人。」

《五分律》記載：「爾時，跋難陀種種貿易，能得人利，而人無能得其利者。」緣起比丘在交易過程中很容易佔便宜，作出損人利己的行為。

《四分律》記載，佛陀開許出家五眾互相貿易，但不應像生意人一樣互相計較得失，否則容易出現討價還價的行為，追求利潤，滋長貪心。「自今已去，聽五眾出家人共貿易，應自審定，不應共相高下如市道法。」故此開許，是為了解決僧團內部的合理需求。而且由戒律防護，也避免了求利行為，不會被世人所譏。否則，即使是出家人之間的交易，而目的是求利，也是不允許的。

（四）比丘與外道的關係

佛陀時代，比丘與某些外道都是依靠俗眾的供養獲得衣物與食品，他們之間以物易物可能是一種比較常見的現象。諸律中，緣起比丘與外道交易衣服，互通有無的過程中，若不是以真誠無欺的心態平等交換，無疑會帶來衝突與摩擦。

《根有律》中，外道對比丘進行物品交易的行為感到不滿，嫌賤比丘：「此諸沙門釋子不生厭離，而於今者為交易事取與賣買。此禿沙門與諸俗人有何異處？誰復能於此禿人處沙門釋子，以諸飲食而與供養？」同為修道者，雖信仰不同，但是生活方式又同以乞食為主。因此，當比丘有販賣等行為時，就容易招致外道的譏責。另外，因共同乞食而帶來的競爭，很可能使外道詆毀比丘，以期在俗眾中抬高自己的地位，爭逐更多的衣食供養。此戒的制定能夠有效地防止比丘與外道產生衝突。

六、專題

「貿寶戒」和「販賣戒」的對比

諸律中，「貿寶戒」（《根有律》一系為「出納求息戒」）和「販賣戒」的緣起和辨相描述比較多樣，什麼樣的行為犯哪條戒不是特別明顯。本專題擬對兩條戒進行橫向對比，以期更好地理解兩戒的內涵和側重。首先，根據諸律內部兩戒的辨相集中對比，看兩戒主要制約的是哪些行為。其次，考察各律中兩戒犯捨墮物的捨法，作為更精確判斷戒條內涵的輔助手段。最後，在這兩個方面對比的基礎上，綜合和提煉兩條戒的側重點以及含攝哪些犯戒行為，以期為比丘持戒提供更簡易、明晰的判別依據。

（一）諸律內部兩戒的對比

結合諸律緣起、關鍵詞解釋、辨相，對比兩條戒的內容，概括如下：

《四分律》「貿寶戒」為「以錢易錢」，犯戒行為主要為金銀錢之間的互換。「販賣戒」的內容為物品之間的交換（如辨相所列時藥、資具、衣之間）。

《鼻奈耶》「貿寶戒」為販賣金銀求利。販賣戒為販賣物品，至於販賣所得是物品還是金銀錢則沒有明確指出。

《十誦律》「貿寶戒」的側重點為「用寶」，用錢寶作各種實業，也包括錢寶之間互貿。「販賣戒」側重點為同類和不同類物品之間的交換，辨相中也提到以錢買賣物品求利即一般的販賣求利行為，不為利則不犯。

《薩婆多論》「貿寶戒」涵蓋了用重寶生息求利，重寶互貿求利，以重寶買物求利的行為。如律文：「此戒體，以重寶與人求息利，當與時，得捨墮；若為利故以重寶相貿，得彼寶時，捨墮；以重寶為利故更買餘物，得物時，捨墮。」該律典在「貿寶戒」中提到了兩戒的差別：「此戒體，正應言種種用寶，不得言賣買。此戒直一往成罪，不同販賣戒。販賣戒，為利故買已還賣，成罪捨墮。」即「貿寶戒」只要進行上述三種用寶求利的單向行為即正犯；

「販賣戒」特指買入、賣出的求利行為，要完成買入和賣出一個來回才成犯。

《僧祇律》「貿寶戒」明確為金銀之間的交易。「販賣戒」中，緣起為以錢買物，辨相中側重描寫以物換物（包括僱用勞動力），以錢購買物品（包括僱用勞動力），和販賣求利三類行為。另外《僧祇律》強調，問價時和實際購買時都需要說淨語，否則得罪。

《五分律》「貿寶戒」的緣起故事中「以金銀及錢買物，又賣物取之」，主要是一種用錢寶進行物品買賣的行為。律文雖未明寫，但可推斷為求利行為。《五分律》「販賣戒」為物品之間的買賣求利。

《根有律》「出納求利戒」涵蓋了以金銀或者物品生息求利、錢寶互貿、物品交換求利的行為。「販賣戒」為物品的買入、賣出求利行為，不為利不犯。

《根有律攝》「出息求利戒」涵蓋以錢寶或者物品出息求利，以及錢寶互貿。「販賣戒」涉及到各種物品和錢寶的買賣，但是沒有獲利心的買賣不犯。

《巴利律》「貿寶戒」為金銀錢之間的交換交易。「販賣戒」為物品之間的交換，不包括金銀錢寶。

另外，《四分律》、《十誦律》、《薩婆多論》、《僧祇律》、《根有律攝》對於問價議價行為有所限制。如《四分律》規定，出家眾之間互貿也不能效仿世間的討價還價：「應自審定，不應共相高下如市道法。」《十誦律》中，（不合理）砍價，得突吉羅。如律文：「不應減價索他貴衣，若減價索他貴衣，突吉羅。」《僧祇律》中，議價時不淨語，得越比尼罪。可以看出，「販賣戒」的目的之一為防止比丘如同在家人一樣討價還價，遭人譏嫌。

下表為上述兩戒之間對比內容的總結。

表 5-3　諸律中「貿寶戒」和「販賣戒」的對比

相關行為	《四分律》	《鼻奈耶》	《十誦律》	《薩婆多論》	《五分律》	《僧祇律》	《根有律》	《根有律攝》	《巴利律》
錢寶之間交易	貿寶戒	貿寶戒	貿寶戒	貿寶戒	無	貿寶戒	出納求利戒	出息求利戒	貿寶戒

〈續上表〉

相關行為	《四分律》	《鼻奈耶》	《十誦律》	《薩婆多論》	《五分律》	《僧祇律》	《根有律》	《根有律攝》	《巴利律》
物品之間交易	販賣戒	無	販賣戒	無	販賣戒	販賣戒	出納求利戒	無	販賣戒
買入賣出物品以獲利	無	無	販賣戒	販賣戒	貿寶戒	販賣戒	販賣學處	販賣戒	無
錢寶購物	無	無	無	貿寶戒	無	販賣戒	無	販賣戒	無
自己物品賣出得錢	無	販賣戒	無	無	無	無	無	販賣戒	無
用錢寶作實業	無	無	貿寶戒	無	無	無	無	無	無
用錢寶生息求利	無	無	無	貿寶戒	無	無	出納求利戒	出息求利戒	無
以物品生息求利	無	無	無	無	無	無	出納求利戒	出息求利戒	無
問價議價相關規定	販賣戒	無	販賣戒	販賣戒	無	販賣戒	無	販賣戒	無

（二）犯墮物捨法的考察

考察諸律對犯捨墮物的捨法描述，從中判斷所捨物的屬性，可以進一步界定該律所制的重點。

《四分律》「貿寶戒」中，所捨是金銀錢，捨與守園人、信樂優婆塞。在「販賣戒」中，所捨是「財物」，捨與僧後又還給犯戒比丘。可以看出，此「財物」為物品，不是錢寶。

《十誦律》「貿寶戒」中所捨為金銀：「若比丘種種用寶，若少應棄；若多，設得同心淨人者，應語是人言：『我以不淨故不應取，汝應取。』」「販賣戒」中所捨是「買賣物」，即為物品：「是比丘種種買賣物，若少應棄；若多，設得同心淨人者，應語淨人言：『我以如是如是因緣不應取，是物汝應取。』」

《薩婆多論》記載：「種種用寶及後販賣戒物，要得白衣、同心淨人捨，不聽沙彌。」此句同時針對兩戒，「用寶」為「貿寶戒」，「販賣戒物」為「販賣戒」。

《僧祇律》「貿寶戒」和「販賣戒」中沒有具體描述捨法。

《五分律》「貿寶戒」中所捨為金銀，僧眾派遣一位比丘為「棄金銀及錢人」，投擲於他處，可以確定是錢寶。「販賣戒」中沒有捨法的描述。

《根有律》「貿寶戒」沒有具體的捨法，只是說「捨悔之法廣說如上」。「販賣戒」中沒有描述捨法。

《巴利律》「貿寶戒」中，所捨明確是「寶物」。「販賣戒」中所捨是物品，捨於僧後還犯戒比丘，可確定所捨為物品非金銀。

綜上所述，在有明確捨法描述的律典中，可以判斷「貿寶戒」中所捨為錢寶，「販賣戒」中所捨為物品。

（三）結論

根據上述對比、考察可知，「貿寶戒」的重點主要是對金銀錢寶的使用和利用其增值行為的制約，包括金銀錢寶之間的交易、物品抵押生息。「販賣戒」主要是物品的買入賣出求利，或者物品之間的交換。

綜合諸律，「貿寶戒」（或「出納求利戒」）和「販賣戒」兩戒內涵的區分如下：

1.「貿寶戒」涵蓋如下行為：a. 錢寶之間的交換；b. 以錢寶生息；c. 以物生息。

2.「販賣戒」涵蓋如下行為：a. 以物換物；b. 物品的低買高賣求利；c. 以錢買物或者以物賣錢的求利行為。

用現代概念來描述，「貿寶戒」所制為金融業（包括放貸等）行為，「販賣戒」所制為物品買賣等商業行為。

七、總結

（一）諸律差異分析

1. 緣起差異

（1）結構差異

《四分律》有一個緣起、一個本制。其他律典均有一個本制。

（2）情節差異

《四分律》的緣起為比丘用生薑換食物，導致其他比丘乞不到食物。本制情節為緣起比丘用翻新的舊衣換外道的貴價衣，外道發現後要求換回來，緣起比丘拒絕，頭陀比丘知道後嫌責緣起比丘，並報告了佛陀，佛陀因此制戒。

《十誦律》、《五分律》、《巴利律》與《四分律》類似，均為緣起比丘以差衣與交換外道的好衣，外道後來想把好衣換回來，緣起比丘拒絕，因此受到他人的譏嫌。《鼻奈耶》與《根有律》類似，均為緣起比丘因做買賣，而受到長者或外道的譏嫌。《僧祇律》則為緣起比丘到市場上去買食物，世人譏嫌比丘不乞食，破沙門法。

綜上分析可知，《僧祇律》買食物的情節與《四分律》以生薑換食的緣起情節類似；《鼻奈耶》、《根有律》中，「買賣」與《四分律》以衣換衣的本制情節類似。可見，《四分律》的代表性較強。

（3）結論

綜上所述，本戒緣起無需調整，仍取《四分律》的結構與情節。

2. 戒本差異

諸律沒有太大差異。《四分律》的「種種販賣」，多數律典的表述與之相似。除《五分律》、《彌沙塞五分戒本》多出了「求利」的內容外，《鼻奈耶》多出了「俠種種物行市貨」這一行為的描述，梵文《說出世部戒經》多出對買賣舉例說明的內容。

為了便於理解，據《僧祇律》等將「販賣」二字改為「買賣」。借鑒《五分律》、《彌沙塞五分戒本》的表述，增加「求利」這一發起心的描述，使本戒的制意更加明顯。最後，為了使戒本讀誦順暢，保持統一，依《四分僧戒本》等在最後補上一個「者」字。

3. 辨相差異

（1）所犯境

《四分律》中，本戒的所犯境是五眾出家人以外的其他人，《五分律》同《四分律》，藏傳《苾芻學處》為具五法的在家人，《僧祇律》為除佛教和外道出家人外的所有在家人《十誦律》中，為眾僧以外的其他人。

其他律典沒有所犯境方面的明確記載。

律典中允許出家人之間不以求利為目的交易。出家人之間互通有無，各取所需，能夠節省很多的時間和精力，有利於修道。不過，本戒所制的販賣，是比丘以求利之心交易，即使是出家人之間也不能為求利而交易。因而，本戒的所犯境應是任何擁有可交易物品的人。

（2）能犯心

①發起心

發起心方面，有記載的律典都是為己得利之心，其中藏傳《苾芻學處》還強調做買賣之心相續不斷。此外，有些律典沒有直接説明發起心，但是通過無求利心交易為不犯，可得知為己求利則是正犯本戒。

②想心

想心方面，僅《巴利律》和藏傳《苾芻學處》有記載。《巴利律》中，交易作交易想、疑或作非交易想，均犯捨墮；非交易作交易想、疑，犯突吉羅；非交易作非交易想，不犯。藏傳《苾芻學處》中，「想不錯亂」，正犯本戒。這兩部律對想心的判罰值得參考。其中，對於非「想不錯亂」的情況，若是交易作交易疑想，比丘內心處於不確定狀態，應判為方便罪更合理；若是交易作非交易想，則因其缺少犯戒的發起心，應判為不犯。

（3）方便加行

諸律的方便加行基本相同，即買賣雙方互相「交易」。交易有三種情況：

買而不賣、賣而不買、先買後賣。對於第三種情況，交易的過程包括買入和賣出兩個環節。

（4）究竟成犯

《四分律》中，究竟成犯是得到（物或利）。其他律典中，究竟成犯的説法不一：或以得利為準，如藏傳《苾芻學處》；或以得物為準，如《巴利律》。不論以哪一種為準，都無法準確全面地描述這一犯緣。如：若以得物為準，有些不涉及實物的交換行為就無法包括在內；若以得利為準，即使完成了交易，但因未獲利而不會觸犯本戒。綜合考慮，本戒的究竟成犯採用「交易完成」這一概念，以規避上述兩種過失。

在判罪的差異方面，《四分律》中，得者，結捨墮罪，不得，結突吉羅罪。《僧祇律》中，若買賣俱有利心，買時惡作，賣時正犯；又説：「若自為買酥油等物，一切作不淨語，越比尼罪；得者，犯尼薩耆。」《十誦律》、《薩婆多論》判罪相同：為利故買已不賣，突吉羅；賣而不買，突吉羅；買已還賣，捨墮。《根有律》、《根有律攝》判罪相同：為利故買賣，買時惡作，賣時正犯；為利買、不為利賣，買時惡作，賣時無犯；不為利買、為利賣，買時無犯，賣時捨墮。

《四分律》交易過程不明，只是説得者，結捨墮罪。《十誦律》、《薩婆多論》、《僧祇律》、《根有律》、《根有律攝》有較為清楚的交易過程。其中差異比較大的是：《僧祇律》中，此戒的究竟成犯有兩種：(1) 以「不淨語」買賣物品的時候，物品得到時犯捨墮；(2) 為利而買賣物品，物品賣出時犯捨墮。《十誦律》、《薩婆多論》，買而不賣，結突吉羅。

《十誦律》中，若販賣物作食物，口口突吉羅罪；若做衣物，隨著得波逸提。

《薩婆多論》中，若作食物，口口波逸提；若做衣，著著波逸提；若作褥敷，卧上轉轉波逸提。兩部律典關於食物的結罪觀點不同，《四分律》中沒有結罪次數的相關記載。上述觀點本戒不予採納。

4. 諸律內部差異

《十誦律》緣起中，比丘以低價衣交易外道貴價衣；戒條中為「種種賣買者」，未提到是否獲利；而辨相中，則是「為利故」，且包括各種物品之間的交易，以及用銅錢、白鑞錢、鉛錫錢、樹膠錢、皮錢、木錢種種買賣。

（二）調整文本

通過以上諸律間觀點同異的對比與分析，文本在《四分律》的基礎上作如下調整：

1. 緣起

佛在舍衛國孤獨園時，跋難陀在村中用生薑換取食物。舍利弗後來去乞食時因無錢被賣飯家拒絕，慚愧無語。

跋難陀擅長治衣，用一件翻新的舊衣換取了外道的一件貴價衣。外道得知真相後要求把貴價衣換回來，跋難陀拒絕。世尊知道後讓其退還。由上述兩個因緣，佛陀制定了此戒。

2. 戒本

若比丘，種種買賣[1]求利[2]者[3]，尼薩耆波逸提。

4. 辨相

（1）犯緣

本戒具足五緣成犯：一、可用於交易的物品；二、為己獲利之心；三、作交易想；四、相互交易；五、交易完成時，成犯。

---

1 「買賣」，底本作「販賣」，據《僧祇律》改。

2 「求利」，底本闕，據《五分律》、《彌沙塞五分戒本》加。

3 「者」，底本闕，據《四分僧戒本》、《新刪定四分僧戒本》、《四分律比丘戒本》、《鼻奈耶》、《十誦律》、《根有律》、《根有戒經》、《根有律攝》加。

（2）辨相結罪輕重

①可用於交易的物品

②為己獲利之心

比丘為自己得利而從事販賣，捨墮；為他人而從事販賣，不為自己得利，不犯。

③作交易想

交易作交易想，捨墮；交易作交易疑，突吉羅；交易作非交易想，不犯；非交易作交易想或疑，突吉羅；非交易作非交易想，不犯。

④相互交易

⑤交易完成

若比丘為利故買而不賣，則買物時交易完成，此時不論是否獲利，捨墮。

若比丘為利故賣而不買，則賣物時交易完成，不論是否獲利，捨墮。

若比丘為利故先買後賣，買物時結突吉羅罪，賣物時交易完成，捨墮。

⑥犯戒主體

比丘、比丘尼若犯，捨墮；式叉摩那、沙彌、沙彌尼若犯，突吉羅。

⑦不犯

有淨人時，令淨人貿易，不為求利，不犯，但貿易時要使用淨語。若交易完成後，對方反悔，應還物。

沒有淨人時，比丘自己貿易，不為求利，不犯，貿易時應使用淨語。

最初未制戒，癡狂、心亂、痛惱所纏，不犯。

（3）專題判罪總結

販賣戒所制主要是利用物品的買入、賣出，或者物品之間的交換而獲利。本戒所涵蓋的行為如下：①以物換物；②物品的低買高賣；③以錢買物或者以物賣錢。三者目的都是為了求利。

八、現代行持參考

比丘以修道和弘法為本業，從事世間職業活動必須以弘法和利他為目的，若以世間職業為生則屬邪命。例如：比丘舉辦法事活動，或者銷售經書等，若動機是為了弘法利生或是為了三寶的利益，則不違本戒；如果是為求私利，就屬於本戒所制。

一般而言，大眾很難接受出家人像在家人那樣從事各種商業活動。若寺院在各種因緣的影響下進行涉及商業的行為，普遍會受到社會大眾的非議。寺院從事商業行為短期可能會解決一定的收入問題，但對佛教的出世形象和居士的信心有所影響，不無弊端。

不過寺院的有些行為看似是商業活動，但動機並不相同。比如寺院大都設有「法物流通處」，流通佛經、佛像、念珠等佛教用品。這種行為表面看屬於販賣，但開設法物流通處的主要作用，還是提供宗教服務，為信眾營造各種方便，所得收入也是用於寺院的運營，和本戒所制的為個人牟利的根本動機完全不同。因此，並不違背本戒的精神。但如果設置流通處的目的是為了個人私利，甚至追求高額利潤，那麼也會違背此戒，引發社會的譏嫌。

隨着佛教向歐美等非傳統佛教地區傳播，寺院的組織模式也需要隨當地的文化習俗作相應的調整。在某些地區，人們參加活動可能習慣於支付合理的費用，而不習慣功德供養的形式。在這樣的情況下，為了住持三寶，寺院以合理的價格收取活動費用，一方面順應當地人群的心理習慣，另一方面也是維繫寺院日常運轉的需要，和本戒的精神並不相違。

21

蓄長鉢戒

一、緣起

(一) 緣起略述

《四分律》有一個本制、一個隨制。本制記載，佛在舍衛國，六群比丘蓄了很多鉢，居士看到後譏嫌六群比丘，佛陀知道後制戒，禁止比丘蓄鉢。隨制中，阿難尊者得到一個蘇摩國的貴價鉢，想供養給迦葉尊者，而尊者不在，於是阿難就去請益佛陀如何處理，當佛得知迦葉尊者十日後回來時，便以此因緣增制了此戒，開緣蓄十日。[1]

諸律緣起差異比較：

1. 制戒地點

《四分律》、《鼻奈耶》[2]、《巴利律》[3] 中，制戒地點為「舍衛國祇樹給孤獨園」，《十誦律》[4] 為「王舍城」，《僧祇律》[5] 為「毗舍離」，《五分律》[6] 為「舍衛城」，《根有律》[7] 為「室羅伐城逝多林給孤獨園」。

2. 緣起比丘

《四分律》、《十誦律》、《巴利律》中，緣起比丘為「六群比丘」，《僧祇律》為「諸比丘」，《鼻奈耶》、《五分律》為「跋難陀」，《根有律》為「六眾苾芻」。

---

1 《四分律》卷 9，《大正藏》22 冊，621 頁下欄至 623 頁上欄；卷 52，《大正藏》22 冊，951 頁下欄至 952 頁上欄。

2 《鼻奈耶》卷 6，《大正藏》24 冊，877 頁上欄至中欄。

3 《經分別》卷 4，《漢譯南傳大藏經》1 冊，345 頁至 347 頁；《附隨》卷 1，《漢譯南傳大藏經》5 冊，55 頁。

4 《十誦律》卷 7，《大正藏》23 冊，53 頁中欄至 54 頁上欄；卷 53，《大正藏》23 冊，390 頁上欄。

5 《僧祇律》卷 10，《大正藏》22 冊，314 頁中欄至 315 頁上欄。

6 《五分律》卷 5，《大正藏》22 冊，34 頁中欄至下欄；卷 26，《大正藏》22 冊，169 頁下欄。

7 《根有律》卷 22，《大正藏》23 冊，744 頁上欄至中欄。

3. 犯戒對象

《四分律》中，犯戒對象為「諸居士」，《巴利律》為「諸人」，《僧祇律》為「瓦師婦」，《五分律》為「諸長者」，《根有律》為「六十人」。

4. 緣起情節

《僧祇律》有一個緣起和一個本制，《五分律》、《巴利律》均有一個本制、一個隨制，《根有律》有一個緣起、一個本制，《鼻奈耶》、《十誦律》只有一個本制。

《十誦律》、《五分律》、《巴利律》的本制情節與《四分律》類似。其他律典與《四分律》有所不同。

《鼻奈耶》中，緣起比丘讓「賣香小兒」供養一個摩尼鉢。

《根有律》中，緣起比丘感慨：「所有我等求利之處佛悉制戒，遂令我等求覓無由，所有利養因斯斷絕。」當時有六十人出外聚會遊園，緣起比丘看到後，想要在這些人身上獲得利養，於是取一好鉢，藏在身上，向遊園人乞鉢。對方告訴緣起比丘：「我今無鉢，若有買處，買以相施。」緣起比丘於是拿出所藏鉢，對方問此鉢價值，緣起比丘告知「六十迦利沙波拏」，於是對方給緣起比丘如數之錢。隨後緣起比丘用同樣的方法，從六十人「各乞六十迦利沙波拏」，從而引發譏嫌。

《僧祇律》本制情節中，最初有一位比丘向瓦師乞鉢，其他比丘知道後，都去向瓦師乞鉢。瓦師於是主動供養，但發現有比丘一人乞多個鉢的情況，瓦師便無力供養。後來，舍利弗尊者乞食到瓦師家，得知情況後匯報給佛，佛陀以此因緣制定了此戒。

(二) 緣起比丘形象

《四分律》、《十誦律》、《五分律》和《巴利律》中，緣起比丘的形象比較相似，均喜新厭舊，貪好求多。如《四分律》記載：「時六群比丘畜鉢，好者持，不好者置，如是常營覓好鉢，畜鉢遂多。」《十誦律》記載：「爾時六群比丘多畜鉢，積聚生垢破壞，不用故。」《五分律》記載：「跋難陀多得諸鉢，五、六日用便舉置，如是故鉢處處皆有。」《巴利律》記載：「六群比丘積蓄眾多之鉢。」

《十誦律》還提到緣起比丘蓄鉢，因為不用導致鉢生垢破壞。可以推測緣起比丘寧可鉢破壞，也不願意施捨給其他有需要的比丘，反映出緣起比丘吝嗇的一面。《鼻奈耶》中，緣起比丘得到鉢後，向諸比丘炫耀，表現出其愛慕虛榮的一面。《根有律》記載：「時有六十人出遊園觀欲為宴會，時鄔波難陀見而生念：『若於此輩不獲財物者，我不更名鄔波難陀矣。』」從中可以看出，緣起比丘貪求利養，而且為人強勢。

《僧祇律》中，緣起比丘的形象不突出。

（三）犯戒內因

《四分律》中，緣起比丘「常營覓好鉢」，可見其犯戒內因是貪求好鉢，是一種「貪好」的煩惱。《鼻奈耶》與《四分律》相似。

《十誦律》、《僧祇律》、《五分律》、《根有律》、《巴利律》中，緣起比丘蓄很多鉢，側重於鉢的數量。與《四分律》側重於鉢的好壞略有不同。如《僧祇律》記載：「時比丘或取一，或取二、三、四，乃至十，法豫作不供。」

（四）犯戒外緣

《四分律》直接描述緣起比丘蓄鉢，沒有說明引發其蓄鉢的外緣。《十誦律》、《五分律》、《根有律》、《巴利律》和《四分律》相似。

《僧祇律》有所不同，其犯戒的外緣是瓦師為了得到大福報而請僧施鉢，由此導致諸比丘犯戒。

《鼻奈耶》中，「跋難陀釋子與一坐肆賣香小兒相識」，跋難陀向其索鉢，導致犯戒。

（五）犯戒後的影響

《四分律》中，因為比丘過量蓄鉢，導致居士譏嫌：「沙門釋子求欲無厭，不知慚愧，外自稱言，我知正法，如是何有正法？」可以看出，居士對僧團的信心遭受到了打擊。

《四分律》中，比丘多蓄鉢，「如陶師賣瓦肆處」。《五分律》、《巴利律》也有類似的記載。《僧祇律》和其他律典不同，因為比丘乞鉢太多，導致居士「家業不辦」。由此可見，比丘貪心蓄鉢還會給居士的生活帶來不便和負擔。

其他律典沒有明確說明犯戒後的影響。

（六）佛陀考量

《四分律》中，佛陀呵責緣起比丘並集僧制戒，規定比丘不准蓄長鉢，目的是防止比丘增長貪心以及避世譏嫌。後來阿難想以好鉢供養外出遊行的迦葉尊者，佛陀根據迦葉尊者十日後歸來的因緣，開緣比丘蓄鉢十日。從前後的反差可以看出佛陀的慈悲及制戒的靈活。佛陀深知比丘為自己蓄長鉢有損道心、妨廢道業，且會因此招來社會民眾對比丘，乃至對整個僧團的譏嫌，故嚴厲呵責，制戒不許蓄長鉢。而阿難供養迦葉尊者好鉢，是一顆利他的心，佛陀由此開緣。

另外，佛陀隨順當時的緣起開緣十天為限，似乎略顯隨意，但這恰恰反映出佛陀善觀緣起的功德。佛陀因當時具體的人（迦葉）和具體的時間（十天）來制定蓄長鉢不淨施的時限，顯得順理成章，容易讓大眾信服。

（七）文體分析

諸律中，《四分律》、《僧祇律》、《五分律》、《根有律》、《巴利律》都有兩個因緣，《鼻奈耶》、《十誦律》都是一個因緣。

對話描寫是本戒緣起中的一大亮點。有的對話簡潔明瞭，如《鼻奈耶》：

「跋難陀釋子見，語小兒言：『此鉢甚好，可以施我。』」《五分律》：「諸比丘問言：『汝先得二鉢，今何故無？』」有的則詳細生動，如《僧祇律》：「答言：『我家夫主請僧與鉢，諸比丘或取一、二，乃至十，作鉢不供，家業不辦。何以故？我家仰是瓦作生活，大小飲食、衣服、供王賦稅。阿闍梨是我家供養，尊重故，説是語耳。』」這些語言描寫生動形象地反映出了人物的性格特徵和心理活動。

《四分律》、《根有律》還有心理描寫的細節，如《四分律》對阿難的心理描寫：「我今得蘇摩國貴價鉢，意欲與大迦葉，然不在，不知云何？」《根有律》記載：「鄔波難陀作如是念：『所有我等求利之處佛悉制戒，遂令我等求覓無由，所有利養因斯斷絕。』」這些心理描寫比較細膩，勾勒出緣起比丘的處境，有助於讀者更好地理解佛陀制戒的前因後果。

二、戒本

《四分律》中，本戒的戒本為：「若比丘，畜長鉢，不淨施得齊十日。過者，尼薩耆波逸提。」

(一) 若比丘，畜長鉢，不淨施得齊十日

《四分律》、《四分僧戒本》[1]、《四分律比丘戒本》[2] 作「若比丘，畜長鉢不淨施，得齊十日」，意思是：如果比丘，存儲多餘的、又沒有做過淨施法的鉢，最多可以存儲十天。

與《四分律》相似：

《新刪定四分僧戒本》[3] 作「若比丘，畜長鉢不淨施，得畜齊十日」。

《解脫戒經》[4] 作「若比丘，畜長鉢不淨施〔過十日〕」，此處相比《四分律》少了「得齊十日」的內容。但《解脫戒經》此句下文有「過十日」一句，因此從戒本整體來看，內涵與《四分律》相同。

《根有律》、《根有戒經》[5]、《根有律攝》[6] 作「若復苾芻，畜長鉢〔過十日不分別者〕」，這裏的語序與《四分律》有區別，《四分律》中的「不淨施」對應後半段成犯條件中的「不分別」，不過文意仍然是一致的。

與《四分律》有部分差異：

以下律典相比《四分律》缺少了「不淨施」。

《鼻奈耶》作「若比丘，得長鉢不得過十宿」，《十誦律》、《十誦比丘戒

1 《四分僧戒本》，《大正藏》22 冊，1025 頁下欄。
2 《四分律比丘戒本》，《大正藏》22 冊，1018 頁上欄。
3 《新刪定四分僧戒本》，《卍續藏》39 冊，265 頁下欄。
4 《解脫戒經》，《大正藏》24 冊，662 頁上欄。
5 《根有戒經》，《大正藏》24 冊，503 頁中欄。
6 《根有律攝》卷 7，《大正藏》24 冊，561 頁下欄。

本》[1] 作「若比丘，畜長鉢得至十日」，《僧祇律》作「若比丘，長鉢得畜十日」，《僧祇比丘戒本》[2] 作「若比丘，長鉢得十日畜」，《五分律》、《彌沙塞五分戒本》[3] 作「若比丘，長鉢乃至十日」。

梵文《說出世部戒經》[4] 作 "daśāhaparamaṃ bhikṣuṇā atirekapātraṃ dhārayitavyaṃ"，意思是：比丘可以蓄有一個多餘的鉢最多十天。

梵文《有部戒經》[5] 作 "daśāhaparamaṃ bhikṣuṇā atiriktaṃ pātraṃ dhārayitavyaṃ"，梵文《根有戒經》[6] 作 "daśāhaparamaṃ bhikṣuṇā atirekapātraṃ dhārayitavyaṃ"，意思都是：比丘可以蓄有一個多餘的鉢最多十天。

巴利《戒經》[7] 作 "dasāhaparamaṃ atirekapatto dhāretabbo"，意思是：多餘的鉢最多可以持有十天。此戒本同《四分律》相比，缺少與「若比丘」直接對應的內容。

藏文《根有戒經》[8] 作 "ཡང་དགེ་སློང་གིས་ལྷུང་བཟེད་ལྷག་མ་ཞག་བཅུར་བཅང་བར་བྱའོ།"，意思是：比丘可以蓄有多餘的鉢最多十天。

（二）過者，尼薩耆波逸提

《四分律》作「過者，尼薩耆波逸提」，意思是：如果超過了（期限），犯捨墮罪。

與《四分律》相似：

《四分僧戒本》、《新刪定四分僧戒本》、《四分律比丘戒本》作「若過者，

---

1 《十誦比丘戒本》，《大正藏》23 冊，473 頁下欄。

2 《僧祇比丘戒本》，《大正藏》22 冊，551 頁下欄。

3 《彌沙塞五分戒本》，《大正藏》22 冊，196 頁下欄。

4 Nathmal Tatia, *Prātimokṣasūtram of the Lokottaravādimahāsāṅghika School,* Tibetan Sanskrit Works Series, no. 16, p. 17.

5 Georg von Simson, *Prātimokṣasūtra der Sarvāstivādins Teil II,* Sanskrittexte aus den Turfanfunden, XI, p. 196.

6 Anukul Chandra Banerjee, *Two Buddhist Vinaya Texts in Sanskrit,* p. 29.

7 Bhikkhu Ñāṇatusita, *Analysis of the Bhikkhu Pātimokkha,* p. 146.

8 麗江版《甘珠爾》（འཇང་བཀའ་འགྱུར།）第 5 函《別解脫經》（སོ་སོར་ཐར་པའི་མདོ།）10b。

尼薩耆波逸提」，《僧祇律》、《僧祇比丘戒本》作「若過者，尼薩耆波夜提」，《五分律》、《彌沙塞五分戒本》作「若過，尼薩耆波逸提」，《十誦律》作「過是畜者，尼薩耆波夜提」，《十誦比丘戒本》作「若過畜，尼薩耆波夜提」，《解脫戒經》作「過十日，尼薩耆波逸提」。

梵文《說出世部戒經》作"taduttariṃ dhāreya nissargikapācattikaṃ"，梵文《有部戒經》作"tata uttaraṃ dhārayen niḥ(sa)r(gikā pātayantikā)"，梵文《根有戒經》作"tata uttaraṃ paridhārayen naisargikā pāyantikā"，意思都是：如果蓄有超過（這一期限），捨墮。

巴利《戒經》作"taṃ atikkāmayato, nissaggiyaṃ pācittiyaṃ"，意思是：如果超過（期限），捨墮。

藏文《根有戒經》作"དེ་ལས་འདས་པར་འཆང་ན་སྤང་བའི་ལྟུང་བྱེད་དོ། །"。意思是：如果超過此時間蓄有，捨墮。

與《四分律》有部分差異：

《鼻奈耶》作「若過十宿不捨者，捨墮」。《根有律》、《根有戒經》、《根有律攝》作「〔畜長鉢〕過十日不分別者，泥薩衹波逸底迦」，這裏的「不分別」對應《四分律》前半段中的「不淨施」。

三、關鍵詞

長鉢

梵文《說出世部戒經》和梵文《根有戒經》中均作"atirekapātra"，該詞分別由"atireka（多餘）"和"pātra（鉢）"複合而成，意思是「多餘的鉢（英譯：extra bowl）」。梵文《有部戒經》作"atirikaṃ（多餘）pātraṃ（鉢）"，意思與上兩部戒經完全相同。巴利《戒經》作"atirekapatta"，該詞同樣由"atireka（多餘）"和"patta（鉢）"複合而成，意思與梵文也完全一致。藏文《根有戒經》作"ལྷུང་བཟེད་（鉢）ལྷག་མ་（多餘，剩餘）"，意思是"多餘的鉢（英譯：extra bowl）"。

《四分律》沒有相關解釋。

《僧祇律》對「長鉢」的解釋為「受持外鉢」。《巴利律》解釋為「非受持之物，又未說淨之物」，意思與《僧祇律》相似。

《根有律》為「除守持鉢，餘者名長」，《根有律攝》為「現有一守持鉢，更畜餘者，名之為長」[1]，二者內涵相同。

綜上所述，梵巴藏戒經解釋為多餘的鉢，《根有律》、《根有律攝》與之相同，《僧祇律》、《巴利律》則強調「長鉢」為沒有說淨、不能受持的鉢。此外，其他律典沒有相關記載。

1 《根有律攝》卷 7，《大正藏》24 冊，561 頁下欄。

四、辨相

（一）犯緣

具足以下五個方面的犯緣便正犯本戒：

1. 所犯境

《四分律》中，本戒的所犯境為如法鉢。關於如法鉢諸律都有記載，具體見專題解釋。

《明了論》無此戒的內容，下不贅述。

2. 能犯心

（1）發起心

藏傳《苾芻學處》[1]中的發起心為：「無所顧忌，隨意受持，其心相續未斷。」

《僧祇律》中，類似「長衣戒」記載「愚者，若比丘得衣，愚闇故不作淨，過十日」，本戒中比丘得鉢後因愚暗不作淨過十日，正犯。

《根有律攝》與《摩得勒伽》中，沒有明確說明此戒的發起心，但是從兩部律為他人蓄鉢過限不犯的開緣中，可以反推出此戒的發起心為：為己蓄鉢之心。

其他律典沒有提及相關內容。

（2）想心

《四分律》沒有明確提到想心。

《僧祇律》借鑒了「長衣戒」中的想心，「不受謂受想者」、「不作淨謂淨想者」、「不與謂與想者」、「不記識謂記識想者」，均正犯此戒。此外，「不

1 《苾芻學處》，《宗喀巴大師集》卷 5，86 頁。

失想」也是本戒的想心犯緣，如「不失不失想」即為正犯。

《巴利律》中，「於不壞有壞想者……於不破有破想者……於不被奪有被奪想者」，都正犯此戒。

藏傳《苾芻學處》為「想不錯亂」。

其他律典沒有提及相關內容。

3. 方便加行

《四分律》中，不淨施蓄鉢十日為犯。除了《鼻奈耶》、《薩婆多論》、《五分律》、藏傳《苾芻學處》外，其他律典與《四分律》相同。

《鼻奈耶》、《薩婆多論》、《五分律》中，蓄長鉢過十日正犯，比《四分律》少了不淨施的說明。其中，《鼻奈耶》的內容記載於戒條中。

藏傳《苾芻學處》特別強調，「若由自力或由染力受持十夜相續不斷」。

此外，《摩得勒伽》[1] 中，比丘只有一個鉢，但如果此鉢「不受持」，也正犯本戒。如：「『頗有比丘有一鉢，即此一鉢尼薩耆耶？』答：『有。謂不受持。』」

4. 究竟成犯

《四分律》中，至第十一日明相出，即究竟成犯。《巴利律》與《四分律》相同。

《鼻奈耶》為「過十宿」。

《十誦律》為「十一日地了時」。

《僧祇律》、《五分律》、《根有律攝》[2]、《薩婆多論》[3]、《善見論》[4] 為「過十日」。

《摩得勒伽》、《根有律》記載「過十夜」。

---

1 《摩得勒伽》卷 2，《大正藏》23 冊，574 頁上欄；卷 9，《大正藏》23 冊，619 頁上欄至中欄。

2 《根有律攝》卷 7，《大正藏》24 冊，561 頁下欄至 562 頁上欄。

3 《薩婆多論》卷 5，《大正藏》23 冊，536 頁下欄至 537 頁上欄。

4 《善見論》卷 15，《大正藏》24 冊，778 頁中欄至下欄。

藏傳《苾芻學處》為「由自力或由染力過最後夜分成犯」。結合方便加行「若由自力或由染力受持十夜相續不斷」，可知其究竟成犯是第十一日明相出時，與《四分律》相同。

《僧祇律》另外提到，和別人一起分鉢、購買鉢、別人要送自己鉢、請別人做鉢、從供僧物中分到鉢等種種情況，都是從鉢實際入手的那一刻開始算蓄長鉢的時間，之前的等待時間不算。

《毗尼母經》[1] 中記載，不得蓄鉢過十日。

5. 犯戒主體

《四分律》中，犯戒主體是比丘，比丘尼同犯。

《摩得勒伽》中，比丘和「學戒人」均會正犯本戒。比丘尼蓄鉢過一宿也會正犯此戒。

《薩婆多論》中，比丘會正犯此戒，「比丘尼過一宿」，也正犯本戒。

其他律典只是提到比丘，沒有比丘尼的記載。

（二）輕重

1. 所犯境

《四分律》中，比丘所蓄如法鉢，犯尼薩耆波逸提。諸律與之相同。另外，諸律對如法鉢的記載有所不同。

（1）材質

《四分律》記載，比丘蓄泥鉢和鐵鉢，結尼薩耆波逸提罪。泥和鐵為如法材質。《巴利律》和《四分律》記載相同。《五分律》：「聽用三種鉢：鐵鉢、瓦鉢、蘇摩鉢。」《根有律攝》中記載：「鉢有二種：一、鐵；二、瓦。」《十誦律》：「聽汝等畜二種鉢：鐵鉢、瓦鉢。」

1 《毗尼母經》卷 7，《大正藏》24 冊，839 頁下欄至 840 頁上欄。

（2）容量

《十誦律》的關鍵詞中，鉢的量被限定為上、中、下三種，也就是蓄這三種大小的鉢，犯捨墮。「若大於大，若小於小鉢，不名為鉢」，也就是蓄尺寸不合量的鉢，不犯此戒。

《巴利律》與《十誦律》相同，只有尺寸合理的鉢，才算此戒的所犯境，否則「過大非鉢，過小亦非鉢也」。

《僧祇律》、《根有律攝》明確記載，蓄過量或減量鉢，屬於非法鉢，不犯此戒。

《薩婆多論》記載：「若大於大鉢、小於小鉢，不名為鉢。」

《根有律》記載，比丘蓄小鉢（小於小鉢），不犯；蓄過大鉢沒有說明。此律還記載，蓄「白色」的鉢，不犯。由此可以反推出：蓄其他顏色的鉢，正犯此戒。

《摩得勒伽》中，比丘若蓄壞鉢，或未熏的鉢，犯突吉羅。又說：「『頗有比丘有鉢更乞餘鉢終身不淨施不犯耶？』答：『有，謂小鉢。』」

藏傳《苾芻學處》中，比丘若蓄過量鉢，犯突吉羅。

其他律典對此沒有提及。

2. 能犯心

（1）發起心

諸律正犯情況如上犯緣所述，此外無犯輕記載。

（2）想心

《四分律》中沒有提到想心。

《僧祇律》中，「不受謂受想者」、「不作淨謂淨想者」、「不與謂與想者」、「不記識謂記識想者」，均犯捨墮。此外，「不失想」也是本戒的想心犯緣，如「不失不失想」即犯捨墮。《巴利律》中，除犯緣中正犯捨墮的記載外，還有犯輕和不犯的想心記載：「不過十日而有過想者，突吉羅；不過十日而有疑想者，突吉羅；不過十日而有不過想者，不犯也。」

藏傳《苾芻學處》中，「想不錯亂」，結捨墮罪。

其他律典沒有提及相關內容。

3. 方便加行

《四分律》記載，不淨施蓄鉢十日，結尼薩耆波逸提罪。

其他律典正犯本戒的方便加行如上犯緣所述。

另外，《四分律》中，比丘第一日得長鉢，如果不作淨施，經過十日，此十日內，或再得鉢，或者不再得鉢，於再得之鉢，或作淨施，或不作淨施，至第十一日明相出時，均犯捨墮。因第一日多得鉢已，不作淨施，勢力相染故，致使此十日內所得的鉢皆是不作淨施者，皆捨墮。《十誦律》、《根有律》、藏傳《苾芻學處》也有類似記載。

與此類似，《四分律》還記載：「如是遣與人（句亦如上），若失（句亦如上）……若作非鉢（句亦如上）……盡尼薩耆。」

《十誦律》還記載，若比丘有鉢，應捨未捨或者應捨已捨，且罪未悔過或者罪已悔過，次續未斷更得鉢，是後鉢，得尼薩耆波逸提，又如：「應捨鉢已捨，罪已悔過，次續已斷，更得異鉢者，不犯。」

《僧祇律》中記載，如果在畜生、俗人、無心人（如睡眠或入定人）邊作淨施，過十日，皆犯捨墮。借鑒「長衣戒」內容（「若比丘道路行恐畏處，藏衣而去，過十日取者，尼薩耆波夜提。若有人取是衣物，持來與比丘者，亦尼薩耆波夜提」）可以得出，如果藏鉢而未及時取，也犯捨墮；若內心說淨，口不言說，犯越毗尼罪。

《根有律攝》中記載，如果比丘在十日內所得的長鉢不作淨施，則日日犯惡作罪，如：「若現無鉢，後得鉢時不名為長。若不守持，日日之中亦得惡作。」

《巴利律》中記載：「捨墮鉢，不捨而受用者，突吉羅。」

《善見論》中記載：「尼薩耆鉢，不捨不懺悔，若用，突吉羅罪。」「若買鉢已度直竟，鉢主為薰竟，報比丘，比丘不往取，過十日犯捨墮；若鉢主薰竟，人知薰竟，傳向比丘道，比丘雖聞語，過十日不犯。」

此外，一些律典還有關於蓄用其他材質、顏色的鉢的判罪。

（1）木石：《四分律》中，比丘若蓄石鉢，犯偷蘭遮罪；木鉢，如法治。木鉢是外道法，石鉢是「如來法鉢」。《五分律》中，蓄木鉢，犯偷蘭遮；蓄石鉢，犯突吉羅罪，與《四分律》不同。《十誦律》記載，蓄木鉢和石鉢皆犯突吉羅罪。《根有律攝》中，若蓄石鉢，犯捨墮罪；還記載：「又四種鉢，鍮石、赤銅、白銅，及木，此若未受，亦不應受；若受應作藥盂，得隨意用。」《毗尼母經》中記載，蓄石鉢犯偷蘭遮罪；還記載：「比丘不應畜木鉢、石鉢。」「畜鉢法：除鐵鉢、瓦鉢，餘一切鉢皆不得畜。」

（2）珍寶：《四分律》中，蓄金、銀、琉璃、寶、雜寶等材質的鉢，如法治。

《十誦律》中，蓄金鉢、銀鉢、琉璃鉢、摩尼珠鉢、銅鉢、白鑞鉢等，犯突吉羅。《五分律》中，蓄「外道銅鉢」，犯突吉羅。

《根有律攝》中記載：「有四種鉢：謂金、銀、琉璃、水精，此若未受不應受，若受應棄。又四種鉢：鍮石、赤銅、白銅，及木，此若未受亦不應受，若受應作藥盂得隨意用。」

《毗尼母經》卷 7 記載：「比丘不應畜……金鉢、銀鉢、寶鉢、珠鉢。」卷 8 記載：「不相應鉢者，栴檀鉢、尸舍婆木鉢、石鉢、金鉢、銀鉢、琉璃鉢、玉鉢、七寶鉢，是名不相應。」

（3）其他：《五分律》中，蓄牙鉢，犯突吉羅。

藏傳《苾芻學處》中，比丘蓄白鉢，犯突吉羅罪。

《薩婆多論》記載：「若畜長白鐵鉢、瓦鉢未燒、一切不應量鉢，突吉羅。」

藏傳《苾芻學處》還記載：「若鉢……未燒透……而守持者……皆惡作罪。」

4. 究竟成犯

《四分律》中，第十一日明相出，結尼薩耆波逸提罪。其他律典正犯本戒的情況如上犯緣所述。

《薩婆多論》記載了兩種特殊情況：如果比丘得到長鉢五天，被作擯出羯磨，或者顛狂、心亂等，雖然經過許多天，沒有罪，若後來擯法解除，癲狂、心亂等病已好，取後來的五天，接續前面的五天，前後滿十天，犯捨墮；如果比丘得鉢後去了天上或北俱盧洲，這期間也不算天數，等到比丘回來後才又開始算，前後滿十天則犯捨墮。

5. 犯戒主體

《四分律》中，比丘，比丘尼，犯尼薩耆波逸提；式叉摩那、沙彌、沙彌尼，突吉羅。

《五分律》中，比丘若犯，得捨墮罪；沙彌若犯，突吉羅罪。未提及其他三眾犯罪情況。

《十誦律》中，如果比丘蓄長鉢，然後男根變成了女根，成為比丘尼後經過一夜便正犯本罪。《摩得勒伽》、《根有律攝》與此相同。

《摩得勒伽》中，比丘、學戒人犯捨墮；比丘尼「一夜蓄鉢」，也犯捨墮。如果「本犯戒、本不和合、賊住、污染比丘尼」的比丘蓄長鉢過十夜，犯突吉羅。

《薩婆多論》中，比丘犯捨墮，「比丘尼過一宿捨墮。」此律還結罪：「式叉摩尼、沙彌、沙彌尼，突吉羅。」

《毗尼母經》中，比丘犯捨墮。此律卷 7 記載：「比丘尼得鉢，即日作淨施，不應過夜。」卷 8 記載：「不應者，比丘尼畜長鉢不得過一日。」

其他律典中，比丘若犯，得捨墮罪，未提及比丘尼及下三眾犯罪情況。

(三) 不犯

1. 所犯境不具足

《四分律》記載：「諸比丘不知畜鍵瓷、小鉢、次鉢當淨施不？白佛，佛言：『聽不作淨施畜。』」

《摩得勒伽》記載：「『頗有比丘有鉢更乞餘鉢終身不淨施不犯耶？』答：『有，謂小鉢。』」

《僧祇律》中，除律中記載的上鉢、中鉢、下鉢外，餘者，不犯。

《根有律》中，蓄「若小，若白色」的鉢，不犯。

《根有律攝》記載：「若減量，若過量……若為貯羹菜，或用飲水，畜二小鉢，及安鹽盤子並匙，悉皆無犯。又於大鉢之中隨容小鉢，若順所須，多畜非犯，應更畜一大鉢防闕事故。」

2. 能犯心不具足

《四分律》記載，「若劫奪想，若失想，若破想、漂想，不犯」。

《僧祇律》中，有失想，不犯。

《根有律》中，若比丘所蓄的長鉢是想給欲受戒人，則不犯。

《根有律攝》記載：「若畜長鉢擬與餘人、出家、近圓，濟其所用，雖不分別，此亦無犯。」

《摩得勒伽》中，為他人蓄，不犯。

《巴利律》中，「以親厚想取」，不犯。此外，「不過十日而有不過想者，不犯也」。

3. 方便加行不具足

《四分律》中，「十日內若淨施，若遣與人」，不犯。

《十誦律》記載和《四分律》相同。

《巴利律》記載：「受持十日以內、說淨、捨……不犯也。」

《善見論》記載：「無罪者……若說淨，若受持。」

4. 究竟成犯不具足

《十誦律》中，「若比丘畜長鉢，未滿十日便命終者」，不犯。

《摩得勒伽》中，若比丘得鉢已十夜內命終，不犯。

《善見論》記載：「無罪者，未滿十日。」

5. 犯戒主體不具足

《四分律》中，「最初未制戒，癡狂、心亂、痛惱所纏」，不犯。

《五分律》、《根有律》與《四分律》相同。

《十誦律》中，若比丘狂心、散亂心或病壞心，不犯。

《巴利律》中，「癡狂者、最初之犯行者」，不犯。

《薩婆多論》中，「狂心、亂心、病壞心」，不犯。

《摩得勒伽》中，若狂心、散亂心，不犯。

其他律典中沒有相關內容。

6. 開緣

《四分律》記載：「若奪鉢，若失鉢，若燒鉢，若漂鉢，取用、若他與用；若受寄鉢比丘死，若遠行，若休道，若被賊，若遇惡獸所害，若為水所漂，不遣與人；不犯。」《巴利律》中也有類似記載：「失〔鉢〕、破壞、被奪而取……不犯也。」

《十誦律》記載：「問：『頗比丘久畜長鉢不犯尼薩耆波夜提耶？』答：『有，若他送鉢與，久久乃至者是也。』」

《摩得勒伽》中，若寄鉢未至，不犯。還記載：「『頗有比丘終身畜長鉢不犯耶？』答：『有，以僧中捨已悔過。』」

《僧祇律》中，長鉢戒的辨相與長衣戒相同，如律中記載：「若比丘為賊所逐，遂便捨衣走，過十日已有人得衣，來還比丘者，無罪。」

餘律無文記載。

五、原理

(一) 如販鉢人

佛教是讓人走向解脱的宗教。佛陀數數宣揚出離、解脱的教義，並時常教化弟子要保持少欲知足的作風。如果比丘出現與社會大眾認知相違背的行為，勢必會受到居士的譏嫌。如《五分律》記載：「沙門釋子常說少欲知足，而今無厭，收斂積聚，如販鉢人，無沙門行，破沙門法。」

另一方面，佛世時古印度社會物資匱乏，比丘自己多蓄鉢不用，又不捨給其他比丘，日久漸壞，浪費信施，自然會引起其他比丘的譏嫌。如《根有律》中的比丘蓄積了很多鉢，「不自受用，亦復不與諸餘苾芻」，這樣的行為導致少欲比丘「見已嫌賤」。

(二) 炫耀心理

本戒同時也約束比丘對鉢的貪著煩惱。

佛世時，比丘以乞食為正業，托鉢的行為也是佛教弘法利生的一種方式。因此鉢不僅是比丘日常生活中的必需品，在某種程度上，還標誌着比丘受居士敬信的程度。因此，比丘很容易滋長貪心，從而通過蓄積好鉢來展示自己不同凡響的身分和地位。如《根有律》中，緣起比丘見「一賣香童子有一好鉢，圓滿光淨堪得受用」，就千方百計要據為己有。童子不願意供養，該比丘就讓一位對其敬信有加的長者為他買鉢。得手後，回僧團裏「以其鉢示諸苾芻」，向大眾炫耀。這種對名聞利養的貪著，最終難免遭世尊種種的呵責。

（三）好鉢「收藏家」

比丘的鉢是瓦製或鐵製的，難以避免遇到意外的損壞，因此蓄積長鉢以防不時之需也是一種正常心理。比丘雖然可以通過不受持來蓄積鉢，但如果養成習慣，勢必隨順煩惱，越蓄越多。如《四分律》：「時六群比丘畜鉢，好者持，不好者置，如是常營覓好鉢，畜鉢遂多。」蓄積的目的應該是以備不時之需，而非為了貪求好鉢，如果隨順貪心煩惱而蓄積，便會慢慢養成習慣，成為好鉢的「收藏家」，一發不可收拾。

（四）古印度的托鉢乞食文化

早在佛陀降生之前，古印度這片土地上的修道者就已經奉行托鉢乞食的修行方式，這種制度往往跟苦行文化結合在一起，如《查蒙羯奧義書》中就提到：「安靜修學者，乞食艱自任，苦行兼敬信，生活在閑林。」[1] 對婆羅門苦修者來說，鉢也是生活中不可或缺的用具，他們托鉢而行。南傳《自說經》中就有比丘向佛匯報外道托鉢乞食的記載：「大德！此處種種外道諸多之沙門、婆羅門、普行出家徒等，入舍衛城托鉢。」[2] 佛教早期也將之借鑒過來作為一種對治貪欲走向解脫的修行方式：「夫出家者，為求解脫，乞食趣足。」[3] 如果比丘忘記了這一宗旨，貪圖蓄積好鉢，便與出家的初心背道而馳，得不償失。

（五）比丘與比丘的關係

《鼻奈耶》中，緣起比丘得到新鉢後向其他比丘說道：「我每出行，吉無

---

1 徐梵澄：《五十奧義書》（修訂本），中國社會科學出版社，1995 年 8 月，686 頁。

2 《自說經》卷 1，《漢譯南傳大藏經》26 冊，138 頁。

3 《五分律》卷 8，《大正藏》22 冊，55 頁中欄。

不利。過香肆前有一小兒，以此鉢布施我。」引發其他比丘質問其為何蓄長鉢。《十誦律》中，比丘向同行炫耀：「諸長老！汝等看是瓦鉢圓正可愛。」頭陀比丘「聞是事心不喜」。

由律中所記載的故事可以看出，佛世時，比丘有兩類：一類是如少欲知足比丘一樣，注重持戒修行；另一類則如緣起比丘那樣，重視與居士的關係。緣起比丘之所以能夠乞索蓄積到大量的鉢，乃至好鉢，有賴於平時與居士信眾廣結善緣，才會感得這樣的供養。頭陀比丘之所以能夠贏得其他比丘的敬重，是因為其檢束三業的持戒功德。所以無論何種修行方式，都是值得隨喜讚歎的，但若偏離了修道的宗旨，隨順煩惱並影響僧團的和合，則是佛陀所不願看到的。因此，值得推崇的做法應該像《巴利律》中記載的阿難尊者那樣，得到了長鉢也不忘供養給長老舍利弗。如此，既避譏嫌，又能增進僧團的和合。

六、專題

鉢的分析

「鉢」（梵語 “patra”，巴利語 “patta”）是音譯「鉢多羅」的簡稱，也叫「波多羅」、「鉢和蘭」等，在漢譯律典中意譯為「鉢盂」、「應器」、「應量器」。鉢是比丘所用的食具，是比丘六物（三衣、鉢、坐具、漉水囊）之一。

律典中關於鉢的記載有相當多的資料，有描寫比丘「著衣持鉢」、「托鉢乞食」、「衣鉢隨身」等日常生活的片段，也有佛陀制定的「蓄鉢戒」、「乞鉢戒」、「繫鉢想食戒」等相關戒條，還有關於「天人造鉢」、「鉢收毒龍」、「神通取鉢」等記載。

（一）鉢的史學考察

1. 佛鉢起源

《四分律》中，世尊菩提樹下初成道七日，有兩位商人準備了麨蜜供養世尊。又律文記載：「時世尊復作如是念：『今此二人奉獻蜜麨，當以何器受之？』復作是言：『過去諸佛、如來、至真、等正覺，以何物受食？諸佛世尊不以手受食也。』時四天王立在左右，知佛所念，往至四方，各各人取一石鉢，奉上世尊，白言：『願以此鉢受彼賈人麨蜜。』時世尊慈愍故，即受四天王鉢，令合為一，受彼賈人麨蜜。」[1] 信眾供養，佛陀以鉢受食，這即是佛鉢的誕生。類似的緣起在《僧祇律》[2]、《五分律》[3]、《根有律》[4] 中也有記載。

《十誦律》中，一位叫釋摩訶男的居士供養僧眾，這位虔誠的居士親自為

---

1 《四分律》卷 31，《大正藏》22 冊，781 頁下欄至 782 頁上欄。

2 《僧祇律》卷 29，《大正藏》22 冊，461 頁中欄至下欄。

3 《五分律》卷 15，《大正藏》22 冊，103 頁上欄至中欄。

4 《根有律》卷 5，《大正藏》24 冊 125 頁上欄至下欄。

僧眾行堂：「是會有肉。佛及僧次第坐竟，釋摩訶男自手行飯下肉。爾時，六群比丘畜狗，疾食竟，拾滿鉢骨置前，舉眼高視。」這次供養中有肉食，六群比丘把吃肉剩下的骨頭都裝在鉢裏，引起了這位居士的譏嫌：「大德，此鉢是恒沙諸佛幖幟，何以輕賤此鉢？汝自賤鉢，我亦不憂，但恐汝後持此不淨鉢受我食。」[1] 居士為了表達對六群比丘行為的不滿，舉出了「此鉢是恒沙諸佛幖幟」這樣的理由，但不能確定這種說法的來源在哪裏。《五分律》中，佛陀指出鉢產生的原因：「過去諸佛皆以鉢受，當來諸佛亦復如是，我今亦應用鉢受施。」這段話描述過去諸佛、當來諸佛都是用鉢來受食，意涵和《十誦律》類似，都以此提醒比丘應該珍惜和愛護鉢。

不過，《大智度論》中提出了這樣一個問題：「摩訶衍經中說：有佛以喜為食，不食揣食。如天王佛衣服儀容，與白衣無異，不須鉢食，何以言『四天王定應奉鉢？』」意思是說：不是所有的佛都用鉢，為什麼四大天王一定會供養佛陀鉢？對這個問題的答覆是這樣的：「定者，為用鉢者故，不說不用。復次，用鉢諸佛多，不用鉢者少，是故以多為定。」[2] 這裏提到也有佛「不須鉢食」，當然不會用鉢，但這只是少數情況。因為大部分的佛都用鉢，所以四大天王一定會供養鉢。

《根有律》中記載了佛陀受食前的考量：「我今不可同諸外道以手受食。」[3] 由此可見，佛世時有些外道是用手直接受食的。佛陀用鉢的目的之一是為了和這些外道區分。

2. 比丘托鉢乞食的生活形態

《四分律》中，初受具足戒的尊者阿若憍陳如，在受戒後即白佛言：「我今欲入波羅㮈城乞食，願聽。」佛答應後，尊者「著衣持鉢入波羅㮈城乞食」。[4] 所以，佛陀創建的僧團中從第一個比丘開始，就和佛陀一樣托鉢乞食。

---

1 《十誦律》卷 39，《大正藏》23 冊，282 頁中欄。

2 《大智度論》卷 35，《大正藏》25 冊，315 頁中欄。

3 《根有律破僧事》卷 5，《大正藏》24 冊，125 頁中欄。

4 《四分律》卷 32，《大正藏》22 冊，788 頁下欄。

律典中有很多佛陀和比丘托鉢乞食的記載。如《五分律》中記載：「時彼居士食具已辦，遣使白佛。於是世尊著衣持鉢，與比丘僧前後圍繞，往詣其家，就座而坐。」又如《十誦律》中記載：「佛在王舍城，爾時諸比丘中前著衣持鉢入城乞食。」比丘托鉢乞食，一方面是維持色身所需，另外一方面乞食的過程也是度化信眾以及和社會互動的重要機會。

這樣的傳統一直保持到現代社會。南傳佛教國家如泰國、緬甸、斯里蘭卡、老撾的比丘，至今還保留了乞食的生活方式。由於社會、文化條件的不同，現在漢地的出家人一般不再乞食，但是有時也會組織集體托鉢的活動接受信眾供養食物。這些活動可以看作是對佛世僧團生活形態的紀念，從中也可以看出托鉢乞食對出家人身分的象徵意義。

3. 時代背景

佛陀所在的時代屬古印度沙門（śramaṇa）思潮盛行的時期。除了佛教的比丘，其他教團的出家人也過着依乞食過活的宗教修行生活。這些外道沙門自然也需要器具來乞食，例如耆那教經典中就存在不少關於耆那教出家人使用鉢方面的規定。[1]另外，進入遁世修行期的婆羅門也托鉢乞食，如《摩奴法論》記載：「破鉢、樹根、破衣、獨身和對一切無動於衷，這些是解脱者的特徵。」[2]

在這樣的背景下，佛陀在鉢的種類上就有所規定，以便於和外道區分。《四分律》記載：「有比丘持木鉢……佛言：『不應持如是鉢，此是外道法。』」[3]《十誦律》、《僧祇律》、《五分律》中也有相似的記載。

此外，《四分律》中還有佛不許比丘蓄用寶鉢的記載，因為這屬於「白衣法」。這也從側面説明鉢並不是出家人的專用物品。律典中也有市場上出售鉢的描寫，如《四分律》乞鉢戒中居士為緣起比丘買鉢：「時跋難陀釋子鉢破，入舍衛城語居士言：『知不？我鉢破，汝為我辦之。』時彼居士即市鉢與。」

---

1 Hermann Jacobi, *Jaina Sutras*, Part II (SBE22), tr. 1884, Sixth Lecture.

2 《摩奴法論》，113 頁。

3 《四分律》卷 40，《大正藏》22 冊，858 頁中欄。

可見鉢應該是古印度市面上普遍流通的物品。唐朝義淨法師參訪印度時看到，信眾供僧所用的瓦鉢器具都是使用一次之後即丟棄，以致堆積成山：「若其瓦器曾未用者，一度用之此成無過，既被用訖棄之坑塹，為其受觸不可重收。故西國路傍設義食處殘器若山，曾無再用。」[1] 可以看出，這種瓦鉢必然是市場上的尋常器具，產量大，製造成本低。印度大部分區域氣溫較高，植物生長快速，植被茂密，所以燒製鉢具所需的能源來源不是問題，成本自然較低。

綜上所述，鉢是古印度物質文化的產物，屬常見的器皿。托鉢乞食是出家沙門的一般生活形態。佛陀成立僧團後，托鉢乞食也成為僧團的基本生活方式。佛陀並沒有自行創制另一種器皿，這樣比丘可以相對容易獲得飲食器皿。另一方面佛陀對比丘所用鉢的類型作了一些限制，在一定程度上凸顯了自身宗教身分的獨特性。

（二）鉢的大小和形狀

1. 鉢的大小

《四分律》中，鉢分大鉢和小鉢，「大者三斗，小者一斗半，此是鉢量」。

其他律典中一般將鉢的大小分為三種，即上鉢、中鉢、下鉢。《十誦律》中，三種鉢的量為：「上鉢者，受三鉢他飯、一鉢他羹、餘可食物半羹，是名上鉢；下鉢者，受一鉢他飯、半鉢他羹、餘可食物半羹，是名下鉢；若餘者名中鉢。」《僧祇律》中，三種鉢的量為：「上者，摩竭提國一阿羅米作飯及受羹菜，一阿羅者可此間斗六升；中者，半阿羅米作飯及受羹菜；下者，一鉢他米作飯及受羹菜，三分飯一分羹菜。」《五分律》中，三種鉢的量為：「上者，受三鉢他飯，除羹菜；下者，受一鉢他飯，除羹菜；中者，上下之中。」《巴利律》中，三種鉢的量為：「大鉢者，可容阿羅伽量之飯、四分之一主食物，〔其餘為〕適當之副菜；中鉢者，容那利量之飯……副菜；小鉢者，容拔陀量之飯……副菜也。過大非鉢，過小亦非鉢也。」《薩婆多論》中，三種鉢

---

1 《南海寄歸內法傳》卷 1，《大正藏》54 冊，209 頁上欄。

的量為：「上者，受三鉢他飯、一鉢他羹、餘可食物半羹，是名上鉢；下者，受一鉢他飯、半鉢他羹、餘可食物半羹，是名下鉢；上下兩間，是名中鉢。」

由上可知，鉢可大可小，比丘受持鉢的大小應該根據個人食量的不同來選擇，正如個人選擇適合自己的三衣一樣。大中小鉢各自又有相應的容量規定，這樣或可保證比丘外相相對一致。

當然，也可能會出現特殊容量的情形。比如《大唐西域記》中記載：「商諾迦縛娑（舊曰商那和修，訛也）大阿羅漢所持鐵鉢，量可八九升。」[1] 這裏的八九升按照姬周 1 斗即 2 升來算，至少是 4 斗，比《四分律》的大鉢還要大。所以律典規定的大小是一般情況下的規制，若有特殊需要是允許有特殊尺寸的。

按照現代標準而言，鉢的容量比一個普通人的飯量要大不少。其中的原因，一方面可能是古人體力活動多、消耗較大，有些比丘又是日中一食，所以一次食用的飯量較多；另一方面，比丘乞到食物之後還不一定全部都是自己吃，可能要分給其他比丘一份。比如有的同行比丘可能沒有乞到食，也有比丘在寺中守護，也有比丘生病不能外出乞食，等等。

比丘乞食需遵循次第乞食的規定，一次乞食最多不能超過七家。《薩婆多論》記載：「日到一家，得食則食，不足即止；次第到七家，得食則食，不得亦止。」如果這七戶人家都不供養比丘的話，或者所得食物不夠，比丘這一天都不能再繼續乞食。對於空手而歸的比丘，其他比丘分享自己所乞得的食物就很有必要。另外，比丘所得的食物，可能還有其他的用途。如《寶雲經》中描寫：「乞食之食分作四分：一分與同梵行者，第二分與窮下乞食之者，第三分與諸鬼神，第四分自供身食。」[2] 因此，鉢的容量規制需要充分考慮到這些情況，所以鉢較大就不奇怪了。

2. 鉢的形狀

至於鉢的形狀，《佛制比丘六物圖》中有這樣的記載：「古德云：『鉢盂無

---

1 《大唐西域記》卷 1，《大正藏》51 冊，873 頁中欄。

2 《寶雲經》卷 5，《大正藏》16 冊，231 頁下欄。

底，非廊廟之器。』」[1] 如下圖所示，鉢的底部不像漢地的碗是平的，整個鉢底呈圓弧形，與《十誦律》中「瓦鉢圓正可愛」、《根有律》中「取一好鉢圓滿光淨」的記載相符。這樣的鉢與手形相匹配，用手托起來會更穩。但是如果放在桌子上就不方便了，輕輕一碰，鉢就會晃動起來，因此又需要配備鉢支。

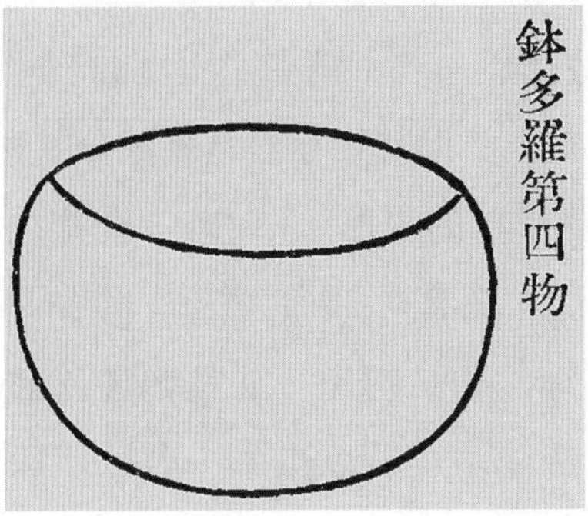

圖 5-1　鉢

鉢形有這樣的特點，腰部凸出，鉢口內收，內部較圓。這樣的設計應該有以下兩點考慮。一方面，鉢口稍微內收，乞食行走的路上鉢中食物不易外溢，一定程度也可以防止風塵吹入鉢中。另一方面，這種鉢形也比較適合印度人的進食方式。印度的飲食風俗是手抓飯進食，如《大唐西域記》中記載：「食以一器，眾味相調，手指斟酌，略無匙箸，至於老病，乃用銅匙。」[2] 這樣的鉢形很適合手抓飯的進餐方式：用手指將飯沿着鉢壁的內弧度勾到鉢沿，然後輕輕捏壓一下就可以成形取出食用了。若用銅匙，鉢內的曲線形狀也是很方便取食的。

(三) 鉢的材質和顏色

1. 鉢的材質

關於鉢的材質，《四分律》記載：「有六種鉢：鐵鉢、蘇摩鉢、優伽羅鉢、

1　《佛制比丘六物圖》卷 1，《大正藏》45 冊，900 頁中欄至下欄。

2　《大唐西域記》卷 2，《大正藏》51 冊，878 頁中欄。

優伽賒鉢、黑鉢、赤鉢。此總而言二種鉢：鐵鉢、瓦鉢。」[1]《十誦律》、《薩婆多論》、《根有律》、《巴利律》等都記載鉢分鐵、瓦兩種。《僧祇律》記載了七種鉢：「一、參婆鉢；二、烏迦斯魔鉢；三、優迦吒耶鉢；四、多祇耶鉢；五、鐵鉢；六、致葉尼鉢；七、畢荔偷鉢。」《五分律》記載：「鉢有三種：鐵鉢、蘇摩鉢、瓦鉢。」《根有律攝》還認為佛陀所用石鉢也是瓦鉢的一種，觀點較為獨特：「准知石鉢即是瓦類。若不爾者，世尊如何受天石鉢，知非清淨而自用耶？」從諸律記載來看，佛世時比丘的鉢總體分為兩大類：鐵鉢、瓦鉢。

《四分律》記載了蘇摩鉢的來歷：「爾時，世尊在蘇摩國人間遊行，時有信樂陶師，世尊指授泥處，語言：『取此處土，作如是打，如是曬曬燥，如是作泥，如是調，作如是鉢；如是揩摩，如是曬曬乾已，作大堅爐安鉢置中，以蓋覆上泥塗；若以佉羅陀木，若以棗木，若以尸賒婆木、阿摩勒木，安四邊燒之。』彼即如佛所教，隨次而作即成。持異貴好蘇摩鉢與諸比丘，比丘不受，言：『世尊未聽我等畜如是鉢。』白佛，佛言：『聽畜。』」由上可見，蘇摩鉢是蘇摩國使用本地泥土燒製而成的，因地得名而稱為「蘇摩鉢」，自身應屬瓦鉢的一種，可能由於比較出名，故《四分律》、《五分律》等律典將其單列為一種。優伽羅鉢、優伽賒鉢的情況與之類似，都是由產地而得名。從上面這個公案也可以看出，佛陀因地制宜開許比丘隨所在地使用當地材質所製的鉢，這樣比丘會更加容易獲得所需的鉢。

佛陀對鐵和瓦之外的一些材質作了限制，不允許比丘蓄用相應材質的鉢。如：《四分律》中，佛不准比丘蓄用木鉢、石鉢、金鉢、銀鉢、琉璃鉢、作寶鉢、雜寶鉢。《十誦律》為木鉢、石鉢、金鉢、銀鉢、琉璃鉢、摩尼鉢、銅鉢、白鑞[2]鉢。《五分律》為金鉢、銀鉢、七寶鉢、牙鉢、銅鉢、石鉢、木鉢。《根有律》、《根有律攝》為金鉢、銀鉢、琉璃鉢、頗梨（水精）鉢、鍮[3]石鉢、赤銅鉢、白銅鉢、木鉢。《巴利律》中不得蓄用木鉢、金鉢、銀鉢、摩

---

1 《四分律》卷 52，《大正藏》22 冊，952 頁下欄。
2 鑞：錫鉛合金。
3 鍮：黃銅礦或自然銅。

尼鉢、琉璃鉢、水晶鉢、銅鉢、銅石鉢、錫鉢、鉛鉢、銅鐵鉢。由上可見，諸律對受限材料的記載大同小異，只是開合不同。

如前所述，佛陀限制鉢的材質，一個重要的出發點是和外道及俗人區分。《五分律》中描述外道用銅鉢：「時有婆羅門名優柯羅，有一女常用白銅鉢食。彼女出家後，猶用先器乞食。諸居士譏呵言：『沙門釋子用銅鉢，與外道不可分別。』」[1]《四分律》中，瓶沙王供養諸比丘木鉢的時候，佛說：「不應畜木鉢，此是外道法。」供養金銀琉璃等寶鉢時，佛又說：「不應畜如此等鉢，此是白衣法。」供養石鉢時，佛說：「此是如來法鉢，若畜得偷蘭遮。」因此石鉢、木鉢、銅鉢都是諸律所限。金銀和其他金屬所製的鉢，可能還有持守「蓄寶戒」方面的考慮，這類鉢自身價值也比較貴重，比丘用於乞食顯然是不合適。

其他宗教的文獻中也能找到關於其他宗教出家人所使用鉢的材質的記載。如《摩奴法論》：「葫蘆鉢、木鉢、土鉢和竹鉢，遁世者之鉢如上，自在之子摩奴說。」[2] 耆那教經典規定：「（耆那教）比丘或者比丘尼若有所需，應乞求以葫蘆、木頭、陶所製或諸如此類之鉢具。」[3] 這和佛教律典的記載是一致的。佛陀開許的鐵鉢，在其他教團卻是被禁止的，如「他的鉢應該是非金屬的和無空隙的」[4]，或者「（耆那教）比丘、比丘尼應避免受持貴價鉢，如鐵製」[5]。可見當時不同宗教教團之間在資具上都存在刻意互相區分的情況。當然，這種有意識的互相區分也是有一定的限度的，比如瓦鉢（或稱土鉢、泥鉢）似乎是各教都會用到的，畢竟這是最常見的器皿，對此加以拒絕就可能會影響日常生活了。

---

1 《五分律》卷 26，《大正藏》22 冊，169 頁下欄至 170 頁上欄。

2 《摩奴法論》，114 頁。

3 Hermann Jacob, *Jaina Sutras*, Part II (SBE22), tr. 1884, "A monk or a nun wanting to get a bowlmay beg for one made of bottle-gourd or wood or clay, or such-like bowls."

4 《摩奴法論》，113 頁。

5 Hermann Jacobi, *Jaina Sutras*, Part II (SBE22), tr. 1884, "A monk or a nun should not accept any very expensive bowls of the following description: bowls made of iron, tin, lead, silver, gold, brass, a mixture of gold, silver ,and copper, pearl, glass,mother of pearl, horn, ivory, cloth, stone, or leather; for such very expensive bowls are impure and unacceptable."

2. 鉢的顏色

據《四分律》，鉢鉢應熏成黑色或赤色。《僧祇律》記載：「熏作鉢成就已，作三種色：一者，如孔雀咽色；二者，如毗陵伽鳥色；三者，如鴿色。」《行事鈔》釋：「熏鉢作孔雀咽色、鴿色者如法。」[1]《善見論》記載：「鉢色如青鬱波羅華。」[2]《根有律》中提到了「黑鉢」。以上律典中分別出現了黑色、赤色、孔雀咽色、鴿色、青鬱波羅華色這五種顏色，其他律典沒有關於顏色的直接記載。從律典的記載看，鉢需要經過上油、煙熏之類的工序後才能使用。一般而言，煙熏之後的顏色自然以黑灰之類的顏色為主。

《四分律》開許的赤鉢是舍衛國的赤色瓦鉢。但《五分律》記載：「有諸比丘燒鉢色赤，佛言：『應熏。』」《僧祇律》記載：「北方比丘持赤鉢來，白佛言：『聽用是鉢不？』佛言：『不聽用。』」可見佛世時，有些種類的赤色可以使用，有些則不能使用。

上述鉢的幾種顏色中，如黑色、灰碧色、灰青色，基本都是暗色調。比丘資具的顏色以壞色為主，所以鉢色也不宜太過明豔。

（四）鉢與現代比丘

從前文可以看出，比丘所用的鉢，和古印度的人文物製，以及當時出家人托鉢乞食的生活方式是密切相關的。而中國漢地使用鉢的環境和印度有很大的差異。漢地的文化傳統中，乞食者往往被視為好逸惡勞的人，一般信眾也不能接受作為人天師表的出家人四處乞食。因此，漢地比丘絕大部分都不托鉢乞食，而採用叢林集體過堂的用齋形式。總體上看，現代漢地比丘對鉢的使用並不普遍，不過有些寺院還是保持了鉢食的傳統。

鉢的用途和使用方式隨時空產生了變化，古印度傳來的鉢在各方面不可避免地存在一些可以調適的空間。以鉢的大小為例，現代比丘一般不需要用鉢存放超出個人所需之量的食物，所以現代的鉢的平均容量較古制為小更加適宜。因此可以借鑒律典的描述，一方面提供大中小多個尺寸讓比丘按需受

---

1 《四分律刪繁補闕行事鈔校釋》，1577 頁。

2 青鬱波羅華：即青蓮花。

持，另一方面各級別鉢的具體尺寸也宜有所確定。

從律典的記載來看，佛世時鉢材質的規定和限制，主要為了區別僧俗和內外道。現代，尤其在漢地可以說不存在這樣的問題。鉢本身屬外來物品，在漢地無論是俗眾還是其他宗教人士都不使用鉢。因此，不管外在具體形式如何差異，鉢自身即是比丘宗教身分的外在特徵之一。在這種情況下，鉢材質的選擇基本上不需要考慮宗教身分的區分問題，選擇範圍可以適當放寬。當然，從防止貪欲、避免譏嫌的角度，用貴重的材料製作鉢還是不合適的。對於律典明確禁止的鉢的種類，在充分考慮到宗教的傳承和教內用鉢的傳統，以及避免內部評論等問題，也不宜隨便開許。隨着現代科技的發展，除了傳統的鐵、瓦之外，採用新材料、新技術製作的鉢，比如不鏽鋼、塑料、合金、夾層等新式的鉢，是合乎時宜的。此外，鉢的顏色還是保持切合比丘整體形象的壞色為宜。

如前所述，常見的略帶收口的鉢形便於托鉢乞食。從技術角度看，這種鉢形也應該是古代陶製模具製作工藝中最簡單、最適合批量生產的類型。現代的漢地比丘並不托鉢乞食，製造工藝也今非昔比，因此可以根據需要對鉢形進行合理的再設計。比如，新設計的鉢不一定延續收口形式，這樣或更方便筷子的使用，也便於清洗。另外，現代的比丘長途旅行的機會較多，以新材料做成可折疊型的鉢，攜帶方便，節省空間，就是比較創新的方案。

總之，現在的漢地還能夠延續佛制而終身受鉢、持鉢，是一件值得慶幸的事。比丘持鉢是個人宗教實踐的一部分，同時也是佛教重要的宗教形象之一。佛陀對鉢的體、色、量、形的規範，都是為了便於比丘托鉢乞食、資身修道。現代的比丘，無論是側重於恪守傳統的規制，以保持和歷史形象的統一，還是在秉承佛制意趣的基礎上，對鉢的體、色、量進行調適，以方便和鼓勵現代比丘守持和使用，都是值得讚許之事。無論外在資具如何變化，不變的是比丘離欲修道的志向：「常念三衣瓦鉢法器，志願出家，守道清白，梵行高遠，慈悲一切。」[1]

---

1 《八大人覺經疏》卷 1，《卍續藏》37 冊，743 頁中欄。

七、總結

(一) 諸律差異分析

1. 緣起差異

(1) 結構差異

《四分律》有一個本制、一個隨制，《五分律》、《巴利律》與之相同。《僧祇律》、《根有律》均有一個緣起、一個本制。《鼻奈耶》、《十誦律》只有一個本制。

(2) 情節差異

《巴利律》與《四分律》情節一致。《鼻奈耶》、《十誦律》情節與《四分律》本制情節相似。《僧祇律》、《五分律》、《根有律》情節與《四分律》有一些差異。其中，《僧祇律》提到瓦師供鉢導致家業不辦，其婦善巧告知前來乞食的舍利弗。《五分律》提到了比丘因鉢破而無鉢遊行，佛陀因此聽許蓄鉢十日。《根有律》則提及優波難陀用鉢巧言騙取利養，被人譏嫌。

(3) 結論

綜上所述，本戒緣起無需調整，仍取《四分律》的結構與情節。

2. 戒本差異

諸律之間的差異主要集中在「不淨施」的表述上。僅《四分律》、《四分律比丘戒本》、《四分僧戒本》、《新刪定四分僧戒本》、《解脫戒經》中有提及，而《根有律》、《根有戒經》、《根有律攝》中則作「不分別」，其他戒本包括五部梵巴藏都沒有這一內容。

對於《四分律》中的「畜長鉢，不淨施得齊十日」一句，一方面結合緣起背景，另一方面，也為使文意更加清晰，借鑒《十誦律》等的表述，將其改為「蓄長鉢得至十日」。為了使戒本讀誦順暢、保持統一，據《四分僧戒本》、《新刪定四分僧戒本》在「過者」前增加「若」字。

3. 辨相差異

（1）所犯境

諸律認定本戒所犯境為如法製作的鉢，但對材質的界定略有不同。《四分律》為鐵鉢和泥鉢，《巴利律》與之相同。《十誦律》、《五分律》、《根有律攝》、《毗尼母經》都提到鐵鉢和瓦鉢，實際內涵與《四分律》相同。《僧祇律》僅提到鐵鉢。此外，還提到一些以國家名命名的鉢，如《四分律》和《五分律》中的「蘇摩鉢」等，而在《四分律》中，這種鉢也是屬於鐵鉢和泥鉢兩個類別中。由此，綜合諸律可將如法製作鉢的材質確定為鐵鉢和瓦鉢。

此外，諸律中都記載了多種不如法鉢。比如，《四分律》蓄石鉢，犯偷蘭；蓄木鉢，犯突吉羅。《五分律》蓄木鉢，犯偷蘭；蓄金、銀、銅，乃至石鉢，均犯突吉羅。《毗尼母經》中，若蓄石鉢，犯偷蘭。《根有律》蓄石鉢，犯捨墮。此外，對於蓄金、銀、琉璃、寶、雜寶等材質的鉢，《四分律》、《十誦律》、《五分律》均判為突吉羅；《根有律攝》和《毗尼母經》則判為「不應受」。綜合諸律，可規定：如法鉢為鐵鉢和瓦鉢。若蓄石鉢，犯偷蘭遮；若蓄金、銀等寶鉢，以及木鉢，均犯突吉羅。

（2）能犯心

藏傳《苾芻學處》中，發起心為：「無所顧忌，隨意受持，其心相續未斷」。《僧祇律》中，比丘得鉢後因愚暗不作淨過十日，正犯此戒。可見，無論比丘是以何種發心而蓄鉢，其正犯的關鍵都是對蓄鉢的期限沒有防護而導致超過十日。因此，本戒的發起心可設定為不護過限之心。

4. 諸律內部差異

《四分律》緣起中沒有提到需要對鉢作「淨施」，而戒本和辨相中則提到，若「不淨施」只能臨時蓄十日，否則正犯。《十誦律》辨相中也提到需要作淨施，而緣起和戒本中沒有相關記載。《僧祇律》緣起中有「此鉢應知識比丘邊作淨」，辨相中，「畜不作淨，過十日」正犯，而戒本中沒提到作淨。

(二) 調整文本

通過以上諸律間觀點同異的對比與分析，文本在《四分律》的基礎上作如下調整：

1. 緣起

(1) 本制

佛在舍衛國祇樹給孤獨園，六群比丘蓄了很多鉢，居士看到後譏嫌，於是，佛陀制定了此戒：「若比丘，畜長鉢，尼薩耆波逸提。」

(2) 隨制

阿難尊者得到一個貴價鉢，想供養大迦葉尊者，但是尊者十日後才能回來，阿難稟告佛陀，佛陀以此因緣增制了此戒，規定蓄長鉢可至十日。

2. 戒本

若比丘，蓄長鉢得至十日[1]，若[2]過者，尼薩耆波逸提。

3. 關鍵詞

長鉢：多餘的鉢。

4. 辨相

(1) 犯緣

本戒具足四緣成犯：一、如法製作的鉢；二、不護過限之心；三、蓄過十日；四、第十一日明相出，成犯。

1 「得至十日」，底本作「不淨施得齊十日」，據《十誦律》、《十誦比丘戒本》改。

2 「若」，底本闕，據《四分僧戒本》、《新刪定四分僧戒本》、《四分律比丘戒本》、《十誦比丘戒本》、《僧祇律》、《僧祇比丘戒本》、《五分律》、《彌沙塞五分戒本》加。

(2) 辨相結罪輕重

①如法製作的鉢

蓄鐵鉢或瓦鉢，捨墮;蓄石鉢，偷蘭遮;蓄金、銀等寶鉢或木鉢，突吉羅。

②不護過限之心

③不淨施蓄十日

④第十一日明相出

至第十一日明相出，捨墮；如果第一日得長鉢，不作淨，後得鉢在十日內不論作不作淨，均為第一日鉢所染，至十一日明相出，皆捨墮。

⑤犯戒主體

比丘、比丘尼若犯，捨墮；式叉摩那、沙彌、沙彌尼若犯，突吉羅。

⑥不犯

十日內若淨施，若遣與人，不犯。

蓄鍵鎡、小鉢、次鉢，不作淨施，不犯。

若劫奪想，若失想，若破想、漂想，不淨施，不遣與人，不犯。

若奪鉢，若失鉢，若燒鉢，若漂鉢，取用，若他與用，不犯。

若受寄鉢比丘命終，若遠行，若休道，若有賊難、惡獸難，若被水所漂等，若不作淨施，不遣與人，不犯。

最初未制戒，癡狂、心亂、痛惱所纏，不犯。

八、現代行持參考

佛世時，鉢是比丘日常生活的必需物品，再加上常用的瓦鉢又是一種易碎品，由此很容易引發對鉢的貪求和蓄積。自佛教傳入中國，受社會條件、文化背景等諸多因素的影響與限制，大部分比丘早已不用外出托鉢乞食。叢林當中大都實行過堂用齋，鉢的實用性大為降低。現代社會，物資相對豐富，鉢多是受戒時由戒場統一發放。即使比丘需要鉢，也很容易買到。因此，比丘對鉢的貪求乃至蓄積的行為，在今日應該很少發生。除了鉢之外，其他生活修行資具，宜應遵循本戒「不貪求、不蓄積」的精神。不然，就與本戒精神有所違背。

22

乞鉢戒

一、緣起

（一）緣起略述

《四分律》只有一個本制。跋難陀鉢破，以此因緣乞眾多鉢，遭到居士譏嫌，佛陀因此制定了此戒。[1]

諸律緣起差異比較：

1. 制戒地點

《四分律》中，制戒地點為「舍衛國祇樹給孤獨園」，《鼻奈耶》[2]為「王舍城竹園迦蘭陀所」，《十誦律》[3]為「舍婆提」，《僧祇律》[4]、《五分律》[5]為「舍衛城」，《根有律》[6]為「室羅伐城逝多林給孤獨園」，《巴利律》[7]為「釋迦國迦毗羅衛城尼拘律園」。

2. 緣起比丘

《四分律》中，緣起比丘為「跋難陀」，《十誦律》、《五分律》與《四分律》相同，《鼻奈耶》為「賓頭盧」，《僧祇律》為「難陀、優波難陀」，《根有律》為「乞食苾芻」，《巴利律》為「六群比丘」。

---

1 《四分律》卷 9，《大正藏》22 冊，623 頁上欄至 624 頁上欄。

2 《鼻奈耶》卷 6，《大正藏》24 冊，877 頁中欄至 878 頁上欄。

3 《十誦律》卷 8，《大正藏》23 冊，54 頁上欄至 55 頁上欄；卷 53，《大正藏》23 冊，390 頁上欄至中欄。

4 《僧祇律》卷 10，《大正藏》22 冊，315 頁上欄至 316 頁中欄。

5 《五分律》卷 5，《大正藏》22 冊，34 頁上欄至中欄。

6 《根有律》卷 22，《大正藏》23 冊，744 頁中欄至 746 頁中欄。

7 《經分別》卷 4，《漢譯南傳大藏經》1 冊，348 頁至 352 頁；《附隨》卷 1，《漢譯南傳大藏經》5 冊，55 頁。

3. 緣起情節

《僧祇律》有一個本制、一個開緣和一個隨制。《根有律》有一個本制、一個緣起，《巴利律》有兩個緣起、一個本制，其他律典都只有一個本制。

除《鼻奈耶》、《根有律》外，其他律典本制情節與《四分律》類似。其中，《鼻奈耶》記載的是賓頭盧尊者顯神通取鉢的故事。《根有律》記載的是緣起比丘搶奪童子鉢的故事。

（二）緣起比丘形象

《四分律》中，緣起比丘向多位居士乞鉢：「我鉢破，汝為我辦之。」表現出緣起比丘貪煩惱粗重。《僧祇律》記載：「諸比丘為好故，持故鉢來易新鉢。」緣起比丘的形象與《四分律》相似。

《五分律》中，緣起比丘從一商主「非時乞鉢」，對方有急事需要辦理，而緣起比丘不依不饒：「我聞汝精進供給行道，而今云何捨功德業，先於俗事？」從中可見其不護他意的一面。

《根有律》中，緣起比丘態度蠻橫。當童子提出需要用錢買鉢時，恐嚇對方：「汝今慳惜此鉢，當來必墮大癭鬼中。」得到鉢後，面對少年比丘的質疑：「若如是者，現有一鉢，合更求餘？」緣起比丘回應：「我以腳踏怨家頂上，更畜餘鉢。」並瞋恨對方：「汝即是我第一怨家，由汝不許我畜二鉢。」

《十誦律》中，緣起比丘「見一肆上有好瓦鉢圓正可愛，見已貪著」，購買以後便向其他比丘炫耀，反映出比丘貪心且好名利的一面。

《鼻奈耶》通過賓頭盧尊者神通取鉢的故事，刻畫出一個「神僧」比丘的形象。

《巴利律》中，緣起比丘的形象不明顯。

（三）犯戒內因

《四分律》中，緣起比丘向多位居士乞鉢，說明其犯戒的內因是對鉢的貪求。除《鼻奈耶》外，其他律典與《四分律》的相同。

《鼻奈耶》沒有明確記載犯戒的原因。

（四）犯戒外緣

《四分律》中，比丘犯戒的外緣為居士發心供養比丘鉢，《十誦律》、《五分律》與《四分律》相似。

《僧祇律》、《巴利律》中，陶師為獲得福報而供養僧眾鉢，成為諸比丘犯戒的外緣。

《根有律》中，賣香童子有一個好鉢，乞食比丘給緣起比丘提供消息，童子賣鉢，信心長者買鉢，這些都成為比丘犯戒的外緣。

《鼻奈耶》有所不同，長者雖然施鉢，但設置了限制。

（五）犯戒後的影響

《四分律》中，緣起比丘向多位居士乞鉢，導致居士譏嫌。除《鼻奈耶》外，其他律典與之相似。

《僧祇律》、《巴利律》中，信心陶師為培福而供鉢，諸比丘過分乞鉢，影響到陶師一家的生計。《五分律》中，緣起比丘過分乞鉢，令估客為其買鉢，導致估客耽誤了時間而被罰，估客心生瞋恚，譏嫌緣起比丘。

（六）佛陀考量

關於本戒，《僧祇律》和《巴利律》中，佛陀先制規定，後又開緣，最終制戒的過程，體現了佛陀觀待緣起而制戒的慈悲。佛陀要求犯戒比丘將鉢「往僧中捨，展轉取最下鉢與之令持，乃至破應持」，充分體現了佛陀對此事的重視，並以此警策比丘少欲知足，一心向道。

值得一提的是，《根有律》中，佛陀看到比丘鉢有孔，影響乞食和用齋，便親自指導比丘們修補鉢。律中記載：「苾芻不知何者為五？佛言：『看孔大小，應以釘釘，或於孔內安鐵鍱打之，或安鐵鍱四邊釘釘，或作摩竭魚齒，或安屑末。』」佛陀不厭其煩地教比丘們修補鉢的方法、工序、步驟，就像慈父教孩子做一件具體的事情，從中可感受到佛陀的慈悲、和藹和平易近人。

（七）文體分析

《四分律》、《十誦律》、《五分律》都只有一個因緣，《鼻奈耶》有一個因緣和兩個譬喻，《僧祇律》有三個因緣和一個譬喻，《根有律》有兩個因緣、兩個譬喻和一個伽陀，《巴利律》有三個因緣。

大部分律典都都記載了詳細的對話，如《僧祇律》：「佛問諸比丘：『道中無有聚落城邑耶？』答言：『有。』問言：『何故不乞？』答言：『我聞世尊制戒不聽乞鉢，復無施者。』佛言：『善哉！善哉！比丘，汝等信心出家，法正應爾，乃至失命不故犯戒，從今日聽失鉢時乞。』」通過這些對話，可以看出佛陀對比丘的關心和對事件來龍去脈的關注，顯示出佛陀制戒時的慎重。

對於人物行為的細節描寫也是本戒文本的一個特點。《根有律》中：「鄔波難陀曰：『我聽此言，猶未詳審。』作是語已即著僧伽胝，疾行而去詣彼市中。時彼童子遙見急行作如是念：『我今觀彼豪俠苾芻，威勢粗猛必來至此奪我鉢將。』」《鼻奈耶》記載：「時尊者賓頭盧即還房中，明日平旦著衣持鉢，上下齊整，不左右顧視，如擎油鉢，念不分散，端攝五根，如牛被駕，往詣樹提長者舍。」這些細膩的動作反映出人物當時的心理狀態，給讀者全面深刻地理解人物性格和故事情節，乃至理解戒條的意趣，提供了更多的角度。

《根有律》還使用了偈頌，鄔波難陀前往童子處索鉢，而對方讓他付錢，他回答：「若人施瓦器，當獲於金鉢；此報定不虛，何故生憂苦？」緣起比丘試圖用佛教的業報理論勸説童子無償將鉢供養自己，給整個故事增加了些許趣味。

二、戒本

《四分律》中，本戒的戒本為：「若比丘，畜鉢減五綴不漏，更求新鉢，為好故，尼薩耆波逸提。彼比丘應往僧中捨，展轉取最下鉢與之令持。『乃至破，應持。』此是時。」

（一）若比丘，畜鉢減五綴不漏，更求新鉢，為好故，尼薩耆波逸提

《四分律》、《新刪定四分僧戒本》[1] 作「若比丘，畜鉢減五綴不漏，更求新鉢，為好故，尼薩耆波逸提」，意思是：如果比丘，（已經）存有一個少於五個補綴、並且不漏的鉢，為了貪求更好的而再去求取新鉢，犯捨墮罪。

與《四分律》相似：

《四分律比丘戒本》[2] 作「若比丘，畜鉢減五綴不漏，更求新鉢，為好故，若得者，尼薩耆波逸提」，比《四分律》多出了「若得者」。

《四分僧戒本》[3] 作「若比丘，破鉢減五綴不漏，更求新鉢，為好故，若得者，尼薩耆波逸提」，《解脫戒經》[4] 作「若比丘，鉢減五綴不漏，更求新鉢，為好故，若得者，尼薩耆波逸提」。相比《四分律》中的「畜鉢」，這兩部律典寫作「破鉢」和「鉢」，此外還多出了「若得者」。

與《四分律》有部分差異：

《十誦比丘戒本》[5] 作「若比丘，所用鉢不滿五綴，更乞新鉢，為好故，尼

---

1 《新刪定四分僧戒本》，《卍續藏》39 冊，265 頁下欄至 266 頁上欄。

2 《四分律比丘戒本》，《大正藏》22 冊，1018 頁上欄。

3 《四分僧戒本》，《大正藏》22 冊，1025 頁下欄。

4 《解脫戒經》，《大正藏》24 冊，662 頁上欄。

5 《十誦比丘戒本》，《大正藏》23 冊，473 頁下欄。

薩耆波夜提」，《僧祇律》、《僧衹比丘戒本》[1]作「若比丘，所用鉢減五綴，更乞新鉢，為好故，尼薩耆波夜提」，《五分律》、《彌沙塞五分戒本》[2]作「若比丘，鉢未滿五綴，更乞新鉢，為好故，尼薩耆波逸提」。

《十誦律》作「若比丘，所用鉢破，減五綴，更乞新鉢，為好故，尼薩耆波夜提」。相比《四分律》，這裏多出了鉢「破」的描述。

梵文《説出世部戒經》[3]作"yo puna bhikṣu ūnapañcabandhanabaddhena pātreṇa anyaṃ navaṃ pātraṃ paryeṣeya kāmātām upādāya"，意思是：任何比丘，(有）不滿五處修補接縫的鉢，(因為）貪求（好的而）乞求另外新的鉢。此處缺少「捨墮」的罪名，放置的位置與《四分律》及其他律典不同。

梵文《有部戒經》[4]作"yaḥ punar bhikṣuḥ sati pāribhogīye pātre ūnapañcabandhane anyaṃ navaṃ pātraṃ vijñāpayet kalyāṇakāmatām upādāya niḥsargikā pātayantikā"，意思是：任何比丘，有能用的不滿五處修補的鉢，(因為）貪求好的（而）乞求另外新的鉢，捨墮。

巴利《戒經》[5]作"yo pana bhikkhu ūnapañcabandhanena pattena aññaṃ navaṃ pattaṃ cetāpeyya, nissaggiyaṃ pācittiyaṃ"，意思是：任何比丘，有不滿五處修補（接縫）的鉢，而想要購買（交換）一個新的鉢，捨墮。這裏的「購買（交換）」對應《四分律》的「求」，意思稍有不同。

以上《十誦比丘戒本》及之後的律典中，相比《四分律》缺少了「不漏」。

《根有律》、《根有戒經》[6]、《根有律攝》[7]作「若復苾芻，有鉢減五綴堪得受用，為好故更求餘鉢，得者，泥薩衹波逸底迦」。

---

1 《僧祇比丘戒本》，《大正藏》22 冊，551 頁下欄。

2 《彌沙塞五分戒本》，《大正藏》22 冊，196 頁下欄。

3 Nathmal Tatia, *Prātimokṣasūtram of the Lokottaravādimahāsāṅghika School,* Tibetan Sanskrit Works Series, no. 16, p. 17.

4 Georg von Simson, *Prātimokṣasūtra der Sarvāstivādins Teil II,* Sanskrittexte aus den Turfanfunden, XI, p. 197.

5 Bhikkhu Ñāṇatusita, *Analysis of the Bhikkhu Pātimokkha,* p. 146.

6 《根有戒經》，《大正藏》24 冊，503 頁中欄。

7 《根有律攝》卷 6，《大正藏》24 冊，562 頁上欄至中欄。

梵文《根有戒經》[1]作“yaḥ punar bhikṣur ūnapaṃcabandhanena (pātreṇa) pāribhogikenānyaṃ navaṃ pātraṃ paryeṣeta| (kalyāṇa)kāmatām upādāyābhiniṣpanne pātre naisargikā pāyantikā ”，意思是：任何比丘，(有)不滿五處修補能用的鉢，(因為) 貪求好的 (而) 乞求另外新的鉢，捨墮。

藏文《根有戒經》[2]作“ཡང་དག་སློང་གང་ལྷུང་བཟེད་ལྷན་པ་ལྔ་མེད་པ་སྤྱད་བཟོད་པ་ཡོད་བཞིན་དུ་བཟང་པོ་འདོད་པའི་ཕྱིར་ལྷུང་བཟེད་སར་པ་གཞན་ཚོལ་ཞིང་ལྷུང་བཟེད་ཐུབ་ན་སྤང་བའི་ལྷུང་བྱེད་དོ། །”，意思是：任何比丘，鉢不滿五處補丁，仍能使用，卻渴望好的而尋求其他新鉢，如果得到，捨墮。

對於《四分律》中「減五綴不漏」的條件，《根有律》及之後的五部律典均作「減五綴堪得受用」或類似的意思，兩者表述雖不同，但意思相似。

與《四分律》差異較大：

《鼻奈耶》作「若比丘，恆自食鉢破為五分，綴用，若更求好者，捨墮」。這裏「破為五分，綴用」的表達較為特殊，與《四分律》和其他律典皆不相同。

(二) 彼比丘應往僧中捨

《四分律》、《四分僧戒本》、《四分律比丘戒本》作「彼比丘應往僧中捨」，意思是：這個比丘應該到僧眾中 (把新得的鉢) 捨掉。

與《四分律》相似：

《新刪定四分僧戒本》作「彼比丘是鉢應往僧中捨」，《解脫戒經》作「彼比丘應僧中捨」，《十誦律》作「是鉢應比丘僧中捨」，《僧祇律》、《五分律》、《彌沙塞五分戒本》作「是鉢應僧中捨」，《僧祇比丘戒本》作「是鉢應眾中捨」，《十誦比丘戒本》作「是比丘是鉢應比丘眾中捨」，《根有律》、《根有戒經》作「彼苾芻當於眾中捨此鉢」，《根有律攝》作「彼苾芻當於眾中捨此長鉢」。

梵文《說出世部戒經》作“tena bhikṣuṇā taṃ pātraṃ bhikṣuparṣāye

1 Anukul Chandra Banerjee, *Two Buddhist Vinaya Texts in Sanskrit*, p. 30.

2 麗江版《甘珠爾》(འཇང་བཀའ་འགྱུར།) 第 5 函《別解脫經》(སོ་སོར་ཐར་པའི་མདོ།) 10b。

nissaritavyaṃ”，梵文《有部戒經》作“tena bhikṣuṇā tat pātraṃ bhikṣupariṣadi niḥsṛṣṭavyaṃ”，梵文《根有戒經》作“tena bhikṣuṇā tat pātraṃ bhikṣuparṣady upani(ḥsṛṣṭavyaḥ)”，這三部梵文戒本的意思都是：這位比丘的鉢應在比丘大眾中捨棄。

藏文《根有戒經》作“དགེ་སློང་དེས་ལྷུང་བཟེད་དེ་དགེ་སློང་གི་འཁོར་ལ་དབུལ་བར་བྱའོ།”，意思是：因此，這位比丘的鉢應在比丘眾中捨棄。

與《四分律》有部分差異：

巴利《戒經》作“tena bhikkhunā so patto bhikkhuparisāya nissajitabbo”，意思是：這位比丘的鉢要捨給比丘大眾。這裏的「捨給比丘大眾」對應《四分律》的「僧中捨」。

與《四分律》差異較大：

《鼻奈耶》作「比丘得新鉢，當持故者還比丘僧」，這裏要求捨去的是舊鉢，而非《四分律》和其他律典的新鉢。

（三）展轉取最下鉢與之令持

《四分律》、《四分僧戒本》、《新刪定四分僧戒本》、《四分律比丘戒本》作「展轉取最下鉢與之令持」，意思是：（在僧眾中）展轉換得最下等的鉢給這個（乞新鉢的）比丘，讓他持守。

與《四分律》相似：

以下律典中都沒有與《四分律》「展轉」相對應的內容。

《十誦律》作「此眾中最下鉢，應與是比丘」，《十誦比丘戒本》作「是比丘眾中最下鉢應與」，《僧祇律》作「比丘眾中最下鉢應與」，《僧祇比丘戒本》作「眾中最下鉢應與」，《五分律》、《彌沙塞五分戒本》作「僧應取眾中最下鉢與之」，《根有律》、《根有戒經》作「取眾中最下鉢與彼苾芻」，《根有律攝》作「取最下鉢與彼苾芻」。這些律典在表述上雖與《四分律》有些差異，但意思大致相同。

梵文《說出世部戒經》作“yo tahi bhikṣuparṣāye pātraparyanto bhavati so

tasya bhikṣusya anupradātavyo”，意思是：將比丘眾中最差的鉢，交給那位比丘。

梵文《有部戒經》作“yas tasyāṃ bhikṣupariṣadi pātraparyantaḥ sa tasyānupradātavyaḥ”，意思是：將比丘眾中最差的鉢，交給他。

梵文《根有戒經》作“(yaḥ) tasyāṃ bhikṣuparṣadi pātraparyanto bhavati| tat tasya bhikṣor anupradātavyam”，意思是：將比丘眾中最差的鉢，交給那個比丘。

藏文《根有戒經》作“དགེ་སློང་གི་འཁོར་དེའི་ལྷུང་བཟེད་ཐ་མར་གྱུར་པ་གང་ཡིན་པ་དེ་དགེ་སློང་དེ་ལ”，意思是：取比丘眾中最下鉢，交給那位比丘。

與《四分律》有部分差異：

巴利《戒經》作“yo ca tassā bhikkhuparisāya pattapariyanto，so tassa bhikkhuno padātabbo”，意思是：將僧團大眾（行鉢後）的最後一個鉢，交給那位比丘。這裏以「最後一個鉢」對應《四分律》中的「最下鉢」。

與《四分律》差異較大：

《鼻奈耶》作「比丘僧持新者，授此比丘」，意思是：眾僧將新乞得的鉢授與非分乞鉢的比丘。而《四分律》中是將僧中展轉換得最下等的鉢交給乞鉢的比丘。

《解脫戒經》作「若無鉢比丘應受」，意思是：沒有鉢的比丘應該接受（懺罪比丘捨去的這個多餘的鉢），和《四分律》及其他律典的意思都不相同。

(四) 乃至破，應持

《四分律》、《新刪定四分僧戒本》、《四分律比丘戒本》作「乃至破，應持」，意思是：應該持用到（鉢）損壞（為止）。

與《四分律》相似：

《四分僧戒本》作「乃至破」，《解脫戒經》作「應好持，乃至破」。

《十誦律》作：「如是教言：『汝比丘畜是鉢乃至破。』」《十誦比丘戒本》、《僧祇律》作：「應如是教：『汝比丘受是鉢乃至破。』」《五分律》、《彌沙塞五分戒本》作：「語言：『汝受是鉢乃至破。』」

巴利《戒經》作“‘Ayaṃ te bhikkhu patto, yāva bhedanāya dhāretabbo’ti”，意思是：「（說：）『這個鉢是給你的，你要一直用到破為止。』」

《僧祇比丘戒本》作：「作是言：『長老，是鉢受持，破乃止。』」

梵文《說出世部戒經》作“evaṃ te āyuṣman pātro dhārayitavyo yāvad bhedanaṃ, nissargikapācattikaṃ”，意思是：「（說：）『大德，這個鉢應該持用到破了（為止）。』捨墮。」此律「捨墮」的罪名是放在這一句的末尾。

以上《十誦律》及之後的戒本中，此段內容為其他比丘對乞鉢比丘所說的話。

與《四分律》有部分差異：

《鼻奈耶》作「終身持，壞乃止」。相比《四分律》，這裏強調「終身」受持。

《根有律》作：「報言：『此鉢還汝，不應守持，不應分別，亦不施人，應自審詳徐徐受用，乃至破來應護持。』」《根有戒經》、《根有律攝》作：「報言：『此鉢還汝，不應守持，不應分別，亦勿施人，應自審詳徐徐受用，乃至破，應護持。』」

梵文《有部戒經》作“idaṃ te bhikṣo pātraṃ na visarjayitavyaṃ na vikalpayitavyaṃ yāvad bhedād dhārayitavyaṃ”，意思是：「（說：）『比丘，這個鉢你不能捨棄，不能更換，一直持用到破了（為止）。』」

梵文《根有戒經》作“idaṃ te bhikṣoḥ pātraṃ vādhiṣṭhātavyaṃ na vikārayitavyaṃ sacen mandaṃ mandaṃ paribhoktavyaṃ yāvad bhedanaparyantam upādāya ity”，意思是：「（說：）『比丘，這個鉢你應該守持，不能更換，一直慢慢持用到破了為止。』」

藏文《根有戒經》作“དགེ་སློང་ཁྱོད་ཀྱིས་ལྷུང་བཟེད་འདི་བྱིན་གྱིས་བརླབ་པར་མི་བྱ། གཏང་བ་མི་བྱ། གཞན་ལ་སྦྱིན་པར་མི་བྱ་བར་ཆག་པའི་མཐར་ཐུག་གི་བར་དུ་ཁྱོད་ཀྱིས་དལ་བུས་དལ་བུས་སྤྱད་པར་བྱའོ་ཞེས་སྦྱིན་པར་བྱ་སྟེ།”，意思是：「如此說：『此鉢由你持有，不要加持，不要丟棄，不要贈與他人，直到完全損壞之前緩慢受用。』」

以上《根有律》及之後的律典中，相對《四分律》增加了「此鉢還汝，不應守持，不應分別，亦不施人，應自審詳徐徐受用」或類似的意思。此外，這些律典也清晰地體現出該段內容為其他比丘勸諫的語言。

（五）此是時

《四分律》、《新刪定四分僧戒本》、《四分律比丘戒本》作「此是時」，意思是：現在（這事這麼來處理）是符合時宜的。

與《四分律》相似：

《十誦律》作「是事應爾」，《十誦比丘戒本》、《僧祇律》、《僧祇比丘戒本》作「是事法爾」，《五分律》、《彌沙塞五分戒本》、《解脫戒經》作「是法應爾」，《根有律》、《根有戒經》作「此是其法」，《根有律攝》作「此是法」。

梵文《根有戒經》作“ayaṃ tatra samayaḥ，意思是：這樣是合適的時機。

梵文《有部戒經》作“iyaṃ tatra sāmīciḥ”，意思是：這樣是適當的方式。

巴利《戒經》作“ayaṃ tattha sāmīci”，意思是：這個是適當的方式。

藏文《根有戒經》作“དེ་ལ་དེ་ནི་ཆོ་ག་ཡིན་ནོ།”，意思是：這是為此的方法。

以上諸律在表述上與《四分律》有所不同，但表達的內涵大致相同。

與《四分律》差異較大：

《四分僧戒本》、《鼻奈耶》和梵文《說出世部戒經》中沒有相關的內容。

三、關鍵詞

減五綴

梵文《有部戒經》中對應“ūnapañcabandhana”一詞，該詞由“ūna（不足、欠缺）”、“pañca（五）”和“bandhana（修補、縫合）”複合而成，直接翻譯是「不滿五處修補的地方（英譯：with less than five mends）」。梵文《根有戒經》的“ūnapaṃcabandhana”一詞與之基本相同。而梵文《說出世部戒經》的“ūnapañcabandhanabaddha”中，最後還額外多出了“baddha（修補、彌合）”，但對文意沒有影響。巴利《戒經》中“ūnapañcabandha”的構詞與詞意和梵文《有部戒經》類似。

藏文《根有戒經》作“ལྷན་པ་（補丁、補綴）ལྔ་（五）མེད་པ་（無有）”，意思是：補綴不足五處（英譯：with less than five mends）。

古漢語中，「綴」一詞對應的解釋為「縫合、連綴」，且在諸律漢文本譯出之前即已存在和使用。

由此可見，戒本中「減五綴」原意僅指不滿五處的縫補，所強調的僅僅是修補的數量。

這在《十誦律》、《根有律》、《根有律攝》的關鍵詞解釋中均可得到印證。如《十誦律》中，「減五綴者，四綴、三綴、二綴、一綴」。《根有律》為「減五綴者，謂不滿五綴也」。《根有律攝》為「言減五綴者，謂未滿五綴」[1]。

但《四分律》中，「綴」被額外的賦予了長度限制。如關鍵詞中提到：「五綴者，相去兩指間一綴。」即鉢上的裂痕兩指寬為一綴。這樣又會導致兩種理解：1. 仍然延續上述的理解，只是規定長度超過兩指的「綴」才入數，「五綴」即是有五個超過兩指長的裂縫；2. 把「綴」重新詮釋為純粹的長度而非

1　《根有律攝》卷 7，《大正藏》24 冊，562 頁中欄。

數量，五綴即所有裂縫的總長達到十指的寬度。但實際操作時依哪種標準執行，《四分律》中並沒有明確的說法。

《巴利律》中與之相似，關於「五綴」的兩種解釋都存在：1.「『不至五綴』者，鉢之無補接，或一補接，或二補接，或三補接，或四補接者」，這是數量的限定；2.「『無綴量鉢』者，言無二指〔長之〕痕跡。『綴量』者，言有二指長之痕跡」，這裏「綴量」一詞，一些英譯為"visible（可見的）seam（縫合、接縫）"，另一些為"space（間隔、空間）for（為）a（一個）mend（修補）"。從文意上推斷，似乎更傾向於第一種理解，但律文中同樣缺乏直接的說明。

《僧祇律》中也解釋為長度。不同之處在於：1.「五綴」的長度定義為「破處綴間相去足一大指」；2.「五綴」僅衡量長度上是否滿足，對修補數量不予考慮，「若四、三、二、一綴，若無綴，量滿五，是名滿」。可見，即使鉢上沒有補綴，只要裂痕總長度滿足，即是「五綴」。

綜上所述，梵、巴、藏戒經及《十誦律》、《根有律》對「減五綴」的理解僅為縫補數量上的要求。《五分律》沒有明確說明。《四分律》、《僧祇律》、《巴利律》則又為其賦予了「長度」的限制，且《僧祇律》中判定標準僅考慮裂縫的總長，而完全忽略數量的問題，《四分律》及《巴利律》中缺少更清晰的說明。

造成各律間差異可能的原因是，制戒之初「五綴」僅僅是對修補數量的限定，這從漢文戒本「綴」的原意，以及梵、巴、藏戒經中的詞意中均能得到證明。但是後期一些部派的律師出於實際評判需要和對比丘少欲知足的約束，逐漸加入了對「綴」長度的限制，實際是提高了乞鉢的標準。最後在大眾部中演變為完全以長度為標準，而捨棄原先用數量來判定是否滿「五綴」的標準。

四、辨相

(一) 犯緣

具足以下五個方面的犯緣便正犯本戒：

1. 所犯境

諸律的所犯境均為舊鉢和新鉢，二者是並列的關係，缺一不可。

(1) 對舊鉢的要求

《四分律》中，舊鉢「減五綴不漏」，正犯。《根有律》和《根有律攝》[1]與《四分律》相似，對舊鉢的要求為「堪得受用」的減五綴的鉢。

《十誦律》對舊鉢的要求為少於五綴，比《四分律》少了鉢「不漏」的規定。《薩婆多論》[2]、《摩得勒伽》[3]、《僧祇律》、《五分律》、《毗尼母經》[4]與《十誦律》相同。

《鼻奈耶》中，舊鉢「破為五分，綴用」，正犯。

《巴利律》中，舊鉢只要滿足其中任意一條要求，就會正犯此戒。這兩個條件分別為：(1) 裂縫長度不滿五「綴量」(此處一「綴量」的長度為二指，五綴量就是指十指長度)；(2) 裂縫修補數量不足五「綴」，也就是裂縫修補的數量不足五個。

藏傳《苾芻學處》[5]對舊鉢的要求為「可受用之清淨鉢」。

此外，《善見論》和《明了論》無此戒。《毗尼母經》中，此戒雖然沒有判罪，但是根據上下文判斷應該犯捨墮，下不贅述。

---

1 《根有律攝》卷7，《大正藏》24冊，562頁上欄至563頁上欄。

2 《薩婆多論》卷5，《大正藏》23冊，537頁上欄至中欄。

3 《摩得勒伽》卷2，《大正藏》23冊，574頁上欄；卷9，《大正藏》23冊，619頁中欄。

4 《毗尼母經》卷7，《大正藏》24冊，840頁上欄；卷8，《大正藏》24冊，847頁下欄。

5 《苾芻學處》，《宗喀巴大師集》卷5，86頁至87頁。

（2）對於新鉢的要求

《四分律》沒有新鉢的相關記載。

《五分律》中的要求是少於五綴的鉢。《巴利律》對新鉢的要求為縫補數量不足五綴或者裂縫長度不滿五綴量（十指）。藏傳《苾芻學處》中，新鉢須為「清淨，應量，是施主所有」。

其他律典與《四分律》相同。

2. 能犯心

（1）發起心

《四分律》戒條中，發起心為「為好故」，即欲為自己乞好鉢的心。《十誦律》、《五分律》、《僧祇律》、《根有律》、《根有律攝》與《四分律》相同。

藏傳《苾芻學處》的發起心為「欲為自乞之心相續未斷」。

此外，《十誦律》、《薩婆多論》、《根有律攝》記載，如果為他人求鉢（突吉羅），由此可以反推出，為己求鉢，正犯此戒。《巴利律》中，為他人求鉢不犯，由此可推出此戒的發起心為：為己求鉢之心。

《鼻奈耶》、《摩得勒伽》、《毗尼母經》沒有相關記載。

（2）想心

《四分律》沒有關於想心的記載。

《根有律攝》中，「非好，好想」，正犯此戒。

藏傳《苾芻學處》為「想不錯亂」。

其他律典沒有相關記載。

3. 方便加行

方便加行可以分為「加行方式」和「所乞對象」兩部分。

（1）加行方式

《四分律》中，親自言說更乞新鉢，正犯。

藏傳《苾芻學處》中，「以具五相語而乞」，正犯。

其他律典與《四分律》相同。

（2）所乞對象

《四分律》中，除了親里和出家人，向其他人更乞新鉢，正犯。

《十誦律》中的「異道出家人」，《根有律攝》中的「外道」，《巴利律》中的「親里」和「被招待者」，《摩得勒伽》中的「外道」、「沙門、婆羅門」，藏傳《苾芻學處》中的「親里」，以上律典中，除了這些特殊的所乞對象之外，向其他人更乞新鉢，正犯。此外，藏傳《苾芻學處》還將所乞對象規定為「具六法之在家人」。

其他律典對於所乞對象沒有相關記載。

4. 究竟成犯

《四分律》沒有究竟成犯的明確記載。

《十誦律》中，「若乞得者」，正犯。

《五分律》中，「得者」，正犯。《根有律》、《根有律攝》、《巴利律》與之相同。

藏傳《苾芻學處》中，「得鉢時」，正犯。

其他律典沒有相關記載。

5. 犯戒主體

《四分律》中，比丘、比丘尼正犯。

《薩婆多論》、《五分律》、藏傳《苾芻學處》與《四分律》相同。

《摩得勒伽》記載，「學戒人」也正犯。

其他律典沒有相關記載。

（二）輕重

1. 所犯境

諸律正犯的情況如犯緣所述。

此外，《四分律》中，舊鉢滿五綴不漏，更求新鉢，突吉羅。

對於所乞的新鉢，《十誦律》中如果是「壞鉢、白鐵鉢」，《薩婆多論》中「白鐵鉢、未燒瓦鉢」或是「一切不應量鉢」，《五分律》中「五綴鉢」，均結突吉羅罪。

其他律典沒有判輕的記載。

2. 能犯心

（1）發起心

諸律正犯捨墮的情況同上犯緣。

《十誦律》、《薩婆多論》、《根有律攝》中，為他乞鉢，突吉羅。

藏傳《苾芻學處》中，「或以愛好心而換鉢」，突吉羅。

此外，其他律典無犯輕的記載。

（2）想心

《四分律》沒有關於想心的記載。

藏傳《苾芻學處》記載，「想不錯亂」，犯捨墮；「若實無鉢作有鉢想而乞」，犯突吉羅。

《根有律攝》記載：「非好，好想，但得墮罪；好與不好，作不好想者，無犯。」

其他律典沒有相關記載。

3. 方便加行

諸律正犯的情況如上犯緣所述。

此戒的方便加行主要分為加行方式及乞鉢對象兩個方面討論。

（1）加行方式

①方式上

《四分律》中，親自言說而乞，判捨墮，諸律與之一致。此外，《僧祇律》中還包括「勸化」的描述；藏傳《苾芻學處》中則增加了「以具五相語」而乞的限定。

《十誦律》還記載，如果以「遣使」、「書」、「示相」、「展轉求」等間接方式乞，則判突吉羅。《薩婆多論》、《摩得勒伽》、《根有律攝》中與此判罪相同，但《根有律攝》中僅提及「遺書」;《薩婆多論》中則列舉了「遣使」、「書信」、「印信」;《摩得勒伽》中為「遣使」、「手印」。

此外，《薩婆多論》中「自與」;《摩得勒伽》中「各相為乞」，均結突吉羅。

②共求的情況

《十誦律》、《薩婆多論》、《摩得勒伽》、《根有律攝》中，如果二人共求一鉢，結突吉羅。《摩得勒伽》中還列舉如果「三人乞一鉢」，同樣判突吉羅。

③其他

《十誦律》、《摩得勒伽》、藏傳《苾芻學處》中規定，比丘有鉢而又買鉢，犯突吉羅。此外，藏傳《苾芻學處》還記載，「若有鉢值而又乞鉢」，犯突吉羅。《薩婆多論》中，若買得，犯突吉羅，這與《四分律》、《根有律攝》和《巴利律》中購買不犯的判罪明顯不同。此外，《摩得勒伽》中，以「知足物貿鉢」，也判突吉羅。

（2）乞鉢對象

《十誦律》中，乞鉢對象為「異道出家人」時，《根有律攝》為「外道」時，《摩得勒伽》為「外道」、「沙門、婆羅門」時，藏傳《苾芻學處》為「親里」時，若乞得鉢，均結突吉羅罪。其中，藏傳《苾芻學處》對「親里」的判罪與《四分律》、《巴利律》判不犯相異。

（3）其他

《薩婆多論》中，比丘如果乞到「白鐵鉢、未燒瓦鉢」等半成品後「自燒熏已」，犯捨墮。

藏傳《苾芻學處》中，「於鉢等資具及一切物過於貪著；或執持增上貪著之物；或無鉢時未從他乞」，均犯學處惡作。

4. 究竟成犯

《四分律》中沒有究竟成犯的記載。《鼻奈耶》、《薩婆多論》、《摩得勒伽》、《僧祇律》、《毗尼母經》與之相同。

《十誦律》記載：「若乞得者，尼薩耆波夜提；不得者，突吉羅。」

《五分律》中，「得者」，犯捨墮。

《根有律》:「求時惡作；得便捨墮。」《根有律攝》、《巴利律》與《根有律》相同。

藏傳《苾芻學處》記載：「得鉢時，成犯。」

5. 犯戒主體

《四分律》、《薩婆多論》、《五分律》中，比丘、比丘尼，犯捨墮；式叉摩那、沙彌、沙彌尼，結突吉羅。

藏傳《苾芻學處》中，比丘、比丘尼，犯捨墮。

《摩得勒伽》記載：「本犯戒乃至污比丘尼人乞，皆突吉羅；學戒人乞，尼薩耆波夜提。」此外還記載一個特殊情況：如果是沙彌「未受具戒時乞，未受具戒時得」，結突吉羅。

其他律典中對比丘犯捨墮沒有異議，另外的情況未有提及。

(三) 不犯

1. 所犯境不具足

除《四分律》和藏傳《苾芻學處》外，其他律典中，如果比丘的舊鉢「滿五綴」，就不犯此戒。《十誦律》、《薩婆多論》、《根有律》中還強調，如果達到五綴，則不管是否修補，乞鉢不犯。而《四分律》中，「滿五綴不漏」判突吉羅；「五綴漏」、「若減五綴漏」，不犯。

《僧祇律》中，如果比丘的鉢被他人「若打破，若藏去，不見已，更乞，無罪」。《巴利律》與之相似，「失鉢」、「壞鉢」，不犯。

2. 能犯心不具足

《根有律攝》中，比丘內心不是貪求好鉢，從他人求鉢，「或不為好從他求得」，不犯。

《四分律》中，若為他索，不犯。《巴利律》中，為他人乞者，不犯，這與《十誦律》、《薩婆多論》、《根有律攝》中判突吉羅明顯不同。此外，《四分律》中還列舉了「不求而得」、「施僧鉢時，當次得」，均屬於發起心不具足的情況，均不犯。

想心方面，僅《根有律攝》中提及所乞鉢不管好與不好，作不好想都屬無犯。

3. 方便加行不具足

《四分律》中，如果是「他為己索」、「自有價得買畜」，不犯。《根有律攝》中，「以價買得」、「轉換得」，不犯。《巴利律》中，「依己之財」而購買得，不犯。上述三部律典，購買時均不犯，與《十誦律》、《摩得勒伽》和藏傳《苾芻學處》判突吉羅明顯不同。《根有律》:「若買得，或施得，此亦無犯。」

所乞對象方面，《四分律》中，從「親里」或「出家人」乞得，不犯。《巴利律》與之相似，「親里」和「被招待者」，不犯。

4. 犯戒主體不具足

《四分律》中，「最初未制戒，癡狂、心亂、痛惱所纏」，不犯。《五分律》、《根有律》與之相同。

《巴利律》中，「最初之犯行者」、「癡狂者」，不犯。

其他律典中未有提及。

五、原理

(一) 遮止貪心

本戒是一條遮戒。佛制此戒，是為了遮止比丘對鉢的貪求和由此引發的譏嫌。一方面，比丘在乞索的過程中，對鉢的貪心會不斷得到串習，進而難以自控，障礙修行；另一方面，比丘在營求好鉢的過程中，繫心事務，也會妨廢道業。如《根有律攝》中記載，緣起比丘「處處從他多乞好鉢，情貪積聚，既不自用，復不施人，增長煩惱，妨修正業」。過度的乞索造成了過度的蓄積，因為貪心又不願與人分享，最終造成了道業的虧損。

佛陀之所以規定「未滿五綴」不准新蓄，是為了讓比丘從對鉢的罣礙中解脫出來。當然，如果鉢壞了，正常的乞索是可以的。

(二) 戒在貪多

諸律中，少欲比丘或居士對緣起比丘的譏嫌，並非是針對乞鉢的行為，而是對其過分的營求感到不滿。如《四分律》中，緣起比丘向諸多居士乞鉢，居士們紛紛供養，並歡喜慶幸。居士願意供養鉢給比丘，認為這是培福的好機會，說明居士們不排斥比丘乞鉢，但如果一個人為自己乞很多鉢，居士們就不能理解，更無法接受了。

古印度婆羅門教典——《摩奴法典》中描述了苦行者對物質無所求的心態：「如果毫無所得，不要苦惱；如果得到些許東西，不要歡喜；只求維持生活，不要憑空遐想而斤斤於選擇用具。」[1] 同樣，隨佛出家的比丘如果不能遠離物欲，為求好鉢而肆意乞求，乃至影響他人的生計，必然會引起眾人的譏

1 《摩奴法典》，130 頁。

嫌，甚至令他們退失對佛教的信心。如《四分律》中居士譏嫌：「破一鉢求眾多鉢畜，檀越雖施無厭，而受者應知足。」

(三) 喜新厭舊

鉢是比丘六物之一，也是日常生活中的必需品。擁有一個如法的好鉢，對一些比丘而言是很重要的一件事。因此，在非常想得到一個好鉢的心理驅動下，必然對舊鉢產生不滿。如《僧祇律》中，諸比丘紛紛用舊鉢換取陶師家的新鉢，以至居士抱怨：「家中積聚故鉢成聚如山，我俗人家新鉢尚不用，何況故者？尊者，我家仰瓦作生活。」可見，比丘們對鉢喜新厭舊的心情是很明顯的，既然不能多蓄鉢，那麼就用舊鉢換取新鉢，以滿足自己貪求好鉢的心理。

(四) 賣弄神通

律藏中有大量關於佛、大阿羅漢們為了調伏外道、攝受眾生，而示現神通的公案。而「乞鉢戒」中關於神通的記載很富有啟發性，它暗含着佛教對於神通這一超自然能力的態度。《鼻奈耶》「乞鉢戒」的緣起故事中，賓頭盧尊者為了一個小木鉢示現神通，被佛陀呵責，驅擯出南閻浮提。《四分律》雜揵度記載：「云何於白衣前現神足，猶如淫女為半錢故於眾人前自現？汝亦如是，為弊木鉢故，於白衣前現神足。」[1]《毗尼母經》與《四分律》類似[2]。《十誦律》雜誦中說：「云何名比丘，為赤裸外道物木鉢故，於未受大戒人前現過人聖法？」[3]通過示現神通來獲得期許的利養，這樣的行為猶如淫女為錢賣身。從佛對賓頭盧尊者的呵責中就能看出，比丘不應該為了名聞利養賣弄神通。

1 《四分律》卷 51，《大正藏》22 冊，946 頁下欄。
2 《毗尼母經》卷 5，《大正藏》24 冊，826 頁中欄。
3 《十誦律》卷 37，《大正藏》23 冊，269 頁上欄。

提婆達多就是很好的證明，當看到其他比丘利用神通獲得名聞供養之後，自己也修習神通，而神通帶給他的並不是解脱，反而是更加熾盛的煩惱，以及最終的覆滅。

（五）社會關係分析

1. 比丘與陶瓦匠

在種姓制度森嚴的古印度，一般人養家餬口的職業，跟其所屬的種姓有密不可分的關係，且為世襲，不能隨便變更。佛陀規定比丘只可用鐵鉢和瓦鉢，而負責製作的鐵匠和瓦匠屬於地位最低的首陀羅種姓。如《摩奴法論》中，上等種姓的婆羅門連鐵匠遞送的食物都不能食用，[1] 可見鐵匠的地位之低下和生活之不易。若比丘過度向他們乞鉢，會對他們的生活造成很大的負擔。如《巴利律》中，陶師因為對三寶恭敬，「諸大德中要鉢者，我供奉」，結果諸比丘紛至沓來，「持小鉢者，乞大鉢；持大鉢者，乞小鉢」，被居士譏嫌：「為何沙門釋子不知量而多乞鉢耶？陶師多為彼等作鉢，不能作其他之賣品，生活不得，妻子亦為他而困擾。」由此可知，比丘與身處下層社會、經濟狀況欠佳的信眾接觸時，更應該體諒他們生活處境的艱難，不要過度乞索。

2. 比丘與鉢

律典中還記載了很多比丘用鉢的注意事項，一方面可以看出僧團出現了比丘故意損壞舊鉢等惡意行為，另一方面相關規定也可以對不當的用鉢行為起到防護作用。

《四分律》中對鉢的使用描寫得比較詳細，可以總結為四類：不得盛雜物，[2]

---

1 《摩奴法論》，88 頁。

2 《四分律》卷 52：「彼持長物著鉢中，佛言：『一切物不應著鉢中。』」《大正藏》22 冊，953 頁上欄。

妥善安置，不得刻字，以及清洗的方法。[1]《十誦律》、《薩婆多論》、《僧祇律》、《五分律》、《根有律攝》都有相似的記載，重點強調了比丘對鉢應愛護。如《十誦律》記載：「鉢法者，比丘應看鉢如自眼，不應置地，不應置石上，不應置高處，不應置屋霤處，不應置牆頭，不應置大小便處及洗大小便處，不應持入浴室，不應以雜沙牛屎洗，若未乾不應舉，亦不得令太乾，不應故破，不得輕用，應好賞護，勿令破失，以更求因緣故妨行道，是名鉢法。」[2] 這裏強調了不要為得到新鉢而令舊鉢損壞、丟失，這樣會妨礙道業。

《根有律攝》中還記載了一些開緣：「持鉢之法，不應令未近圓人洗，若能存護者，聽洗。」比丘的鉢不應讓沒有受具戒的人清洗，但如果能夠好好愛護，也是可以讓其清洗的。還有雖然不得刻字，但也有開緣：「凡於鉢上不應書己名字，若作私記者，無犯，別人之物皆應准此。若書名時，得惡作罪。若人持物施三寶者，應於所施物上鐫題施主名字，此是某甲福施之物。」在鉢上刻使用者的名字是不可以的，做記號則無妨。施主供養的鉢可以刻上施主的名字，並注明這是施主福施之物。

總之，比丘應該愛護自己的鉢，但也不必墨守成規，比如清洗方法就可以調整。因為佛世時並沒有專用的洗碗池和洗滌用品，與現代不可同日而語。至於愛護鉢的精神是不變的，不貪求新鉢的意趣也可以從中體會得到。

---

1 《四分律》卷 52：「鉢著塹欲墮處，佛言：『不應爾。』彼安鉢石欲墮處，佛言：『不應爾。』彼安鉢棚閣上，佛言：『不應爾。』彼安鉢道中，佛言：『不應爾。』彼安鉢石上，佛言：『不應爾。』彼安鉢有果樹下，佛言：『不應爾。』彼安鉢不平處，佛言：『不應爾。』……彼安鉢戶扉後，佛言：『不應爾。』彼安鉢戶前，佛言：『不應爾。』彼安鉢繩床、木床下，佛言：『不應爾。』彼安鉢繩床、木床間，佛言：『不應爾。除須臾間。』彼安鉢繩床、木床角頭，佛言：『不應爾。除須臾間。』彼立洗鉢墮地破，佛言：『不應爾。』……彼畫鉢中作蒱桃蔓蓮華像，佛言：『不應爾。』彼鉢中作萬字，佛言：『不應爾。』彼畫鉢作己名字，佛言：『不應爾。』」「彼不以澡豆洗，膩不去，佛言：『不應爾。應用澡豆，若土，若灰，若牛屎，若泥洗。』彼以雜沙、牛屎洗鉢，壞鉢，佛言：『不應爾。應以器盛水漬牛屎，澄去沙用洗鉢，若以細末、細泥，若葉，若華，若果，洗之，取令去膩。』」《大正藏》22 冊，952 頁下欄至 953 頁上欄。

2 《十誦律》卷 57，《大正藏》23 冊，419 頁中欄。

六、總結

(一) 諸律差異分析

1. 緣起差異

(1) 結構差異

《四分律》、《鼻奈耶》、《十誦律》、《五分律》均有一個本制。《僧祇律》、《巴利律》均有兩個緣起、一個本制。《根有律》有一個緣起、一個本制。

(2) 情節差異

《鼻奈耶》的情節與《四分律》差異較大。《鼻奈耶》中，賓頭盧尊者用神通得到了一個木鉢，佛陀強烈呵責，並將他驅擯：「終身不得般泥洹，不得住閻浮提。」

《十誦律》、《五分律》的情節與《四分律》相似，都為緣起比丘向他人乞鉢，不同點是《五分律》中緣起比丘強行乞鉢，多了一段佛與諸比丘關於鉢的對話，佛告諸比丘：「無綴、一綴，乃至四綴是鉢；五綴，非鉢。」這一段情節說明了佛為何規定「畜鉢減五綴不漏」，可以補充到《四分律》的緣起情節中。

《僧祇律》的情節與《四分律》差異較大。《僧祇律》中，第一個緣起是諸比丘拿舊鉢與瓦師換新鉢，導致瓦師家舊鉢堆積如山，瓦師妻子將此事告訴舍利弗。第二個緣起是六十比丘前來禮拜世尊，在路上鉢被賊奪，不敢乞鉢。本制為六十失鉢比丘來到祇桓，諸梵行人與鉢後，尊者難陀、優波難陀仍然為他們乞鉢。

《根有律》的情節與《四分律》差異較大。《根有律》中，第一個緣起是賣香童子有一個好鉢欲供養比丘，鄔波難陀「威勢粗猛」前往童子取鉢，童子不給，信心長者出錢買鉢供養給鄔波難陀。本制為乞食比丘的鉢有孔，食物從孔裏出來弄髒了鉢囊，引來很多蒼蠅，很多小孩也跟在他後面，給孤獨長者見到後問：「於佛世尊端嚴教中而為出家，何因作此羞恥之事？」諸比丘將此事向佛匯報，佛告訴諸比丘如何補鉢。

《巴利律》的情節與《四分律》差異較大。第一個緣起與《僧祇律》第一個緣起相似。第二個緣起為一比丘的鉢破，以手行乞食。本制為六群比丘知道佛允許失鉢者、壞鉢者乞鉢，於是鉢僅僅有小小的損壞就多乞鉢，陶師為六群比丘多做鉢，不能做其他的賣品，生活困頓。

（3）結論

綜上所述，本戒的結構和情節以《四分律》為準，增加《五分律》中佛告諸比丘「無綴、一綴，乃至四綴是鉢；五綴，非鉢」的情節。

2. 戒本差異

《四分律》中「減五綴」的標準，除《鼻奈耶》外，為其他律典所共有。此外，《四分律》、《四分僧戒本》、《新刪定四分僧戒本》、《四分律比丘戒本》、《解脫戒經》中「不漏」的表述，除《根有律》、《根有戒經》、《根有律攝》、梵文《根有戒經》、藏文《根有戒經》中「堪得受用」或類似的意思以外，其他律典中都沒有對應的內容。「不漏」可表達鉢的功能完整，故不得隨意乞鉢，因此維持《四分律》的表述。

對犯戒鉢的處理上，除《四分律》、《四分僧戒本》、《新刪定四分僧戒本》、《四分律比丘戒本》這四部戒本中提及「展轉」，其他戒本中都沒有這一描述。《四分律》要求用新乞得的鉢換「取最下鉢」，多數律典與之相同。巴利《戒經》則要求交給僧眾，並將僧眾行鉢後最後一個鉢交還給比丘。《鼻奈耶》中要求比丘拿舊的鉢到僧中捨棄。《解脫戒經》中則表述為直接捨給「無鉢比丘」。

戒本調整方面，為了使所犯境更為明確，據《根有律》將「畜鉢減五綴不漏」中的「畜」字改為「有」。「更求新鉢，為好故」一句，依據《根有律》等，將順序調整為「為好故更求新鉢」，以使語句更為通順、流暢。《四分律》中，「彼比丘」指代模糊，容易造成誤解，因此，據《十誦比丘戒本》改為「是比丘」。據《根有律》等，在「應往僧中捨」之後增加「此鉢」二字。據《十誦律》等將「展轉取」後增加「眾中」。據《五分律》在「乃至破應持」之前增加「語言」，以使文意更加完整。為了避免與後文重複，使得表述簡約，據《十誦律》等將「取最下鉢與之令持」中的「令持」略去。「乃至破應持」一句容易引發歧義，以為是乃至鉢破了還要繼續持守，因此，據《僧祇比丘戒本》改為「是鉢受持，破乃止」。最後為了方便理解，據《十誦律》將「此是時」改為「是事應爾」。

3. 辨相差異

（1）所犯境

對於舊鉢和所乞新鉢的要求，《四分律》、《根有律》、《根有律攝》中，只要比丘擁有能夠「堪得受用」且「減五綴不漏」的鉢，此時再乞新鉢，就正犯此戒。相比之下，《十誦律》、《薩婆多論》、《僧祇律》、《毗尼母經》則少了「不漏」的要求，《五分律》則多了對新鉢無綴至四綴的要求。此外，藏傳《苾芻學處》中，只要比丘「現有可受用之清淨鉢」，再乞鉢，就犯。這裏仍然遵循《四分律》的判罰。

（2）能犯心

《四分律》、《十誦律》等大部分律典都是貪求好鉢之心。同時，《十誦律》、《薩婆多論》、《根有律攝》、《巴利律》中，為他求鉢犯輕，可得知為己求鉢則正犯。綜合諸律，將能犯心設定為「為己求好鉢之心」。

（3）方便加行

加行方式上，除當面言說乞索外，《十誦律》、《薩婆多論》、《摩得勒伽》、《根有律攝》中還涉及「遣使」、「書信」等間接索取的方式，並判突吉羅罪。這一點《四分律》及其他律典未有提及。由於現今社會通訊技術發達，這種情況更易出現。考慮到制定本戒的一大意趣是為了防止居士譏嫌，所以判突吉羅罪較為合適。

所乞對象上，《四分律》從「親里」、「出家人」乞，不犯，但藏傳《苾芻學處》結突吉羅罪。大部分律典的制戒緣起均提及俗眾的譏嫌，因此《四分律》的這一開緣是有道理的。

（3）究竟成犯

《四分律》沒有究竟成犯的明確記載。《十誦律》、《五分律》、《根有律》、《根有律攝》、《巴利律》和藏傳《苾芻學處》中，得到就犯，可以借鑒。

4. 諸律內部差異

《鼻奈耶》緣起中，從比丘被佛呵責的內容來看，主要是比丘不應該為小木鉢而現「神足」。戒本中比丘只有舊鉢破到一定程度，如「破為五分，綴用」才可蓄鉢，與緣起表達的內涵有一定的差異。

（二）調整文本

通過以上諸律間觀點同異的對比與分析，文本在《四分律》的基礎上作如下調整：

1. 緣起

佛在舍衛國祇樹給孤獨園，跋難陀鉢破，向多位居士乞鉢，後來大家聚會，談起此事，才知其以鉢破為由，廣求蓄積，便譏嫌言：「求欲無厭！」諸比丘將此事向佛匯報，佛呵責跋難陀，之後問諸比丘：「鉢無綴是鉢不？」又問：「一綴，乃至五綴，是鉢不？」諸比丘回答：「是。」佛告訴諸比丘：「無綴、一綴，乃至四綴是鉢；五綴，非鉢。」之後佛以此因緣制定了此戒。

2. 戒本

若比丘，有[1]鉢未滿五綴[2]不漏，為好故[3]更求新鉢[4]，尼薩耆波逸提。是[5]比

1 「有」，底本作「蓄」，據《根有律》、《根有戒經》、《根有律攝》加。
2 「未滿五綴」，底本作「減五綴不漏」，據《五分律》、《彌沙塞五分戒本》改。
3 「為好故」，底本闕，據《根有律》、《根有戒經》、《根有律攝》加。
4 「鉢」後，底本有「為好故」，據《根有律》、《根有戒經》、《根有律攝》刪。
5 「是」，底本作「彼」，據《十誦比丘戒本》改。

丘應往僧中捨此鉢[1]，展轉取眾中[2]最下鉢與之[3]，語言[4]:「是鉢受持，破乃止[5]。」是事應爾[6]。

3. 關鍵詞

未滿五綴：修補的地方不足五處。

4. 辨相

（1）犯緣

本戒具足五緣成犯：一、比丘已經有如法鉢；二、原鉢的裂痕不足五處；三、為己求好鉢之心；四、當面向非親里居士乞鉢；五、得時，成犯。

（2）辨相結罪輕重

①比丘已經有如法鉢

②原鉢的裂痕不足五處

若壞裂縫補的地方不足五處，且「堪得受用」，再乞新鉢，捨墮；若不足五處，但不堪受用，不犯。

若壞裂縫補的地方足五處，但堪受用，再乞新鉢，突吉羅；若滿五處，不堪受用，不犯。

③為己求好鉢之心

④當面向非親里居士乞鉢

當面向非親里居士乞鉢，捨墮；通過遣使、書信、身體語言，或從他人展轉索求等間接方式索鉢，突吉羅；從親里、出家人乞，不犯。

---

1 「此鉢」，底本闕，據《根有律》、《根有戒經》加。

2 「眾中」，底本闕，據《十誦律》、《十誦比丘戒本》、《僧祇律》、《五分律》、《彌沙塞五分戒本》、《根有律》、《根有戒經》加。

3 「之」後，底本有「令持」，據《十誦律》、《十誦比丘戒本》、《僧祇律》、《僧祇比丘戒本》、《五分律》、《彌沙塞五分戒本》、《根有律》、《根有戒經》、《根有律攝》刪。

4 「語言」，底本闕，據《五分律》、《彌沙塞五分戒本》加。

5 「是鉢受持，破乃止」，底本作「乃至破應持」，據《僧祇比丘戒本》改。

6 「是事應爾」，底本作「此是時」，據《十誦律》改。

⑤得時

乞得鉢時，捨墮；乞而未得時，突吉羅。

⑥犯戒主體

比丘、比丘尼若犯，捨墮；式叉摩那、沙彌、沙彌尼若犯，突吉羅。

⑦不犯

為他索，他為己索，若不求而得，不犯。

有人供養僧團鉢時，隨次所得的鉢，不犯。

最初未制戒，癡狂、心亂、痛惱所纏，不犯。

七、現代行持參考

見「蓄長鉢戒」的現代行持參考部分。

23

乞縷使非親織師戒

一、緣起

(一) 緣起略述

《四分律》只有一個本制。佛在舍衛國祇樹給孤獨園時，跋難陀想做一件僧伽梨，於是從諸多居士家乞縷線。縷線越乞越多，跋難陀便想將其織成三衣，於是令織師縫製，從旁觀摩並予以協助。諸居士見後譏嫌，佛陀因此制戒。[1]

諸律緣起差異比較：

1. 制戒地點

《四分律》中，制戒地點為「舍衛國祇樹給孤獨園」，《鼻奈耶》[2]為「釋祇瘦迦維羅衛尼拘陀園」，《十誦律》[3]為「王舍城」，《僧祇律》[4]、《五分律》[5]為「舍衛城」，《根有律》[6]為「室羅伐城逝多林給孤獨園」，《巴利律》[7]為「王舍城迦蘭陀竹林園」。

2. 緣起比丘

《四分律》中，緣起比丘為「跋難陀」，《鼻奈耶》、《十誦律》、《五分律》、《巴利律》為「六群比丘」，《僧祇律》為「難陀」、「優波難陀」，《根有律》為「鄔波難陀」。

---

1 《四分律》卷 9，《大正藏》22 冊，624 頁上欄至下欄。

2 《鼻奈耶》卷 6，《大正藏》24 冊，878 頁上欄。

3 《十誦律》卷 8，《大正藏》23 冊，55 頁上欄至下欄；卷 53，《大正藏》23 冊，390 頁中欄。

4 《僧祇律》卷 11，《大正藏》22 冊，320 頁中欄至下欄。

5 《五分律》卷 4，《大正藏》22 冊，29 頁上欄至中欄。

6 《根有律》卷 22，《大正藏》23 冊，746 頁中欄至 748 頁上欄。

7 《經分別》卷 4，《漢譯南傳大藏經》1 冊，363 頁至 364 頁；《附隨》卷 1，《漢譯南傳大藏經》5 冊，55 頁。

3. 犯戒對象

《四分律》中，犯戒對象為織師，但沒有說明具體是哪位織師，《十誦律》、《巴利律》與《四分律》相同。《鼻奈耶》為「諸織人」，《僧祇律》為「毗提波晝俱利織師」，《五分律》為一切織師，《根有律》為「𠎝額織師」夫婦。

4. 緣起情節

《四分律》有一個本制。其他律典與《四分律》相同。

《鼻奈耶》、《十誦律》、《僧祇律》、《根有律》的故事情節與《四分律》有部分差異。《鼻奈耶》、《十誦律》中，緣起比丘不是親自到織師處令織師織三衣，而是通過貴族勢力強使織師織衣，譏嫌者是織師而非居士。《僧祇律》中有比丘度織師出家的情節，發現緣起比丘織衣並上告佛陀的是阿難尊者，並無居士譏嫌比丘的情節描寫。《根有律》中，緣起比丘乞得縷線後，兩次不給報酬令織師織衣：第一次用說法的方式令織師織衣；第二次通過大臣勢力強迫織師織衣。

《五分律》、《巴利律》與《四分律》的故事情節差異較大。《五分律》中，緣起比丘僱織師織衣後，還有剩餘的縷線，打算再作三衣，於是再乞縷線，長者居士悉皆與之。緣起比丘得此利益，思量要以乞縷織衣為常務，於是又過量乞縷，並僱用了所有的織師。有居士要做衣服，結果找不到織師，得知實情後，便譏嫌緣起比丘。佛陀因此制戒。

《巴利律》中，緣起比丘乞縷線織衣後，有剩餘，復乞令織師織衣；又有剩餘，再乞縷使織師織衣，如此三次。眾人非難，口出譏嫌。佛陀因此制戒。

(二) 緣起比丘形象

《四分律》中，緣起比丘不僅親自乞縷使織師織衣，而且「自作緯，自看織」，描繪了一個為俗務所絆，不能一心向道的比丘形象。相比《四分律》，《巴利律》、《五分律》中的緣起比丘有過之而無不及。如《巴利律》中緣起比丘三次乞縷織衣；《五分律》中緣起比丘思量「我得善利，從今但當恆作此業」，時常乞縷織衣，並僱用了所有的織師為自己織衣，導致有居士想織衣而不得。

《鼻奈耶》、《十誦律》中的緣起比丘，通過貴族勢力強使織師織衣，描述了一個企圖通過權勢牟取私利的比丘形象。

《僧祇律》中，緣起比丘不願阿難尊者將其犯戒行為報告給佛陀，於是持線丸給尊者並對他說「可持縫衣」，展現了緣起比丘知錯不改、掩己過失的心理特徵。

《根有律》中，織師拒絕了緣起比丘織衣服的請求後，後者怒而告之：「汝健額織師，我今指汝禿頂為誓，若我不能使汝織者，我不復名鄔波難陀矣。」隨後，比丘令人威脅織師：「以手綰髮拳打脊梁，若叫喚者，卷其織具勿令執作。若其婦女來唱喚時，急曳頭髻牽使出門，而告之曰：『汝今違拒賢善教令，勝光大王必當罰汝五百金錢。』」可見緣起比丘「形勢豪猛」，十分霸道。

（三）犯戒內因

《四分律》中，犯戒內因是比丘對衣服的貪求。律中記載，緣起比丘本來只是打算縫僧伽梨，等向居士乞到縷線後，貪煩惱現起，思量「比丘衣服難得，應辦三衣」，於是讓織師織衣，引發犯戒行為。

《僧祇律》、《巴利律》中比丘的犯戒內因和《四分律》的相同。《僧祇律》對緣起比丘貪求衣服的表述更加具體：「若見好者，便作是言：『我欲求此比而更得勝者。』若見粗者，便作是言：『此縷雖粗可作好者。』」於是好壞都收，獲得很多縷線，然後「起織坊，度織師出家」，為其織衣。

《根有律》與《四分律》不同，是比丘因貪圖利養而犯戒。《五分律》中，比丘也是貪圖利養，但方式不同，緣起比丘想常織作三衣獲利，於是僱用很多織師織衣。

從《十誦律》織師的譏嫌可以看出，該律中比丘犯戒內因與《四分律》相同，也是對衣服的貪求，如：「是我等衰惱失利，值遇是難滿難養不少欲不知足人。」

《鼻奈耶》中沒有明確說明犯戒內因。

(四) 犯戒外緣

《四分律》中，緣起比丘想「縫僧伽梨」，於是向居士乞縷，進而引發犯戒行為。《巴利律》和《四分律》相似。其他律典的記載和《四分律》有所不同。

《鼻奈耶》記載「諸釋種別有織衣坊」，於是緣起比丘乞縷，讓親里釋家織衣，導致犯戒。

《十誦律》、《僧祇律》只是記載乞縷做衣，沒有具體說明犯戒外緣。

《五分律》記載的是「眾僧多得縷施」分與比丘各自做衣的因緣，引發緣起比丘的犯戒行為。

《根有律》記載緣起比丘入城乞食，看到「芳林處有五百女人撚白疊線」，貪圖利養為其說法，從而引發犯戒行為。

(五) 犯戒後的影響

1. 引發居士譏嫌

《四分律》記載：「諸居士見已譏嫌言：『汝等觀此跋難陀釋子，乃手自作縒，自看織師織作三衣。』」《五分律》、《巴利律》也有居士譏嫌的記載，只是譏嫌的內容和《四分律》有所不同。如《五分律》記載：「沙門釋子少欲知足，而今遍雇一切織師，無有厭足，與世貪人有何等異？無沙門行，破沙門法。」《巴利律》記載：「為何沙門釋子自乞絲令織師織衣耶？」

2. 對織師的影響

《鼻奈耶》記載：「時諸織人既不得價又不得食。」

《十誦律》記載：「依恃貴人使我虛作，無食無價，亦無福德恩分。」

《根有律》中，織師因為不同意織衣，緣起比丘利用王家勢力，使織師受到人身傷害，如：「使者以手攝髮拳打脊梁，彼即大叫便卷織機，其婦唱喚遂捉其髮曳之而去。」

（六）佛陀考量

諸律中本戒關於佛陀的記載很少，在此不作分析。

（七）文體分析

《根有律》有一個因緣、兩個伽陀，《五分律》有一個因緣。其他律典都只有一個因緣，故事敘述簡短，律文簡潔。

《根有律》的律文較長，內容詳實，情節曲折，同時對緣起比丘等人物的心理活動、言語對答和行為動作有着十分細膩的描述。如對緣起比丘入城前的心理描寫：「皆由給孤獨長者制諸學處，更欲勸化餅果之直亦不能得。」又如緣起比丘第二次使織師織衣遭到拒絕後彼此之間的對話：「鄔波難陀怒而告曰：『汝僂額織師，我今指汝禿頂為誓，若我不能使汝織者，我不復名鄔波難陀矣！』時彼織師瞋而告曰：『汝禿沙門，我指為誓，我必不能與汝織疊。』」兩人帶有激烈情緒的對話，使得當時場景中的緊張氣氛躍然紙上，畫面感十足。

此外，《根有律》中的兩段伽陀，語言優美，含義深遠，極具教育意義：「莫輕小施，以為無福，水滴雖微，終盈大器。諸有智者，小福常修，於勝田中，能招大果。」「善人騰美譽，雖遠悉知聞，如大雪山王，人皆共瞻仰。愚者守癡惑，雖近不知聞，如暗射箭時，人皆不能見。」

二、戒本

《四分律》中，本戒的戒本為：「若比丘，自乞縷線，使非親里織師織作衣者，尼薩耆波逸提。」

(一) 若比丘，自乞縷線，使非親里織師

《四分律》、《新刪定四分僧戒本》[1]、《四分律比丘戒本》[2] 作「若比丘，自乞縷線，使非親里織師」，意思是：如果比丘自己求取縷線，指使不是親屬的織工。

與《四分律》相似：

《四分僧戒本》[3]、《十誦比丘戒本》[4]、《解脫戒經》[5] 作「若比丘，自乞縷，使非親里織師」，《十誦律》作「若比丘，自行乞縷，使非親里織師」，《根有律》、《根有戒經》[6]、《根有律攝》[7] 作「若復苾芻，自乞縷線，使非親織師」。

梵文《有部戒經》[8] 作"yaḥ punar bhikṣuḥ svayācitaṃ sūtraṃ vijñapya ajñātinā tantravāyena"，梵文《根有戒經》[9] 作"yaḥ punar bhikṣuḥ svayaṃ yācitena sūtreṇājñātinā tantuvāyena"。兩部梵文戒本的意思都是：任何比丘，自己求線，使不是親屬的織工。

---

1 《新刪定四分僧戒本》，《卍續藏》39 冊，266 頁上欄。

2 《四分律比丘戒本》，《大正藏》22 冊，1018 頁上欄。

3 《四分僧戒本》，《大正藏》22 冊，1025 頁下欄。

4 《十誦比丘戒本》，《大正藏》23 冊，473 頁下欄。

5 《解脫戒經》，《大正藏》24 冊，662 頁上欄。

6 《根有戒經》，《大正藏》24 冊，503 頁中欄。

7 《根有律攝》卷 7，《大正藏》24 冊，563 頁上欄。

8 Georg von Simson, *Prātimokṣasūtra der Sarvāstivādins Teil II*, Sanskrittexte aus den Turfanfunden, XI, p. 197.

9 Anukul Chandra Banerjee, *Two Buddhist Vinaya Texts in Sanskrit*, p. 30.

藏文《根有戒經》[1]作“ཡང་དགེ་སློང་གང་རང་གི་ལག་གིས་བསླངས་པའི་དོག་པ་ཐ་ག་པ་ཉེ་དུ་མ་ཡིན་པ་ལ་”，意思是：任何比丘，自己乞縷線，使不是親屬的織工。

與《四分律》有部分差異：

《僧祇比丘戒本》[2]作「若比丘，自行乞縷，使非親里」，比《四分律》少了「織師」的描述。

《僧祇律》作「若比丘，自行乞縷，使織師」，《五分律》、《彌沙塞五分戒本》[3]作「若比丘，自行乞縷，雇織師」。梵文《說出世部戒經》[4]作“yo puna bhikṣuḥ svayaṃyācikāya sūtraṃ tantuvāyena”，意思是：任何比丘，自己求線，使織工。巴利《戒經》[5]作“yo pana bhikkhu sāmaṃ suttaṃ viññāpetvā tantavāyehi”，意思是：任何比丘，自己乞到縷線以後使織工。這幾部律典相比《四分律》缺少了「非親里」的限定。

《鼻奈耶》作「若比丘，詣長者家乞綖縷，強使非親里」。相比《四分律》，此處缺少了「織師」的描述，並且還特別強調是「詣長者家」求取縷線，以及「強使」非親里織衣。

（二）織作衣者，尼薩耆波逸提

《四分律》、《四分僧戒本》、《新刪定四分僧戒本》、《四分律比丘戒本》作「織作衣者，尼薩耆波逸提」，意思是：織作衣服，犯捨墮罪。

與《四分律》相似：

《鼻奈耶》作「織作衣者，捨墮」，《僧祇律》作「織作衣者，尼薩耆波夜提」，《僧祇比丘戒本》作「織作衣，尼薩耆波夜提」，《五分律》、《彌沙

1 麗江版《甘珠爾》（འཇང་བཀའ་འགྱུར།）第 5 函《別解脫經》（སོ་སོར་ཐར་པའི་མདོ།）10b。

2 《僧祇比丘戒本》，《大正藏》22 冊，551 頁下欄至 552 頁上欄。

3 《彌沙塞五分戒本》，《大正藏》22 冊，196 頁中欄。

4 Nathmal Tatia, *Prātimokṣasūtram of the Lokottaravādimahāsāṅghika School*, Tibetan Sanskrit Works Series, no. 16, p. 17.

5 Bhikkhu Ñāṇatusita, *Analysis of the Bhikkhu Pātimokkha*, p. 154.

塞五分戒本》、《解脱戒經》作「織作衣，尼薩耆波逸提」。

梵文《説出世部戒經》作“cīvaraṃ vunāpeya nissargikapācattikaṃ”，梵文《有部戒經》作“cīvaraṃ vāyayen niḥsargikā pātayantikā”，兩部梵文戒本的意思都是：織作衣服，捨墮。

巴利《戒經》作“cīvaraṃ vāyāpeyya, nissaggiyaṃ pācittiyaṃ，意思是：織作衣服，捨墮。

與《四分律》有部分差異：

《十誦律》作「織者，尼薩耆波夜提」，《十誦比丘戒本》作「織，尼薩耆波夜提」，與《四分律》相比，少了「作衣」的描述。

《根有律》、《根有戒經》、《根有律攝》作「織作衣，若得衣者，泥薩祇波逸底迦」。梵文《根有戒經》作“cīvaraṃ vāyeyam iti niṣpanne cīvare naisargikā pāyantikā”，意思是：織作衣服，（如果）得到了衣服，捨墮。這幾部律典與《四分律》相比，多出了「若得衣者」。

藏文《根有戒經》作“འཐག་ཏུ་འཇུག་ན་གོས་གྲུབ་ན་སྤང་བའི་ལྟུང་བྱེད་དོ། །”，意思是：織作衣服，若衣完成，捨墮。這裏強調「衣完成」時成犯，和《四分律》及其他律典都不相同。

三、關鍵詞

縷線

三部梵文戒經均使用“sūtra”一詞，意思是：線、紗線（英譯：thread, yarn）。巴利《戒經》為“sutta”，意思和梵文相同。藏文《根有戒經》作“དག་པ་”，意思是：線、一縷線（英譯：a bundle of thread）。

《四分律》記載：「縷線者，有十種，如上十種衣縷線也。」具體是哪十種縷線，在本戒中沒有提及，但在「長衣戒」中記載了如下十種衣：絁衣、劫貝衣、欽婆羅衣、芻摩衣、讖摩衣、扇那衣、麻衣、翅夷羅衣、鳩夷羅衣、讖羅半尼衣。

《僧祇律》：「縷者，七種縷。」沒有記載具體哪七種縷。《十誦律》記載了四種縷：「縷者，麻縷、毛縷、芻摩縷、劫貝縷。」《巴利律》中對應的是「絲」，記載有六種：「『絲』者，有六種絲，即麻絲、綿絲、絹絲、毛絲、大麻絲、粗麻也。」《根有律攝》中共記載十種縷：「謂劫貝縷，或高世耶縷，或復家絲，或毛，或奢搦迦，或芻摩，或野麻，或紵縷，或高詀薄迦，或阿鉢闌得迦縷。」[1]

綜上所述，詞源分析中，諸部戒經的含義一致，都是指「線」。對此，幾部漢譯律典主要是從縷線的種類這一角度來解釋的，其中《十誦律》有四種，《巴利律》有六種，《僧祇律》有七種，《根有律攝》、《四分律》有十種。在這五部律典記載的縷線中，共有的一種是麻線。

1 《根有律攝》卷 7，《大正藏》24 冊，563 頁上欄。

四、辨相

(一) 犯緣

具足以下五個方面的犯緣便正犯本戒：

1. 所犯境

《四分律》中本戒的所犯境是非親里織師。

《鼻奈耶》、《十誦律》、《薩婆多論》[1]、《根有律》、《根有律攝》[2]、藏傳《苾芻學處》[3]與《四分律》相同。藏傳《苾芻學處》對非親織師還有一些要求：「織師須具在家人之六法，[4]但六法中易『非不乞而與』為『非其工價隨與不與者』。」

《四分律》還要求，如果「織師是親里，與線者非親里」，也正犯。

《巴利律》戒條及辨相中沒有提及「非親里」，但是從「親里」的開緣，可知其所犯境依然是非親里織師。

《僧祇律》與《四分律》有一些差異，只是作「織師」，律文沒有明確說明是否是親里。《五分律》在戒條中記載為「織師」，亦沒有提及是否是親里。

其他律典對此沒有記載。

《毗尼母經》、《善見論》、《明了論》無此戒內容，下不贅述。

2. 能犯心

（1）發起心

《四分律》中發起心為欲使織師織衣。

1 《薩婆多論》卷 5，《大正藏》23 冊，537 頁中欄。

2 《根有律攝》卷 7，《大正藏》24 冊，563 頁上欄。

3 《苾芻學處》，《宗喀巴大師集》卷 5，77 頁。

4 六法：不具足出家相及戒之俗人，具足五種名言，身平等住，不共錢財，非親，非不乞而施與者。

藏傳《苾芻學處》中，本戒的發起心是「欲不與值而令織」，即欲不給報酬而使織。

《鼻奈耶》、《十誦律》、《根有律》、《根有律攝》記載與藏傳《苾芻學處》相同，皆有不給報酬讓織師織衣的內涵。其中，《鼻奈耶》、《十誦律》、《根有律》相關內容來自緣起中。

《僧祇律》、《五分律》、《巴利律》與《四分律》相同，並沒有明確記載「不與值而令織」的內涵，只是記載了讓織師織衣的內容。

其他律典沒有記載相關內容。

（2）想心

《四分律》中沒有想心的記載。

《巴利律》中，織物作織物想、疑想、非織物想，皆正犯。

《根有律攝》記載：「親為親想等，句法如上。」由此聯繫上文分析出此戒的想心為「實非親族，為非親想、疑」，也就是非親里織師作非親織師想、疑，正犯此戒。

藏傳《苾芻學處》中，「想不錯亂」，正犯。

其他律典沒有這方面的記載。

3. 方便加行

《四分律》中，方便加行可分為「乞縷」和「使織師織衣」兩個階段。其他律典在這一點上與《四分律》相同。《薩婆多論》還記載，若以「遣使、書信、印信」的方式讓織師織衣，也正犯本罪。

有些律典還多出了一些要求。如《根有律攝》記載：「或從親乞，或非親乞，或自買得，隨以何緣而得其縷，使一非親織師，或復眾多，或令親人助織，或自助織，皆犯捨墮。」藏傳《苾芻學處》記載：「不與值，或自，或令在家、非親、具足五種名言之侍者，以具五種相之語言令其為織。」

4. 究竟成犯

《四分律》中沒有記載究竟成犯的文字。

《根有律》為「得衣之時」，《根有律攝》為「若得衣者」，《巴利律》為「已織成至手者」，《薩婆多論》為「得衣已得罪」。上述四部律典中，得衣時正犯。

《僧祇律》和藏傳《苾芻學處》與上述律典有所不同，強調「織成」為究竟。《僧祇律》中記載為「織成者，尼薩耆波夜提」；藏傳《苾芻學處》為「織竟時成犯」。

其他律典沒有相關記載。

5. 犯戒主體

《四分律》中，犯戒主體是比丘，比丘尼同犯。

《薩婆多論》、《五分律》、藏傳《苾芻學處》與《四分律》相同。

其他律典只有犯戒主體是比丘的記載。

（二）輕重

1. 所犯境

《四分律》中，讓非親里織師織衣，犯捨墮。其他律典記載如上文犯緣所述。

《四分律》中還要求：「織師是親里，與線者非親里」，也會犯捨墮。

此外，《四分律》及其他律典中關於所犯境犯輕的記載主要有兩類：

（1）自己製衣

《四分律》記載：「若看織，若自織，若自作維者，盡突吉羅。」

《十誦律》、《薩婆多論》、《根有律》都提到「自織」結突吉羅，與《四分律》相同。

（2）其他人製衣

《四分律》中沒有提及除織師和自己外其他人織衣的判罰情況。

《十誦律》記載：「令比丘、比丘尼、式叉摩尼、沙彌、沙彌尼織，皆突吉羅。」

《薩婆多論》中，令比丘、比丘尼、式叉摩那織，犯突吉羅。

其他律典對上述兩類判罰沒有記載。

2. 能犯心

（1）發起心

諸律正犯的情況如上犯緣所述。

（2）想心

諸律正犯捨墮的情況同犯緣。

《四分律》中沒有想心的記載。

《巴利律》記載：「於非織物有織物想，突吉羅；於非織物有疑想者，突吉羅；於非織物有非織物想者，不犯也。」

《根有律攝》中，親里織師作非親里織師想、疑，犯突吉羅。

3. 方便加行

《四分律》中，若比丘自乞線，使織師織衣者，犯捨墮。其他律典正犯的方便加行如上犯緣所述。

《十誦律》記載：「是中從非親里乞縷，突吉羅。」

《根有律》中，「從非親乞縷」，犯突吉羅。《根有律攝》中，「或從親乞，或非親乞，或自買得，隨以何緣而得其縷，使一非親織師，或復眾多，或令親人助織，或自助織，皆犯捨墮」。

除上述記載外，《四分律》沒有其他判罰記載，但是其他律典有相關記載：

《薩婆多論》強調：「若為無衣故，從非親里乞縷欲作衣，亦突吉羅。」還有「若少衣，正應乞衣，不應乞縷作衣」和「此戒，不問應量不應量衣，盡得罪」。

《僧祇律》記載：「若比丘自行乞縷，越毗尼心悔；得者，越毗尼罪。」

《摩得勒伽》[1]中，「乞不淨縷使織作衣」、「狂心乞縷」、「手印遣使乞」，

---

1 《摩得勒伽》卷 2，《大正藏》23 冊，574 頁上欄。

皆犯突吉羅。

《根有律攝》記載：「雖親織師，不知時故令他生惱，或現異相，皆得惡作。」「若乞高世耶[1]使非親織作敷具，便得二墮、一捨，由衣體一故。若作餘衣或為偃帶等，使織之時皆得惡作。」「若虛誑心陳己勝德，乞得物時，惡作、他勝[2]一時俱得。」「以不淨縷而相和雜，謂駝毛等，或為他織，皆惡作罪。」

《十誦律》中，如果用不淨縷線織衣，犯突吉羅：「不淨者，若駱駝毛、牛毛、羖羊毛，若雜縷令織，得突吉羅。」

除上述律典外，其他律典無相關記載。

4. 究竟成犯

諸律正犯捨墮的情況同上文「犯緣」中的「究竟成犯」。

《根有律攝》記載：「若虛誑心陳己勝德，乞得物時，惡作、他勝一時俱得；實有德者，得惡作、墮罪。」由此可知，如果比丘說自己真實證得的功德而乞縷，在觸犯此戒得捨墮罪的同時，還會得一條突吉羅罪。

5. 犯戒主體

《四分律》中，比丘、比丘尼，犯捨墮；式叉摩那、沙彌、沙彌尼，犯突吉羅。

《薩婆多論》、《五分律》與《四分律》相同。

藏傳《苾芻學處》中，比丘、比丘尼犯捨墮。

其他律典的犯戒主體為比丘，犯捨墮。

---

1 高世耶：蠶、絹。

2 他勝：棄罪。

（三）不犯

1. 所犯境不具足

《四分律》中，「織師是親里，與線者是親里」，不犯。

《十誦律》、《薩婆多論》、《根有律》、《根有律攝》、《巴利律》記載與《四分律》相同。

2. 能犯心不具足

《摩得勒伽》中，「為僧乞」，不犯。

《根有律攝》中，「親為親想」，不犯。

《巴利律》中，「為他乞者」，不犯。此外，「於非織物有非織物想者，不犯也」。

3. 方便加行不具足

《四分律》中，「若自織鉢囊、革屣囊、針氈，若作禪帶，若作腰帶，若作帽，若作襪，若作攝熱巾、裹革屣巾」，不犯。

《十誦律》也有類似記載，「織一波梨，若織禪帶、腰帶，若一杼兩杼」，不犯。

《巴利律》中，「為縫衣之線、帶、肩紐、鉢囊、漉水器」，不犯。

《薩婆多論》記載：「須縷縫衣、作帶，無罪。」「若非親里，令織一肘衣乃至禪帶，無犯。」

4. 犯戒主體不具足

《四分律》記載：「無犯者，最初未制戒，癡狂、心亂、痛惱所纏。」

《五分律》、《根有律》記載與《四分律》相同。《巴利律》記載：「癡狂者、最初之犯行者，不犯也。」

5. 開緣

《根有律》記載：「若酬價織者無犯。」

《巴利律》記載，「受請者」和「依己之財者」，不犯。

《薩婆多論》記載：「若不憑貴人勢力，自里求之，織師與織者，無罪；凡一切自以意求人織絹織布，無罪。」

《根有律攝》記載，「若彼施主自有信心，令他為織或以價織」，不犯。

五、原理

（一）侵損織師

本戒屬於遮戒，主要遮止比丘為作好衣而貪圖便宜、非法乞索、不顧及他人感受、侵損織師利益等，招致譏嫌的行為。

一件成衣往往要經過原材料的採集和加工這兩道工序，先須向居士乞縷，再由織師加工成衣。如果比丘在這一過程中，乞索無度，剋扣工錢，乃至借用強權來強迫織師為自己無償勞動，必然會引起不滿。如《根有律》中的居士說：「沙門釋子造作惡行，非沙門法，如何自乞縷線，或因說法，或假託王力，令非親人織衣，共相惱亂。」

（二）織師的地位

古印度的社會可以粗略分為四大種姓，種姓跟職業又高度相關。緣起故事中的「聚落主」屬於剎帝利種姓，是處於社會上層的王公貴族，他們被賦予保護人民的權力，[1] 但所謂的「保護」更多是一種剝削和鎮壓。織師屬於首陀羅種姓，一般稱之為「工師種」。[2] 他們就是剎帝利眼中的「人民」，被當作下等人看待，要服侍上等的種姓。[3] 佛世的比丘不少是剎帝利種姓，他們出家後仍然與以前的貴族交往，織師面對這類比丘會處於劣勢地位，如《僧祇律》「勸織師增縷戒」中，織師自嘆：「此沙門有大身力，又出入王家，必能為我作不饒益事。用是作直為？但得活命去。」

除了在政治上首陀羅要服從於剎帝利，在經濟上，他們有時也要依靠剎

1 《摩奴法論》，12 頁。

2 《中阿含經》卷 59，《大正藏》26 冊，793 頁下欄。

3 《摩奴法論》，13 頁。

帝利，《摩奴法論》上說：「尋求生計的首陀羅可以侍候剎帝利；不然，首陀羅還可以靠侍候有錢的吠舍求生存。」[1] 不僅如此，他們還要承擔繁重的稅賦，常常為此入不敷出，如《根有律》中的「撚線人」，就「無問晝夜常執白犁，辛苦勞勤輸官課稅」。這時，如果比丘不能體諒他們的難處，還依靠權勢強行讓他們無償勞動，那無疑會讓他們的生活雪上加霜，如《十誦律》中織師瞋恚比丘「依恃貴人使我虛作，無食無價，亦無福德恩分。是我等衰惱失利，值遇是難滿難養不少欲不知足人」。

從上述對古印度政治、經濟層面的分析可以看出，當時的社會存在着不平等的現象。因此，提倡四姓平等的佛陀，在戒律上要求比丘不能恃強凌弱；同時，也是希望比丘以身作則，愛護生活在疾苦中的人民，如《薩婆多論》中說：「為諸比丘結戒者，為除惡法故，為止誹謗故，為成聖種故。」

（三）社會關係分析

1. 比丘與貴族

《根有律》中，緣起比丘令使者對織師說：「若言『我不能』者，以手綰髮拳打脊梁。」甚至還拿法令來威脅：「汝今違拒賢善教令，勝光大王必當罰汝五百金錢！」緣起比丘憑藉大臣賢善是其「舊知識」這層私人關係，為滿足自己的貪欲，給下層民眾帶來了痛苦。可見，比丘與上層貴族關係密切，利用世俗權力造作非法之事，很容易引起社會大眾的公憤。

2. 比丘與比丘

《僧祇律》中，緣起比丘知道自己的行為不如法，怕被世尊呵責，就想用線丸「賄賂」阿難，而尊者沒有接受，最終向佛匯報。乞縷織衣本已不如法，如果再想通過行賄避免僧團的規諫，自當越錯越遠，「不如佛教，不可以是長養善法」；同時，緣起比丘這種行為也會損害到僧團的清淨和合。

1　《摩奴法論》，217 頁。

六、總結

（一）諸律差異分析

1. 緣起差異

（1）結構差異

《四分律》有一個本制。其他律典與《四分律》一致。

（2）情節差異

《四分律》為緣起比丘自乞縷使織師織作衣，織衣時比丘從旁觀摩並予以協助，居士看到後譏嫌比丘，佛陀因此制戒。《僧祇律》與《四分律》情節類似。《鼻奈耶》、《十誦律》、《根有律》基本類似，均為緣起比丘自乞縷線使織師織衣而不給織師相應的報酬，因此引起織師對比丘的譏嫌乃至毀罵。這三部律的差異在於緣起比丘通過不同的方法使織師織衣：《鼻奈耶》為比丘通過織坊令織師織衣；《十誦律》為比丘通過聚落主令織師織衣；《根有律》為比丘首先通過說法的方式乞縷及令織師織衣，第二次在織師不願意為比丘無償織衣的情況下，比丘依靠有權勢的大臣來達到免費織衣的目的。《五分律》為緣起比丘僱用了所有的織師為自己織衣，導致白衣想織衣而找不到織師，並因此譏嫌比丘。《巴利律》則為比丘頻繁乞絲織衣，受到白衣的譏嫌。

綜上分析可知，《四分律》、《僧祇律》、《巴利律》中，白衣的譏嫌點主要在於比丘過分參與到織衣這一俗事中，從而違背了出家修道的核心；《鼻奈耶》、《十誦律》、《根有律》則為比丘損害了織師的經濟利益；《五分律》為比丘間接損害了白衣的利益。

（3）結論

綜上所述，本戒緣起無需調整，仍取《四分律》的結構與情節。

2. 戒本差異

相比《四分律》中的「使非親里織師」，《僧祇律》、《五分律》、《彌沙塞五分戒本》、梵文《說出世部戒經》以及巴利《戒經》中缺少「非親里」的限制。

此外，相比《四分律》中「織作衣者」這一成犯條件，《根有律》、《根有戒經》、《根有律攝》為「若得衣者」，梵文《根有戒經》為「得到了衣服」，而藏文《根有戒經》為「若衣完成」，都與《四分律》有一定差異。其他方面諸律基本相同。

本戒《四分律》的戒本表述比較清晰，沒有調整的必要。

3. 辨相差異

（1）能犯心

《四分律》中，根據緣起推斷，發起心為欲使織師織衣，文中沒有提到損惱織師，而是因為旁觀的居士譏嫌而制戒，也沒有「不給報酬」的情節。《僧祇律》、《五分律》、《巴利律》與《四分律》相同。藏傳《苾芻學處》、《鼻奈耶》、《十誦律》、《根有律》、《根有律攝》發起心都是不給報酬讓織師織衣。

由此，關於「使非親里織師」織衣的內涵，在辨相中就存在兩種差異較大的情況：一種是《五分律》中所記載，比丘讓一個地區內所有的織師都為己織衣，導致居士找不到織師做衣，引起居士譏嫌，佛陀因此制戒；另一種是《根有律》等律典中所記載，比丘不給報酬讓織師織衣，因損惱織師，佛陀制戒。而後一種行為從實質上講，就是一種變相的索供，在現實中是很可能會發生的；另外，比丘讓織師做衣，當對方索要工錢時比丘拒絕，還可能犯「大盜戒」。

所以，本戒的發起心借鑒《根有律》等律典的觀點，為「欲不與價令織師織衣」之心。

（2）方便加行

《四分律》中，「織師是親里，與線者非親里」，也會正犯。但《十誦律》中，同樣的情況，突吉羅。後者更為符合本戒意趣，予以採用。

《四分律》中，除織師和緣起比丘自己外沒有提及其他人織衣判罰的情況。《十誦律》中，「令比丘、比丘尼、式叉摩尼、沙彌、沙彌尼織」，皆結突吉羅罪，符合實踐行持的需求，在本戒中可以採用。

（3）究竟成犯

《四分律》中沒有記載究竟成犯的內容。《薩婆多論》、《根有律》、《根有律攝》、《巴利律》中比丘得衣時正犯。而《僧祇律》和藏傳《苾芻學處》中則強調衣「織成」時成犯。

後者可能是考慮到衣縷本就屬比丘自乞所得，而且比丘是在不付工錢的前提下要求織師織衣，所以衣織成後仍屬比丘所有，故按衣「織成」時成犯。然而，實際上比丘在得到衣之前，所擁有的只是縷線，而在衣入手之前，很難說比丘會對尚未做成的衣有決定的得心，即使織師將衣作成，比丘仍有可能得不到衣。故取「得衣」作為本戒的究竟成犯，且不論是客觀實際，還是主觀想心都已經滿足，此時判為正犯較為合理。

4. 諸律內部差異

諸律中，此戒的緣起、戒本以及辨相三部分相符。

（二）調整文本

通過以上諸律間觀點同異的對比與分析，文本在《四分律》的基礎上作如下調整：

1. 緣起

佛在舍衛國祇樹給孤獨園時，跋難陀向居士乞縷，使非親里織師織作衣，並且織衣的時候從旁觀摩、協助，居士看見後譏嫌比丘。佛陀因此制戒。

2. 戒本

若比丘，自乞縷線，使非親里織師織作衣者，尼薩耆波逸提。

3. 關鍵詞

縷線：各種不同材質的線。

4. 辨相

（1）犯緣

本戒具足五緣成犯：一、非親里織師；二、比丘自乞縷線；三、欲不與價而令織師織衣之心；四、使織師織衣；五、得衣時，成犯。

（2）辨相結罪輕重

①非親里織師

若令非親里織師織作三衣，捨墮；若使親里織師織衣，不犯。

使比丘、比丘尼、式叉摩那、沙彌、沙彌尼織衣，結突吉羅罪；比丘自織，結突吉羅罪。

②比丘自乞縷線

若從非親里乞縷，使非親里織師織作衣者，捨墮；從非親里乞縷，使親里織師織，突吉羅；從親里乞縷，親里織師織，不犯。

③欲不與價而令織師織衣之心

④使織師織衣

⑤得衣時

得衣者，捨墮；若衣未織成，或已織成未得衣，突吉羅。

⑥犯戒主體

比丘、比丘尼若犯，捨墮；式叉摩那、沙彌、沙彌尼若犯，突吉羅。

⑦不犯

比丘與價，使非親里織師織衣，不犯。

若知他有信心而令織，不犯。

為他乞縷，不犯。

若自織鉢囊、革屣囊、針氈，若作禪帶，若作腰帶，若作帽，若作襪，若作攝熱巾、裹革屣巾，不犯。

最初未制戒，癡狂、心亂、痛惱所纏，不犯。

七、現代行持參考

現在比丘已經很難犯到此戒。

根據本戒的制戒精神，比丘如果有因緣請俗眾做事情，尤其是專業性、技術性較強的工作，除非對方自願承擔，否則應該參照社會上統一的標準支付相應的工資，避免強迫他人為三寶做事，引發俗眾譏嫌。

24

勸織師增縷戒

一、緣起

(一) 緣起略述

《四分律》有一個本制和一個隨制。舍衛城中有居士出好線與織師，希望供養跋難陀衣服，但暗含一定的預算。織師到僧伽藍中告知跋難陀此事，後者便令織師增織並許線。之後跋難陀到居士家求得好線送給織師，並許諾給織師加工費。衣成後居士發現超出預期，隨即譏嫌，諸比丘嫌責緣起比丘並白佛，佛由此制戒。後來諸居士「自恣請與衣」，問比丘需要什麼樣的衣服，比丘不敢接受，佛說這種情況下可以隨意答覆。又有居士打算給比丘貴價衣，比丘少欲知足，想要更差的衣服，但不敢索取，佛說這種情況可隨意答覆，並因此增制比丘「不受自恣請」而勸織，犯本戒。[1]

諸律緣起差異比較：

1. 制戒地點

《四分律》中，制戒地點為「舍衛國祇樹給孤獨園」，《鼻奈耶》[2] 為「釋祇瘦迦維羅衛尼拘陀園」，《十誦律》[3] 為「舍衛國」，《僧祇律》[4] 為「舍衛城祇洹精舍」，《五分律》[5] 為「舍衛城」，《根有律》[6] 為「室羅伐城逝多林給孤獨園」，《巴利律》[7] 為「舍衛城祇樹給孤獨園」。

---

1 《四分律》卷 9，《大正藏》22 冊，624 頁下欄至 626 頁上欄。

2 《鼻奈耶》卷 6，《大正藏》24 冊，878 頁上欄。

3 《十誦律》卷 8，《大正藏》23 冊，55 頁下欄至 56 頁下欄；卷 53，《大正藏》23 冊，390 頁中欄。

4 《僧祇律》卷 11，《大正藏》22 冊，320 頁下欄至 321 頁下欄。

5 《五分律》卷 4，《大正藏》22 冊，29 頁中欄至下欄。

6 《根有律》卷 23，《大正藏》23 冊，748 頁中欄至 749 頁下欄。

7 《經分別》卷 4，《漢譯南傳大藏經》1 冊，364 頁至 368 頁；《附隨》卷 1，《漢譯南傳大藏經》5 冊，55 頁。

2. 緣起比丘

《四分律》、《鼻奈耶》、《十誦律》、《五分律》中，緣起比丘為「跋難陀」，《僧祇律》為「難陀」，《根有律》為「鄔波難陀」，《巴利律》為「優波難陀」。

3. 犯戒對象

《四分律》、《鼻奈耶》、《巴利律》中，犯戒對象為「居士夫婦」，《鼻奈耶》為「迦維羅衛釋種」，《十誦律》為「一居士」，《五分律》為「估客夫婦」，《僧祇律》為「毗舍佉鹿母」，《根有律》為「施衣長者夫婦及織師」。

4. 緣起情節

《四分律》有一個本制和一個隨制，其他律典都只有一個本制。

《十誦律》、《五分律》、《巴利律》的故事情節與《四分律》的差別在於並非緣起比丘親自前往居士家乞線。《鼻奈耶》記載的是緣起比丘親自將此事告訴諸比丘。

《僧祇律》、《根有律》的故事情節與《四分律》的差異較大。

《僧祇律》中，居士毗舍佉鹿母令織師為緣起比丘織衣，乞食比丘得知後將此事告之緣起比丘，後者令織師增織，答應付加工費，並讓織師到居士處索求縷線。得衣之後，緣起比丘避而不見，不欲付費，後被索急，對織師惡言相向，並加以威脅。織師將此事告知眾織師，眾皆譏嫌，相約不再給僧做衣。等到「受歲」時，眾人欲織衣供僧，但織師不與織，導致富者只得以成衣施僧，貧者則無衣布施，僧團的供養因此減少。佛陀知而故問，阿難如實匯報，佛陀因此制戒。

《根有律》中，長者夫婦為報答緣起比丘，令織師為其織衣。比丘得知後，令織師增織，讓其到長者處乞線，並答應自付加工費。之後，緣起比丘以勝鬘夫人供養的美食為酬勞，要求織師增織。織師往長者處乞線，夫婦各增線一次，後織師又來索線，令居士夫婦心生譏嫌。長者婦到織坊看過衣後，便不願將衣供養給緣起比丘，後者獲悉後，便強行取衣。織師欲索衣價，卻分別遭到長者的瞋罵和緣起比丘的推脱，如此索價三次，都沒有結果。最後，緣起比丘以食價大於衣價為由，對織師說：「汝處卻負我錢，因何從索織價？」並將後者困住，直到日中才放走，因此受到織師譏嫌。諸比丘將此事匯報給佛陀，佛陀因此制戒。

（二）緣起比丘形象

諸律對於緣起比丘的描述都比較負面。其中，《鼻奈耶》、《十誦律》、《五分律》、《巴利律》對緣起比丘形象的描寫比較簡單，但通過其行為能反映出比丘的形象特徵。如《巴利律》記載:「此衣乃為我而織，汝應該作更長、寬、厚，善織、密緻、平滑又易理。」可見其內心貪著好衣，迫切希求好衣。

《四分律》中，緣起比丘是一個強勢傲慢、貪著好衣的比丘形象。當織師告訴他，有居士為他織衣時，他說道：「若欲與我織衣者，廣大、極好、堅緻織，使任我受持。若不任我受持者，是所不須。」可見緣起比丘對衣服的品質要求高，且態度高傲。為使衣服增織，他親自到居士家索線，「恣意擇取好者」，當衣服織成後，主動前往居士家索衣，「若是者便可與我」，不體恤居士的感受。

《僧祇律》中，織師前來索織值時，緣起比丘不僅不付加工費，還瞋恚惡言：「以一把糠散恆水漩淵中，欲收斂取如是等處求物，況復汝望得我物。」並威脅織師要讓王家的人將其捆綁交給官府審判。可見緣起比丘恃強凌弱，蠻橫無理。《根有律》中緣起比丘的形象與《僧祇律》相似。

（三）犯戒內因

《四分律》中，緣起比丘的犯戒內因為「欲得好衣」，即對衣服的貪著。其他律典與《四分律》一致。

(四) 犯戒外緣

《四分律》中，緣起比丘的犯戒外緣為居士令織師為緣起比丘織衣。其他律典與《四分律》相同。此外，《根有律》還增加了勝鬘夫人供養美食的外緣。

(五) 犯戒後的影響

1. 對居士的影響

《四分律》中引發居士譏嫌，「從人乞衣，施者雖無厭，而受者應知足，乃至屏處而不得語」。《五分律》、《根有律》也有類似記載，如《五分律》記載，居士瞋罵：「跋難陀難養、難滿，無有厭足；如我本意，此衣數倍！先雖有恩，於今絕矣！」《根有律》記載：「沙門釋子不知厭足，恩義與我更徵其價，非真沙門有何正法？」

《十誦律》記載：「我先所辦縷再三倍用，乃得成衣。」施衣居士付出的縷線比預計的多很多，損失了利益，從而譏嫌緣起比丘，他們對三寶的信心也有所損減。

2. 對織師的影響

織師織完衣後，白費工力，勞而無果。如《僧祇律》記載，織師為索工資，前往施衣居士家，卻被居士辱罵，去緣起比丘處，又遭到緣起比丘的威脅，「我欲著詣王家，呼人來縛取此人付官」，織師只得「怖畏卻行出戶」。《根有律》也有類似記載。

(六) 佛陀考量

緣起比丘的行為遭到了居士乃至諸比丘的譏嫌譴責，佛陀由此呵責緣起比丘並制戒。但這並不代表佛陀不讓比丘向居士索取，如《四分律》記載，佛制定此戒後，諸居士自恣請比丘，佛增制此戒予以開緣。由此可以看出，佛陀制戒禁止比丘向非親里居士索衣的目的，是為了避免居士譏嫌，保護居士的善根，也讓比丘遠離外緣，安心修道；同時，佛開許少欲知足的比丘向居士求索價格合適的衣服，也是出於對居士的慈悲，既能夠讓他們增長福報，也可以讓比丘獲取基本的修道物資，不為瑣事所擾。

（七）文體分析

《四分律》有三個因緣，其他律典只有一個因緣。此外，《僧祇律》還有三個譬喻。

《四分律》中，故事情節以對話為主，較為具體地描述了緣起經過。《鼻奈耶》略顯簡單，《十誦律》、《五分律》、《巴利律》與《四分律》類似，《僧祇律》、《根有律》則顯複雜。

《僧祇律》中涉及的對象較多，不僅有施衣居士夫婦、織師和諸比丘，還有眾多織師。語言簡練、精闢，心理描寫細膩，更有生活形象的譬喻：「遠離其舍異巷而行，譬如老烏遠離射方。」還記載了沙門衣量「長五肘、廣三肘，長五肘、廣二肘」的細節，以及安居受歲時居士供衣的傳統。

相比其他律典，《根有律》故事較長，語言與動作的描述也極具畫面感，如：「時彼織師持鉢吒至，其婦遙見舉手相遮不令其進，於時織師佯不相見低面而入，便以鉢吒置婦懷內，告言：『此是鉢吒。』」

二、戒本

《四分律》中，本戒的戒本為：「若比丘，居士、居士婦使織師為比丘織作衣。彼比丘先不受自恣請，便往織師所語言：『此衣為我作，與我極好織，令廣大、堅緻，我當少多與汝價。』是比丘與價，乃至一食直，若得衣，尼薩耆波逸提。」

（一）若比丘，居士、居士婦使織師為比丘織作衣

《四分律》、《四分僧戒本》[1]、《新刪定四分僧戒本》[2]、《四分律比丘戒本》[3] 作「若比丘，居士、居士婦使織師為比丘織作衣」，意思是：如果比丘，有居士、居士妻子讓織工給比丘織衣。

與《四分律》相似：

《僧祇律》、《僧祇比丘戒本》[4] 作「若居士、居士婦使織師為比丘織作衣」，《五分律》、《彌沙塞五分戒本》[5] 作「若居士、居士婦，為比丘使織師織作衣」。

與《四分律》有部分差異：

以下律典均多出了對供養居士是「非親里」或類似的描述。

《十誦律》作「若為比丘故，非親里居士、居士婦，使織師織衣」，《十誦比丘戒本》[6] 作「若比丘，非親里居士，若居士婦，使織師為比丘織作衣」。

《解脫戒經》[7] 作「若比丘，非親里居士使織師為比丘織作衣」，與《四分律》相比，沒有提及「居士婦」。

---

1 《四分僧戒本》，《大正藏》22 冊，1025 頁下欄至 1026 頁上欄。
2 《新刪定四分僧戒本》，《卍續藏》39 冊，265 頁下欄至 266 頁上欄。
3 《四分律比丘戒本》，《大正藏》22 冊，1018 頁上欄。
4 《僧祇比丘戒本》，《大正藏》22 冊，552 頁上欄。
5 《彌沙塞五分戒本》，《大正藏》22 冊，196 頁中欄至下欄。
6 《十誦比丘戒本》，《大正藏》23 冊，473 頁下欄。
7 《解脫戒經》，《大正藏》24 冊，662 頁上欄。

梵文《有部戒經》[1] 作“bhikṣuṃ ced uddiśya ajñātir gṛhapatir gṛhapatipatnī vā tantravāyena cīvaraṃ vāyayet”，意思是：（與比丘）不是親屬的居士或是居士的妻子，讓織工為比丘織作衣服。

巴利《戒經》[2] 作“bhikkhuṃ pan'eva uddissa aññātako gahapati vā gahapatānī vā tantavāyehi cīvaraṃ vāyāpeyya”，意思是：有（與比丘）不是親屬的居士或者居士的妻子，讓織工為比丘織作衣服。

《根有律》、《根有戒經》[3]、《根有律攝》[4] 作「若復苾芻，有非親居士、居士婦，為苾芻使非親織師織作衣」。

梵文《根有戒經》[5] 作“bhikṣuṃ khalūddiśyājñātiḥ gṛhapatir vā gṛhapatipatnī vājñātitantuvāyena cīvaraṃ vāyayet”，意思是：（與比丘）不是親屬的居士或是居士妻子，讓（與比丘）不是親屬的織工給比丘織作衣服。

藏文《根有戒經》[6] 作“དགེ་སློང་གི་ཕྱིར་ཁྱིམ་བདག་གམ་ཁྱིམ་བདག་གི་ཆུང་མ་ཉེ་དུ་མ་ཡིན་པས་ཐ་ག་པ་ཉེ་དུ་མ་ཡིན་པ་ལ་གོས་འཐག་ཏུ་བཅུག་པ་ལས།”，意思是：不是比丘親屬的居士、居士妻子，讓不是親屬的織工給比丘織作衣服。

《根有律》等五部律典中，不僅要求供養的居士是「非親里」，而且要求織工也是「非親」，《四分律》和其他律典中並沒有這種限定。

梵文《說出世部戒經》[7] 作“bhikṣuṃ kho punar uddiśya anyataro gṛhapatir vā gṛhapatiputro vā tantuvāyena cīvaraṃ vunāpeya”，意思是：如果任何一個居士或居士的兒子，讓織工給比丘織作衣服。這裏「居士的兒子」對應《四分律》的「居士婦」。

---

1 Georg von Simson, *Prātimokṣasūtra der Sarvāstivādins Teil II,* Sanskrittexte aus den Turfanfunden, XI, p. 198.

2 Bhikkhu Ñāṇatusita, *Analysis of the Bhikkhu Pātimokkha,* p. 155.

3 《根有戒經》，《大正藏》24 冊，503 頁中欄。

4 《根有律攝》卷 7，《大正藏》24 冊，563 頁上欄至中欄。

5 Anukul Chandra Banerjee, *Two Buddhist Vinaya Texts in Sanskrit,* p. 30.

6 麗江版《甘珠爾》（འཇང་བཀའ་འགྱུར།）第五函《別解脫經》（སོ་སོར་ཐར་པའི་མདོ།）10b-11a。

7 Nathmal Tatia, *Prātimokṣasūtram of the Lokottaravādimahāsāṅghika School,* Tibetan Sanskrit Works Series, no. 16, p. 18.

上述五部非漢文律典均缺少與「若比丘」直接對應的內容。

與《四分律》差異較大：

《鼻奈耶》中沒有對應的內容。

(二)彼比丘先不受自恣請，便往織師所語言

《四分律》、《四分律比丘戒本》作「彼比丘先不受自恣請，便往織師所語言」，意思是：這個比丘原先沒有受到（居士）的邀請，就（直接）前往織工那裏說。

與《四分律》相似：

《四分僧戒本》作「是比丘先不受自恣請，便到彼所語織師言」，《新刪定四分僧戒本》作「是比丘先不受自恣請，往織師所言」，《五分律》、《彌沙塞五分戒本》作「是比丘先不自恣請，便到織師所，作是言」。

《十誦律》作「是比丘先不請，便往語織師言」，《僧祇律》作「是比丘先不請，便往勸織師言」，《鼻奈耶》作「若比丘，先未然許，竊至作房語織人言」，表述雖然不同，但意思與《四分律》基本相同。

巴利《戒經》作"tatra ce so bhikkhu pubbe appavārito tantavāye upasaṅkamitvā cīvare vikappaṃ āpajjeyya"，意思是：如果這位比丘在沒有受到邀請的情況下，到織工那裏，針對衣服提議（說）。這裏相比《四分律》多出了「針對衣服」，但不影響文意。

與《四分律》有部分差異：

《十誦比丘戒本》作「是比丘先不自恣請，為好衣故，少作因緣，往到織師所語織師言」，《僧祇比丘戒本》作「是比丘先不請，為好故便往勸織師言」。這兩部律典與《四分律》相比，主要增加了「為好」的動機描述，並且《十誦律》還多出了「少作因緣」。

《解脫戒經》作「是比丘先不受自恣請，憶念往織師所，語織師言」，《根有律》、《根有戒經》、《根有律攝》作「此苾芻先不受請，便生異念，詣彼織師所作如是言」。

梵文《說出世部戒經》作“tena ca bhikṣuḥ pūrvaṃ apravārito upasaṃkramitvā vikalpam āpadyeya”，意思是：這個比丘原先沒有被邀請，直接前往後，(由於) 起了念想 (而說)。

梵文《有部戒經》作“tatra cet sa bhikṣuḥ pūrvam apravāritaḥ samāna upasaṃkramya taṃ tantravāyaṃ kaṃcid eva vikalpam āpadyann evaṃ vaded”，意思是：如果這個比丘原先沒有被邀請，直接前往這個織工那裏，(由於) 生起某個念想而這樣建議說。

梵文《根有戒經》作“tatra cet sa bhikṣuḥ pūrvam apravāritaḥ san kaṃcid eva vikalpam āpadya tam ajñātiṃ tantuvāyam upasaṃkramyaivaṃ vadet*”，意思是：如果這個比丘原先沒有被邀請，(由於) 生起某個念想，直接前往這個不是親屬的織工那裏，這樣說。

藏文《根有戒經》作“དེ་ལ་གལ་ཏེ་དགེ་སློང་དེ་ལ་སྔར་མ་བསྟབས་པར་རྣམ་པར་རྟོག་པ་འགའ་ཞིག་བྱུང་ནས་ཐ་ག་པ་ཉེ་དུ་མ་ཡིན་པའི་གན་དུ་སོང་སྟེ་འདི་སྐད་ཅེས།”，意思是：這個比丘沒有受邀請，而自起念想，便去了彼織師那裏，這樣說。

《解脱戒經》及之後的律典比《四分律》都多出了「憶念」、「生異念」或類似的內容。

(三) 此衣為我作，與我極好織，令廣、大、堅、緻，我當少多與汝價

《四分律》、《四分律比丘戒本》作「此衣為我作，與我極好織，令廣、大、堅、緻，我當少多與汝價」，意思是：這件衣服是為我作的，要給我好好織，讓衣服寬廣、高大、堅固、細緻，我會多少給你些價錢。

與《四分律》相似：

《四分僧戒本》作「此衣為我織，極好織，令廣、長、堅、緻，齊整好，我少多與汝價」，《新刪定四分僧戒本》作「此衣為我作，汝當極好織，令廣、長、堅、緻，齊整好，我當與汝價」。《解脱戒經》作「汝今當知，此衣為我織。極好織令緻好，我當多少與汝衣價」。

與《四分律》有部分差異：

《鼻奈耶》作「好織此衣極令使妙，我當分衛以相供給」，這裏的「分衛」指「乞食」，意思是用乞得的食物作為對織師的報酬，與《四分律》有所不同。

《僧祇律》作「汝知不？此衣為我作，汝當好織，令緻長、廣，當與汝錢、錢直，食、食直」，《僧祇比丘戒本》作「善哉居士！此衣為我作，汝當好織令緻長、廣，當與汝錢直，若食直」，《根有律》作「汝今知不？此衣為我織。善哉織師！應好織、淨梳治、善簡擇、極堅打。我當以少多鉢食，或鉢食之類，或復食直而相濟給」，《根有戒經》、《根有律攝》作「汝今知不？此衣為我織。善哉織師！應好織、淨梳治、善簡擇、極堅打。我當以少鉢食，或鉢食類，或復食直而相濟給」。

梵文《說出世部戒經》作"sādhu kho punas tvam āyuṣmann imaṃ cīvaram āyataṃ ca karohi, vistṛtaṃ ca karohi, suvutaṃ ca karohi, sutacchitaṃ ca karohi, suvilikhitaṃ ca karohi| apy eva nāma vayaṃ pi tava kiñcid eva mātrām upasaṃharema, māṣakaṃ vā māṣakārhaṃ vā piṇḍapātaṃ vā piṇḍapātārhaṃ vā"，意思是：好啊，大德，把這衣服作得長、作得寬、作得大、作得裁切齊整、作得刮擦乾淨；而且我們也會送你一些東西，錢或錢的等價物，或乞得的食物，或食物的等價物。

梵文《有部戒經》作"yad āyuṣmaṃ tantravāya jānāsi idaṃ cīvaraṃ mām uddiśya ūyate sādhv āyuṣmān etac cīvaraṃ sūtaṃ ca karotu sulikhitaṃ ca suvistṛtaṃ ca sutakṣitaṃ ca apy eva vayam āyuṣmataḥ k(i)ṃcid eva mātram upasaṃhariṣyāmaḥ piṇḍapātaṃ vā piṇḍapātamātraṃ vā piṇḍapātasaṃvaraṃ vā"，意思是：大德，你知道這個衣服是為我織的，大德，請把衣服作得好、寬大，刮擦乾淨，裁切齊整；而且大德，我們也會送你一些東西，或乞得的食物，或乞得的食物等價物，或供養的食物。

梵文《根有戒經》作"yat khalv āyuṣmāṃs tantuvāya jānīyā idaṃ cīvaram asmān uddiśya ūyate sādhv āyuṣmaṃs tantuvāya idaṃ cīvaraṃ suvistṛtaṃ ca kuru suvilikhitaṃ ca suvitakṣitaṃ ca svākoṭitaṃ cāpy eva vayam āyuṣmate tantuvāyāya kāṃcid eva mātram upasaṃhariṣyāmo yaduta piṇḍapātaṃ vā piṇḍapātamātraṃ vā piṇḍapātasaṃbalaṃ vā cīvarasyābhiniṣpattaye”，意思是：大德，你知道這個衣服是為我織的，大德，這個衣服要寬大、刮擦乾淨、裁切齊整，而且好好捶打；而且，大德，若是得到衣服，我們會送你一些東西，有乞得的食物，或食物的等價物，或是供養的食物。

藏文《根有戒經》作“ཚེ་དང་ལྡན་པ་ཐ་ག་པ་ཤེས་པར་གྱིས་ཤིག །གོས་འདི་ནི་ཁོ་བོའི་ཕྱིར་འཐག་གིས། ཚེ་དང་ལྡན་པ་ཐ་ག་པ་གོས་འདི་ཞེང་ཆེ་བ་དང་། ཕྱིན་རིང་བ་དང་། ཐར་གྱིས་ཞག་པ་དང་། ཐགས་རན་བཟང་བར་ལེགས་པར་གྱིས་ཤིག །ཚེ་དང་ལྡན་པ་ཐ་ག་པ་འདི་ལྟར་ཁོ་བོས་སྣ་ཟན་འདི་ལྟ་སྟེ། བཟའ་བ་དང་། བཅའ་བ་ཙམ་འམ། བཟའ་ཚྭ་ཙུང་ཟད་ཅིག་སྦྱིན་ནོ་ཞེས་སྨྲས་ནས།”，意思是：織師，您應該知道，這件衣服是為我而作，織師，此衣您應織得廣、長、大，令其布紋光滑、善好、精細；織師，如此我將給予您飯菜或一些食品作為報酬。

《僧祇律》及以下的律典相比《四分律》，給予織師的東西增加了食物、與食物等價的物品等。

《十誦比丘戒本》作「汝知不？此衣為我作，汝好織令緻廣，我或當與汝少物」。

巴利《戒經》作“idaṃ kho āvuso cīvaraṃ maṃ uddissa viyyati āyatañ-ca karotha, vitthatañ-ca appitañ-ca suvītañ-ca suppavāyitañ-ca suvilekhitañ-ca suvitacchitañ-ca karotha; appeva nāma mayam-pi āyasmantānaṃ kiñ-ci-mattaṃ anupadajjeyyāmā ti”，意思是：朋友們，這衣服是指定給我織的，請做得長、寬、厚實、平整、柔順、平滑一些，我們肯定會送你們一些小禮物。

《十誦比丘戒本》和巴利《戒經》這兩部律典中都以「物」對應《四分律》中的「價」。

《五分律》、《彌沙塞五分戒本》作「汝知不？此衣為我作，汝好為我織，令極緻廣，當別相報」，《十誦律》作「汝知不？是衣為我故織，汝好織、極好織、廣織、淨潔織，我當多少益汝」。相比《四分律》，這三部律典只提到酬謝織師，但沒有說明具體的方式。

（四）是比丘與價乃至一食直，若得衣，尼薩耆波逸提

《四分律》作「是比丘與價乃至一食直，若得衣，尼薩耆波逸提」，意思是：這個比丘給（織工）衣價，乃至一頓飯的價錢，如果得到了衣服，犯捨墮罪。

與《四分律》相似：

《四分律比丘戒本》作「是比丘與價，乃至一食直，若得衣者，尼薩耆波逸提」，《四分僧戒本》作「若比丘與價，乃至一食直，若得衣者，尼薩耆波逸提」，《新刪定四分僧戒本》作「是比丘與衣價，乃至一食直，得衣者，尼薩耆波逸提」。

與《四分律》有部分差異：

《解脫戒經》作「若比丘與價，乃至一食，得衣者，尼薩耆波逸提」，這裏以「一食」對應《四分律》的「一食直」。《五分律》、《彌沙塞五分戒本》作「後若與一食，若一食直，得者，尼薩耆波逸提」，這裏比《四分律》多了「一食」。

《鼻奈耶》作「若得衣者，捨墮」，梵文《根有戒經》作"abhiniṣpanne cīvare naisargikā pāyantikā"，意思是：（如果）得到衣服，捨墮。這裏缺少與《四分律》「是比丘與價乃至一食直」相對應的內容。

《僧祇比丘戒本》作「如是勸，得衣者，尼薩耆波夜提」，此處「如是勸」省略了律典前面所勸說「當與汝錢直，若食直」的內容，與《四分律》意思略有差異。

《僧祇律》作「是比丘如是勸與錢、錢直，食、食直，得衣者，尼薩耆波夜提」，《根有律》、《根有戒經》、《根有律攝》作「若苾芻以如是物與織師求，得衣者，泥薩祇波逸底迦」。

巴利《戒經》作"evañ-ca so bhikkhu vatvā kiñci-mattaṃ anupadajjeyya, antamaso piṇḍapātamattam-pi, nissaggiyaṃ pācittiyaṃ"，意思是：如果比丘像這樣說了之後，給了（織工）禮物，乃至只有一點食物，捨墮。

藏文《根有戒經》作“དེ་ལ་གལ་ཏེ་དགེ་སློང་དེས་གོས་བསླབ་པའི་ཕྱིར་སྨྲ་རྫིན་འདི་ལྟ་སྟེ། བཟའ་བ་འམ། བཅའ་བ་ཙམ་འམ། བཟའ་ཆ་ཅུང་ཟད་ཅིག་སྦྱིན་ཞིང་གོས་གྲུབ་ན་སྤང་བའི་ལྟུང་བྱེད་དོ།།”，意思是：如果比丘以這種方式，即如是飯菜或一些食物作為報酬給予，而且衣服做成，捨墮。

《僧祇律》及以下的律典，比《四分律》多了「食」、「物」等酬謝方式的表述。

《十誦律》作「是比丘若自語，若使人語，後時若與食，若與食直，為好故，尼薩耆波夜提」，《十誦比丘戒本》作「是比丘若自勸喻，若使人勸喻已，後時與少物，乃至一食，若一食具，若一食直，為得衣故。若得是衣，尼薩耆波夜提」。這兩部律典中增加了「為好故」和「為得衣故」的動機描述。

梵文《有部戒經》作“evaṃ cet sa bhikṣus taṃ tantravāyaṃ saṃjña(pya vā) saṃjñāpya vā tataḥ paścāt k(i)ṃcid eva mātram upasaṃhared piṇḍapātaṃ vā piṇḍapātamātraṃ vā piṇḍapātasaṃvaraṃ vā cīvarasyābhiniṣpattaye abhiniṣpanne cīvare niḥsargikā pātaya(nti)kā”，意思是：如果這個比丘告知或指使（別人）告知這個織工，之後送一些東西，或乞得的食物，或乞得的食物等價物，或供養的食物。（如果）得到做好的衣服，捨墮。

《十誦律》及之後的律典，相比《四分律》增加了「若自語，若使人語」或相似的內容。此外，除了「食直」外，舉例的物品包括「食」、「食具」等。

梵文《說出世部戒經》作“tatra ca so bhikṣur evaṃ vaditvā na kiñcid eva mātrām upasaṃhareya māṣakaṃ vā māṣakārhaṃ vā piṇḍapātaṃ vā piṇḍapātārhaṃ vā, abhiniṣpanne cīvare nissargikapācattikaṃ”，意思是：這個比丘這麼說完後，沒有送一些東西，錢或錢的等價物，或乞得的食物，或食物的等價物。（如果）得到衣服，捨墮。這裏除了列舉的物品比《四分律》豐富外，意思與《四分律》中的「與價」、「沒有送一些東西」恰恰相反。

三、關鍵詞

食直

梵文《有部戒經》、梵文《根有戒經》對應為“piṇḍapātamātra”，梵文《說出世部戒經》則是“piṇḍapātārha”，兩個語詞中的“piṇḍapāta”都是「乞得的食物（英譯：alms-food）」的意思，但後面銜接的“mātra”和“arha”則不相同，“mātra”一詞有量的意思，這裏引申為少量。因此，“piṇḍapātamātra”可以解釋成：少量乞得的食物（英譯：a little alms-food）。巴利《戒經》作“piṇḍapātamatta”，“piṇḍapāta”同樣是指「乞得的食物」，而“matta”一詞和梵文“mātra”相似，所以整個語詞的意思和梵文《有部戒經》、梵文《根有戒經》相同。但是梵文《說出世部戒經》的“piṇḍapātārha”一詞中的“arha”表示「值」的意思，所以“piṇḍapātārha”可以翻譯成：乞得食物的等值（英譯：worthy of the alms-food）。藏文《根有戒經》中只有間接與「食直」對應的詞，即“བླ་རྔན་འདི་ལྟ་སྟེ（報酬如下）། བཟའ་བ་དང་（或食物）། བཅའ་བ་ཙམ་འམ（或飲料）། བཟའ་རྒྱུ་（能吃的東西）ཅུང་ཟད་ཅིག་（一些）”，意思是：或食物，或飲料，或一些可以吃的東西作為報酬（英譯：a reward-food, drink or any little thing that can be eaten）。與「一食直」含義相似。

「食直」中的「直」是個通假字，通「值」，有價值、價錢、等值的意思。《十誦律》將「食直」解釋為「可買食物」，說明「食直」可能是一種貨幣，也有可能是某種等價物。

《僧祇律》記載：「食者，麨飯、麥飯、魚肉食；直者，錢物。」明確指出「直」為錢物，綜合起來理解，「食直」的意思就是價值達到能夠購買上述食物的錢財。

《根有律》解釋為「或復食直者，謂與其價」，《根有律攝》「言食直者，謂與食價」，就是與食物等價的東西，可能是金錢貨幣，也有可能是其他物品。這兩部律的內涵與《十誦律》一致。

《四分律》及其他律典在關鍵詞中沒有相關記載。

綜上所述，「食直」的詞源分析中，除梵文《說出世部戒經》意為「乞得食物的等值」外，其他幾部戒經內涵一致，都是指「少量食物」。漢譯律典中，《十誦律》、《僧祇律》、《根有律》、《根有律攝》在關鍵詞中有「食直」的記載，其中《僧祇律》明確記載是錢物，其餘三部律典不明確，但都可以引申為某種錢財。

通過上述分析，「食直」一詞的內涵或許有一個歷史變化的過程。從多數戒經的詞源分析中可以比較清楚地看出，其原意是指少量的食物，僅梵文《說出世部戒經》中是「食物的等值」，而等值如何衡量，是用某種貨幣還是某種在交換時充當一般等價物的物品，這個不得而知，因為在藏文律典中有這樣的記載：「織師，如此我將給予您飯菜或一些食品作為酬金。」同時，相關的歷史考古資料證明，佛世時，印度商業貿易比較發達，並且已經有了貨幣；因此，可以推測，律典翻譯時，梵文戒本中「食直」本身的內涵已經有所變化，從而造成了漢譯律典與詞源分析中的某些差異。

四、辨相

(一) 犯緣

具足以下五個方面的犯緣便正犯本戒：

1. 所犯境

《四分律》中，本戒的所犯境是受居士、居士婦指使為比丘織衣的織師。

《僧祇律》、《五分律》與《四分律》相同。《鼻奈耶》戒條及辨相中無記載，但據緣起內涵，亦與《四分律》相同。

《十誦律》、《薩婆多論》[1]、《巴利律》、藏傳《苾芻學處》[2]與《四分律》相比，增加了居士居士婦必須是「非親里」的描述。另外，《根有律》、《根有律攝》[3]要求織師是非親里。

上面的律典中，《四分律》、《十誦律》、《僧祇律》、《五分律》、《根有律》、《根有律攝》、《巴利律》的所犯境都是從戒條中提取出來的。

藏傳《苾芻學處》對居士和織師都有特殊要求，如：「令增織之施主及織師皆具在家之前五法。」

《摩得勒伽》[4]沒有說明此戒的所犯境，《善見論》、《毗尼母經》、《明了論》無此戒的辨相，下不贅述。

2. 能犯心

(1) 發起心

《四分律》、《巴利律》中，「為他」不犯，結合此戒的緣起和方便加行的

1 《薩婆多論》卷 5，《大正藏》23 冊，537 頁中欄至下欄。

2 《苾芻學處》，《宗喀巴大師集》卷 5，77 頁至 78 頁。

3 《根有律攝》卷 7，《大正藏》24 冊，563 頁上欄至中欄。

4 《摩得勒伽》卷 2，《大正藏》23 冊，574 頁上欄至中欄。

內容，可以反推出此戒的發起心是為己求得好衣之心。

藏傳《苾芻學處》中表述為「欲令增織之欲相續未斷」，相較而言，更為細緻和嚴格。

其他律典沒有明確記載此戒的發起心。

（2）想心

《四分律》無記載。

《巴利律》中記載，非親里居士，作非親里想、疑、親里想，皆正犯。

藏傳《苾芻學處》概括為「想不錯亂」。

其他律典沒有相關記載。

3. 方便加行

《四分律》中方便加行為：比丘先不受請，勸說織師做好衣並許價。

《薩婆多論》、《僧祇律》、《五分律》、《根有律》、《根有律攝》與之相同。此外，《四分律》的方便加行還多了一點要求：比丘先受「自恣請」。《五分律》也有類似的記載。其他律典無相關記載。

《鼻奈耶》、《巴利律》中，比丘先不受請，勸說織師織好衣，並允諾給予對方饋贈，正犯此戒。而有關饋贈的物品，這兩部律均沒有具體說明，如《鼻奈耶》中記載為「我當分衛以相供給」，《巴利律》則記載為「若贈以物，雖僅托鉢食」，關鍵詞對此解釋為「『托鉢食』乃粥、飯、嚼食、粉藥丸、楊枝、未織之絲乃至說法也」，也就是饋贈對方一些食物、物品，乃至於為對方說法。

《十誦律》中記載比較具體，勸說內容有「汝好織、極好織、廣織、淨潔織」四個方面，其中勸說任意一點，或者一點以上的內容，都正犯此戒。勸說方式「若自語，若使人語」亦正犯此戒，與《四分律》相比多了「使人語」內容。

《薩婆多論》還指出：「若遣使，書信，印信，許與食具、食直，得好衣，捨墮。」

藏傳《苾芻學處》與《十誦律》相似，「或自，或教他，以具五相語令其增織，或為廣大，或為堅緻等」。

另外，《十誦律》還記載了一種特殊情況，「汝莫好織，我或多少益汝」，亦正犯此戒。言「汝莫廣織」、「莫淨織」等也正犯此戒。從文義表面來看，好像與前面的方便加行記載矛盾，但結合律典的上下文可知，本戒「為好故」的內涵可以理解為比丘心存「為好故」的動機讓織師做不好的衣服，目的是凸顯自己有修行，獲取居士讚歎等。

《摩得勒伽》的記載較為模糊，為比丘織衣時，比丘往語，正犯此戒。此律既沒有說明是誰為比丘織衣，也沒有說明比丘往語時說了什麼。

《鼻奈耶》、《薩婆多論》、《五分律》、《根有律》、《根有律攝》的方便加行都是從戒條中提取。

其他律典沒有相關內容。

4. 究竟成犯

《四分律》中為「若得者」，也就是得到衣服時，正犯本戒。

《五分律》戒條之中的記載與《四分律》相似，「得者」正犯本戒。

《鼻奈耶》、《薩婆多論》、《僧祇律》、《根有律》、《根有律攝》與《四分律》相同，得衣者，為究竟。

藏傳《苾芻學處》的究竟成犯為「織竟時」。

《巴利律》有兩個究竟成犯的記載。《巴利律．經分別》為「至手者」，也就是衣服拿到手裏為究竟；《巴利律．附隨》為「已指示者」，也就是只要對織師發出了指示就正犯，不用等到得衣。

其他律典沒有相關記載。

5. 犯戒主體

《四分律》中，犯戒主體是比丘，比丘尼同犯。

《薩婆多論》、《五分律》、藏傳《苾芻學處》與《四分律》相同。

其他律典中只記載了犯戒主體為比丘的情況。

（二）輕重

1. 所犯境

《四分律》中沒有記載犯輕的情況，諸律正犯的情況如上犯緣所述。

《十誦律》中，「若居士不能男、居士婦不能女，若居士二根、居士婦二道合一道，是中作同意勸，得突吉羅」。

《摩得勒伽》中，黃門、二根織衣，比丘語彼，突吉羅。

《根有律》中，居士和織師均為非親，勸增縷時犯突吉羅，使織師織時犯突吉羅，得衣時結捨墮；居士是非親，織師是親里，勸增縷時犯突吉羅，得衣時無罪；居士是親里，織師是非親，勸增縷時無犯，得衣時犯一個捨墮；如果織師與居士均為親里，無犯。

《根有律攝》則記載：「若不淨衣，或勸黃門、二形作衣者，皆得惡作。」

其他律典無相關記載。

2. 能犯心

（1）發起心

諸律判罪情況如上犯緣所述。諸律沒有關於發起心犯輕的判罪。

（2）想心

《巴利律》中，於親里作非親里想、疑，結突吉羅；於親里作親里想，不犯。

諸律正犯捨墮的情況如上犯緣所述。

3. 方便加行

《四分律》中，比丘先不受請，勸說織師做好衣並許價，結捨墮。其他律典正犯捨墮的情況如上犯緣所述。

以下律典記載了犯輕的情況：

（1）不許價結罪

《十誦律》記載，如果比丘令織師「好織、廣織、極好織、淨潔織」，只要有這四種中一種或一種以上，不許價，突吉羅；反之，比丘令織師「不要好織、廣織、極好織、淨潔織」，涉及這四種中一種或多種，不許價，同樣犯突吉羅。

《僧祇律》記載：「往勸不許價，得衣，越比尼罪。」《薩婆多論》與之相似：「若為織師說法令好織，不與食具食直，得好衣突吉羅。」

（2）言不了結罪

《摩得勒伽》記載，「比丘往不語，突吉羅」。藏傳《苾芻學處》與之相似，「如未以明言令其增織，為欲令增織故而至其處……是惡作罪」。

（3）其他結罪

《僧祇律》中記載，比丘「不聞而往勸，自與，得衣者，越毗尼罪」，即比丘先不知道織師為自己織衣，而去勸說做好衣，並且是自己給錢或線，得衣時突吉羅。該律還記載了一種特殊情況：「若比丘與織師說法，織師手支頤住聽，比丘語織師言：『此應耳聽，不應手聽，手可並作。』作是語時，得越毗尼罪。」

《摩得勒伽》中還規定：「若不淨縷雜織，突吉羅。」

4. 究竟成犯

《四分律》中，「得衣」時正犯捨墮。《五分律》與《四分律》相似，「得者」犯捨墮。《鼻奈耶》、《薩婆多論》、《僧祇律》、《根有律》、《根有律攝》在這一點上與《四分律》相同。

《四分律》還記載：「不得衣者，突吉羅。」

藏傳《苾芻學處》中，「織竟」時犯捨墮。《巴利律》有兩個究竟成犯的判罪：《巴利律．經分別》為「依彼語作長、寬或厚，欲使作之者，突吉羅；至手者，捨墮」;《巴利律．附隨》為「指示之前行者，突吉羅;已指示者，捨墮」。

《薩婆多論》中，「得好衣，捨墮；不得好衣，突吉羅。」

《僧祇律》中，究竟成犯的判罪為：「若比丘語織師言：『與我好織、堅織、緻打。』作是語時，越毗尼罪。織師下手打織時，下下波夜提。作成得者，尼薩耆波夜提。」

《根有律》記載：「勸令好織皆得惡作；得衣之時即犯捨墮。」《根有律攝》與《根有律》相同，如律中記載，「從初勸作，乃至衣未入手皆犯惡作；若得衣已，便得捨墮」。

其他律典沒有究竟成犯的判罪。

5. 犯戒主體

《四分律》、《薩婆多論》、《五分律》中，比丘、比丘尼犯捨墮，式叉摩那、沙彌、沙彌尼犯突吉羅。藏傳《苾芻學處》中，比丘和比丘尼均犯捨墮。

其他律典中，比丘，犯捨墮。

（三）不犯

1. 所犯境不具足

《四分律》記載，「從親里索、從出家人索」，不犯。

《巴利律》記載，「親里者、受請者」，不犯。

2. 能犯心不具足

《四分律》記載，「為他」，不犯。

《巴利律》中，「為他乞者」，不犯。此外，於親里作親里想，不犯。

《四分律》還提及，「知足減少求」，不犯。《巴利律》中則表述為「欲織高貴衣而令織便宜衣」。

3. 方便加行不具足

《四分律》、《僧祇律》、《巴利律》中記載，比丘先受自恣請，往求，不犯。

《四分律》還提及，若不索而得，或他為己，不犯。

《僧祇律》記載：「不聞不勸亦不與直，得衣者，無罪。」

《摩得勒伽》記載：「為比丘作，比丘不語，不犯。」

《巴利律》記載，「依己之財者」，不犯。《十誦律》、《薩婆多論》中有類似的表述。

2. 犯戒主體不具足

《四分律》記載，「最初未制戒，癡狂、心亂、痛惱所纏」，不犯。《五分律》、《根有律》與之相同。

《巴利律》記載，「癡狂者、最初之犯行者」，不犯。

五、原理

（一）施主利益受損

本戒屬於遮戒，同樣跟比丘做衣有關。「乞縷使非親織師戒」遮止比丘侵損織師的利益，而本戒則是遮止比丘未經允許胡亂加價，致使施主多施縷線而利益受損的行為。

居士有時不會直接供養一件成衣給比丘，而是提供縷線，然後再請織師為比丘加工，但內心會預設衣價的標準；如果比丘沒有經過施主的同意就貿然加線加價，很容易給施主帶來困擾。《巴利律》記載：「為何大德優波難陀釋子未受我請之前，即至居士之織師家，就其衣作指示耶？」《十誦律》中，居士也因此譏嫌說：「我先所辦縷再三倍用，乃得成衣。此是我等衰惱失利，何以供養是難滿、難養、不知厭足、不少欲人？」

（二）施主恩情斷絕

《根有律》緣起故事中，居士先對緣起比丘感恩戴德，後來卻與其決裂。《五分律》中的結局也與之相似：「跋難陀難養、難滿，無有厭足。如我本意，此衣數倍！先雖有恩，於今絕矣！」可見，緣起比丘貪著私利，使僧俗善緣，瞬息即逝。

《僧祇律》中，因為緣起比丘一個人的煩惱，連累了整個僧團，「諸貧人等先無成織者無衣施僧，爾時僧得布施衣少」。可見，比丘與居士交往的時候，不僅僅關係到自身，還關係到僧團及佛教。如果個人帶着煩惱，處事不當，可能受損的就不僅僅是一個人，還有整個僧團，乃至整個佛教。

六、總結

（一）諸律差異分析

1. 緣起差異

（1）結構差異

《四分律》有一個本制、一個隨制。《鼻奈耶》、《十誦律》、《僧祇律》、《五分律》、《根有律》、《巴利律》只有一個本制。

（2）情節差異

《十誦律》與《四分律》情節一致。

《鼻奈耶》與《四分律》情節差異較大，內容簡單，且沒有提到比丘被人譏嫌。

《僧祇律》、《五分律》、《根有律》、《巴利律》情節與《四分律》有一些差異，都是織師索取縷線，而《四分律》中是緣起比丘自己索取。此外，《根有律》還提到了緣起比丘給織師乞美食讓其「好織」，以及織師找緣起比丘索要工錢未果；《僧祇律》也提到了織師找緣起比丘索取工錢，卻被緣起比丘恐嚇而回，於是織師商定不給比丘做衣，導致「僧得布施衣少」；《五分律》中緣起比丘最終沒有得到衣。

（3）結論

綜上所述，本戒緣起無需調整，仍取《四分律》的結構和情節。

2. 戒本差異

相比《四分律》，《十誦律》、《十誦比丘戒本》、《解脫戒經》、《根有律》、《根有戒經》、《根有律攝》、梵文《有部戒經》、梵文《根有戒經》、巴利《戒經》和藏文《根有戒經》都多出了供養衣服的居士是「非親里」的表述，其中《根有律》、《根有戒經》、《根有律攝》以及梵文《根有戒經》、藏文《根有戒經》這五部根本說一切有部律典中還要求織工也是「非親里」。梵文《說出世部戒經》本戒的內容比較特殊：一方面，以「居士或居士的兒子」對應《四分律》中的「居士、居士婦」；另一方面，最後成犯的條件為「沒有送一些東西」，這與《四分律》及其他律典相反。除此之外，諸律的內容基本一致。

結合《四分律》的辨相，以及參考《十誦律》、《解脫戒經》等律典，在「居士、居士婦」前增加「非親里」；其後的「彼比丘」，據《四分僧戒本》、《十誦律》等律典改為「是比丘」，以避免指示不清。「自恣」一詞本用作描述性的修飾，但是容易讓人誤以為是一個限制條件，因此借鑒《十誦律》、《僧祇律》等律典，將「自恣」二字略去。據《新刪定四分僧戒本》、《僧祇律》等律典將「語言」中的「語」字刪去，使讀誦更為順暢。為使文意更加容易理解，據《新刪定四分僧戒本》等律典將「與我極好織」改為「汝當極好織」。原先修飾衣服的「廣、大、堅、緻」中，「廣」、「大」兩字的字意較為接近，據《四分僧戒本》等律典將「大」改為「長」，以示區分。最後，為使語句通暢，據《四分僧戒本》等律典將文末的「若得衣」改為「得衣者」。

3. 辨相差異

（1）所犯境

《十誦律》、《薩婆多論》、《巴利律》、藏傳《苾芻學處》有居士居士婦必須是「非親里」的描述，《四分律》無此描述。不過《四分律》在開緣中提到「從親里索」不犯，由此推知所犯境是非親里居士。

（2）能犯心

《四分律》中未明確記載發起心，但開緣中有「為他」不犯，所以可推出發起心是為己求得好衣之心。《巴利律》與《四分律》類似。藏傳《苾芻學處》中，發起心為「欲令增織之欲相續未斷」。其他律典均沒有發起心的內容。這裏仍沿用《四分律》的「為己求得好衣」作為本戒的發起心。

（3）方便加行

《四分律》中的方便加行有三個因素：先不受請、令織師增織、許價。這一點其他律典與《四分律》相同。其中，令織師增織的方式，《四分律》只提到自己言語勸增織；《十誦律》提到自語和使人語兩種方式；《薩婆多論》在前者基礎上，又增加了「書信、印信」的方式，更為全面，故加以採納。

《薩婆多論》、《僧祇律》中，不許價結突吉羅罪。《十誦律》的辨析較為詳細：各種説法的增織，許價，結捨墮；各種説法的增織，不許價，結突吉羅；各種説法的不增織，許價，亦結突吉羅。本戒採納這些律典針對許價與否的差別處理。

（4）究竟成犯

《四分律》、《鼻奈耶》、《薩婆多論》、《僧祇律》、《五分律》、《根有律》、《根有律攝》以「得者」為究竟，也就是得到衣服時，正犯此戒。藏傳《苾芻學處》的究竟成犯為「織竟時」。《巴利律》中有兩個究竟成犯的記載：一是衣服到手；二是「已指示者」，即對織師發出了指示便正犯，不用等到得衣。

與「乞縷使非親織師戒」類似，諸律中究竟成犯有兩種觀點：一是「衣織成」，一是「得衣」。本戒參考「乞縷使非親織師戒」，「得衣」時究竟成犯。

4. 諸律內部差異

《巴利律》緣起中「優波難陀」並無承諾給織師「贈物」或加工錢的記載；而戒本中則有「亦會以物贈賢者耳」，辨相亦有「贈以物」的記載。

（二）調整文本

通過以上諸律間觀點同異的對比與分析，文本在《四分律》的基礎上作如下調整：

1. 緣起

（1）本制

佛在舍衛國祇樹給孤獨園，居士請織師為跋難陀織作衣，跋難陀便令織師增織，並許線。於是跋難陀到居士家求得好線給織師，並許諾給織師加工費。衣成後居士發現超出自己預期，譏嫌跋難陀「受取無厭」，佛陀知道後制戒。

（2）隨制

有居士「自恣請與衣」，比丘不敢接受，佛說「應隨意答」。又有居士與比丘貴價衣，少欲比丘想要差的衣服卻不敢索取，佛說「可隨意答覆」，並因此增制此戒，規定比丘在「先不受請」的情況下犯戒。

2. 戒本

若比丘，非親里[1]居士、居士婦使織師為比丘織作衣。是[2]比丘先不受[3]請，便往織師所[4]言:「此衣為我作，汝當[5]極好織，令廣、長[6]、堅、緻，我當少多與汝價。」是比丘與價，乃至一食直，得衣者[7]，尼薩耆波逸提。

3. 關鍵詞

食直：指與食物等價值的錢物。

4. 辨相

（1）犯緣

本戒具足五緣成犯：一、非親里居士使織師為比丘織衣；二、為己求得好衣之心；三、先不受請，令織師增織並許值；四、織師增織；五、得衣時，成犯。

1 「非親里」，底本闕，據《十誦律》、《十誦比丘戒本》、《解脱戒經》、梵文《説出世部戒經》、梵文《有部戒經》、梵文《根有戒經》、巴利《戒經》、藏文《根有戒經》加。

2 「是」，底本作「彼」，據《四分僧戒本》、《新刪定四分僧戒本》、《十誦律》、《十誦比丘戒本》、《僧祇律》、《僧祇比丘戒本》、《五分律》、《彌沙塞五分戒本》、《解脱戒經》改。

3 「受」後，底本有「自恣」，據《十誦律》、《僧祇律》、《僧祇比丘戒本》、《根有律》、《根有戒經》、《根有律攝》刪。

4 「所」後，底本有「語」，據《新刪定四分僧戒本》、《僧祇律》、《僧祇比丘戒本》刪。

5 「汝當」，底本作「與我」，據《新刪定四分僧戒本》、《僧祇律》、《僧祇比丘戒本》改。

6 「長」，底本作「大」，據《四分僧戒本》、《新刪定四分僧戒本》改。

7 「得衣者」，底本作「若得衣」，據《新刪定四分僧戒本》、《僧祇律》、《僧祇比丘戒本》、《解脱戒經》改。

（2）辨相結罪輕重

①非親里居士使織師為比丘織衣

②為己求得好衣之心

③先不受請，令織師增織並許值

比丘先不受請，自勸說，或教他勸說，或通過書信、印信等方式使織師做好衣並許價，捨墮；若先受請，不犯。

④織師增織

⑤得衣

若比丘勸增縷，許值，得衣者，捨墮；不得衣者，突吉羅。

若比丘勸增縷，不許值，得衣者，突吉羅；不得衣者，突吉羅。

⑥犯戒主體

比丘、比丘尼若犯，捨墮；式叉摩那、沙彌、沙彌尼若犯，突吉羅。

⑦不犯

若比丘，從親里索，從出家人索，不犯。

若比丘，為他索，或他為己索，不犯。

若比丘，知足減少求，或如施主意令織，不犯。

不索而得，不犯。

最初未制戒，癡狂、心亂、痛惱所纏，不犯。

七、現代行持參考

現在比丘很少會因為織好衣而違背施主的供養意願，但在面對居士的供養時，也需要防範貪多、貪好的心理。居士在答應供養比丘物品，或者請人為比丘加工物品時，往往會對物品的價值有一個預期範圍。如果比丘沒有經過施主的同意就貿然加價，很可能會超過居士的供養預期，使其過度供養，或者勉強供養，從而引發居士譏嫌。

25

奪比丘衣戒

一、緣起

（一）緣起略述

《四分律》有一個本制。佛在舍衛國祇樹給孤獨園，跋難陀約難陀的弟子一起人間遊行，為此送對方一件衣服作為酬勞。後來難陀的弟子聽到其他比丘提到緣起比丘的過失，於是室羅伐城逝多林給孤獨園拒絕履行承諾，「不復隨行」。緣起比丘因此瞋恚，強行奪衣，難陀的弟子「高聲大喚」，少欲比丘得知後嫌責緣起比丘，然後向佛報告，最後佛陀制戒。[1]

諸律緣起差異比較：

1. 制戒地點

《四分律》中，制戒地點為「舍衛國祇樹給孤獨園」，《鼻奈耶》[2]與《四分律》相同。《十誦律》[3]為「舍衛國」，《僧祇律》[4]、《五分律》[5]都為「舍衛城」，《根有律》[6]為「室羅伐城逝多林給孤獨園」，《巴利律》[7]為「舍衛城祇樹給孤獨園」。

2. 緣起比丘

《四分律》中，緣起比丘為「跋難陀」，《鼻奈耶》、《十誦律》、《五分律》與《四分律》相同。《根有律》為「難陀」;《僧祇律》、《巴利律》為「優波難陀」。

---

1 《四分律》卷 9，《大正藏》22 冊，626 頁上欄至下欄。

2 《鼻奈耶》卷 6，《大正藏》24 冊，878 頁上欄。

3 《十誦律》卷 8，《大正藏》23 冊，56 頁下欄至 57 頁上欄；卷 53，《大正藏》23 冊，390 頁中欄。

4 《僧祇律》卷 11，《大正藏》22 冊，318 頁中欄至 319 頁中欄。

5 《五分律》卷 4，《大正藏》22 冊，29 頁下欄至 30 頁上欄。

6 《根有律》卷 23，《大正藏》23 冊，749 頁下欄至 750 頁下欄。

7 《經分別》卷 4，《漢譯南傳大藏經》1 冊，360 頁至 362 頁；《附隨》卷 1，《漢譯南傳大藏經》5 冊，55 頁。

3. 緣起情節

《僧祇律》有一個緣起、一個本制，《五分律》有一個本制、兩個隨制。其他律典與《四分律》相同，均有一個本制。

《十誦律》、《五分律》、《根有律》、《巴利律》的本制與《四分律》的本制情節類似。其中，《鼻奈耶》中緣起比丘給衣的原因與《四分律》不同，而是缺少「手力」。

《僧祇律》中，有外道見緣起比丘寒冬時穿戴暖和，便「心生樂著」。緣起比丘邀請外道隨自己出家，並送衣服給對方。受具後，緣起比丘就讓他們伺候自己，他們不答應，於是緣起比丘向其索衣，後者脫衣置地後離開。緣起比丘邀請自己兄長難陀的弟子共入聚落，並答應給予物品作為答謝，還對他說：「我若作非威儀事，汝勿語他人，我是汝叔父。」遭到拒絕後，緣起比丘為了報復難陀的弟子，應供時令其獨自返回精舍，導致後者耽誤了用齋。諸比丘問其緣由，難陀的弟子如實作答。當緣起比丘返回後，以為難陀的弟子向諸比丘說自己的過失，便向難陀告狀，難陀便訓斥弟子，並奪回已經給予弟子的衣服。佛陀了解情況後，因此制戒，此是本制。

(二) 緣起比丘形象

《四分律》中，緣起比丘「不知誦戒，不知說戒，不知布薩，不知布薩羯磨」，可見緣起比丘不樂修道；緣起比丘見難陀的弟子反悔後，「瞋恚，即前強奪衣取」，展現了一個衝動易怒、性格強勢的比丘形象。這一點，《十誦律》、《五分律》、《巴利律》與《四分律》相似，如《五分律》：「跋難陀言：『我非施汝，欲共遊行，故相與耳。汝今不去，欲以何理而不還我？』便強奪之。」《巴利律》中，緣起比丘「忿怒不喜而奪回〔其衣〕」；《十誦律》中記載「跋難陀即還奪衣取」。

《鼻奈耶》中，緣起比丘「素性喜治生賈販」，身為出家人，收了弟子後不思教導，反而一心想讓弟子為自己勞作，如律中記載：「我此弟子足供手力。」展現出一個商販習氣強烈的比丘形象。

《十誦律》中，緣起比丘對弟子說：「今我共汝在佛前遊行他國，我等當多得衣食諸卧具不闕。」可見緣起比丘貪圖供養的特點。

《僧祇律》中，緣起比丘試圖賄賂其兄長的弟子並讓其為自己遮掩過失，遭到拒絕後，轉而報復對方。展現出一個報復心強的比丘形象。

（三）犯戒內因

《四分律》、《鼻奈耶》、《五分律》、《巴利律》中緣起比丘因為對方未能滿足自己的要求，於是起瞋恚心奪衣，可見瞋恚是其犯戒內因。《十誦律》、《根有律》中犯戒內因也是因為瞋恨，不同之處在於緣起比丘貪圖利養的預謀未能得逞，因此瞋恨奪衣。《僧祇律》中，緣起比丘得知弟子說其弟弟的過失，便奪其衣，意思與其他律典有所不同。

（四）犯戒外緣

《四分律》中的犯戒外緣是對方違背了與緣起比丘的約定，如律文記載：「跋難陀語言：『我先所以與汝衣，欲共人間行。汝今不欲去，還我衣來。』比丘語言：『以見與衣，不復相還。』」《五分律》、《巴利律》與《四分律》類似。《五分律》中，達摩比丘與跋難陀約定得衣後就出行，結果「索衣許行，得而不去」。

《鼻奈耶》、《十誦律》、《根有律》中的犯戒外緣是緣起比丘在送衣時對對方有期許，但事與願違，於是引發了奪衣行為。

《僧祇律》的犯戒外緣是緣起比丘想要讓難陀的弟子替自己掩蓋過失，遭到拒絕，緣起比丘懷疑對方在諸比丘面前說自己的過失，就向難陀告狀，難陀奪回給予弟子的衣服。

《四分律》、《鼻奈耶》、《十誦律》、《僧祇律》、《五分律》、《根有律》、《巴利律》中，被奪衣比丘是緣起比丘的弟子或師侄，雙方身分有高低，使得緣起比丘更容易利用自己的身分優勢奪衣。這也是重要的犯戒外緣。

（五）犯戒後的影響

《四分律》中，緣起比丘嚴重損惱被奪衣比丘，導致對方高聲叫喚：「莫爾！莫爾！」諸比丘呵責緣起比丘：「云何與比丘衣，瞋恚還奪取耶？」

其他律典也有類似記載。《十誦律》記載：「是弟子在祇陀槃那門間立啼。」《僧祇律》中，難陀奪弟子衣，令其「遭二苦惱：一者失食，二者失衣」。《根有律》中，緣起比丘犯戒行為導致「安居後苾芻不得衣利」，「達摩苾芻但著上下二衣欲人間遊踐」。《五分律》中，難陀強行奪衣，「彼即高聲大哭」，說明被奪衣比丘受到嚴重損惱。

（六）佛陀考量

《僧祇律》中佛呵責緣起比丘：「汝云何度人出家，不教法律，但令執作供給自己？」如果比丘度弟子出家，不能真心教導弟子出離之道，只是想要弟子承侍自己，那麼不僅損害弟子的法身慧命，同時還會滋長自己的慢心與懶惰。佛陀為了革除這些弊病，規定比丘「不得立心為供給自己故度人出家，度者，得越毗尼罪」。從中也可以看出，佛陀要求比丘在度人出家時心態要端正，「當使彼人因我度故，修諸善法得成道果」。

（七）文體分析

《四分律》、《鼻奈耶》、《十誦律》、《巴利律》都只有一個因緣，《僧祇律》有兩個因緣，《五分律》有三個因緣，《根有律》有一個因緣和一個譬喻。

《四分律》的緣起故事主要以對白貫穿全文，情節比較簡單。

《根有律》之中則加入了不少心理描寫，如對達摩比丘的描寫：「達摩有僧伽胝稍多故破，有人與疊，更欲造新，便作是念：『我今當去問鄔波馱耶，欲造僧伽胝。』……難陀告曰：『具壽達摩！我豈共汝換易衣耶？此疊汝自受用。』達摩便念：『我今何用此癡物耶？』……是時達摩即自思念：『我寧無衣，不能共此六惡行人相隨而去，容生過惡。』即還彼衣。」上述心理描寫使律文顯得更加真實生動，人物性格鮮明，故事情節有趣。

《僧祇律》中語言、動作描寫都很詳實，如難陀、優波難陀安排弟子服侍自己：「我今度汝出家受具足，汝當作如是給事：我晨當早起問訊安眠不；出唾壺器及小便器著常處；淨洗手，授澡水齒木，持鉢迎粥，小食已洗鉢令燥，安著常處；若有請處，當迎食；我欲入聚落時，當持入聚落衣授我；取我常著衣，料理捲疊安著常處；我從聚落還時，汝當敷小床座，與我水並授樹葉；食時以扇扇，食已洗鉢令乾，舉著常處；脫入聚落衣捲舉，復授我常所著衣；汝食已，當取薪草浣衣煮染，淨掃房內，巨磨塗地；我欲入林坐禪時，汝當持坐具隨後，還時隨還，當與我水洗手；授香花供養訖，當敷床，與我洗足水，復以油摩，敷置臥具，內唾壺及小便器，然燈；如是種種供給。安隱我已，然後自事。」這些細緻的描寫，為讀者展示了古印度僧團的生活場景，使故事充滿了生活化的氣息。

二、戒本

《四分律》中，本戒的戒本為：「若比丘，先與比丘衣，後瞋恚，若自奪，若教人奪取，『還我衣來，不與汝』。若比丘還衣，彼取衣者，尼薩耆波逸提。」

（一）若比丘，先與比丘衣

《四分律》、《四分僧戒本》[1]、《新刪定四分僧戒本》[2]、《四分律比丘戒本》[3]作「若比丘，先與比丘衣」，意思是：如果比丘，先把衣給了（其他）比丘。

與《四分律》相同：

《解脱戒經》[4]作「若比丘，先與比丘衣」。

與《四分律》相似：

《根有律》、《根有戒經》[5]、《根有律攝》[6]作「若復苾芻，先與苾芻衣」，《鼻奈耶》、《僧祇律》、《五分律》、《彌沙塞五分戒本》[7]作「若比丘，與比丘衣」，《僧祇比丘戒本》[8]作「若比丘，與比丘衣已」，《十誦律》、《十誦比丘戒本》[9]作「若比丘，與他比丘衣」。

梵文《説出世部戒經》[10]作"yo puna bhikṣu bhikṣusya cīvaraṃ datvā"，梵

1 《四分僧戒本》，《大正藏》22 冊，1026 頁上欄。
2 《新刪定四分僧戒本》，《卍續藏》39 冊，266 頁上欄。
3 《四分律比丘戒本》，《大正藏》22 冊，1018 頁上欄。
4 《解脱戒經》，《大正藏》24 冊，662 頁上欄。
5 《根有戒經》，《大正藏》24 冊，503 頁中欄至下欄。
6 《根有律攝》卷 7，《大正藏》24 冊，563 頁中欄。
7 《彌沙塞五分戒本》，《大正藏》22 冊，196 頁下欄。
8 《僧祇比丘戒本》，《大正藏》22 冊，551 頁下欄。
9 《十誦比丘戒本》，《大正藏》23 冊，473 頁下欄。
10 Nathmal Tatia, *Prātimokṣasūtram of the Lokottaravādimahāsāṅghika School,* Tibetan Sanskrit Works Series, no. 16, p. 17.

文《根有戒經》[1]作“yaḥ punar bhikṣur bhikṣoś cīvaraṃ datvā”。兩部戒本的意思都是：任何比丘，給了（其他）比丘衣服以後。

巴利《戒經》[2]作“yo pana bhikkhu bhikkhussa sāmaṃ cīvaraṃ datvā”，意思是：任何比丘，給了（其他）比丘衣服以後。

藏文《根有戒經》[3]作“ཡང་དགེ་སློང་གང་དགེ་སློང་ལ་གོས་བྱིན་ནས””，意思是：任何比丘，給了（其他）比丘衣服以後。

與《四分律》有部分差異：

梵文《有部戒經》[4]作“yaḥ punar bhikṣur bhikṣoḥ pātraṃ vā cīvaraṃ vā dattvā”，意思是：任何比丘，給了（其他）比丘鉢或衣服以後。這裏贈與的物品除了「衣」外，還包括了「鉢」，與《四分律》和其他律典都不同。

（二）後瞋恚，若自奪，若教人奪取

《四分律》作「後瞋恚，若自奪，若教人奪取」，意思是：後來（因為）內心瞋恚，自己奪取或是教其他人（幫自己）奪取。

與《四分律》相似：

《四分律比丘戒本》作「後瞋恚故，若自奪，若教人奪取」，《四分僧戒本》、《解脱戒經》作「後瞋恚，若自奪，若使人奪取」，《新刪定四分僧戒本》作「後瞋恚，若自奪，若使人奪」。

《鼻奈耶》作「後便瞋恚，強力還奪，若教人奪」，這裏的「強力還奪」對應《四分律》的「自奪」。

以下諸律對內心瞋恨的描述與《四分律》稍有差異，但文意基本相同。

《十誦律》作「後瞋恚嫌恨，若自奪，若使人奪」，《十誦比丘戒本》作「後

---

1 Anukul Chandra Banerjee, *Two Buddhist Vinaya Texts in Sanskrit*, p. 30.

2 Bhikkhu Ñāṇatusita, *Analysis of the Bhikkhu Pātimokkha*, p. 153.

3 麗江版《甘珠爾》（འཇང་བཀའ་འགྱུར། ）第 5 函《別解脫經》（སོ་སོར་ཐར་པའི་མདོ། ）11a。

4 Georg von Simson, *Prātimokṣasūtra der Sarvāstivādins Teil II*, Sanskrittexte aus den Turfanfunden, XI, p. 199.

瞋恚忿心不喜，若自奪，若使人奪」，《僧祇律》作「後瞋恚不喜，若自奪，若使人奪」，《僧祇比丘戒本》作「後瞋恨不喜，若自奪，若使人奪」，《五分律》、《彌沙塞五分戒本》作「後瞋不喜，若自奪，若使人奪」。

梵文《說出世部戒經》作“yathā duṣṭo doṣāt kupito anāttamāno ācchindeya vā ācchindāpayeya vā”，意思是：瞋恨、憎惡、憤怒、不高興，搶奪或指使（他人）搶奪。

梵文《有部戒經》作“tataḥ paścād abhiṣaktaḥ kupitaś caṇḍīkṛto ‘nāptamanā ācchindyād ācchedayed vā”，梵文《根有戒經》作“tataḥ paścād abhiṣiktaḥ kupitaś caṇḍībhūto nātmamanā ācchindyād ācchedayed vā”。意思都是：之後被冒犯，憤怒、生氣、不高興，搶奪或指使（他人）搶奪。

巴利《戒經》作“kupito anattamano acchindeyya vā acchindāpeyya vā, nissaggiyaṃ pācittiyaṃ”，意思是：憤怒，不高興，搶奪或者指使（他人）搶奪，捨墮。

藏文《根有戒經》作“དེའི་འོག་ཏུ་ཁྲོས་འཁྲུགས་རྡམས་པར་གྱུར་ཏེ། ཡིད་མ་རངས་ནས་འཕྲོག་གམ། འཕྲོག་ཏུ་འཇུག་ཅིང་”，意思是：在之後，變得生氣焦躁惱怒，以一種不喜的心態，或自己奪取，或令（人）奪取。

《根有律》、《根有戒經》作「彼於後時惱瞋罵詈生嫌賤心，若自奪，若教他奪」，《根有律攝》作「彼於後時惱瞋罵詈生嫌賤心，若自奪，若教人奪」。比《四分律》多了「罵詈」、「嫌賤心」的描述。

（三）還我衣來，不與汝

《四分律》、《四分僧戒本》、《四分律比丘戒本》作「還我衣來，不與汝」，意思是：把我的衣還回來，不給你。

與《四分律》相同：

《十誦律》作「還我衣來，不與汝」。

與《四分律》相似：

《十誦比丘戒本》作：「作是言：『汝比丘還我衣來，不與汝。』」《僧祇律》

作：「作是言：『比丘！還我衣來，不與汝。』」《五分律》、《彌沙塞五分戒本》作：「作是語：『還我衣，不與汝。』」《根有律》、《根有戒經》、《根有律攝》作：「報言：『還我衣來，不與汝。』」

《鼻奈耶》作「比丘取此衣來，我不與汝」。

梵文《說出世部戒經》作"āhara bhikṣu cīvaraṃ, na te 'haṃ demīti vā vadeya"，意思是：「或是說：『比丘取衣服來，我沒有給你。』」

梵文《有部戒經》作"ānaya bhikṣo cīvaraṃ na te bhūyo dadāmīti"，梵文《根有戒經》作"ānaya bhikṣo cīvaraṃ na te bhūyo dadāmīti"，意思是：「（說：）『比丘取衣服來，我沒有給你。』」

藏文《根有戒經》作"དེ་ལ་འདི་སྐད་ཅེས། དགེ་སློང་ཁྱོད་ལ་གོས་མི་སྦྱིན་གྱིས། ཕྱིར་བྱིན་ཅིག"，意思是：「對另一個比丘說 ：『比丘，沒有將衣服給你，因此，請還回來。』這樣的話。」

與《四分律》差異較大：

《新刪定四分僧戒本》、《僧祇比丘戒本》、《解脫戒經》、巴利《戒經》中沒有與此對應的內容。

（四）若比丘還衣，彼取衣者，尼薩耆波逸提

《四分律》作「若比丘還衣，彼取衣者，尼薩耆波逸提」，意思是：如果（對方）比丘歸還了衣，（奪衣）比丘拿到衣服，犯捨墮罪。

與《四分律》相似：

《四分律比丘戒本》作「是比丘還衣，彼取衣者，尼薩耆波逸提」，《四分僧戒本》作「是比丘應還衣，取衣者，尼薩耆波逸提」，《新刪定四分僧戒本》作「是比丘應還衣，若取者，尼薩耆波逸提」，《鼻奈耶》作「此比丘當還衣，彼比丘取衣者，捨墮」。

《十誦律》作「得是衣者，尼薩耆波夜提」，《僧祇律》作「得者，尼薩耆波夜提」，《僧祇比丘戒本》作「得衣者，尼薩耆波夜提」。這幾部律典相比《四分律》有所簡化，但文意基本相同。

與《四分律》有部分差異：

《根有律》、《根有戒經》、《根有律攝》作「若衣離彼身，自受用者，泥薩衹波逸底迦」。

梵文《有部戒經》作“tena bhikṣuṇā sa vastuśeṣo niḥsṛṣṭavyo bhavati cāsya niḥsargikā pātayantikā”，意思是：比丘捨棄這一物品和餘物又佔有，捨墮。梵文《根有戒經》作“tena bhikṣuṇā tac cīvaraṃ tac ca śeṣam upaniḥsṛṣṭavyaṃ bhuktasya ca naisargikā pāyantikā”，意思是：比丘捨棄這一衣服和餘物又再次穿用，捨墮。

以上律典強調比丘再次穿用、佔有的時候成犯。

與《四分律》差異較大：

《十誦比丘戒本》作「尼薩耆波夜提。是比丘應諸比丘前捨是衣」；藏文《根有戒經》作“ཅེས་ཟེར་ན་དགེ་སློང་དེས་ལྷག་མ་ཡོད་པ་ཕྱིར་སྦྱིན་པར་བྱ་ཞིང་། བཏང་ན་སྤང་བའི་ལྟུང་བྱེད་དོ། །”，意思是：說了如上的話後，另一個比丘被迫還回此比丘多餘的衣，並且已經還回，捨墮。這裏表達的是奪衣比丘應該採取的處理方式，和《四分律》及其他律典有所不同。

《五分律》、《彌沙塞五分戒本》、《解脫戒經》作「尼薩耆波逸提」，梵文《說出世部戒經》作“nissargikapācattikaṃ”，意思是捨墮。這四部律典都沒有與《四分律》「若比丘還衣，彼取衣者」相對應的內容。

三、關鍵詞

與

梵文《有部戒經》使用“dattvā”，而梵文《說出世部戒經》和梵文《根有戒經》作“datvā”，意思都是：已經給了（英譯：having given）。巴利《戒經》使用“datvā”一詞，意思與梵文相同。

藏文《根有戒經》中對應的詞為“བྱིན་ནས”，該詞由動詞“བྱིན（給）”和連詞“ནས（以後）”組成，該詞組意思是：已經給了（英譯：having given）。

《根有律》記載:「與衣者，謂與共住門人或復餘類。」強調的是給的對象。

《四分律》以及其他漢譯律典都用了「與」字，緣起中記載的也是比丘把自己的衣給了另一位比丘，但關鍵詞中沒有對「與」的解釋。「與」在《漢語大詞典》中有「給予」、「交付」的意思。

綜上所述，梵巴藏詞源分析中，時態和內涵都一致，用的是完成時態，表示「已經給了」之意。漢譯律典中，僅《根有律》有解釋，但強調的是「與」的對象。

四、辨相

(一) 犯緣

具足以下五個方面的犯緣便正犯本戒：

1. 所犯境

《四分律》中，此戒的所犯境為比丘之前給其他比丘的衣。《鼻奈耶》、《十誦律》、《摩得勒伽》[1]、《僧祇律》、《五分律》、《根有律》、《巴利律》、《明了論》[2]在這一點上與《四分律》相同。

《薩婆多論》[3]中，此戒的所犯境為「比丘先根本與他衣」，即比丘確定已經送給其他比丘的衣。如果是「比丘本不與他衣」，也就是衣服給了其他比丘，但並沒有真正將衣送給對方，此時不正犯此戒。此律還記載，除了奪比丘衣外，奪其他人的衣，也可能正犯此戒。如律文記載，奪比丘的衣，或是奪「得戒沙彌」，或是奪行波利婆沙、摩那埵，或是奪盲、瞎、聾、啞、不見擯、惡邪不除擯比丘的衣，均正犯此戒。

《根有律攝》[4]記載：「若與彼衣時，告言：『汝可與我作使。』若不為作便奪衣者，得捨墮罪。」比丘給其他比丘衣時有附加條件，如果對方得衣後拒絕履行義務，比丘在這種情況下奪衣，才正犯此戒。

藏傳《苾芻學處》[5]中，此戒的所犯境為：比丘「或自與，或他人所給」，給予「具足六法之苾芻」的「清淨，應量」的衣或鉢。

《巴利律》中，奪「受具戒者」的衣，也就是奪比丘、比丘尼的衣，均正

1 《摩得勒伽》卷 2，《大正藏》23 冊，574 頁中欄；卷 9，《大正藏》23 冊，619 頁中欄。
2 《明了論》，《大正藏》24 冊，670 頁中欄至下欄。
3 《薩婆多論》卷 5，《大正藏》23 冊，537 頁下欄至 538 頁上欄。
4 《根有律攝》卷 7，《大正藏》24 冊，563 頁中欄至下欄。
5 《苾芻學處》，《宗喀巴大師集》卷 5，81 頁。

犯此戒。

此外，《善見論》、《毗尼母經》無相關內容；《五分律》的辨相除了犯戒主體外，其他內容均是從戒條裏面提取來的。

2. 能犯心

（1）發起心

《四分律》中此戒的發起心為「瞋恚」之心。《鼻奈耶》、《十誦律》、《僧祇律》、《五分律》、《根有律》、《巴利律》與《四分律》相同。其中，《僧祇律》緣起中沒有提及此戒的發起心，只在戒條和關鍵詞中有記載。

《摩得勒伽》、《明了論》的發起心與《四分律》也相同。如《摩得勒伽》記載：「頗有比丘瞋恚心奪比丘衣不犯耶？」可知其發起心為「瞋恚心」。《明了論》中，此戒的發起心為「瞋」。

《薩婆多論》記載：「比丘先根本與他衣，後為惱故暫還奪取，捨墮。」也就是被損惱而想要暫時把衣奪回來，其發起心是瞋惱心，正犯此戒。如果比丘送給其他比丘衣後，又奪回此衣，據為己有，這種行為犯盜戒，如律文：「若先根本以與他衣，後根本奪，應計錢成罪。」

《根有律攝》中，此戒的發起心為「據本心有所希望，情既不遂而返奪之，作己物想」，也就是給其他比丘物品時有附加條件，結果對方沒有履行義務，於是比丘便「作己物想」而取回給出的物品；如果以這種「取回自己物品」的心來奪衣，正犯此戒。「若異此者，得他勝罪」，如果不是以這種心而奪衣，犯盜戒。

藏傳《苾芻學處》中，此戒的發起心為「欲令暫離或究竟離」，也就是想要讓對方與（自己給予的）物品暫時或永遠分離的心。

（2）想心

《四分律》中沒有與想心有關的記載，除《根有律攝》、《巴利律》、藏傳《苾芻學處》外，其他律典與《四分律》相同。

《根有律攝》中，有關想心的內容為「實未奪得作奪得想等，如前應說」。借鑒此律前面的戒條，可以得出此律想心為：奪得作奪得想、疑。

《巴利律》中，奪已受具戒人的衣，不管想心如何，都正犯。想心不影響此戒的判罪。

藏傳《苾芻學處》中，「想不錯亂」，正犯。

3. 方便加行

《四分律》中，「奪取」衣後「藏舉」，正犯此戒。其他律典中，奪衣，正犯此戒。

《四分律》中，自作、教他，都正犯此戒。《鼻奈耶》、《十誦律》、《僧祇律》、《五分律》、《根有律》、《根有律攝》、藏傳《苾芻學處》與《四分律》相同。

《摩得勒伽》中，比丘親自奪衣，正犯。《巴利律》中，比丘親自奪衣，正犯此戒；「令奪者……一次命令而屢奪者」，正犯。

《明了論》中，「更奪取」，正犯此戒。

4. 究竟成犯

《四分律》中，「若取離處」時，正犯此戒。

《鼻奈耶》中，此戒的究竟成犯為「此比丘當還衣，彼比丘取衣者，捨墮」。

《十誦律》、《僧祇律》中，「得者」也就是奪得衣的那一刻，正犯。

《根有律》、《根有律攝》中，「離身」時，也就是衣與對方身體分離之時，正犯此戒。

《巴利律》中，「已奪者」，正犯。

藏傳《苾芻學處》中，究竟成犯有兩種情況：（1）衣穿在對方身上，「衣離彼身」時，正犯此戒；（2）衣未穿在對方身上，「移動時成犯」。

其他律典沒有究竟成犯的記載。

5. 犯戒主體

《四分律》中，此戒的犯戒主體為比丘和比丘尼。《五分律》和《薩婆多論》與《四分律》相同。其他律典中，此戒的犯戒主體為比丘。

（二）輕重

1. 所犯境

《四分律》中，此戒的所犯境為比丘之前給其他比丘的衣，犯捨墮。《鼻奈耶》、《十誦律》、《摩得勒伽》、《僧祇律》、《五分律》、《根有律》、《巴利律》、《明了論》與《四分律》相同。此外，《巴利律》還記載，如果給的是「資具」，奪回犯突吉羅，如：「與他資具後，忿怒不喜，奪或令奪者，突吉羅。」

《薩婆多論》中，「比丘先根本與他衣」，也就是比丘確定已經送給其他比丘的衣，犯捨墮；如果是「比丘本不與他衣」，也就是沒有真正送給其他比丘的衣，犯突吉羅。

《根有律攝》中，比丘給衣時有附加條件，如果對方得衣後拒絕履行義務，在這種情況下奪衣，才犯此戒，如：「若與彼衣時，告言：『汝可與我作使。』若不為作便奪衣者，得捨墮罪。」

藏傳《苾芻學處》中，比丘「或自與，或他人所給」，給予「具足六法之苾芻」的「清淨，應量」的衣或鉢，犯捨墮。

《十誦律》、《薩婆多論》、《摩得勒伽》、《僧祇律》、《巴利律》、藏傳《苾芻學處》中，奪者與被奪者，兩者之間的身分差別也會影響此戒的判罪。如《十誦律》：「受法比丘與不受法比丘衣……不受法比丘，與受法比丘衣，後瞋還奪，得突吉羅。」「若與先破戒，若賊住，若先來白衣，與已還奪，得突吉羅。」此外，《十誦律》還記載，比丘與其他比丘衣後，雙方之中有一人轉根為比丘尼了之後再奪，均犯突吉羅。

《薩婆多論》中，奪比丘尼、式叉摩那、沙彌、沙彌尼衣，突吉羅。奪「得戒沙彌」，或行波利婆沙、摩那埵、盲、瞎、聾、啞、不見擯、惡邪不除擯比丘的衣，犯捨墮。此處，「得戒沙彌」指學悔沙彌。此外，「狂心、亂心、病壞心、犯四重、出佛身血、壞僧輪、五法人，盡突吉羅」。

《摩得勒伽》中，「受法比丘與不受法比丘衣已，還奪」，犯突吉羅。此外，「奪本犯戒人、本不和合、賊住、污染比丘尼人，突吉羅」，奪「學戒」、「沙彌」的衣，犯突吉羅。比丘與其他比丘衣後，雙方之中有一人轉根為比丘尼之後再奪，均犯突吉羅；比丘尼與之相同，如果雙方之中有一人轉根為比丘而奪衣，犯突吉羅。

《僧祇律》記載：「奪比丘尼衣者，偷蘭罪；奪式叉摩尼、沙彌、沙彌尼衣者，越毗尼罪；乃至奪俗人衣者，越毗尼心悔。」

《巴利律》中，受具戒者，捨墮；未受具戒者，突吉羅。

藏傳《苾芻學處》中，「如奪未近圓者衣」，犯突吉羅。

《十誦律》、《摩得勒伽》中，所奪衣物的材質或尺寸，也會影響此戒的判罪。如《十誦律》中，「若駱駝毛、牛毛、羖羊毛，若雜織衣」等「不淨」衣，「減量」衣、「佛衣等量」，突吉羅。《摩得勒伽》中，奪減量衣，突吉羅。

2. 能犯心

（1）發起心

《四分律》中，發起心為「瞋恚」時，犯捨墮。

藏傳《苾芻學處》中，「欲令暫離或究竟離」，想要讓對方與自己給予的物品，暫時或永遠分離的心，犯捨墮。此外，「如以惱亂心暫為戲奪，是惡作罪」。

其他律典正犯的發起心如上犯緣所述，沒有犯輕的記載。

（2）想心

《四分律》中沒有與想心有關的判罪，除《根有律攝》、《巴利律》、藏傳《苾芻學處》外，其他律典與《四分律》相同。

《根有律攝》中，有關想心的內容為「實未奪得、作奪得想等，如前應說」，借鑒此律前面的戒條，可以得出此律想心的判罪為：奪得作奪得想、疑，犯捨墮；未奪得作奪得想、疑，犯突吉羅；奪得或未奪得，作未奪得想，無罪。

《巴利律》中，奪已受具戒人的衣，不管想心如何，都犯捨墮；奪未受具戒人的衣，不管想心如何，都犯突吉羅。想心不影響此戒的判罪。

藏傳《苾芻學處》中，「想不錯亂」，犯捨墮。

3. 方便加行

《四分律》記載：「奪取藏舉者，尼薩耆波逸提；若奪而不藏舉者，突吉羅」。其他律典，奪衣，犯捨墮。

《四分律》中，自作、教他，都犯捨墮。《鼻奈耶》、《十誦律》、《僧祇律》、《五分律》、《根有律》、《根有律攝》、藏傳《苾芻學處》與《四分律》相同。

《根有律》中，教他奪衣時，教別人奪衣的比丘犯捨墮，受教奪衣者犯波逸提；此外，「若教尼奪，罪亦同此；下之三眾皆得惡作」。

《摩得勒伽》中，比丘親自奪衣，犯捨墮；「遣使手印奪」，犯突吉羅。《巴利律》中，比丘親自奪衣，犯捨墮，「令他奪者，突吉羅；一次命令而屢奪者，捨墮」。

《明了論》中，「更奪取」，犯捨墮。

4. 究竟成犯

《四分律》記載：「若取離處，尼薩耆波逸提；取不離處者，突吉羅。」

《鼻奈耶》記載：「此比丘當還衣，彼比丘取衣者，捨墮。」

《十誦律》記載：「得者，尼薩耆波夜提；不得者，突吉羅。」

《僧祇律》記載：「得者，尼薩耆波夜提。」

《根有律》中，自奪的情況為「乃至衣角未離身時得惡作罪，離身之時便招捨墮」。教他奪的情況為：「言教他者，若教苾芻奪彼衣時，衣未離身二俱惡作，若離身者俱得波逸底迦，主有捨過。」

《根有律攝》記載：「乃至衣角未離身來，咸得惡作；既離身已，得捨墮罪。」

藏傳《苾芻學處》中，究竟成犯有兩種情況：如果衣穿在對方身上，「衣離彼身」時，犯捨墮；衣服沒有穿在對方身上，「移動時，成犯」。

《巴利律》記載：「奪之前行者，突吉羅；已奪者，捨墮。」

《僧祇律》中，關於結罪次數，奪衣一次，不管奪幾件衣，都犯一個捨墮；奪衣多次，不管奪幾件衣，隨奪衣次數犯多個捨墮。

其他律典中沒有此戒究竟成犯的判罪。

5. 犯戒主體

《四分律》中，比丘，犯捨墮。其他律典這一點上與《四分律》相同。

《四分律》中，比丘尼，犯捨墮；下三眾，犯突吉羅。《五分律》和《薩婆多論》與之相同。

《薩婆多論》記載：「若比丘尼奪比丘尼衣，捨墮；奪比丘衣，突吉羅；若奪得戒沙彌尼衣、行波利婆沙、盲、瞎、聾、啞比丘尼衣，捨墮；不見擯、惡邪不除擯，亦捨墮。」此外，比丘尼奪「狂心、亂心、病壞心、犯四重、出佛身血、壞僧輪、五法人」的衣，犯突吉羅。

（三）不犯

1. 所犯境不具足

《四分律》中，「若借他衣著，他著無道理，還奪取」，不犯。此外，「若彼人破戒、破見、破威儀，若被舉，若滅擯，若應滅擯」，不犯。

《摩得勒伽》中，「奪不淨衣」，不犯。

《薩婆多論》記載：「若先暫與他衣，後便奪取，無罪。」

2. 能犯心不具足

《十誦律》記載：「若欲折伏彼故暫奪，不犯。」

《薩婆多論》記載：「若和上為折伏弟子令離惡法故，暫奪衣取，無罪。」

《僧祇律》記載：「若比丘與共行弟子、依止弟子衣已，不可教誡，為折伏故奪，後折伏已還與，無罪。」

《根有律》記載：「無犯者有二種：一、為難事；二、為順教。言難事者，若其二師見已門徒於恐怖等處，或在非時河岸涉險，恐其失落強奪取衣，此皆無過。言順教者，若其二師見己門徒與惡知識而為狎習或同路去，奪取其衣勿令造惡，是名順教。」

《根有律攝》記載：「若知前人性不謹慎，沙門資具恐其散失，善心奪舉者無犯」。此律還記載：奪得或未奪得，作未奪得想，無罪。

《巴利律》中，「或與彼，或對彼有親厚想而取」，不犯。

3. 方便加行不具足

《四分律》：「不犯者，不瞋恚言：『我悔，不與汝衣，還我衣來。』若彼人亦知其人心悔，即還衣。若餘人語言：『此比丘欲悔，還他衣。』」

4. 犯戒主體不具足

《四分律》：「不犯者，最初未制戒，癡狂、心亂、痛惱所纏。」

《五分律》、《根有律》與《四分律》相同。

《巴利律》：「癡狂者、最初之犯行者，不犯也。」

5. 其他

《四分律》：「若恐失衣，若恐壞……若為此事命難、梵行難，如是一切奪取不藏舉，不犯。」

《僧祇律》中，比丘給衣時有附加條件，對方不滿足條件，奪衣不犯。此律記載了以下五種情況：

(1)「若比丘與比丘衣時，作是言：『汝住我邊者，當與汝衣。』若不住者，奪，無罪。」

(2)「若比丘與比丘衣時，作是言：『汝此處住者，當與。』若不住者，奪，無罪。」

(3)「若比丘與比丘衣，『汝適我意者與』，『不適意還奪』，無罪。」

(4)「為受經者與，不受經者還奪，無罪。」

(5)「若比丘賣衣未取直，若錢直未畢，若還取衣者，無罪。」

五、原理

(一) 瞋煩惱與矛盾爭端

本戒屬於遮戒。

本戒主要對治的是比丘的瞋煩惱。緣起比丘一味貪圖利養，由於對方違背了自己的意願，而蠻橫奪衣。這種粗暴行為正是因為不能堪忍瞋煩惱所導致，隨後引發譏嫌，佛陀制定此戒。如《根有律攝》記載：「由不忍故，生他謗議。因取衣事，不忍廢闕，譏嫌煩惱，制斯學處。」

佛世時，衣服是比丘生活修行的基本物質保障。比丘接受衣後又被人奪走，這無疑會給比丘的生活修行帶來不便，同時也帶來恐懼和不安等內心煩惱。如《根有律》記載：「佛言：『若得衣者，何意達摩苾芻但著上下二衣欲人間遊踐？』」《僧祇律》也記載：「此比丘今日遭二苦惱：一者失食，二者失衣。」所以此戒也是為了保護比丘免受苦惱，保證正常的生活與修行。

此外，雙方在奪衣的過程中難免發生肢體衝突，也會影響僧團和合。此戒禁止奪衣行為，能夠很好地避免這些過患。

(二) 瞋心奪衣不可取

贈衣比丘贈送衣物給受衣比丘，且附帶一定的條件，這本質實為一種契約，相當於現行法律中的贈與合同。根據合同法的精神，雖然贈與人將自己的財產無償給予受贈人，但如果受贈人不履行約定的義務，贈與人可以收回贈予的財物。也就是說，受贈人違約，贈與人可以要求返還贈與的財產。而在此戒中，奪衣比丘之所以不犯盜，原因是有條件贈與，捨心不具足；因此，這條戒防護的是比丘瞋心奪衣的行為。如《四分律》中記載如果贈衣比丘不以瞋心索衣，是不犯的。與世俗法律不同的是：本戒保護的是受傷害的受衣比丘（違約者），而合同法顯然是只能保護履約者，不會考慮違約者。

(三)師徒關係

本戒的緣起故事中比較突出的是師父與弟子之間的關係，主要表現在以下兩個方面：

1. 教授師心存私心而蓄養弟子

《鼻奈耶》記載，跋難陀「素性喜治生賈販」，他給弟子衣服，只是為了添加一個幫手，「事須手力故」。《僧祇律》中，緣起比丘度人出家只是為了給自己做事，這引起了對方的反感，「此非出家法，便是婢作」。

而為人師表者唯有成就弟子的道業，才會得到對方的認同與尊重。《僧祇律》中佛陀教誡諸比丘，「當使彼人因我度故，修諸善法得成道果」。由此可見，師長為了慈悲教誡弟子而暫時奪取弟子的衣不犯本戒，當然也就可以理解了。

2. 弟子欺誑、背離師長

《五分律》中記載，跋難陀讓弟子達摩跟隨其遊行他方，因為對方無衣而給予資助，弟子得衣後卻不願隨師而行。對於欺誑師長的弟子達摩，佛種種呵責。在佛看來，弟子需要盡力承事師長，在力所能及的範圍內盡力為師長分擔雜務和勞動。一方面加深自己與師長的業緣；另一方面讓師長不必為這些事情操心受累，能夠有更充分的時間、精力來修行和教導自己。

六、專題

奪比丘衣為什麼不犯盜？

諸律的奪比丘衣戒中，比丘先把衣送給其他比丘，隨後又強行奪回已經送出去的衣，這種行為為何不犯盜？下面就各部律典對此進行分析。

（一）諸律異同

《四分律》緣起故事中，跋難陀將衣送給難陀弟子時，附帶一個條件，要求對方取衣後隨自己「人間遊行」，難陀弟子得衣後拒絕和跋難陀同行，跋難陀向其索衣不成後強行奪回，犯捨墮。在這個公案中，跋難陀認為自己在贈衣時雙方達成了一項協議，只有難陀弟子履行承諾之後，他才會真正認為衣歸對方所有；如果對方沒有履行承諾，他認為衣服還歸自己所有，不會認為衣的所有權轉給了對方。換句話說，對方履行承諾之前，跋難陀對衣並沒有「捨心」，這種情況下是以「取回自己物品」的動機奪衣，盜心不具足，自然不犯盜。《鼻奈耶》、《十誦律》、《五分律》、《根有律》、《巴利律》的緣起情節與《四分律》大體類似，不犯盜的原因也是作己物想。

《根有律攝》辨相中，對緣起比丘奪衣犯本戒而不犯盜作了明確的說明。首先，雙方提前有協議，如：「若與彼衣時，告言：『汝可與我作使。』若不為作使奪衣者，得捨墮罪。」其次，奪衣比丘不認為自己在奪取他人的物品，而是取回自己的物品，如：「奪者，謂據本心有所希望，情既不遂而返奪之，作己物想。若異此者，得他勝罪。」由此可知，《根有律攝》奪衣不犯盜的原因和《四分律》相同，都是作己物想而奪，盜心不具足。

《僧祇律》與前幾部律差異較大。此律的緣起故事中，緣起比丘在給衣的時候並無附加條件，只是後來產生摩擦之後，才起瞋心奪回先前所送的衣服，這種情況判犯此戒，但是為何不犯盜則沒有說明。而在辨相中規定，如果比丘給衣時有附加條件，對方得衣後拒絕履行相應義務，比丘奪衣則不犯本戒。如辨相中記載的五個不犯的情況：

「若比丘與比丘衣時，作是言：『汝住我邊者，當與汝衣。』若不住者，奪，無罪。」

「若比丘與比丘衣時，作是言:『汝此處住者，當與。』若不住者，奪，無罪。」

「若比丘與比丘衣，『汝適我意者與』，『不適意還奪』，無罪。」

「為受經者與，不受經者還奪，無罪。」

「若比丘賣衣未取直，若錢直未畢，若還取衣者，無罪。」

這五種情況在《四分律》等律典中都正犯此戒。可以看出，《僧祇律》中此戒的意趣和《四分律》等律典迴然不同。

《薩婆多論》中，奪衣為何不犯盜的解釋為：「此戒體，比丘先根本與他衣，後為惱故暫還奪取，捨墮。衣捨還他，波逸提懺。若先根本以與他衣，後根本奪，應計錢成罪。」可見，比丘只是在惱怒的情況下暫時奪衣，並非真的想把衣據為己有，盜心不具足，所以不犯盜；假如「先根本以與他衣，後根本奪」，即確認衣已經捨給對方，再奪則犯盜。

藏傳《苾芻學處》發起心為「非為遮止彼有情之損害，非欲壞彼物故，非為自受用或他受用，而是瞋恚等心欲令暫離或究竟離」。和《薩婆多論》類似，只是多了「究竟離」的情況。藏傳《苾芻學處》「大盜戒」的發起心為「是他物，未與我，為自活命故，欲令其畢竟離他屬自」，也就是將物品據為己有的心。因此本戒發起心和盜心區別明顯，故不犯盜。

（二）辨析和總結

綜上所述，諸部律典中本戒的緣起和辨相不盡相同，除《僧祇律》不太明確外，都有一個共同的點，即比丘都是非盜心奪衣，因此不犯盜戒。《四分律》中有條件贈與的情況，在實際生活中比較常見。推而廣之，如果比丘贈送物品時有附加條件，在對方沒有履行義務的前提下，比丘又沒有捨心，則可以取回自己的物品。

至於比丘非盜心奪衣是不是犯捨墮，存在部派差異，不同律典有不同的判罰。從佛陀制戒意趣看，即使對方沒有履行承諾，比丘也不宜起瞋心而強行奪衣，這樣的行為不符合比丘行誼，也會影響僧團和合；因此相較《僧祇律》對這類行為開緣，《四分律》、《鼻奈耶》、《十誦律》等律典判犯捨墮比較合理。

七、總結

（一）諸律差異分析

1. 緣起差異

（1）結構差異

《四分律》、《鼻奈耶》、《十誦律》、《根有律》、《巴利律》有一個本制。《僧祇律》有一個緣起、一個本制。《五分律》有一個本制、兩個隨制。

（2）情節差異

《鼻奈耶》、《十誦律》、《根有律》、《巴利律》與《四分律》情節基本類似，都為緣起比丘給弟子衣，因為弟子未能滿足自己的意願，緣起比丘強行奪衣。

《僧祇律》與《四分律》差異較大。《僧祇律》的緣起情節為：外道隨緣起比丘出家，緣起比丘送其僧伽梨，受具後，緣起比丘就讓其種種承事但遭到拒絕，於是緣起比丘向其索衣，外道脫衣置地後便離開。本制情節為：緣起比丘邀請自己兄長的弟子共入聚落，答應給他物品，並告訴他如果自己做了非威儀事不要告訴別人，結果遭到拒絕。緣起比丘為了報復，令其應供時獨自返回精舍，耽誤了用齋；緣起比丘返回精舍後，以為他向諸比丘說自己的「過惡」，便向自己的兄長告狀，其兄長奪弟子的衣。

《五分律》與《四分律》也有所不同。本制情節為緣起比丘邀請自己的弟子外出遊行，並答應給衣，弟子得衣之後卻不肯去，緣起比丘強行奪衣。第一個隨制為緣起比丘給其他比丘衣後使沙彌、守園人奪。第二個隨制為客比丘將衣寄存在舊住比丘處，時間一長不敢索要；另外，諸比丘將衣寄存在他比丘處，行路既遠，亦不敢索要。於是佛陀增制此戒。《五分律》第一個隨制記載了「教人奪取」的緣起，可以補充為《四分律》的隨制。

（3）結論

綜上所述，本戒仍以《四分律》的緣起結構和情節為準，補充《五分律》

使沙彌、守園人奪衣的隨制情節。

2. 戒本差異

諸律戒本差異不大。其中梵文《有部戒經》奪取物品除了衣服外，還包括鉢，這與《四分律》和其他律典相同。《新刪定四分僧戒本》、《僧祇比丘戒本》、《解脫戒經》、巴利《戒經》沒有與《四分律》中「還我衣來，不與汝」相對應的內容。此外，相比《四分律》「若比丘還衣，彼取衣者」的成犯條件，《根有律》、《根有戒經》、《根有律攝》、梵文《有部戒經》和梵文《根有戒經》成犯條件均為比丘再次穿用、佔有衣服的時候；《五分律》、《彌沙塞五分戒本》、《解脫戒經》、梵文《說出世部戒經》沒有相對應的內容；《十誦比丘戒本》、藏文《根有戒經》的表述則與《四分律》及其他律典差異較大。

戒本調整方面，為了避免歧義，據《十誦律》、《十誦比丘戒本》在「先與比丘衣」中「比丘」前增加「他」字。《四分律》戒本中「瞋」字，依《四分僧戒本》等律典改為更容易辨識的同義字「瞋」。為了與其他戒條中指使他人的表述統一，據《四分僧戒本》、《新刪定四分僧戒本》等律典將「若教人奪取」中的「教」改為「使」;「若教人奪取」中的「取」字略顯重複，借鑒《新刪定四分僧戒本》將其刪去。「還我衣來，不與汝」一句，為了便於理解，據《僧祇律》等律典在前補入「作是言」。為了避免歧義，據《十誦律》、《僧祇律》將「若比丘還衣」一句刪去。文末的「彼取衣者」，據《十誦律》改為「得是衣者」，使表述更加清晰。

3. 辨相差異

（1）所犯境

諸律中，本戒的所犯境均為比丘送給其他比丘的衣。其差別在於是否有附加條件。大部分律典如《四分律》、《鼻奈耶》、《十誦律》、《僧祇律》、《五分律》、《根有律》、《根有律攝》、《巴利律》均有附加條件，意思是受衣比丘滿足條件後才算正式得衣。《薩婆多論》沒有附加條件，比丘直接把衣送給對方。

《四分律》等諸律典中，奪衣是因為對方沒有履行承諾，《薩婆多論》是為了損惱對方，由於背後緣起不同，形成了有無附加條件的差異。本戒取大部分律典的觀點，即帶有附加條件送予他人的衣。

此外，《四分律》沒有記載奪比丘尼、式叉摩那、沙彌、沙彌尼衣的判罪。《僧祇律》、《巴利律》以及藏傳《苾芻學處》有相關內容，如《僧祇律》：「奪比丘尼衣者，偷蘭罪；奪式叉摩尼、沙彌、沙彌尼衣者，越毗尼罪；乃至奪俗人衣者，越毗尼心悔。」《巴利律》中，受具戒者，捨墮。未受具戒者，突吉羅。藏傳《苾芻學處》中，「如奪未近圓者衣」，犯突吉羅。而《薩婆多論》則均判為突吉羅。此處仍取多數律典的判法，即奪比丘尼衣，正犯；奪式叉摩那、沙彌、沙彌尼衣，突吉羅。

（2）能犯心

發起心

《四分律》、《鼻奈耶》、《十誦律》、《摩得勒伽》、《僧祇律》、《五分律》、《根有律》、《巴利律》、《明了論》中，比丘都是因瞋恚而奪衣。綜合此戒的緣起、戒條與辨相分析（詳見上文專題「奪比丘衣為什麼不犯盜？」），此戒是由於受衣者違約，緣起比丘起瞋心，生起想要奪回之心。《根有律攝》中記載：「本心有所希望，情既不遂而返奪之，作己物想；若異此者，得他勝罪。」也就是說，比丘對於送出去的衣仍作己物想，因反悔而奪衣；否則，若以盜心奪衣，將犯「大盜戒」。由此可知，本戒中比丘因瞋恚而奪衣，故將本戒的發起心設定為因瞋恚欲奪之心。

（3）方便加行

諸律中，本戒方便加行都是奪衣，大體可以分為當面奪和背後奪兩種情況。本戒方便加行差異主要體現在教他奪衣的判罪方面。《四分律》、《鼻奈耶》、《十誦律》、《僧祇律》、《五分律》、《根有律》、《根有律攝》、《明了論》、藏傳《苾芻學處》中，教他奪正犯本戒。《摩得勒伽》中，「遣使手印奪」，結突吉羅罪。《巴利律》中，比丘親自奪衣，犯捨墮。又記載：「令他奪者，突吉羅；一次命令而屢奪者，捨墮。」此處取《四分律》等多數律典的觀點，教他奪正犯本戒。

（4）究竟成犯

《四分律》中，「若取離處」時，正犯。《根有律》、《根有律攝》中，衣「離身之時」正犯此戒。《鼻奈耶》記載：「此比丘當還衣，彼比丘取衣者，捨墮。」《十誦律》、《僧祇律》中，「得者」，正犯。《巴利律》中，「已奪者」，正犯。藏傳《苾芻學處》則分兩種情況：一、衣穿在對方身上，衣離身時正犯；二、衣服未穿在對方身上，移動時成犯。

奪衣分為當面奪和背後奪兩種情況，故究竟成犯也應分別討論。當面奪時，《根有律》、《根有律攝》、藏傳《苾芻學處》離身即犯；背後奪時，《四分律》、藏傳《苾芻學處》離本處時正犯。比丘以瞋心當面奪衣，會嚴重損惱對方，因此借鑒《根有律》等律典的觀點，當面奪時，衣物離開身體時犯捨墮；背後奪時，因為不存在衣被對方奪回的情況，所以不論是從心判罪還是從境判罪，只要離本處即正犯本戒。

不論是當面奪還是背後奪，上述律典均以得衣為究竟。結合所犯境的辨析，本戒以得衣為究竟成犯。

4. 諸律內部差異

《十誦律》、《僧祇律》、《根有律》、《巴利律》的戒本和辨相中除自奪衣正犯本戒外，還包括「教人奪」亦正犯，而緣起中無相關記載。《鼻奈耶》無辨相，其他與此相同。

（二）調整文本

通過以上諸律間觀點同異的對比與分析，文本在《四分律》的基礎上作如下調整：

1. 緣起

（1）本制

佛在舍衛國祇樹給孤獨園，難陀弟子擅於勸化。跋難陀與其溝通，如果難陀弟子能夠和他一起外出，就給他衣。難陀弟子答應外出，跋難陀提前給衣。後來其他比丘告訴難陀弟子，跋難陀愚癡，不知誦戒、説戒、布薩、羯磨，難陀弟子就不想跟隨跋難陀外出。跋難陀瞋恚，強行奪衣。諸比丘將此事匯報佛陀，佛因此制戒。

（2）隨制

六群比丘與諸比丘衣後，使沙彌、守園人奪。諸比丘將此事匯報佛陀，佛增制此戒，將「使人奪」的情況納入戒條。

2. 戒本

若比丘，先與他[1]比丘衣，後瞋[2]恚，若自奪，若使[3]人奪，作是言[4]:「還我衣來，不與汝[5]！」得是[6]衣者，尼薩耆波逸提。

3. 辨相

（1）犯緣

本戒具足四緣成犯：一、帶有附加條件而送予其他比丘的衣；二、因瞋恚欲奪回之心；三、對方違約，比丘奪衣；四、得衣時，成犯。

（2）辨相結罪輕重

①帶有附加條件而送予其他比丘的衣

若對方未履行承諾，比丘奪衣，犯捨墮；若對方已履行承諾，比丘以盜心奪，犯盜。

比丘奪比丘、比丘尼衣，犯捨墮；奪式叉摩那、沙彌、沙彌尼衣，犯突吉羅。

1　「他」，底本闕，據《十誦律》、《十誦比丘戒本》加。

2　「瞋」，底本作「嗔」，據《四分僧戒本》、《新刪定四分僧戒本》、《解脱戒經》改。

3　「使」，底本作「教」，據《四分僧戒本》、《新刪定四分僧戒本》、《十誦律》、《十誦比丘戒本》、《僧祇律》、《僧祇比丘戒本》、《五分律》、《彌沙塞五分戒本》、《解脱戒經》改。

4　「作是言」，底本闕，據《十誦比丘戒本》、《僧祇律》加。

5　「汝」後，底本有「若比丘還衣」，據《十誦律》、《僧祇律》、《五分律》、《彌沙塞五分戒本》刪。

6　「得是」，底本作「彼取」，據《十誦律》改。

②因瞋恚欲奪回之心

因瞋恚作己物想欲奪取，犯捨墮；若以盜心奪，滿五錢犯波羅夷。

③對方違約，比丘奪衣

比丘自己奪，捨墮；教他奪，或遣使，或通過印信等方式使他人奪，亦捨墮。

④得衣時

當面奪時，衣服離開對方身體，捨墮；背後奪時，衣服離開本處，捨墮。

⑤犯戒主體

比丘、比丘尼若犯，捨墮；式叉摩那、沙彌、沙彌尼若犯，突吉羅。

⑥不犯

贈衣比丘心無瞋恚說：「我悔，不與汝衣，還我衣來。」若對方知其後悔，同意還衣，不犯。

對方得知贈衣比丘內心反悔，主動還衣（物），不犯。

如果是暫借而非贈予對方，對方不合理使用，奪回不犯。

若恐失衣，若恐壞，奪取，不犯。

若對方破戒、破見、破威儀，奪取，不犯。

若對方是被舉人、滅擯人、應滅擯人，奪取，不犯。

若因贈送對方衣服而引起命難、梵行難，奪取，不犯。

若和尚為折伏弟子令離惡法，暫時奪取，不犯。

最初未制戒，癡狂、心亂、痛惱所纏，不犯。

八、現代行持參考

送給別人物品，事後又想要回，這種事情現在也有可能發生。比丘在這種情況下應小心行事，因為有犯「大盜戒」或者犯本戒的可能。如果比丘之前捨心將物品贈與對方，那麼奪回就犯盜；如果贈送的時候有附加條件，後對方違約，這種情況下比丘若真有需要則可以要回，但是應心平氣和地商量，否則可能會觸犯本戒。

26

蓄七日藥過限戒

一、緣起

(一) 緣起略述

《四分律》有十一個緣起和一個本制。第一個緣起記載，因比丘生病，佛陀開許午前服用酥、油、生酥、蜜、石蜜等五種藥；第二個緣起記載，病比丘不能及時吃五種藥，佛陀開許午後服用；之後又開許看護的比丘食病比丘的殘食，以及諸比丘可作餘食法食，分別是第三個和第四個緣起；第五個緣起記載，因舍利弗生病，佛陀開許可服用脂；最後佛陀接受信眾供養石蜜，同時開許服用石蜜，此為第六個緣起。本制記載，畢陵伽婆蹉獲得很多供養，有酥、油、生酥、蜜、石蜜，將其布施給徒眾，後者儲積狼藉，引起長者譏嫌，有比丘嫌責並告知佛陀，佛因此制戒。[1]

諸律緣起差異比較：

1. 制戒地點

《四分律》中，制戒地點為「羅閱城」，《鼻奈耶》[2] 為「舍衛國祇樹給孤獨園」，《十誦律》[3] 為「舍衛國」，《僧祇律》[4] 為「波羅奈仙人鹿野苑」，《五分律》[5] 為「王舍城」，《根有律》[6] 為「王舍城竹林」，《巴利律》[7] 為「舍衛城祇

---

1 《四分律》卷 10，《大正藏》22 冊，626 頁下欄至 628 頁下欄；卷 42，《大正藏》22 冊，870 頁中欄至下欄。

2 《鼻奈耶》卷 6，《大正藏》24 冊，878 頁下欄。

3 《十誦律》卷 8，《大正藏》23 冊，60 頁下欄至 61 頁下欄；卷 26，《大正藏》23 冊，185 頁上欄至中欄；卷 53，《大正藏》23 冊，390 頁下欄至 391 頁上欄；卷 54，《大正藏》23 冊，400 頁上欄至中欄；卷 55，《大正藏》23 冊，405 頁中欄至下欄；卷 61，《大正藏》23 冊，457 頁下欄。

4 《僧祇律》卷 10，《大正藏》22 冊，316 頁中欄至 318 頁中欄。

5 《五分律》卷 5，《大正藏》22 冊，30 頁下欄至 31 頁下欄；卷 22，《大正藏》22 冊，147 頁中欄至下欄。

6 《根有律》卷 24，《大正藏》23 冊，759 頁中欄至 760 頁上欄。

7 《經分別》卷 4，《漢譯南傳大藏經》1 冊，352 頁至 357 頁；《犍度》卷 6，《漢譯南傳大藏經》3 冊，328 頁至 331 頁。

樹給孤獨園」。

2. 緣起比丘

《四分律》中，緣起比丘為「畢陵伽婆蹉弟子」，《十誦律》、《巴利律》與《四分律》相同。《鼻奈耶》為「必陵伽婆蔡」，《僧祇律》為「六十病比丘」，《五分律》為「諸比丘」，《根有律》為「畢鄰陀子弟子門人」。

3. 緣起情節

《十誦律》、《根有律》僅有一個本制。與《四分律》的不同點為：《十誦律》中一比丘安居後見佛，並向佛匯報了畢陵伽婆蹉弟子的不如法行為；《根有律》中畢鄰陀子弟子「所有諸藥自觸、令他觸，或與飲食細末相雜……不知應捨不捨，時與非時任情取食」，引起其他比丘譏嫌。

《鼻奈耶》、《巴利律》僅有一個本制，情節與《四分律》略有不同。《鼻奈耶》中記載必陵伽婆蔡因眼疾蓄存酥、麻油、蜜、黑石蜜，日日服用，諸比丘白佛，佛陀制戒。《巴利律》中比較詳細地敘述了緣起比丘所居住的畢陵伽村的起源，以及緣起比丘示現神通，將草環變為黃金華鬘送給少女，少女被誤會是偷竊所得，導致畢陵伽一族被抓，緣起比丘又向國王示現神通救回畢陵伽一族等情節。

《五分律》與《四分律》的差異較大，有兩個緣起、一個本制。第一個緣起與《巴利律》的本制類似；第二個緣起是比丘生病無法獲得酥油、蜜、石蜜，佛陀開許比丘與食共宿至六日。本制中有比丘與食共宿超過了六日的限制，長老比丘呵責並白佛，最後佛陀制戒。

《僧祇律》與《四分律》的差異最大，共有三個緣起、一個本制。第一個緣起記載，佛陀例行巡查比丘房舍，「見難陀、優波難陀住處，滿瓶酥、油、蜜、石蜜，流出根藥、莖藥、葉藥、花藥、果藥」，佛言「待來當問」；第二個緣起中，佛陀入城乞食時見優波難陀持滿鉢蜜出城，問其原因，後者說難陀生病，需要終日服藥，佛陀規定不得「畜藥竟日服」；後來，佛陀又巡視房舍，一病比丘因為不能蓄藥導致病苦，佛陀因此開緣病比丘可以蓄藥一天，此為第三個緣起。本制中，醫師比丘向佛陀訴苦，由於佛陀規定蓄藥一日，導致其「為求所須，日日往返，以是疲苦」，同時也不利於比丘身體的恢復，向佛建議七日的時限，佛陀採納並最終制戒。

（二）緣起比丘形象

《四分律》中，緣起比丘「積聚藏舉，滿大甕、君持、卮中、篣中、大鉢、小鉢，或絡囊中、漉水囊中，或著橛上，或象牙曲鉤上，或窗牖間處處懸舉，溢出流漫房舍臭穢」。可見，緣起比丘貪心十足，收取供養不知量。

《十誦律》、《巴利律》與《四分律》相同。如《十誦律》記載：「是長老多得故，一鉢半鉢、拘鉢多羅、半拘鉢多羅、大揵鎡、小揵鎡，或絡囊盛，懸象牙杙上。」《巴利律》記載：「其徒因多得而成驕奢者，將所得藏滿瓶甕也，又充於漉水器、囊袋，掛於窗上。」

《鼻奈耶》、《僧祇律》、《五分律》、《根有律》對緣起比丘形象刻畫不明顯。

（三）犯戒內因

《四分律》中，犯戒內因是比丘貪欲熾盛，《十誦律》、《巴利律》與《四分律》一致，其他律典無相關記載。

（四）犯戒外緣

《四分律》中，犯戒外緣為緣起比丘的師長畢陵伽婆蹉「大得供養酥、油、生酥、蜜、石蜜」。《十誦律》、《巴利律》與《四分律》相同。

《鼻奈耶》中犯戒外緣是緣起比丘患病，「諸長者婆羅門送飯食供具，四種藥酥、麻油、蜜、黑石蜜」。

《僧祇律》、《五分律》、《根有律》中沒有相關記載。

（五）犯戒後影響

《四分律》中，諸長者譏嫌，「沙門釋子不知止足、多求無厭」，儲積諸藥，「如王瓶沙庫藏無異」。《巴利律》中緣起比丘犯戒後引起眾人非難：「此沙門釋子內藏貨物，恰如摩揭陀王斯尼耶頻毗娑羅。」可見居士認為比丘的行為與其身分不符。

《四分律》中，緣起比丘的犯戒行為引起少欲比丘嫌責並白佛。《五分律》中，緣起比丘犯戒後，「長老比丘種種呵責」。《根有律》：「諸有少欲苾芻見是事已，起嫌賤心。」《巴利律》中，少欲比丘非難：「為何諸比丘思如是驕奢耶？」表現出部分比丘對緣起比丘犯戒行為的不滿。

（六）佛陀考量

《僧祇律》中，佛陀「五日一行諸比丘房」，蘊含五種用意：「一者，我聲聞弟子不著有為事不？二者，不著世俗戲論不？三者，不著睡眠妨行道不？四者，為看病比丘不？五者，為年少比丘新出家，見如來威儀，起歡喜心。」由此可見佛陀對弟子們盡心盡責。一方面以巡查的方式，讓比丘們有所顧忌，不至過於放逸，能夠恆常精進；另一方面特別照顧新出家的比丘，讓他們能夠經常見到佛，從而增長信心。從中也能感受到佛陀的善巧，可能佛陀對年久修行的比丘一般還是示現威嚴的形象，來督促他們修行，而對新出家的比丘則鼓勵更多。

此外，《五分律》等律典的緣起中，佛陀制了又開，開了又制，也能看出佛陀善觀緣起的智慧和恆順眾生的慈悲：一方面要謹防比丘們滋長種種煩惱的非法行為；另一方面還要兼顧一些特殊情況，且尺度拿捏要準確，避免過猶不及，足見佛陀制戒的不易。

（七）文體分析

《四分律》中有十二個因緣和一個譬喻，《僧祇律》有四個因緣，《五分律》有三個因緣，其他律典都只有一個因緣。

文字風格上，《四分律》較為簡潔，以記叙為主，人物刻畫較少。《十誦律》、《根有律》與之類似。《僧祇律》中對話描寫較多。《五分律》、《巴利律》中人物塑造比較多，尤其是畢陵伽婆蹉，大量的語言、行為描寫使其形象鮮明突出。《五分律》中情節跌宕起伏，比較戲劇化，如律中緣起比丘現神通折服獄卒：「畢陵伽即變其所坐，皆作金床，語言：『汝今自見坐於何座？』即皆自見坐金床上，便大惶怖，下床叩頭：『願見垂恕，速為解之！若王聞我坐金床上，必重見罪。』畢陵伽言：『放守園人，然後解汝。』彼言：『此不見由。』問言：『由誰？』答言：『由王。』」《巴利律》相對平實，如其中折服國王的對話：「時長老畢陵伽婆蹉作念：『使摩揭陀王頻毗娑羅之宮殿成為黃金。』〔因〕此宮殿皆成黃金。『大王，王此眾多之黃金，從何處來耶？』『大德，知矣，由大德之神通力也。』而放其淨人一族。」《鼻奈耶》則最為簡略。

行文結構上，《四分律》比較完整，通過幾個因緣層層深入，最後佛陀制戒。而《鼻奈耶》、《十誦律》、《根有律》都是一次完成制戒。《五分律》、《巴利律》則詳細地記載畢陵伽婆蹉能夠獲得很多供養的背景，即通過示現神通攝受國王和大眾，而和本戒直接相關的緣起部分則是輕描淡寫，但《巴利律》藥犍度中有與《四分律》緣起相似的記載。《僧祇律》與其他律典不太相同，相對於其他律典中「緣起比丘犯戒——有比丘舉罪——佛陀制戒」的結構，《僧祇律》則是佛陀每五日行查比丘房，發現比丘的種種不如法行為，於是禁止了比丘的相關行為，後因一位醫師比丘的請求才正式制定本戒。

《四分律》中還通過象師側面讚歎佛陀功德：「時象師見道上有如來跡，千輻輪現，光相具足，清淨明好。見已尋跡求之，遙見世尊在一樹下坐，容顏端正，諸根寂定，得上調伏，已得自在，如調龍象，亦如澄淵，內外清淨。」《五分律》記載畢陵伽婆蹉的大神通力，「飛在空中塗灑所住房」，結草變成「二金華鬘」以及展轉四現神足。律中對世尊和比丘功德的記載，能夠增強讀者對佛法的信心。

二、戒本

《四分律》中，本戒的戒本為：「若比丘有病，殘藥酥、油、生酥、蜜、石蜜，齊七日得服。若過七日服者，尼薩耆波逸提。」

（一）若比丘有病，殘藥酥、油、生酥、蜜、石蜜

《四分律》、《四分律比丘戒本》[1] 均作「若比丘有病，殘藥酥、油、生酥、蜜、石蜜」，意思是：如果比丘有病，殘留的藥（如）酥、油、生酥、蜜、石蜜。

與《四分律》相似：

《四分僧戒本》[2] 作「若比丘病，畜酥、油、生酥、蜜、石蜜」，《新刪定四分僧戒本》[3] 作「若比丘有病，畜酥、油、生酥、蜜、石蜜」，《解脫戒經》[4] 作「若比丘有病，聽畜酥油、生酥、蜜、石蜜」。

巴利《戒經》[5] 作 "yāni kho pana tāni gilānānaṃ bhikkhūnaṃ paṭisāyanīyāni bhesajjāni, seyyathīdaṃ: sappi, navanītaṃ, telaṃ, madhuphāṇitaṃ"，意思是：「比丘生病這些藥可以服用，如：酥油、生酥、油、蜂蜜和糖。」

與《四分律》有部分差異：

《十誦律》作「若比丘病，聽服四種含消藥：酥、油、蜜、石蜜」，《五分律》、《彌沙塞五分戒本》[6] 均作「若比丘病，得服四種含消藥：酥、油、蜜、

---

1 《四分律比丘戒本》，《大正藏》22 冊，1018 頁上欄。

2 《四分僧戒本》，《大正藏》22 冊，1026 頁上欄。

3 《新刪定四分僧戒本》，《卍續藏》39 冊，266 頁上欄。

4 《解脫戒經》，《大正藏》24 冊，662 頁上欄。

5 Bhikkhu Ñāṇatusita, *Analysis of the Bhikkhu Pātimokkha*, p. 148.

6 《彌沙塞五分戒本》，《大正藏》22 冊，196 頁下欄。

石蜜」，《十誦比丘戒本》[1] 作「若比丘，佛聽諸病比丘服四種含消藥：酥、油、蜜、石蜜」。這幾部律相比《四分律》多出「聽」及「含消藥」的表述，少了「生酥」這種藥。

梵文《說出世部戒經》[2] 作“yāni kho punar imāni gilānapratiṣevaṇīyāni bhaiṣajyāni bhavanti sayyathīdaṃ sarpistailamadhuphāṇitaṃ”，意思是：「任何（比丘）生病可以服用這些藥，如：酥油、油、蜂蜜、糖。」相比《四分律》缺少「生酥」這種藥。

《僧祇律》作「若病比丘，所應服藥，酥、油、蜜、石蜜、生酥、脂」，《僧祇比丘戒本》[3] 作「若比丘病，應服酥、油、蜜、石蜜、生酥及脂」，比《四分律》多出了「脂」的類別。

《根有律》、《根有律攝》[4] 作「如世尊說，聽諸病苾芻所有諸藥，隨意服食，謂酥、油、糖、蜜」，《根有戒經》[5] 作「若復苾芻，如世尊說聽諸病苾芻所有諸藥，隨意服食，謂酥、油、糖、蜜」。

梵文《有部戒經》[6] 作“yāni tāni bhagavatā glānānāṃ bhikṣūṇāṃ sāṃpreyāṇi pratiṣevanīyāni bhaiṣajyāny anujñātāni tadyathā sarpis tailaṃ madhu phāṇitaṃ”，梵文《根有戒經》[7] 作“yāni tāni bhagavatā glānānāṃ bhikṣūṇāṃ sāṃpreyāṇi pratisevanīyāni bhaiṣajyāny ākhyātāni tadyathā sarpis tailaṃ madhu phāṇitaṃ”。其意思都是：再次，如世尊所說的，生病的比丘可以服用合適的藥，諸如酥油、油、蜂蜜、糖。

---

1 《十誦比丘戒本》，《大正藏》23 冊，474 頁上欄。

2 Nathmal Tatia, *Prātimokṣasūtram of the Lokottaravādimahāsāṅghika School,* Tibetan Sanskrit Works Series, no. 16, p. 17.

3 《僧祇比丘戒本》，《大正藏》22 冊，551 頁下欄。

4 《根有律攝》卷 8，《大正藏》24 冊 569 頁中欄。

5 《根有戒經》，《大正藏》24 冊，503 頁下欄。

6 Georg von Simson, *Prātimokṣasūtra der Sarvāstivādins Teil II,* Sanskrittexte aus den Turfanfunden, XI, p. 202.

7 Anukul Chandra Banerjee, *Two Buddhist Vinaya Texts in Sanskrit,* p. 31.

藏文《根有戒經》[1] 作“བཅོམ་ལྡན་འདས་ཀྱིས་དགེ་སློང་ན་བ་རྣམས་ལ་ཕན་པ་སོ་སོར་བསྟེན་པར་བྱ་བའི་སྨན་གང་དག་བཀའ་སྩལ་པ་འདི་ལྟ་སྟེ། ཞུན་མར་དང་། འབྲུ་མར་དང་། སྦྲང་རྩི་དང་། བུ་རམ་གྱི་དབུ་བ”，意思是：世尊聽許，所有饒益諸患病比丘的藥，諸如酥油、油、蜂蜜、糖漿。

以上《根有律》及之後的律典，比《四分律》少了「生酥」這種藥，「糖」對應《四分律》的「石蜜」，此外，這幾部律典都比《四分律》多了「如世尊説」的類似表達。其中三部非漢文律典缺少與「若比丘」對應的內容。

與《四分律》差異較大：

《鼻奈耶》作「若比丘，積貯四種藥」，相比《四分律》少了「有病」的描述，並且沒有列出「四種藥」的確切類別，但其律文中有提及：酥、麻油、蜜、黑石蜜。

（二）齊七日得服

《四分律》、《四分僧戒本》、《新刪定四分僧戒本》、《四分律比丘戒本》作「齊七日得服」，意思是：在七日以內可以服用。

與《四分律》相同：

《解脫戒經》中作「齊七日得服」。

與《四分律》相似：

《鼻奈耶》作「不得過七日」。

巴利《戒經》作“tāni paṭiggahetvā sattāhaparamaṃ sannidhikārakaṃ paribhuñjitabbāni”，意思是：接受之後最多只能儲藏七天的時間以供食用。

《僧祇律》作「如是病比丘聽畜七日服」；梵文《有部戒經》作“saptāhaparamaṃ tāni glānena bhikṣuṇā saṃnidhikāraparibhogena paribhoktavyāni”，意思是：生病的比丘以貯存的方式來受用，最多七天。這兩部律典，相比《四分律》都多了「病比丘」的表述。

---

1 麗江版《甘珠爾》（འཇང་བཀའ་འགྱུར།）第 5 函《別解脫經》（སོ་སོར་ཐར་པའི་མདོ།）11a。

《十誦律》作「共宿至七日得服」，《十誦比丘戒本》作「是藥病比丘殘共宿，極至七日應服」。

梵文《根有戒經》作“tāny ākāṃkṣatā glānena bhikṣuṇā saptāhaparamaṃ svayam adhiṣṭhāya saṃnidhikāraparibhogena paribhoktavyāni”，意思是：想要的病比丘可以自己持有最多七天，以貯存的方式受用。

藏文《根有戒經》作“དེ་དག་ལས་དགེ་སློང་ན་བས་འདོད་ན་རང་གིས་ཞག་བདུན་པར་བྱིན་གྱིས་བརླབས་ཏེ། སོགས་འཇོག་གིས་ཡོངས་སུ་ལོངས་སྤྱོད་པས་ཡོངས་སུ་ལོངས་སྤྱད་པར་བྱའོ།།”，意思是：如果比丘希求那些（藥），由自己持有七日，應通過貯存而受用。

《五分律》、《彌沙塞五分戒本》作「一受乃至七日」，《僧祇比丘戒本》作「一受七日服」。

以上《鼻奈耶》及之後的律典在表述上與《四分律》有些差異，但文意基本相同。

與《四分律》有部分差異：

《根有律》、《根有戒經》、《根有律攝》作「於七日中應自守持觸宿而服」。比《四分律》多出「宿」、「觸」，並且增加了「自守持」的限制。

梵文《說出世部戒經》作“evaṃrūpāṇi gilānena bhikṣuṇā satkṛtyābhigṛhītāni, kṣamate saptāhaṃ sannidhikāraṃ paribhuñjituṃ，santaṃ śeṣaṃ nissaritavyaṃ tad uttaritavyaṃ”，意思是：這些（藥）允許生病的比丘恭敬服用，貯存七天服用後剩下的超過（期限），應該被捨棄。此部戒經增加了對超過期限的藥品的處理方式，《四分律》和其他律典都沒有涉及。

（三）若過七日服者，尼薩耆波逸提

《四分律》、《四分律比丘戒本》作「若過七日服者，尼薩耆波逸提」，意思是：如果超過了七天（而）服用，犯捨墮罪。

與《四分律》相似：

《解脫戒經》作「若過七日服，尼薩耆波逸提」，《根有律》、《根有戒經》、《根有律攝》作「若苾芻過七日服者，泥薩祇波逸底迦」。

相比《四分律》，以下律典省去了「七日」或者「服」的表述，但內涵與《四分律》基本相同。

《十誦律》作「〔共宿至七日得服。〕過是服者，尼薩耆波夜提」，《十誦比丘戒本》作「〔極至七日應服，〕若過七日，尼薩耆波夜提」。

梵文《有部戒經》作“tata uttaraṃ paribhuñjīta niḥsargikā pātayantikā”，梵文《根有戒經》作“tata uttari paribhuṃjīta naisargikā pāyantikā”。兩部戒本的意思都是：超過（期限）而受用，捨墮。

巴利《戒經》作“taṃ atikkāmayato, nissaggiyaṃ pācittiyaṃ”，意思是：如果超過（期限）而受用，捨墮。

藏文《根有戒經》作“དེ་ལས་འདས་པར་ཡོངས་སུ་ལོངས་སྤྱོད་པར་བྱེད་ན་སྤང་བའི་ལྟུང་བྱེད་དོ།།”，意思是：如果受用超過（七日），捨墮。

《四分僧戒本》、《新刪定四分僧戒本》作「若過者，尼薩耆波逸提」，《鼻奈耶》作「過者，捨墮」，《五分律》、《彌沙塞五分戒本》作「若過，尼薩耆波逸提」。

與《四分律》有部分差異：

《僧祇律》作「若過七日，殘不捨而服者，尼薩耆波夜提」，《僧祇比丘戒本》作「若過七日，有殘不捨而服，尼薩耆波夜提」。這兩部律典相比《四分律》增加了內容「殘不捨」。

梵文《說出世部戒經》作“taduttariṃ khādeya vā bhuṃjeya vā santaṃ vā śeṣabhū(taṃ) nissareya nissargikapācattikaṃ”，意思是：超過（期限）而食用、受用，或是沒有捨棄剩下的（藥），捨墮。相比《四分律》和其他律典，多出了沒有捨棄的表述。

三、關鍵詞

（一）病

梵文戒經中均使用"glāna"一詞，相比漢文「病」，梵文意思要寬泛得多，除了一般意義上的「疾病（英譯：sick, ill）」之外，還包括「疲憊（英譯：weary, languid, tired, fatigued, exhausted）」、「懶散（英譯：torpid）」，甚至「不高興、不適（英譯：feeling aversion or dislike）」。巴利《戒經》中使用"gilāna"一詞，意思與梵文相同。藏文《根有戒經》作"ན་（病）（英譯：sick）"，和漢文「病」對應，沒有梵文、巴利文中寬泛的內涵。

諸部廣律中對「病」的定義也並不一致。

《四分律》的定義最為嚴格，「病者，醫教服爾所種藥也」，即醫生診斷的通過服用七日藥可以治療的疾病。

《十誦律》較為寬鬆，「若風發、熱發、冷發，服是四種藥可差」；同時也強調「異是因緣，名為不病」，不符合條件則沒有病。

《僧祇律》的關鍵詞中為「四百四病」，且細分為：「風病有百一，火病有百一，水病有百一，雜病有百一。」《大智度論》中有更詳細的描述：「『四百四病』者，四大為身，常相侵害。一一大中，百一病起。冷病有二百二，水、風起故；熱病有二百二，地、火起故。火熱相，地堅相，堅相故難消，難消故能起熱病。血、肉、筋、骨、骸、髓等，地分。」[1] 由於「四大合而為身，地、水、火、風，性不相宜，各各相害。譬如疽瘡，無不痛時，若以藥塗，可得少差而不可愈，人身亦如是，常病常治，治故得活，不治則死」[2]。即人只要活着，都有四大不調之患，只可能「少病」而絕無「無病」的情況。

《根有律雜事》中「四百四病」有類似的描述：「人身有如是病苦，復

1 《大智度論》卷 58，《大正藏》25 冊，469 頁下欄。
2 《大智度論》卷 10，《大正藏》25 冊，131 頁中欄。

有百一風病、百一黃病、百一痰癊病、百一總集病，總有四百四病，從內而生。難陀！身如癰箭眾病所成，無暫時停念念不住，體是無常、苦、空、無我，恆近於死，敗壞之法，不可保愛。」[1]《根有律攝》[2]也有類似的描述：「然諸病緣不過三種：謂風、熱、痰癊。此三種病，三藥能除。蜜及陳沙糖能除痰癊，酥與石蜜除黃熱病，油除風氣。稀糖一種能除三病。」

同巴利文中"gilāna"的詞意一樣，《巴利律》在諸多戒條中對「病」的定義也較為寬泛，從威脅生命的疾病到稍微的不適都包括在內。例如：「索美食戒」對「病時」的開緣中，比丘「於彼無美味之食即不安樂」即可稱為「病」；在「露地然火戒」中，「無火，彼不得安樂」，也可稱為「病」而開緣。這種解讀實際上與《僧祇律》較為一致。在這種情況下，「七日藥」更像是保健品，而非一般意義上的藥品，因此，《巴利律》的一些英文翻譯中，特別強調「七日藥」是"tonic（補藥）"一詞，而非一般意義上的"medicine（醫藥）"。[3]

綜上所述，對於「病」的界定，諸律典的寬狹程度並不一致。其中《四分律》最為嚴格，必須是醫師所診斷的用七日藥可以治療的疾病；《十誦律》是用七日藥可以治療的「風發、熱發、冷發」幾種症狀；《僧祇律》中則擴展到了「四百四病」，《根有律攝》、《巴利律》與之觀點類似，「病」的內涵較為寬泛。

（二）七日藥

幾部非漢文律典中都沒有與「七日藥」這一詞語對應的表述，僅對藥品進行羅列，如梵文《有部戒經》、梵文《根有戒經》均作"sarpis（酥油）tailaṃ（油）madhu（蜂蜜）phāṇitaṃ（糖）"。梵文《說出世部戒經》中是

---

1 《根有律雜事》卷 12，《大正藏》24 冊，257 頁中欄。

2 《根有律攝》卷 8，《大正藏》24 冊，571 頁下欄。

3 "Because of the way these Five Tonics are used, I have called them 'Tonics' rather than medicines." Ajahn Brahmavamso's *Vinaya Notes*, vol. 1, p. 187.

一個並列複合詞“sarpistailamadhuphāṇitaṃ”，該詞同樣由“sarpis（酥油）taila（油）madhu（蜂蜜）phānita（糖）”構成。藏文《根有戒經》作“ཞུན་མར་（酥油）དང་། འབྲུ་མར་（油）དང་། སྦྲང་རྩི་（蜂蜜）དང་། བུ་རམ་གྱི་དབུ་བ་（糖漿）”（英譯：butter, oil, honey and sugar）。四部梵藏律典可以翻譯成：酥油、油、蜂蜜、糖（英譯：clarified butter, oil, honey and sugar）。巴利《戒經》作“sappi（酥油）navanītaṃ（生酥）telaṃ（油）madhu（蜂蜜）phāṇitaṃ（糖）”，相比梵藏律典中多出了“navanīta（生酥）”這一項，可翻譯為：酥油、生酥、油、蜂蜜和糖（英譯：clarified butter, fresh butter, oil, honey and sugar）。

而《四分律》中，七日藥有五種，即酥、油、生酥、蜜、石蜜。此處的酥應為熟酥，蜜為蜂蜜，石蜜即甘蔗所制的冰糖。

其他律典與《四分律》大致相同。其中《巴利律》與《四分律》完全一致，並在關鍵詞部分給出了較為詳細的解釋：「『熟酥』是牛乳酥、山羊乳酥或水牛乳酥等，其淨肉之熟酥也。『生酥』者，是此等之生酥。『油』者，胡麻油、芥子油、蜜樹油、蓖麻油、獸油也。『蜜』者，蜂蜜也。『石蜜』者，從甘蔗而得者也。」需要注意的是「油」的解釋中有「獸油」，即「脂」。《鼻奈耶》、《十誦律》、《五分律》、《根有律》中則將熟酥和生酥合二為一，統稱為酥。《鼻奈耶》中將「油」和「石蜜」限定為「麻油」和「黑石蜜」。《根有律》則把石蜜稱為糖，本質是甘蔗煉成的蔗糖。

差異最大的為《僧祇律》，除了上述五種藥品，還增加了「脂」的類別。其在「大盜戒」所犯境的「七日藥」條目中有更為詳細的描述：「七日藥者，酥、油、蜜、石蜜、脂、生酥。酥者，牛、水牛酥，羖羊、羺羊酥，駱駝酥；油者，胡麻油、蕪菁油、黃藍油、阿陀斯油、蓖麻油、比樓油、比周緩陀油、迦蘭遮油、差羅油、阿提目多油、緩頭油、大麻油，及餘種種油，是名為油；蜜者，軍荼蜜、布底蜜、黃蜂蜜、黑蜂蜜，是名為蜜；石蜜者，槃拖蜜、那羅蜜、緩闍蜜、摩訶毗梨蜜，是名石蜜；脂者，魚脂、熊脂、羆脂、修修羅脂、豬脂，此諸脂無骨、無肉、無血、無臭香、無食氣，頓受聽七日病比丘食，是名脂；生酥者，牛羊等諸生酥，淨漉洗無食氣，頓受聽七日病比丘食。此諸藥清淨無食氣，一時頓受得七日服，故名七日藥。」

《巴利律》的名詞解釋中，「油」包含了「脂」，《根有律攝》中有相關說明：「摽油者，謂苣藤、蔓菁及木槛等，並五種脂，如法澄濾。」此外，《四分律》、《十誦律》、《五分律》均有從肉類取脂的內容。

綜上所述，諸律典中七日藥的類別基本一致，即酥、油、蜜和糖。其中酥包括生酥和熟酥；油包括植物油和動物的脂肪；蜜即各種蜂蜜；糖則是從甘蔗中提取的蔗糖，包括糖漿和砂糖等。

四、辨相

(一) 犯緣

具足以下五個方面的犯緣便正犯本戒：

1. 所犯境

此戒的所犯境是七日藥，如前關鍵詞中論述，除藏傳《苾芻學處》[1]外，其他律典與《四分律》相同。

藏傳《苾芻學處》中，此戒的所犯境為：「四種藥隨一（四種藥者：一、時藥；二、更藥；三、七日藥；四、盡壽藥）。」此外，此律對所犯境有要求：「非人肉等自性不清淨之物，非已犯惡觸等軌則不清淨之物，滿一口量，是自所有，非未成熟，或自或自相同之比丘已受及加持。」

《毗尼母經》中，僅有一段有關究竟成犯的時限記載，並無其他的辨相記載。《明了論》沒有此戒的內容，下不贅述。

2. 能犯心

（1）發起心

《四分律》中沒有提及發起心。諸律中僅藏傳《苾芻學處》明確定義為「為自食故，欲蓄之心相續未斷」。

（2）想心

關於想心，《四分律》中同樣沒有提及。但《僧祇律》、《根有律攝》[2]、《巴利律》及藏傳《苾芻學處》中有所涉及。藏傳《苾芻學處》為「想不錯亂」。

根據對象的不同，想心又可細分為兩個部分：一個是七日的期限，另一

---

1 《苾芻學處》，《宗喀巴大師集》卷 5，87 頁至 88 頁。

2 《根有律攝》卷 8，《大正藏》24 冊 569 頁，上欄至 572 頁中欄。

個是與七日藥相關的一些屬性。

期限方面，《根有律攝》中，七日滿時，滿作滿想、滿作滿疑均屬正犯。《巴利律》中，若已滿七日，不管是滿想、滿疑還是不滿想，均正犯本戒。其中，滿作不滿想判正犯和《根有律攝》判不犯差別較大。

關於七日藥的一些屬性就更為繁雜。《僧祇律》中交代這方面的想心的情況與「長衣戒」相同，包括不受作受想、不作淨作已作淨想、不記識作記識想、不與謂與想，均屬於正犯的情況。

《巴利律》中不受作受想、未捨捨想、未失失想、未壞壞想、未燒燒想、未被奪奪想，均屬正犯。簡而言之，即傾向按實境來判罰，七日藥未受、未失、未壞，即使想心與實際不符，也同樣正犯。

其他律典沒有能犯心方面的內容。

3. 方便加行

《四分律》的方便加行是七日之內「得藥畜」，即比丘一直蓄存七日藥。其他律典辨相部分雖沒有直接論述，但根據文意推斷，方便加行與《四分律》一致。藏傳《苾芻學處》中明確定義為「發起積蓄方便」。

《十誦律》還記載了連日蓄（連續七天均獲得藥品且蓄存）、隔日蓄（第一天獲得藥品且蓄存，其後有間隔地獲得藥品）、蓄前捨後、蓄後捨前等情況，所強調的是，只要比丘連續七天蓄有七日藥，即構成正犯。此外，還增加了「作淨」的開許。如：「比丘是酥應與人，若作淨，若服；若比丘不與人、不作淨、不服，至第八日地了時，尼薩耆波夜提。」《薩婆多論》[1]也有作淨的開許，如律文：「此藥至七日，此藥應作淨，若與人，若服。」

《根有律》則為「若不持、不捨、不與餘人」，其中多了一個「自守持」的要求。文中對「守持」的描述是：「於七日內自為守持自取服食，應如是守持：應在午前當淨洗手受取其藥，對一同梵行者作如是說：『具壽存念！我苾芻某甲有此病緣，清淨醫藥我今守持，於七日內自服，及同梵行者。』第二、

---

1 《薩婆多論》卷 6，《大正藏》23 冊，539 頁中欄至下欄。

第三亦如是說；若已服一日，即告同梵行者云：『我此病藥已服一日，餘有六日在，我當服之。』如是乃至七日皆應告知。」

《根有律》還記載，如果連續兩天得到七日藥，只能守持其中一天的藥，另一天的需要捨掉。如律文記載：「若苾芻一日得藥、二日亦得，於七日內此初日藥應守持，二日藥或捨，或與餘人，或第二日藥自作守持，初日藥或捨，或與餘人。」否則，就會正犯此戒。此外，七日藥不能讓他人碰觸，也不能和其他食物混在一起，如律文：「所有諸藥自觸令他觸，或與飲食細末相觸，或更互相和，或同類相雜糅在一處不能分別者，此藥即應與寺家淨人或施求寂。」

「守持」這一要求，《根有律攝》與《根有律》類似，如律中記載：「言應自守持者，謂在時中先淨洗手受取其藥，對一苾芻置左手中，右手掩上作如是說：『具壽存念！我苾芻某甲有是病緣，此清淨藥我今守持，於七日內自服，及同梵行者。』如是至三。」

但其他律典均沒有相關表述。

4. 究竟成犯

《四分律》中，「至八日明相出」，正犯本罪。《五分律》、《根有律》及《巴利律》、《毗尼母經》[1] 與之一致。《十誦律》、《薩婆多論》表述為「第八日地了時」，謂見地色，明相的另一種翻譯。

《鼻奈耶》、《僧祇律》是超過七日成犯，《根有律攝》、《善見論》[2] 是第八日成犯。

藏傳《苾芻學處》對時限的記載為：「或是無加持之四種藥，午前受，過午成犯；若午後受，過更成犯。若是有加持者，過加持時間成犯。」

其他律典沒有相關內容。

---

1 《毗尼母經》卷 5，《大正藏》24 冊，825 頁上欄；卷 7，《大正藏》24 冊，844 頁上欄。

2 《善見論》卷 8，《大正藏》24 冊，725 頁中欄至下欄；卷 15，《大正藏》24 冊，778 頁下欄。

5. 犯戒主體

《四分律》中，犯戒主體是比丘和比丘尼。《薩婆多論》、《五分律》與之相同。

其他律典犯戒主體為比丘，沒有提及比丘尼。

除《鼻奈耶》、《善見論》、藏傳《苾芻學處》之外，其他律典都要求犯戒主體有病才能服用七日藥。其中，《四分律》、《僧祇律》、《根有律》、《巴利律》的相關內容是從戒條中提取出來的。

《鼻奈耶》的戒條中雖然沒有記載，但是從緣起裏面可看出要求為：犯戒主體有病。

而《善見論》、藏傳《苾芻學處》中沒有要求犯戒主體有「病」。

（二）輕重

1. 所犯境

此戒僅對七日藥結捨墮，除藏傳《苾芻學處》外，其他律典的所犯境均為七日藥，不過《四分律》及其他律典中還提及混合藥的情況。藏傳《苾芻學處》所犯境正犯捨墮的內容如上犯緣所述。

《四分律》中記載「藥」有四種：時藥、非時藥、七日藥和盡形壽藥。其他律典在翻譯用詞上略有出入。《四分律》中界定混合藥的原則是：混合後，依時、非時、七日、盡形壽的順序，按排序靠前的種類來界定。例如：時與時、時與非時、時與七日、時與盡形壽混合後，均為時藥；七日與七日、七日與盡形壽混合，均為七日藥。其他情況以此類推。《十誦律》、《摩得勒伽》[1]、《僧祇律》、《五分律》、《根有律攝》、《巴利律》的劃分原則與之相同。此外，《十誦律》中還有更細緻的要求，兩兩混合的藥必須是當天所受的，這樣才能服用；如果將當天受的藥，與之前受的藥混合，則不可服用，如律文

1 《摩得勒伽》卷 2，《大正藏》23 冊，574 頁中欄至下欄；卷 9，《大正藏》23 冊，619 頁下欄至 620 頁上欄。

「即日受七日藥，昨日受盡形藥，共和合一處，不應服」。

《薩婆多論》記載：「如是若勢力多者，隨力作名；若力等者，隨名定藥。」又如：「若以時藥、終身藥助成七日藥，作七日藥服無過，以七日藥勢力多故，又助成七日藥故。」即先以藥的分量與功效來優先判斷，「隨勢力多故、相助成故。若分數勢力等者，隨名取定」。如果份量與功效相當，則以藥品的名稱來確定情況，如律文中列舉的「石蜜丸」、「五石散」。

其他律典沒有相關內容。

除此以外，《根有律攝》還涉及到葷辛，如：「若苾芻無病，蒜、胡蔥、澤蒜並不應食，為病服者無犯。」食用以後還有諸多限制：「凡食葷辛應知行法，若服蒜為藥者，僧伽卧具大小便處咸不應受用。不入眾中、不禮尊像、不繞制底，有俗人來不為説法，設有請喚亦不應往，應住邊房。服藥既了，更停七日待臭氣銷散，浴洗身衣並令清潔，其所居處牛糞淨塗。若服胡蔥應停三日，澤蒜一日。」可見對葷辛的限制非常嚴格。此外，《根有律攝》等律典還提到食用人肉、人乳的結罪情況，遇病同樣開許。

2. 能犯心

（1）發起心

《四分律》沒有發起心的判罪情況。藏傳《苾芻學處》中，滿足「為自食故，欲蓄之心相續未斷」的條件才判捨墮。《根有律攝》則要求「由此常應於食啖時作療病想，然後方食」，因此在守持七日藥期間，每次服食前「應生心念：『我此藥七日當服』」，否則「咽咽得惡作罪」，即咽一口結一個突吉羅；如果「不須滿七日，欲少日守持者，可隨日而稱」，心念的「七日」可根據實際需要來調整；如果不是為了療病，「為好容儀，或著滋味，或求肥盛，或詐偽心服食諸藥」，同樣結突吉羅罪。

其他律典與《四分律》相同，都沒有發起心的判罪情況。

（2）想心

藏傳《苾芻學處》為「想不錯亂」。

關於七日的期限，《根有律攝》中滿作滿想和滿作滿疑才判捨墮；不滿作滿想、不滿作滿疑，結突吉羅；不滿、滿，作不滿想，不犯。《巴利律》中，滿作滿想、滿作滿疑、滿作不滿想都判捨墮；不滿作滿想、不滿作滿疑，結突吉羅；不滿作不滿想，判不犯。其中滿作不滿想判捨墮和《根有律攝》判無罪差異較大，其餘判罪情況與《根有律攝》一致。

關於藥品，《僧祇律》中不受作受想、不作淨作已作淨想、不記識作記識想、不與謂與想，均判捨墮。《巴利律》中較為簡單，非受持、不捨、不失、不壞、不燒、不被奪，而作受持、捨、失、壞、燒、被奪想，都結捨墮。

其他律典沒有相關內容的表述。

3. 方便加行

除藏傳《苾芻學處》外，其他律典均為：七日內一直蓄有七日藥。

此外，《僧祇律》還提到，「若比丘服油訖，有殘油欲作然燈油，若塗足油，和上、阿闍梨來，見已嫌多」，如果再食用這些欲作外用的油，結突吉羅。《僧祇律》中，不得連續接受、食用七日藥超過七天，否則即使沒有得捨墮罪，也會因接受、食用而分別犯一個突吉羅罪。如律文：「云何受間食間？若比丘七日受石蜜食已，八日更受更食，得二越比尼罪。」當然，這裏對病人也有開緣，如：「若比丘多誦經胸痛吐血，藥師言：『此病當長服石蜜。』食前得食石蜜，食後水淨已得食，是名非受間非食間。」

藏傳《苾芻學處》中，「發起積蓄方便」，犯捨墮。此律還要求在食用七日藥前必須「向比丘說餘日時」，如果是向比丘尼說，則犯突吉羅。此外，「若在未作淨廚之界內過一夜時，或在未作淨廚之界內煮，或已犯惡觸等罪之不淨食過時蓄持者，均犯蓄藥戒中這惡作罪。若為灌鼻或塗身等藥，雖蓄無犯」。

其他律典沒有相關內容。

超過時限的七日藥，除了會觸犯捨墮外，還會染著其他的藥品，連帶其他藥品一併結捨墮罪。

《四分律》中，連日蓄（連續七天均獲得藥品且蓄存）、隔日蓄（第一天獲得藥品且蓄存，其後有間隔地獲得藥品），只要第一天獲得的藥沒有作淨施，超過時限後，會染著後得未淨施的藥，同犯捨墮。

《根有律攝》也有類似的記載，只要第一天藥沒有作淨施，後面七日內的藥都會被染，如律文：「若月一日守持七日藥或一或多，至第二日更得餘藥，亦復守持隨意應食，至日欲滿准前處分。若不爾者，至八日時盡泥薩祇；如是乃至第七日得，由初日染，咸犯捨墮。」

《五分律》僅記載了連日蓄染犯的情況。

《僧祇律》中較為複雜，分為「畜藥利畜藥利相污、畜藥利不畜藥利相污、不畜藥利畜藥利不相污、不畜藥利不畜藥利不相污，俗人藥利污比丘藥利、比丘藥利污俗人藥利、俗人藥利污俗人藥利、比丘藥利污比丘藥利、客比丘利污舊比丘利、舊比丘利污客比丘利、客比丘利污客比丘利、舊比丘利污舊比丘利、僧利污比丘利、比丘利污僧利、僧利污僧利、比丘利污比丘利」等十六種情況。其中前四種情況的大意是：先得的沒有如法作淨的藥品，會染著後得的不管是否已經如法作淨的藥品，但之前已作淨的藥品不會被染著。後面十二種情況所要表達的意思是：如果先得藥比丘沒有如法作淨，其所得藥品的期限不會隨所有者的變更而變更，進而會染著後得藥比丘的其他藥品。

藏傳《苾芻學處》對染著的情況表述為：「七日積蓄墮罪者，能染所染皆須有七日加持，所染者須遲一日後所得。能染者若是糖，所染者亦須是糖，種類要同。」其中有三個限制：(1) 能染、所染的七日藥必須都作過七日藥法；(2) 所染的必須是遲一日或一日以上得到的藥品；(3) 能染、所染兩者的種類必須一致。

此外，《十誦律》和《根有律》還提到，不管犯捨墮的藥品是否已經捨去，以及捨墮是否已經懺悔，只要又連續得到了相關藥品，則由於前面藥品的緣故，犯捨墮；但如果藥品已經捨去，捨墮也已懺悔，不是連續得到的藥品，則不犯捨墮。《根有律》中還單獨提到，如果犯捨墮的藥品已捨，但罪還未懺除，即使是間隔得到的藥品，也會被染，同犯捨墮；另外，如果比丘犯捨墮、藥未捨、罪未懺、未間隔，「更得餘衣、鉢、網絡、腰絛，但是沙門所畜資具活命之物，若受畜者皆犯捨墮，由前染故」，即使後得的不是七日藥，而是其他的「資具活命之物」，只要比丘蓄存，同樣被染而犯捨墮，這點和藏傳《苾芻學處》中的第三點要求明顯不一致。《根有律攝》也有類似記載：「其物不捨、夜不為隔、罪不說悔，或於三中闕一不作，若更得餘物，或同類，或異類，謂諸衣物、網絡、水羅及腰條等，但是出家沙門資具而受畜者，初入手時即得泥薩祇罪。」

其他律典沒有相關內容的直接表述。

4. 究竟成犯

《四分律》中，「至八日明相出」，犯捨墮。《十誦律》、《薩婆多論》、《五分律》、《根有律》、《巴利律》、《毗尼母經》與之相同。

《鼻奈耶》、《僧祇律》是超過七日成犯，《根有律攝》、《善見論》則是第八日成犯。

藏傳《苾芻學處》的究竟成犯判罪如上犯緣所述。

其他律典沒有相關內容的表述。

5. 犯戒主體

《四分律》中，比丘、比丘尼若犯，捨墮；式叉摩那、沙彌、沙彌尼若犯，突吉羅。《五分律》與之一致。《薩婆多論》僅提及比丘、比丘尼均犯捨墮。

其他律典中，比丘犯捨墮，沒有其他判罪記載。

諸律之中要求犯戒主體有「病」，如上犯緣所述。

（三）不犯

1. 所犯境不具足

《善見論》中也有類似開緣：「若與白衣、沙彌，若還與酥，若沙彌布施，得食無罪。」

藏傳《苾芻學處》記載：「若為灌鼻或塗身等藥，雖蓄無犯。」

2. 能犯心不具足

《根有律攝》中，七日不滿、七日滿，作不滿想，不犯。而《巴利律》中僅不滿作不滿想才不犯，滿作不滿想正犯捨墮。

3. 方便加行不具足

《四分律》中，如果蓄存超過七日的藥拿來「塗戶嚮」或「與守園人」，第七日的藥給其他比丘食用，蓄存未滿七日的藥用來「塗腳」、「燃燈」，期限內蓄作外用而不內服，都不犯。《摩得勒伽》、《僧祇律》、《巴利律》與之相似，「若灌鼻，若灌耳，若摩足」，「作然燈油、塗足油、塗身油」，外用而受持，超過七日不犯。

《巴利律》中，如果藥品在期限內「捨、失、壞、燒失、被奪而取、以親厚想取；由未圓具者之捨去、或殘留、或放棄之物」，不犯。

《根有律攝》中，在「日欲滿」前，將七日藥「或時全棄，或與淨人，或與餘人，或求寂，或塗足等用」，不犯。

4. 犯戒主體不具足

《四分律》記載：「無犯者，最初未制戒，癡狂、心亂、痛惱所纏。」《五分律》、《根有律》與之相同。

《巴利律》：「癡狂者、最初之犯行者，不犯也。」

五、原理

（一）貪著美味

此戒屬於遮戒，《善見論》記載：「此是制罪，非性罪。」

所約束的主要是比丘對七日藥的貪心。此戒所列的酥、油、生酥、蜜、石蜜等都不是正食，且味道鮮美，比丘無節制地積蓄、服食，滿足口腹之欲，容易妨廢道業，且招致居士譏嫌。如《五分律》：「沙門釋子自言節食，積聚如此，恣意啖之。此等為求解脱，離生老死，而今但求如此美味。無沙門行，破沙門法。」此戒的制定，一方面遮止了比丘貪著美食，另一方面也為病比丘調理身體提供了可遵從的規則。

（二）食物營養與健康

佛陀時代的印度，修行者崇尚苦行，他們克制自己的欲望，追求更高的解脱目標，節制飲食便是其中的重要內容。《五分律》中居士提到「沙門釋子自言節食」，説明佛教也遵循着「節食」的傳統。比丘托鉢乞食，不非時食，不殘宿食，食物攝取有限，律典記載比丘形體枯瘦，兼生惡瘡，既與時節氣候有關，也與營養缺乏有關。

針對這種情況，佛陀開許比丘食用酥、油、生酥、蜜、石蜜等五種藥。這五種藥在當時較為常見且不難獲得，高熱量，富含脂肪酸，病比丘食用此類食物，可以及時補充身體所需的養分，促進身體快速康復並保障其正常運轉。從補充營養來看，它們是輔助正食的輔食，起保健作用；從治療疾病與恢復身體來説，它們是很有效的「藥品」。《根有律攝》記載：「然諸病緣不過三種：謂風、熱、痰癊。此三種病，三藥能除。蜜及陳沙糖能除痰癊，酥與石蜜除黃熱病，油除風氣，稀糖一種能除三病。言七日者，舉其極時，中間多少隨意服之。」[1]《僧衹律》記載：「佛問醫師：『比丘欲使畜藥，幾日得安隱耶？』答言：『世尊，藥勢相接，七日可知。』佛言：『從今日聽先一日，更與六日七日畜。』」在醫師看來，服藥七日可以治癒，佛陀制定此戒也是參考了醫師的意見。

(三) 宗教文化因素及七日藥的演變

在古印度，各宗教對酥、油、生酥、蜜、石蜜等五種藥的態度是不一樣的。如耆那教不食六種藥，除以上五種藥外，還有鹽；婆羅門教祭祀天神和祖先的禮儀中，五種藥是常見的供品。《摩奴法論》記載，誦吠陀經的婆羅門會得到大量食品，如：「清淨專一地依規則誦經一年，就會使牛奶、酸牛奶、酥油和蜜源源不斷地向誦者流。」[2]

佛陀制定此戒，既符合緣起，又體現了佛法的中道精神，不因苦行而完全拒絕，又為防貪欲而有所制約。《四分律》、《巴利律》等律典記載了佛陀開許服用七日藥的緣起：比丘由於風病「形體枯燥，又生惡瘡」，佛陀允許病比丘食用酥、油、生酥、蜜、石蜜五種補藥，以滋養身體，治療疾病。佛陀開始只是允許病比丘在正時服用，不允許非時服用，「應於正時攝受，正時服用」。但是一些病比丘由於消化不良，「彼等於平常粗食而消化不良，況油性物耶？」正時服用五種藥則不堪消化，導致比丘雖得五種藥而病患不癒，因此，佛陀又開許比丘非時食用五種藥。後來，因為摩揭陀國的畢陵伽婆蹉尊者神通廣大，所以信眾敬信而供養大量補藥，尊者分給弟子們，後者蓄積過多招來譏嫌，佛陀於是又制定七日之限。比丘受五種補藥，七日之內用不完需捨去，或限外用，否則七日後犯捨墮。隨着僧團的發展壯大，僧眾身體資質不同，部分比丘需要長期蓄用七日藥，於是又有了淨施法的開緣。

---

1 《摩奴法論》也記載：「嘔吐或腹瀉者應該在沐浴之後吃酥油；如果剛剛吃過飯，則應該僅僅啜飲。」在消化功能不好，身體虛弱的時候，飲食酥油或塗抹身體可以起到很好的效果。

2 《摩奴法論》，27 頁。

七日藥本是滋補身體和治療疾病的食物。佛陀開許服用七日藥，「當食、當藥如食飯、乾飯」，和中醫所謂「食補」的原理是一樣的，體現了佛陀對比丘的愛護。佛陀抉擇七日藥時有一番考慮，「此等藥乃世間共許之藥，可資食，但非大量食」，善巧地避免了和時藥的重疊，在非時食用也不會招致譏嫌。如此來看，因病而適量食用七日藥才是正確的使用方式，若過量食用或者無病緣而食用七日藥，則和佛陀本懷相違；另外，七日藥屬於高熱量食品，過量食用有害健康，這些都是比丘在使用七日藥時需要留意之處。

(四) 國王的護持與蓄淨人的緣起

《五分律》和《巴利律》詳細記述了長老比丘畢陵伽婆蹉獲得大量供養的緣由，從中可知其與國王及大眾的關係。

《五分律》記載，國王看到畢陵伽婆蹉親自打掃房舍，就讓一大臣派遣守園人幫助其打掃。後來畢陵伽婆蹉入城乞食，被國王看到，國王詢問守園人的事情，發現大臣並未執行命令，由於離最初許諾已有五百天，因此國王決定以五百家，每日差遣一人來服務。《巴利律》記載：「其大臣應諾於大王，奉施五百淨人於長老畢陵伽婆蹉，因此而成一村，此名淨人村，亦稱為畢陵伽村。」

可見當時國王與佛陀和比丘關係密切，為護持比丘修行提供了很大的支持。此外，兩部律都提到，畢陵伽婆蹉入王宮時，國王見到後主動行禮，足見國王對佛教和比丘的尊崇。而佛陀由國王這一因緣，開許比丘蓄守園人，從中不難看出其隨順國主的善巧，這對發展佛教和護持僧團是至關重要的。

六、專題

專題 1：「七日」藥還是「七日藥」

律典中比丘所服用的食物和藥物均稱為「藥」，分為四類：時藥、非時漿、七日藥和盡形壽藥。由於諸律對七日藥的作法如受法、淨施等要求並不一致，致使對七日藥存在兩種理解：一種認為七日藥本質與時藥相同，通過比丘口受後而轉變為「七日藥」，然後可以蓄存七日，這種加法的性質與三衣鉢具的受法相似；另一種看法是「七日藥」本身就與時藥有別，不用加法就可以蓄存七日。

仔細分析諸律的文本，更傾向於第二種理解。

首先，從諸律的緣起、戒條和辨相等各方面看，七日藥可以蓄用七日，並不需要加法。

比如《四分律》就沒有任何關於加法的記載，如：「若比丘一日得藥不淨施，二日得藥淨施，三日得藥乃至七日得藥不淨施，至八日明相出，六日中所得藥盡尼薩耆。」可以推斷出七日藥不作加法也可蓄存七日。《十誦律》記載：「若比丘不與人、不作淨、不服，至第八日地了時，尼薩耆波夜提。」同樣可以看出七日藥可直接蓄存七日。《僧祇律》與之相似：「若比丘一日得十種藥……一切服不作淨，過七日，一切尼薩耆。」《根有律攝》記載：「若有病緣非時須服，欲求他授復無淨人，應七日守持，或時隨路自持而行。」即病比丘如果沒有淨人手受也可以蓄用七日藥。

《五分律》記載：「若比丘，病得服四種含消藥：酥、油、蜜、石蜜，一受乃至七日。若過，尼薩耆波逸提。」《巴利律》記載：「此等得後，限蓄七日得以食用，若過此者，尼薩耆波逸提。」這兩部律都沒有提到加法，從文意上看，得到七日藥後都可以直接蓄用七日。

其次，從佛陀開許食用七日藥的緣起中，也可看出七日藥與時藥有別。

《五分律》調部中記載了佛陀開許服用七日藥時的考慮：「世人以酥、油、蜜、石蜜為藥，我今當聽諸比丘服。」《巴利律》藥犍度中記載：「時，世尊靜居宴默，心生思念：『今諸比丘患秋時病……乃至……身露脈結，我許諸比丘用何藥耶？此應為世間共許之藥，可資食，但非大量食者也。』時，世尊心生思念：『有五種藥，〔謂：〕熟酥、生酥、油、蜜、糖。此等藥乃世間共許之藥，可資食，但非大量食。我當許諸比丘如此五種藥，應於正時攝受，正時服用。』」[1] 可以明確地看出佛陀選擇七日藥的標準，即世間共許有滋補作用的藥，但又不能大量食用的食物（如時藥）。

此外，一些律典中記載了用同一種原料不同的方法分別製作時藥、非時漿、七日藥、盡形壽藥。如《十誦律》記載：「問：『頗有從一物邊作時藥、時分藥、七日藥、盡形藥？』答：『有！甘蔗是時藥，清汁是時分藥，作石蜜是七日藥，燒作灰是盡形藥；酪是時藥，清汁如水是時分藥，作酥是七日藥，燒作灰是盡形藥；胡麻是時藥，壓作油是七日藥，燒作灰是盡形藥；肉是時藥，煮取脂是七日藥，燒作灰是盡形藥。』」《摩得勒伽》、《僧祇律》、《根本說一切有部尼陀那目得迦》中也有類似的記載。[2] 這些記載很清楚地表明時藥、七日藥等藥物的體性是由食品本身的性狀來決定的。

綜上所述，七日藥和時藥屬於不同的食（藥）物類型，七日藥並非由時藥通過加法轉化而來，本戒的辨相中也沒有將時藥通過加法轉化成七日藥的內涵。簡而言之，只要比丘有病緣需要七日藥滋補身體緩解病情，就可以直接蓄用七日藥。南傳佛教對本戒的著述也均為七日內可以隨意蓄積和服用七日藥。[3]

---

1 《犍度》卷 6，《漢譯南傳大藏經》3 冊，267 頁。

2 《根有尼陀那目得迦》卷 7，《大正藏》24 冊，440 頁中欄。

3 *The Buddhist Monastic Code I*, p. 317, "If one is ill, one may take it 'as is' at any time during the seven days"; *Ajahn Brahavamo's Vinaya Notes*, vol. 1, p. 187, "Of course, when the discomfort takes the form of a sickness such as a cold, or the flu, or malaria say, then he may also consume any of the Five Tonics at any time."

專題 2：七日藥的受法與淨施

（一）七日藥的受法

受法分為手受和口受兩種。

手受法由「不受食戒」而來，目標很明確，為制約比丘自取食物和避免譏嫌。諸律手受法內涵比較一致，這裏不做進一步討論。

口受法即通過儀軌對所得食物作加法。諸律關於七日藥口受法的記載不一致，而且只有少部分律典提到了口受法。

1. 諸律差異

《四分律》、《僧祇律》、《五分律》及《巴利律》中，病人均可直接蓄用七日藥，並沒有口受法的記載。

《十誦律》七日藥戒中沒有提到口受法，在「問藥法」、「增一法」等處則提到「口受」，如:「又問:『是諸藥手受口受，無病應服不？』答:『不應服。』問：『手受口受，病人得服不？』答：『應服。』」但根據原典中上下文可知這些文字是對「時藥、時分藥、七日藥、盡形藥」的描述而不是專門針對七日藥而言的，因此這裏「口受」的內涵不是很確定。此外，「毗尼雜品」中似乎暗示有專門的七日藥受法，如：「佛告優波離：『若阿蘭若比丘獨處一身，聽一心念：「今日布薩説戒。」得説戒法、自恣、受衣、受七日法、受七日藥、與一請及淨施衣物亦爾。』」但《十誦律》中並未找到具體作法的記載。

《摩得勒伽》和《十誦律》記載類似：「『時藥、非時藥、七日藥、終身藥，不手受、不説受，經宿得服不？』『不得服。』『已手受、説受，內宿得服不？』『不得服。手受、説受，病者得服。』」這裏同樣是針對四藥而言的。

《薩婆多論》中記載較為明確，七日藥手受後要從比丘口受，如：「若病比丘須七日藥，自無淨人求倩難得，應自從淨人手受。從比丘口受已，隨著一處，七日內自取而食。」「若病重，口不受，亦得服。設看病比丘手受口受，亦成受法。」

《根有律》明確記載了口受法儀軌：「應如是守持，應在午前當淨洗手受取其藥，對一同梵行者作如是說：『具壽存念！我苾芻某甲有此病緣，清淨醫藥我今守持，於七日內自服。』及同梵行者，第二、第三亦如是說。」《根有律攝》也有類似的表述，並提及「言觸宿而服者，謂得自觸共宿而食，不須更受」，可見口受後可避免犯惡觸和內宿的過失。

綜上所述，七日藥是否有口受法，部派之間存在差異。有部律典中有口受法的相關記載，其中《十誦律》、《摩得勒伽》記載不夠明確，《薩婆多論》則明確有口受法，但沒有具體的作法。根本說一切有部律典《根有律》、《根有律攝》明確有口受法，並記載了具體的作法儀軌。除此之外，《四分律》等律典都沒有七日藥口受法的描述，從本戒的緣起和辨相來看，這些律典中比丘有病緣就可以七日內直接蓄用七日藥。

2. 從防止過失的角度分析口受法的必要性

一般認為，比丘得到七日藥後，作口受法的主要目的是避免失受、殘宿等過失。下面分別從失受和殘宿兩個角度來分析七日藥在七日內是否存在這些問題。

（1）失受的問題

傳統上對「不受食戒」有這樣一個理解，比丘拿到藥物過午就會失受，因此需要在中午前加口法。不過根據《四分律》「不受食戒」記載：「若比丘不與食，自取著口中，除水及楊枝，咽咽波逸提。非時過非時食者，波逸提。受七日藥過七日食者，波逸提。盡形壽藥，無因緣不受而食者，突吉羅。」可以看出，七日藥在七日內是不存在失受的過失的。其他律典中也沒有七日藥過午失受的描述。

（2）殘宿的問題

律典記載，七日藥在七日內是不受殘宿制約的。比丘得到七日藥後不需要加口法，七日內可以經宿食用。

如《四分律》「殘宿食戒」中記載：「食有二種：正食、非正食。非正食者，根食乃至細末食；正食者，飯、麨、乾飯、魚及肉。若比丘舉宿食而食，咽咽波逸提；非時過非時食者，波逸提；受七日藥過七日食者，波逸提；盡形壽藥，無病因緣而服者，突吉羅。」這段文字列舉了四藥的食用期限，可以看出，七日內食用七日藥不會得波逸提罪。《四分律》「比丘尼戒」中明確說七日藥可「得食殘宿」至七日：「若諸病比丘尼，畜藥、酥油、生酥、蜜、石蜜得食殘宿，乃至七日得服。若過七日服，尼薩耆波逸提。」[1]

《鼻奈耶》緣起中，佛陀規定無病不可以「停食經宿而食」：「尊者畢陵淚跋昔患目痛，諸長者婆羅門送酥、油、蜜、黑石蜜及諸生食，諸弟子常停食經宿而食。時十二法比丘見，往白世尊。世尊告曰：『若比丘無病，停食經宿而食者，墮。』」隱含的意思為病人可以積蓄七日藥經宿而食。

《巴利律》「殘宿食戒」的開緣中記載：「貯時藥以於時中食，貯非時藥以於非時中食，貯七日藥以於七日中食，盡形壽藥有因緣而食，癡狂者、最初之犯行者，不犯也。」其內涵和《四分律》一致。

從「殘宿食戒」的所犯境看，《四分律》為「正食」和「非正食」，並不包括七日藥。《十誦律》：「食者，五種佉陀尼食、五蒱闍尼食、五似食」。《僧祇律》記載：「食者，五正食、五雜正食，若一一停食者，波夜提。」《僧祇律》中所犯境為「五正食、五雜正食」。《巴利律》為「嚼食或啖食」。可見「殘宿食戒」的所犯境是不包括七日藥的。

從制戒原理上看，「殘宿食戒」主要是防止比丘積蓄過量，因此制定以一夜為期限，過夜食用即犯。而本戒是為了防止比丘過量積蓄七日藥而專門制定的，已經具備了「殘宿食戒」的制約功能。而且蓄積七日藥超過期限，即使不食用也犯捨墮，從這個角度看比「殘宿食戒」更嚴格。另外，從緣起看，佛陀最初開許病比丘七天內隨需要蓄用七日藥，如果同時規定七日內不作口受法則會有殘宿的過失，就有點矛盾了。

綜上所述，「殘宿食戒」所限制的食物不包含七日藥，或者至少可以得出結論：七日之內，與七日藥共宿不會有殘宿的過失。也就不需要通過口受法來規避這種過失。

3. 結論

綜上所述，諸律在比丘得到七日藥後是否需要做口受法存在差異。口受法的主要目的是防止殘宿、內宿等，從這個角度看諸律分成了兩類：一類認

---

1 《四分律》卷 23，《大正藏》22 冊，728 頁中欄。

為七日藥要加口法才能避免這些過失；另一類則認為不需要加口法，只要在七日內就能自動避免這些過失。從「不受食戒」、「殘宿食戒」等相關戒條的內涵來看，七日藥在七日內不存在失受、殘宿等問題。因此從避免過失的角度而言，七日藥不需要作口受法。

諸律的差異背後隱含着各部律典對一個基本問題的不同認識，即七日藥是由於其自身屬性自然就成為「七日藥」，還是通過口受法之後才變成了佛陀開許的「七日藥」，從而在食用儲藏時限方面和時藥有所區分。這一問題在上一專題「『七日』藥還是『七日藥』」中已經有論述，結論是只要比丘因自身病緣有所需求，得到的食（藥）品符合規定，這樣的藥品自然就成了「七日藥」。因此從「七日藥」自身的角度，口受法也不是必需的。

可以說七日藥的口受法是部派律學發展的產物。追溯七日藥的本源和相關戒條的規定，比丘蓄用七日藥不作口受法是不違犯戒律的，只是要遵循七日藥期限、製作方法和如何與其他食（藥）品混合服用等方面的規定。

（二）七日藥的淨施法

此法如同長衣、長鉢的淨施處理，比丘將七日藥轉給他人使其成為物主，自己僅享有使用權。實為一種變相延長蓄用時間的方法。

《四分律》記載：「若比丘一日得藥不淨施，二日得藥淨施，三日得藥乃至七日得藥不淨施，至八日明相出，六日中所得藥盡尼薩耆。」

《十誦律》辨相中提到了「作淨」，如：「比丘是酥應與人，若作淨，若服，若比丘不與人、不作淨、不服，至第八日地了時，尼薩耆波夜提。」《薩婆多論》類似，如：「此藥至七日，此藥應作淨，若與人，若服。若不作淨、不與人、不服，至八日地了時，尼薩耆波逸提。」

《僧祇律》中也提到了「作淨」，並有「若比丘一日得十種藥，如前長衣戒中廣說。但此中以藥七日為異」的記載。可見其對「是中作淨者，應法」的理解和「長衣戒」是一致的，即作淨後不再受七日的限制而可長期蓄用。

其他律典沒有七日藥淨施法的描述。

綜上所述，《四分律》、《十誦律》、《薩婆多論》、《僧祇律》有七日藥淨施法的描述，七日藥在七日內作淨施法後就不再受七日的限制而可以長期蓄用。

七、總結

(一) 諸律差異分析

1. 緣起差異

(1) 結構差異

《四分律》有六個緣起、一個本制。《五分律》有二個緣起、一個本制。《僧祇律》有三個緣起、一個本制。《鼻奈耶》、《十誦律》、《根有律》、《巴利律》均有一個本制。

(2) 情節差異

《四分律》的六個緣起分別為：①因比丘秋天發風病，佛陀開許比丘生病時服用酥、油、生酥、蜜、石蜜五種藥；②比丘由於沒有及時吃藥，風病發作，佛陀開許比丘「時、非時，有病因緣」吃這五種藥；③病比丘將吃不完的食物丟棄，佛陀開許病比丘食殘食，看護病人的比丘食殘食，不犯足食；④比丘因為足食後不能進食，便把食物扔掉，佛陀開許比丘通過做餘食法，不犯足食而食用；⑤舍利弗發病，佛陀開許吃熊脂、魚脂、驢脂、豬脂、摩竭魚脂；⑥象師供養佛陀黑石蜜，佛陀開許比丘受黑石蜜。

《五分律》中，第一個緣起為比丘得到很多供養，生熟酥、油、蜜、石蜜，「食不能盡，積聚在地，處處流漫」，弄髒了衣服、床、臥具，佛陀因此規定不得「食宿受酥、油、蜜、石蜜，犯者突吉羅」；第二個緣起中，有比丘生病，不能每天從淨人那裏接受藥，也沒地方買藥，於是佛陀開許病比丘「食宿受酥、油、蜜、石蜜乃至六夜」。

《僧祇律》的第一個緣起與《五分律》類似；第二個緣起為難陀生病需蜜，於是優波難陀準備了一滿鉢蜜，佛陀看到後規定不能「畜藥竟日服」；第三個緣起為難陀蓄積大量酥、油、蜜、石蜜，佛陀知道後規定不能大量蓄藥。

《四分律》的本制為比丘得到很多供養，有酥、油、生酥、蜜、石蜜，集聚太多流溢四處，導致房舍臭穢，長者看到後便譏嫌比丘，頭陀比丘報告佛陀後，佛陀制戒。《十誦律》、《巴利律》與《四分律》類似。《鼻奈耶》與《根有律》類似，均為比丘吃藥無節制，佛陀因此制戒。《五分律》中比丘蓄藥超過六夜，佛以此因緣制戒。《僧祇律》中比丘不能蓄藥，醫師比丘為了給比丘看病每日往來疲憊不堪，而且比丘需要連續服藥才可以痊癒，「藥勢相接七日可知」，佛陀因此制戒。

《四分律》緣起中，佛陀開許吃熊脂、魚脂、驢脂、豬脂、摩竭魚脂，但其他律典緣起中並未提到，戒條中亦沒有相關記載，因此不再保留這個緣起；同時，在第一個緣起中已經開許食用石蜜，因此保留開許比丘受黑石蜜的緣起也沒有必要。

（3）結論

綜上所述，本戒仍以《四分律》的緣起結構和情節為準，去除佛陀開許吃熊脂等食物和開許受黑石蜜的緣起。

2. 戒本差異

總體看來，諸律戒本部分的差異並不明顯，主要集中在七日藥的類型上。《四分律》中七日藥為「酥、油、生酥、蜜、石蜜」，《十誦律》、《十誦比丘戒本》、《五分律》、《彌沙塞五分戒本》、《根有律》、《根有戒經》、《根有律攝》、梵文《說出世部戒經》、梵文《有部戒經》、梵文《根有戒經》、藏文《根有戒經》將生酥、熟酥統稱為酥或酥油，《僧祇律》中新增一類「脂」，其他表述基本一致。與《四分律》中「齊七日得服」相比，《根有律》、《根有戒經》、《根有律攝》中「於七日中應自守持觸宿而服」的表述較為特別。梵文《說出世部戒經》中增加了對過限藥品的處理方法。此外，《鼻奈耶》中缺乏「病比丘」這一條件的描述。

戒本調整方面，借鑒《四分僧戒本》、《新刪定四分僧戒本》等律典的表述，刪除《四分律》中的「殘藥」二字。由於「生酥」一類食品在漢地比較少見，因此借鑒《十誦律》、《五分律》及梵巴藏戒本的分類，將「生酥」刪除。為順應現代人的語言習慣，據《根有戒經》、《根有律攝》等律典將「蜜、石蜜」改為「糖、蜜」。依《僧祇律》、梵文《有部戒經》等律典將「齊七日得服」改為「聽蓄七日服」，使文意更加清晰。為了表述更加簡潔，據《四分僧戒本》、《新刪定四分僧戒本》等律典將「過」後的「七日服」略去。

3. 辨相差異

（1）所犯境

除藏傳《苾芻學處》外，《四分律》及其他律典的所犯境均為七日藥，即酥、油、蜜、糖四大類。藏傳《苾芻學處》中，本戒名為「蓄藥捨墮」，所犯境為時藥、更藥、七日藥、盡壽藥中任何一種。依多數律典的觀點，本戒取七日藥為所犯境。

關於混合藥歸類的問題，《四分律》、《十誦律》、《摩得勒伽》、《僧祇律》、《根有律攝》、《巴利律》及《五分律》的劃分原則清晰明了，易於施行，即將藥物混合後，依時、非時、七日、盡形壽的順序，按排序靠前的種類來界定。例如：時藥與七日藥混合後，新藥成時藥；七日藥與盡形壽藥混合後，新藥為七日藥。其中，《十誦律》要求混合藥物必須同一天受，顯得嚴格瑣屑；《薩婆多論》中藥物混合的界定複雜且難以執行。因此混合藥物的界定仍依照《四分律》及多數律典的劃分原則。

（2）能犯心

諸律中，僅藏傳《苾芻學處》記載了發起心，「為自食故，欲蓄之心相續未斷」即正犯。《根有律攝》則提到，在持守七日藥期間，每次食用前需心念「我此藥七日當服」，否則「咽咽得惡作罪」。由此可知，本戒的目的是提高比丘對蓄藥不得過七日的重視程度。因此，將本戒的發起心定義為不護過限之心。

（3）方便加行

《四分律》中方便加行是「得藥畜」，其他律典辨相部分未直接論述，但根據文意推斷與《四分律》基本一致。藏傳《苾芻學處》明確定義為「發起積蓄方便」。《十誦律》記載了連日蓄、隔日蓄、蓄前捨後、蓄後捨前等情況，均正犯。《根有律》則要求「自守持」，還提到如果連續兩天得到七日藥，只能守持其中一天的藥，另一天的需要捨掉，否則就會正犯此戒。諸律蓄積的方式多種多樣，且都達到了蓄積的目的，但《四分律》較為簡潔，故將本戒的方便加行定義為蓄積。

關於七日內是否需要作淨才能蓄用，與諸律對於七日藥的解讀有關。結合專題中的討論，採用《四分律》、《十誦律》、《僧祇律》、《五分律》和《巴利律》的觀點，即七日藥本身即是一類特殊的藥品，並非通過作淨而成，本質就與普通食物（時藥）不同。因此比丘有病緣，七日內可直接蓄用。

關於「病」的要求，如前文專題中討論，現今社會已少有醫生會將七日藥作為處方來使用，在此採取《僧祇律》、《巴利律》的觀點，即比丘不舒服時，乃至飢餓、困乏時，均可使用七日藥來調解。而作淨的儀軌和要求，《十誦律》表述得最為詳備，並明確作淨的目的是延長蓄用時間，與長衣、長鉢相似。

關於染犯的情況，《四分律》的規則相對簡單易行。此外，藏傳《苾芻學處》要求能染、所染二者種類必須一致，相比《根有律》更為合理。《十誦律》和《根有律》中關於已捨與懺罪之前再次得藥的情況，也一並補入《四分律》，即只要先得的藥犯了捨墮，在完成捨藥和懺罪之前，接着又得到同類藥品，則不管是否作淨施，後得的藥一律被染而同犯捨墮。

4. 諸律內部差異

《巴利律》緣起中僅提到了「五種藥」，沒有提到只有病比丘才可以蓄用，而在戒本和辨相中有「病比丘當有病殘藥」的記載。《根有律》與此類似，緣起中也沒有提到蓄藥的比丘是否有病緣。

（二）調整文本

通過以上諸律間觀點同異的對比與分析，文本在《四分律》的基礎上作如下調整：

1. 緣起

佛在舍衛國祇樹給孤獨園，有比丘秋天發風病，身體枯燥，生惡瘡，於是世尊開許比丘有病時服酥、油、糖、蜜這四種藥。

有的比丘得到這四種藥後不能及時吃，蓄積雖多，身體還是無法恢復，因此世尊開許比丘生病時，時或非時都吃這四種藥。之後又開許病比丘、看護的比丘食殘食以及開許比丘可作餘食法食用。

畢陵伽婆蹉獲得很多四種藥的供養，將其施與徒眾，結果徒眾儲積狼藉，引起長者們譏嫌，有比丘嫌責並白佛，佛因此制戒。

2. 戒本

若比丘有病[1]，酥、油、糖、蜜[2]，聽畜七日服[3]。若過[4]者，尼薩耆波逸提。

3. 關鍵詞

(1) 病：從威脅生命的疾病到身體稍有不適都包含在此戒「病」的範圍中。

(2) 七日藥：指古印度常用的營養品，有酥、油、糖和蜜四類。

4. 辨相

(1) 犯緣

本戒具足四緣成犯：一、是七日藥；二、不護過限之心；三、蓄用過限；四、第八日明相出，成犯。

(2) 辨相結罪輕重

①是七日藥

七日藥，如酥（生酥、熟酥）、油、糖（糖漿、砂糖、冰糖等蔗糖製品）、蜜，捨墮。

---

1 「病」後，底本有「殘藥」，據《四分僧戒本》、《新刪定四分僧戒本》、《僧祇比丘戒本》、《解脫戒經》刪。

2 「糖、蜜」，底本作「生酥、蜜、石蜜」，據《根有律》、《根有戒經》、《根有律攝》改。

3 「聽蓄七日服」，底本作「齊七日得服」，據《僧祇律》、梵文《有部戒經》、巴利《戒經》改。

4 「過」後，底本有「七日服」，據《四分僧戒本》、《新刪定四分僧戒本》刪。

②不護過限之心

③蓄用過限

④第八日明相出

第八日明相出時，捨墮。

已過期犯捨墮的藥品，在比丘完成捨藥和懺罪之前，會染著之後獲得的未作淨的同類藥品，同犯捨墮。

⑤犯戒主體

比丘、比丘尼若犯，捨墮；式叉摩那、沙彌、沙彌尼若犯，突吉羅。

⑥不犯

比丘在七日內將七日藥捨給了未受具足戒的人，此人又將藥品布施給比丘，比丘繼續蓄用，不犯。

如果七日藥積蓄不作內服，而是用於塗腳、灌鼻、灌耳等外用，超過七日，不犯。

比丘受持七日藥不作淨，七日內直接蓄用，不犯。

比丘在七日內對藥品作淨施後，長期蓄用此藥，不犯。

七日藥丟失，被奪，或因水、火等意外損壞，不犯。

被他人以親厚意拿去，不犯。

忘記自己蓄有七日藥，不犯。

最初未制戒，癡狂、心亂、痛惱所纏，不犯。

八、現代行持參考

本戒對於現代比丘仍然適用。佛世時，七日藥主要指酥、油、生酥、蜜、石蜜等能夠補充身體營養，維持身體健康的食物。現代社會一般營養品同樣屬於七日藥。

現在的出家人中，仍然不排除一些堅持頭陀行或不非時食的比丘存在缺乏營養的可能。如果比丘因過度地控制飲食或禁食而導致饑餓、疲乏、消瘦，蓄用七日藥滋補和調理則是可取的，也是應該的。

不過，也需要提防飲食的另一個極端——營養過剩。糖、脂等高熱量食品的過量攝入是導致肥胖的主要原因，肥胖也被認為是本世紀重要的公共健康問題之一，容易導致心血管、糖尿病等疾病。

由此可見，比丘在面對這些營養品時，應該做到寬嚴適中，根據實際的情況靈活調配和使用，既要保證修道穩定，也要避免貪著，與離欲解脫之道相違。

27

過前求雨浴衣戒

一、緣起

（一）緣起略述

《四分律》有一個緣起和一個本制。毗舍佉母請佛及僧應供。次日大雨，佛陀告比丘在雨中淋浴，毗舍佉母派遣婢女去僧伽藍通知眾僧應供，婢女看到比丘裸形洗浴，以為「無有沙門，盡是裸形外道」，便回來報告給毗舍佉母。毗舍佉母知道是比丘在雨中洗浴，便又遣婢女去請僧，比丘洗浴後入靜室思維，婢女在門外見僧伽藍空寂無人，又返回報告。毗舍佉母知道是諸比丘洗浴結束入室靜坐，再次遣婢女去請。佛陀率眾僧來到毗舍佉母家，婢女見佛與眾僧晚於自己出發卻先到，生起信敬心。隨後，毗舍佉母供養美食，並向佛乞求滿足其常供養雨浴衣等八個願望，世尊讚歎並滿足其願望。

六群比丘聽說佛允許比丘蓄雨浴衣，便不分季節地常求雨浴衣，不捨已有的雨衣便使用新雨衣，或者有雨衣卻仍然裸浴。諸比丘嫌責六群比丘，告白佛陀後，佛陀制定此戒。[1]

諸律緣起差異比較：

1. 制戒地點

《四分律》中，制戒地點為「舍衛國祇樹給孤獨園」，《鼻奈耶》[2]與《四分律》相同，《十誦律》[3]為「王舍城」，《僧祇律》[4]、《五分律》[5]為「舍衛城」，《根有律》[6]為「室羅伐城逝多林給孤獨園」，《巴利律》[7]為「舍衛城祇樹給孤獨園」。

---

1 《四分律》卷 10，《大正藏》22 冊，628 頁下欄至 630 頁中欄。

2 《鼻奈耶》卷 6，《大正藏》24 冊，878 頁中欄。

3 《十誦律》卷 8，《大正藏》23 冊，58 頁下欄至 59 頁上欄；卷 53，《大正藏》23 冊，390 頁下欄。

4 《僧祇律》卷 11，《大正藏》22 冊，319 頁下欄至 320 頁中欄。

5 《五分律》卷 5，《大正藏》22 冊，32 頁中欄至 33 頁中欄。

6 《根有律》卷 24，《大正藏》23 冊，757 頁上欄。

7 《經分別》卷 4，《漢譯南傳大藏經》1 冊，358 頁至 360 頁；《附隨》卷 1，《漢譯南傳大藏經》5 冊，17 頁。

2. 緣起比丘

《四分律》中，緣起比丘為「六群比丘」，《十誦律》、《巴利律》與《四分律》相同，《鼻奈耶》、《五分律》為「諸比丘」，《僧祇律》為「摩訶羅比丘」，《根有律》為「六眾苾芻」。

3. 緣起情節

《四分律》有一個緣起、一個本制，《僧祇律》、《五分律》與《四分律》相同。其中《五分律》的緣起和本制與《四分律》的緣起和本制基本相同。《僧祇律》中緣起與本制情節與《四分律》不同，緣起記載各方信眾施僧雨浴衣，本制為佛陀見摩訶羅比丘下著雨衣上著安陀會，捉長柄掃帚掃地，心生愛護，許諾在遊行結束返回舍衛城後為諸比丘制雨浴衣，後兑現諾言並因此制戒。

《鼻奈耶》、《十誦律》、《根有律》、《巴利律》只有一個本制。其中《鼻奈耶》的本制與《四分律》的緣起類似，而《十誦律》、《根有律》的本制與《四分律》的本制基本一致。《巴利律》的本制與《四分律》的不同之處在於，比丘因過早著用雨浴衣，將衣穿破，裸身淋雨而受譏嫌。

（二）緣起比丘形象

《四分律》中，緣起比丘得知佛陀允許蓄雨浴衣後，「一切時春夏冬常求雨浴衣，不捨雨衣便持餘用，現有雨衣猶裸形而浴」，表現出愛鑽漏洞的形象。《十誦律》、《根有律》與《四分律》相似。《巴利律》記載：「六群比丘知世尊聽許用雨季衣，即早求雨季衣，早作雨季衣而著用；因雨季衣破壞，裸形被雨淋也。」表現出急躁、不為長遠考慮的比丘形象。

《五分律》中，緣起比丘「常乞畜，不受持，不施人，不淨施，擔重，擔衣行」，不注重威儀和戒律。

《僧祇律》中，緣起比丘常常穿著雨浴衣，並且上下顛倒穿，行為怪誕。

《鼻奈耶》沒有相關記載，以下從略。

（三）犯戒內因

《四分律》中，緣起比丘的犯戒內因是貪求雨浴衣，《十誦律》、《五分律》、《根有律》、《巴利律》與《四分律》相同，《僧祇律》中犯戒內因不明確。

（四）犯戒外緣

《四分律》中，居士供養雨浴衣是比丘犯戒的外緣，《僧祇律》、《五分律》的犯戒外緣與《四分律》相同，其他律典中沒有明確記載犯戒外緣。

（五）犯戒後的影響

《四分律》、《十誦律》、《五分律》、《根有律》、《巴利律》中，緣起比丘的行為引起了僧團部分比丘的不滿。諸律均未記載俗眾譏嫌緣起比丘。

《根有律》中，緣起比丘過量求雨浴衣，導致「事務繁雜，妨廢正修」。

（六）佛陀考量

《四分律》、《五分律》中，佛陀應供時示現神通。如《四分律》記載，世尊與大比丘僧，從祇桓精舍忽然消失，在毗舍佉母家就座而坐，衣服不濕。婢女見後心想：「世尊甚奇，甚特，有大神力！在我後來而先我至。」大多情況下，佛陀不主張使用神通，這次佛陀示現神通，主要是為了降伏毗舍佉母的婢女的慢心。毗舍佉母虔誠供養僧團，讓婢女多次往返僧伽藍請僧應供，婢女對比丘們很是不滿，加之仗着主人毗舍佉母的勢力，想必對比丘們有很大的慢心。佛陀此舉是讓毗舍佉母的婢女認知到佛陀和比丘們的殊勝功德，讓其對三寶生起敬信心。

另外，佛陀還為毗舍佉母說隨喜偈，如《五分律》：「歡喜施飲食，佛及聖弟子，設福破慳貪，受報常欣樂；生天壽命長，還此離染塵，行法之大果，長處淨天樂。」毗舍佉母的供養之心真切而虔誠，功德殊勝，連佛陀都讚歎。這促使比丘們要善待，珍惜居士的供養，用功辦道，否則徒廢信施。

通過這些細節，可以看出佛陀的善巧方便：一方面攝受居士，令其煩惱得到調伏，信心增長；另一方面策勵弟子們用功修行。佛陀的一言一行都在潛移默化地影響着僧俗二眾，且都有其深刻的考量。

（七）文體分析

《四分律》有兩個因緣、兩個譬喻和一個祇夜，《鼻奈耶》、《十誦律》、《根有律》、《巴利律》僅有一個因緣，《僧祇律》有兩個因緣，《五分律》有兩個因緣、三個譬喻和一個祇夜。

《四分律》、《五分律》在敘事過程中，加入了人物對話、心理描寫、動作細節展示等。如《四分律》對毗舍佉母婢女的語言和心理描寫：「時彼婢往僧伽藍門外，遙見諸比丘盡裸形洗浴，見已作是念：『無有沙門，盡裸形外道。』婢還白毗舍佉母言：『大家當知，僧伽藍中盡是裸形外道，無有沙門。』」而《十誦律》、《僧祇律》、《根有律》、《巴利律》中人物描述較為簡潔。

《四分律》、《五分律》還使用了譬喻，增強了故事的可讀性。如《四分律》記載：「時天大雨如象尿下。」《五分律》中，雨下到地上「如一滴油落熱沙聚」。《四分律》中描繪佛陀示現神通，「如力士屈伸臂頃」。

二、戒本

《四分律》中，本戒的戒本為：「若比丘，春殘一月在，當求雨浴衣，半月應用浴。若比丘過一月前求雨浴衣，過半月前用浴，尼薩耆波逸提。」

(一) 若比丘，春殘一月在，當求雨浴衣

《四分律》、《四分律比丘戒本》[1] 作「若比丘，春殘一月在，當求雨浴衣」，意思是：如果比丘，（離）春季（結束）還剩一個月（時），應當求取雨浴衣。

與《四分律》相同：

《僧祇比丘戒本》[2] 作「若比丘，春殘一月在，當求雨浴衣」。

與《四分律》相似：

《四分僧戒本》[3]、《新刪定四分僧戒本》[4] 作「若比丘，春殘一月在，應求雨浴衣」。

《根有律》、《根有戒經》[5]、《根有律攝》[6] 作「若復苾芻，春殘一月在，應求雨浴衣」。

《十誦律》作「若比丘，春殘一月，應求作雨浴衣」，《十誦比丘戒本》[7] 作「若比丘，春殘一月，比丘應求雨浴衣」。

《僧祇律》作「若比丘，春殘一月在，比丘當求雨衣」。

《五分律》、《彌沙塞五分戒本》[8] 作「若比丘，春餘一月，應求雨浴衣」，

1 《四分律比丘戒本》，《大正藏》22 冊，1018 頁上欄。
2 《僧祇比丘戒本》，《大正藏》22 冊，551 頁下欄。
3 《四分僧戒本》，《大正藏》22 冊，1026 頁上欄。
4 《新刪定四分僧戒本》，《卍續藏》39 冊，266 頁上欄。
5 《根有戒經》，《大正藏》24 冊，503 頁下欄。
6 《根有律攝》卷 7，《大正藏》24 冊，564 頁中欄。
7 《十誦比丘戒本》，《大正藏》23 冊，474 頁上欄。
8 《彌沙塞五分戒本》，《大正藏》22 冊，196 頁下欄。

《解脫戒經》[1] 作「若比丘，春末一月在，應求雨浴衣」。

與《四分律》有部分差異：

梵文《說出世部戒經》[2] 作 “māso śeṣo grīṣmāṇām iti bhikṣuṇā varṣāsāṭikācīvaraṃ paryeṣitavyaṃ”，意思是：熱季剩下一個月時，比丘應該求取雨浴衣。

梵文《有部戒經》[3] 作 “māsaśeṣe grīṣme bhikṣuṇā varṣāśāṭīcīvaraṃ paryeṣitavyaṃ”，梵文《根有戒經》[4] 作 “māsyaḥ śeṣo grīṣmāṇāṃ bhikṣuṇā varṣāśāṭīcīvaraṃ paryeṣitavyam”，這兩部梵文戒經的意思都是：熱季剩下一個月時，比丘應該求取雨浴衣。

巴利《戒經》[5] 作 “māso seso gimhānan-ti, bhikkhunā vassikasāṭikacīvaraṃ pariyesitabbaṃ”，意思是：熱季剩下一個月時，比丘可以求取雨浴衣。

藏文《根有戒經》[6] 作 “དགེ་སློང་རྣམས་ཀྱིས་སོ་ཀ་རྣམས་ཀྱི་ཟླ་བ་གཅིག་ལུས་ན་དབྱར་གྱི་གོས་རས་ཆེན་བཙལ་བར་བྱའོ”，意思是：熱季僅剩一個月時，比丘應尋求雨浴衣。

上述梵巴藏五部戒本中均以「熱季」對應《四分律》中的「春」。此外，這些戒本均缺少與「若比丘」相對應的內容。

與《四分律》差異較大：

《鼻奈耶》作「春一月過，比丘當作遮雨舍賴」。這裏的「春一月過」意思為春季過了一個月，與《四分律》中的「春殘一月在」，即春季還剩一個月差異較大。此外，「作遮雨舍賴」與《四分律》中的「求雨浴衣」表述不同。

---

1 《解脫戒經》，《大正藏》24 冊，662 頁上欄。

2 Nathmal Tatia, *Prātimokṣasūtram of the Lokottaravādimahāsaṅghika School,* Tibetan Sanskrit Works Series, no. 16, p. 17.

3 Georg von Simson, *Prātimokṣasūtra der Sarvāstivādins Teil II,* Sanskrittexte aus den Turfanfunden, XI, p. 200.

4 Anukul Chandra Banerjee, *Two Buddhist Vinaya Texts in Sanskrit,* p. 31.

5 Bhikkhu Ñāṇatusita, *Analysis of the Bhikkhu Pātimokkha,* p. 151.

6 麗江版《甘珠爾》（འཇང་བཀའ་འགྱུར།）第 5 函《別解脫經》（སོ་སོར་ཐར་པའི་མདོ།）11a。

(二) 半月應用浴

《四分律》、《新刪定四分僧戒本》、《四分律比丘戒本》作「半月應用浴」，意思是：(在春季最後的) 半個月才許可 (比丘開始) 使用雨浴衣。

與《四分律》相似：

《四分僧戒本》作「半月用浴」，《解脫戒經》作「半月後應用」。

梵文《說出世部戒經》作"ardhamāso avaśiṣṭo ti kṛtvā snapitavyam"，意思是：(熱季還) 剩下半個月，製作 (雨浴衣) 後 (用於) 洗浴。這裏雖然沒有說明是哪個季節「剩下半個月」，但是從戒條的上下文可知這裏仍然是指「熱季」。

與《四分律》有部分差異：

《僧祇律》作「半月當作成受用」，《僧祇比丘戒本》作「半月在當作成受用」。比《四分律》多了「作成」的表述。

《十誦律》作「半月應受持」，《十誦比丘戒本》作「半月應畜」，《五分律》、《彌沙塞五分戒本》作「餘半月應持」，《根有律》、《根有戒經》、《根有律攝》作「齊後半月來應持用」。

巴利《戒經》作"aḍḍhamāso seso gimhānan-ti, katvā nivāsetabbaṃ"，意思是：熱季還剩半個月，作好 (雨浴衣) 後就可以持用。

以上《十誦律》及之後的律典，都以「持」、「畜」等類似的表述對應《四分律》中的「用浴」，意思略有不同。

與《四分律》差異較大：

《鼻奈耶》作「半月一月得持」，此處的「半月一月」與《四分律》的「半月」差異較大。

梵文《有部戒經》作"yāvad ardhamāsakṛtāsu varṣāsu dhārayitavyaṃ"，意思是：乃至雨季剩下半個月時，(比丘) 持用。

梵文《根有戒經》作"ardhamāsāvaśiṣṭā kṛtvā dhārayitavyam*"，意思是：(雨季) 剩下半個月時，(比丘) 製作 (雨浴衣) 後持用。這裏雖然沒有明確說明是哪個時段「剩下半個月」，但是結合下文可知這個時段也是「雨季」，與上述梵文《有部戒經》相同。

藏文《根有律》作“དབྱར་ཟད་ནས་འོག་ཏུ་ཟླ་བ་ཕྱེད་ཀྱི་བར་དུ་བཅང་བར་བྱའོ”，意思是：雨季的最後半個月，應製作、持用。

《四分律》中，時間雖然不明確，但聯繫語境應該仍是「春季」的最後半個月，和上述三部梵藏戒經表述的「雨季」不同。此外，梵藏兩部《根有戒經》以「應製作、持用」或類似的內容對應《四分律》的「應用浴」。

（三）若比丘過一月前求雨浴衣，過半月前用浴，尼薩耆波逸提

《四分律》、《四分律比丘戒本》作「若比丘過一月前求雨浴衣，過半月前用浴，尼薩耆波逸提」，意思是：如果比丘，（在春季）還剩一個月（結束）之前求雨浴衣，（在春季的最後）半個月之前使用雨浴衣，犯捨墮罪。

與《四分律》相似：

《四分僧戒本》作「若比丘，春一月前求雨浴衣，半月前用浴者，尼薩耆波逸提」，《新刪定四分僧戒本》作「若比丘春一月前求雨浴衣，半月前用者，尼薩耆波逸提」。

與《四分律》有部分差異：

《十誦律》作「若比丘，未至春殘一月求作，過半月受持者，尼薩耆波夜提」，《十誦比丘戒本》作「若比丘，春殘一月內求雨浴衣，過半月畜，尼薩耆波夜提」，《五分律》、《彌沙塞五分戒本》作「若未至一月求，先半月持，尼薩耆波逸提」，《根有律》、《根有戒經》、《根有律攝》作「若苾芻未至春殘一月求雨浴衣，至後半月仍持用者，泥薩祇波逸底迦」，以上幾部律典中的「持」、「蓄」與《四分律》中的「用浴」意思略有不同。

《僧祇律》作「若比丘，未至春殘一月求雨衣，半月作成受用者，尼薩耆波夜提」，《僧祇比丘戒本》作「若未至求雨浴衣，作成受用者，尼薩耆波夜提」，與《四分律》相比多了「作成」的表述。

巴利《戒經》作“orena ce māso seso gimhānan-ti, vassikasāṭikacīvaraṃ pariyeseyya, orenaḍḍhamāso seso gimhānan-ti, katvā nivāseyya, nissaggiyaṃ pācittiyaṃ"，意思是：如果在熱季剩下一個月前求雨浴衣，在熱季剩下半個月前做好後穿著，捨墮。

梵文《說出世部戒經》作"tato ca bhikṣuḥ pra(tyo)reṇa varṣāsāṭikācīvaraṃ paryeṣeya, kṛtvā vā snāpeya, nissargikapācattikaṃ"，意思是：如果比丘提前求取雨浴衣，或是製作後洗浴，捨墮。這裏雖然省去了具體的時節的內容，但是結合語境推測仍然是「熱季」，因此，文意與《四分律》相同。

上述梵、巴兩部戒本，均以「熱季」對應《四分律》中的「春」。

《鼻奈耶》作「若過者，捨墮」，《解脱戒經》作「若過用，尼薩耆波逸提」，與《四分律》相比有所簡化，「過」的期限是過前、過後，還是兩者都包含，表述得並不清晰。

與《四分律》差異較大：

梵文《有部戒經》作"arvāk ced bhikṣur māsaśeṣād grīṣmād varṣāśāṭīcīvaraṃ paryeṣeta ūrdhvaṃ cārdhamāsakṛtāsu varṣāsu dhārayen niḥsargikā pātayantikā"，意思是：如果比丘在熱季剩下的一個月前求取雨浴衣，及雨季剩下半月前持用，捨墮。

梵文《根有戒經》作"arvāk ced bhikṣuḥ śeṣo grīṣmāṇāṃ varṣāśāṭīcīvaraṃ paryeṣeta ūrdhvam ardhamāsāvaśiṣṭā varṣāḥ kṛtvā dhārayen naisargikā pāyantikā"，意思是：如果比丘在熱季剩下（的一個月）前求取雨浴衣，雨季剩下半月前作成後持用，捨墮。

藏文《根有戒經》作"གལ་ཏེ་དགེ་སློང་གིས་སོ་ག་ཉམས་ཀྱི་ཟླ་བ་གཅིག་ལུས་པའི་སྔོན་རོལ་ཏུ་དབྱར་གྱི་གོས་རས་ཆེན་ཚོལ་བར་བྱེད་དམ། དབྱར་ཟད་ནས་འོག་ཏུ་ཟླ་བ་ཕྱེད་ལས་ལྷག་པར་འཆང་ན་སྤང་བའི་ལྟུང་བྱེད་དོ།།"，意思是：如果比丘在熱季末的一個月之前求取雨浴衣，雨季仍有半月以前製作、持用，捨墮。「製作、持用」對應《四分律》中的「用浴」，意思略有不同。

相比《四分律》中「過半月前用浴」的時限，上述三部戒本對應的是「雨季」，而不是「一月前求雨浴衣」時對應的「熱季」。

三、關鍵詞

(一) 春殘一月、半月

梵文《說出世部戒經》中作“māso（一月）śeṣo（剩餘）grīṣmāṇām（熱季）”，梵文《根有戒經》作“māsyaḥ（一月）śeṣo（剩餘）grīṣmāṇāṃ（熱季）”，結合語境意思都是：熱季剩下一個月（英譯：a month of the hot season remains）。藏文《根有戒經》作“སོ་ག་རྣམས་ཀྱི་（眾熱季的）ཟླ་བ་གཅིག་（一月）ལུས་（遺留）ན（接續詞，當）”，即「當熱季仍剩一月」（英譯：when a month of the hot season is still left），與梵文《根有戒經》意思相同。梵文《有部戒經》作“māsa（一月）śeṣe（剩餘）grīṣme（熱季）”，巴利《戒經》作“māso（一月）seso（剩餘）gimhānan（熱季）”，這兩部戒經使用的格位與梵文《根有戒經》稍有不同，但短語的意思相同。

“Grīṣma（巴利文：gimha）”指印度的「熱季」，南傳佛教地區的一種解釋認為是從公曆三月的滿月日（若有兩個滿月日，取第二個）次日開始，到七月的滿月日結束，對應農曆的二月十六日至六月十五日。這一時期主要對應漢地的春季，因此部分漢譯律典將其翻譯為「春」。

「春殘一月」字面理解為春天剩餘的一個月，即春季最後一月，實際上是印度熱季的最後一個月。《四分律》、《薩婆多論》、《僧祇律》中，「春殘一月」均是指農曆三月十六日至四月十五日；《根有律》和《根有律攝》是指農曆四月十六日至五月十五日；《巴利律》則對應農曆的五月十六日至六月十五日。

綜上所述，詞源分析中，諸部戒經內涵一致，都是指印度熱季的最後一個月。由於印度熱季的時間主要對應漢地的春季，因此祖師在翻譯時將其翻譯成「春」。漢譯律典中，《四分律》、《薩婆多論》、《僧祇律》、《巴利律》內涵一致，《根有律》與《根有律攝》記載相同。

「半月」的表述上，梵文《說出世部戒經》作“ardha（半）māso（月）avaśiṣṭo（剩餘）”，這裏雖然沒有說明具體的時節，但是結合語境推測仍然是「熱季」，意思是：（熱季）剩下半個月（英譯：a half-month of the hot season remains）。

梵文《根有戒經》作“ardha（半）mās（月）āvaśiṣṭā（剩餘）varṣāḥ（雨季）”，意思是：雨季剩餘半個月。梵文《有部戒經》作“ardha（半）māsa（月）kṛtāsu（已）varṣāsu（雨季）”，意思也是：雨季剩下半個月（英譯：a half-month of the rainy season remains）。

藏文《根有戒經》作“དབྱར་ཟད་（雨季末）ནས་（從格，“ནས...བར་དུ”是固定搭配，從……到……）ཟོག་ཏུ་ཟླ་བ་ཕྱེད་（下半月）ཀྱི་བར་དུ་（之間）”，字面意思是從雨季的末尾到（其）下半月之間（這段時間），其含義是：雨季的最後半個月（英譯：a half-month of the rainy season remains ）。

巴利《戒經》作“aḍḍha（半）māso（月）seso（剩餘）gimhānan（熱季）”，意思是：熱季剩下半個月（英譯：a half-month of the hot season remains）。

「半月」，即「春殘一月」的後半月。《四分律》、《薩婆多論》、《僧祇律》中，「半月」均是農曆四月一日至四月十五日；《根有律》和《根有律攝》是農曆五月一日至五月十五日；而《巴利律》則是指農曆六月一日至六月十五日。

綜上所述，詞源分析中，除梵文《說出世部戒經》和巴利《戒經》指熱季剩下的半個月外，其餘梵藏戒本都是指雨季剩餘的半個月。漢譯律典中，《四分律》、《薩婆多論》、《僧祇律》、《巴利律》四部律典時間一致，《根有律》與《根有律攝》相同。

（二）雨浴衣

梵文《說出世部戒經》作“varṣā（雨）śāṭikā（外套）”，巴利《戒經》類似，作“vassika（雨）sāṭika（外套）cīvaraṃ（衣）”，梵文《有部戒經》和梵文《根有戒經》均作“varṣā（雨）śāṭī（外套）cīvaraṃ（衣）”，結合語境，上述語詞都可以翻譯成：雨天用來洗浴的衣服（英譯：rain’s bathing-cloth）。藏文《根有戒經》作“དབྱར་གྱི་（夏天的）གོས་（衣）རས་ཆེན་（雨衣）”，意思是：夏天防雨所穿著的衣。

《四分律》記載：「雨浴衣者，諸比丘著在雨中洗浴。」即比丘在雨中洗浴時所穿的衣服。《根有律攝》[1]記載：「雨浴衣者，謂著在雨中洗浴，故名雨衣。」與《四分律》含義一致。

《根有律》記載：「雨浴衣者，謂天雨時用。」《巴利律》記載：「雨衣者，為雨期四個月之用。」以上兩部律典的含義與《四分律》略有不同，只提及下雨時用，沒有説明是用於洗浴。此外，《巴利律》還規定雨浴衣的使用期限為四個月，這在其他律典中並未提及。

《五分律》記載：「雨浴衣者，雨浴時用，夏浴時亦用。」《薩婆多論》記載：「畜雨浴衣凡有二事：天雨時，以障四邊，於中澡浴；若天熱時，亦以自障，於中澡浴。二、以夏月多雨，常裹三衣擔持行來。」這兩部律典中，雨浴衣除了在下雨時穿著洗浴外，還可以在天熱時穿著洗浴；並且在《薩婆多論》中雨浴衣除了用於洗浴，還可以在下雨時用來保護三衣。

綜上所述，詞源分析中，梵、巴戒經都是指雨天用來洗浴的衣服，藏文《根有戒經》指夏天的雨衣。漢譯律典中，只有《四分律》、《薩婆多論》、《五分律》、《根有律攝》與梵、巴戒經一致，即雨中洗浴時所穿的衣服。此外，《薩婆多論》、《五分律》還對雨浴衣的功用作了擴展，《根有律》、《巴利律》沒有直接説明用於洗浴，並且《巴利律》還規定了雨浴衣的使用期限為四個月。

---

1 《根有律攝》卷 7，《大正藏》24 冊，565 頁中欄。

四、辨相

（一）犯緣

具足以下五個方面的犯緣便正犯本戒：

1. 所犯境

《四分律》中，此戒的所犯境為「雨浴衣」。除《鼻奈耶》、《摩得勒伽》[1]、《巴利律》和藏傳《苾芻學處》[2]外，其他律典的所犯境與《四分律》相同。

《鼻奈耶》中，此戒的所犯境為「遮雨舍頼」，從緣起來判斷，其含義與《四分律》的「雨浴衣」相同。

《摩得勒伽》中，此戒的所犯境為「雨衣」。

《巴利律》中，此戒的所犯境為「雨季衣」。

藏傳《苾芻學處》中，此戒的所犯境為：「求衣境具在家五法之上加非隨意施。所求物或是雨衣，或是雨衣之因，清淨，應量，非受用一季者，有能遮雨水之作用，是彼施主所有。」滿足這些條件的雨浴衣，才正犯此戒。

《明了論》無此戒的內容，下不贅述。

2. 能犯心

（1）發起心

《四分律》中沒有明確記載此戒的發起心。除藏傳《苾芻學處》外，其他律典與《四分律》相同。

藏傳《苾芻學處》中，此戒的發起心為「欲為自求」雨浴衣，且此心需要一直持續到最後不間斷，才正犯此戒。

---

1 《摩得勒伽》卷 2，《大正藏》23 冊，574 頁中欄；卷 9，《大正藏》23 冊，619 頁下欄。

2 《苾芻學處》，《宗喀巴大師集》卷 5，79 頁至 80 頁。

（2）想心

《四分律》中沒有與想心有關的判罪，除《根有律攝》[1]、《巴利律》、藏傳《苾芻學處》外，其他律典與《四分律》相同。

《根有律攝》中，「非時非時想、疑」，正犯此戒。

《巴利律》中，製作雨衣時，於熱季剩一月以上作熱季剩一月以上想、疑，或是作一月以下想，均正犯此戒；著用雨衣時，於熱季剩半月以上作半月以上想、疑，或是作半月以下想，均正犯。

藏傳《苾芻學處》中，「想不錯亂」，正犯此戒。

3. 方便加行

（1）過前求雨浴衣

《四分律》中，春季最後一個月前求雨浴衣，正犯此戒。《摩得勒伽》、《僧祇律》、《五分律》、《根有律》、《根有律攝》、《善見論》[2]、《毗尼母經》[3]與《四分律》相同。《鼻奈耶》中，「春一月」前作雨衣，正犯此戒。《巴利律》中，「熱季之最後一月以前」求雨季衣，正犯此戒。藏傳《苾芻學處》與《四分律》類似，「隨自所受安居在一月以前」，「以具五相語而求」雨浴衣，正犯。

（2）過前用雨浴衣

《四分律》中，春季最後半個月之前用雨浴衣，正犯此戒。《僧祇律》、《善見論》、《毗尼母經》與《四分律》相同。《鼻奈耶》中，春季結束前半月內「持」雨衣，犯捨墮。《巴利律》中，熱季之最後半月以前，縫製著用雨季衣，正犯此戒。《五分律》中，春季最後半個月前「持」雨浴衣，正犯。《十誦律》中，春季最後半個月前「受持」雨浴衣，正犯。《薩婆多論》[4]、《摩得勒伽》中，春季的最後半個月之前「畜」雨浴衣，正犯。

上述律典中，《十誦律》、《五分律》的方便加行均從戒條內提取。

---

1 《根有律攝》卷 7，《大正藏》24 冊，564 頁中欄至 566 頁中欄。

2 《善見論》卷 15，《大正藏》24 冊，778 頁下欄至 779 頁上欄。

3 《毗尼母經》卷 2，《大正藏》24 冊，811 頁下欄。

4 《薩婆多論》卷 6，《大正藏》23 冊，538 頁下欄至 539 頁上欄。

（3）到時限後，不如法處理雨浴衣的判罪

《根有律》、《根有律攝》中，安居結束之後仍然不捨雨浴衣，正犯此戒。藏傳《苾芻學處》中，比丘自己的雨衣，「隨自所受安居解制以後，可以半月受用不交藏」，如果超過此期限繼續受用，正犯此戒。

（4）其他

《摩得勒伽》中，「自恣已至餘住處，彼處未自恣，隨彼畜雨衣，波夜提。不從初受作雨衣」，正犯此戒。

《毗尼母經》中，「若乞過長得」，也就是製作尺寸過大的雨浴衣，正犯此戒。

4. 究竟成犯

《四分律》中沒有明確説明此戒的究竟成犯。除《十誦律》、《薩婆多論》、《巴利律》和藏傳《苾芻學處》外，其他律典與之相同。

《十誦律》和《薩婆多論》中，春季最後半月之前受持雨浴衣，「從受持來」，也就是受持雨浴衣之後，正犯此戒。

《巴利律》中，「求而〔得〕時」，正犯此戒。

藏傳《苾芻學處》中，過前求衣，「得衣時成犯」。如果是自己的雨浴衣，在安居結束後半個月內可以「不交藏」；「若過半月最後一夜，明相出時」，正犯此戒。

5. 犯戒主體

《四分律》中，此戒的犯戒主體為比丘。其他律典與《四分律》相同。

（二）輕重

1. 所犯境

《四分律》中，此戒的所犯境為「雨浴衣」，犯捨墮。其他律典正犯的情況如上犯緣所述。

《十誦律》記載：「若是衣經淨緯不淨、緯淨經不淨，若二俱不淨。不淨者，若駱駝毛、牛毛、羖羊毛，若雜織。如是等衣，得突吉羅。」

《摩得勒伽》記載：「不淨衣作雨衣，突吉羅；劫波塗沙作雨衣，突吉羅。」此外，「乞減量雨衣，突吉羅」。

《根有律攝》記載：「若是不應淨物及以疏薄……得惡作罪。」

藏傳《苾芻學處》中，如果所犯境是「已受用一季之雨衣」，那麼「收藏過遲，或乞過早，或非時乞於時得」，都犯突吉羅罪。

2. 能犯心

（1）發起心

《四分律》中沒有與發起心有關的判罪，除藏傳《苾芻學處》外，其他律典與《四分律》相同。

藏傳《苾芻學處》中，此戒的發起心為為自己求雨浴衣的心，而且此心需要一直持續到最後不間斷，才犯捨墮。

（2）想心

《四分律》中沒有與想心有關的判罪，除《根有律攝》、《巴利律》、藏傳《苾芻學處》外，其他律典與《四分律》相同。

《根有律攝》記載：「非時非時想、疑，並泥薩祇；二輕、二無犯，准上應說。」這裏的「二輕、二無犯」對照上面的律典應該為：時作非時想、疑，突吉羅；時或非時作時想，不犯。

《巴利律》中，製作雨衣時，於熱季剩一月以上作熱季剩一月以上想、疑，或是作一月以下想，均犯捨墮；於熱季剩一月以下作熱季剩一月以上想，突吉羅；於熱季剩一月以下作熱季剩一月以下疑，突吉羅；於熱季剩一月以下作熱季剩一月以下想，不犯。著用雨衣時，想心結罪與此相同，只不過時間期限由「熱季剩一月以上」換為「熱季剩半月以上」。

藏傳《苾芻學處》中，「想不錯亂」，犯捨墮。

3. 方便加行

（1）過前求雨浴衣

《四分律》中，春季最後一個月前求雨浴衣，犯捨墮。《摩得勒伽》、《僧祇律》、《五分律》、《根有律》、《根有律攝》、《善見論》、《毗尼母經》與《四分律》相同。《鼻奈耶》中，「春一月」之前作雨衣，犯捨墮。《巴利律》中，「熱季之最後一月以前」求雨季衣，犯捨墮。藏傳《苾芻學處》與《四分律》類似，「隨自所受安居在一月以前」，「以具五相語而求」雨衣，犯捨墮。

《十誦律》、《薩婆多論》中，春季最後一月前乞求或者製作雨浴衣，均犯突吉羅。

（2）過前用雨浴衣

《四分律》中，春季最後半個月前用雨浴衣，犯捨墮。《僧祇律》、《善見論》、《毗尼母經》與《四分律》相同。

《鼻奈耶》中，春季結束前半月內「持」雨衣，犯捨墮。《巴利律》中，熱季之最後半月以前，縫製著用雨季衣，犯捨墮。

《十誦律》中，春季最後半個月前「受持」雨浴衣，犯捨墮。《五分律》中，春季最後半個月前「持」雨浴衣，犯捨墮。《薩婆多論》、《摩得勒伽》中，春季最後半個月前「畜」雨浴衣，犯捨墮。

（3）到時限後，不如法處理雨浴衣的判罪

《薩婆多論》記載：「到七月十五日，應著一處，不應畜用，若畜用者，突吉羅。」

《僧祇律》中，若期限到了，應該捨去雨浴衣，「至八月十五日，應當捨……若至十六日捨者，得越毗尼罪」。

《五分律》記載：「畜至八月半，百三十五日持。若過此，不作餘衣，不受持，不施人，不淨施，突吉羅。」

《根有律》、《根有律攝》中，安居結束之後繼續持用雨浴衣，犯捨墮。

藏傳《苾芻學處》中，比丘自己的雨衣，「隨自所受安居解制以後，可以半月受用不交藏」，如果超過此期限繼續受用，犯捨墮。

（4）其他

《摩得勒伽》記載：「未至一月，二人共乞雨衣，突吉羅。」此外，若比丘蓄長衣不捨，「自恣已至餘住處，彼處未自恣，隨彼畜雨衣，波夜提；不從初受作雨衣，尼薩耆波夜提」。

《根有律攝》記載：「兩人共乞及持用者，得惡作罪。」

《巴利律》記載：「有雨季衣而裸形被雨淋者，突吉羅。」《善見論》記載：「若有雨浴衣不用，裸形洗浴，突吉羅罪。」

《毗尼母經》中，「若乞過長得」也就是製作尺寸過大的雨浴衣，犯捨墮。

藏傳《苾芻學處》記載：「隨自所受安居，於一月中未乞求，解制後半月內未受持，皆惡作罪。」

4. 究竟成犯

《四分律》中沒有明確說明此戒的究竟成犯，除《十誦律》、《薩婆多論》、《巴利律》和藏傳《苾芻學處》外，其他律典與之相同。

《十誦律》和《薩婆多論》中，春季最後一月前乞求或者製作雨浴衣，都犯突吉羅。春季最後半月之前受持雨浴衣，犯捨墮。

《巴利律》中，究竟成犯的判罪為：「於熱季之最後一月以前求雨季衣者，犯兩種罪：求之前行者，突吉羅；求而〔得〕時，捨墮。」

藏傳《苾芻學處》中，過前求衣，「得衣時成犯」。如果是自己的雨浴衣，在安居結束後半個月內可以「不交藏」；「若過半月最後一夜，明相出時，犯雨衣期受用之捨墮」。

5. 犯戒主體

《四分律》中，比丘若犯，捨墮。對此，其他律典與《四分律》相同。

《四分律》中，比丘尼、式叉摩那、沙彌、沙彌尼若犯，突吉羅。

《五分律》中，沙彌若犯，突吉羅。

（三）不犯

1. 方便加行不具足

《四分律》記載：「不犯者，三月十六日求，四月一日用。」

《十誦律》記載：「若比丘有閏處求雨浴衣，有閏處安居，不犯。」

《根有律》記載：「若苾芻各依自夏求衣、持衣者無犯。」

《根有律攝》記載：「若未閏時求得衣後，雖閏月畜，亦無犯。」

《巴利律》記載：「於熱季剩一月求雨季衣，於熱季剩半月作而著用；於熱季剩一月以下求雨季衣，熱季剩半月以下作而著用；以所求之雨季衣度過雨期，著用雨季衣度過雨期，可洗浣收藏者，有理由時始可著用……不犯也。」

2. 想心不具足

《根有律攝》中，時或非時作時想，不犯。

《巴利律》中，製作雨衣時，於熱季剩一月以下作熱季剩一月以下想，不犯。著用雨衣時，於熱季剩半月以下作剩半月以下想，不犯。

3. 犯戒主體不具足

《四分律》記載：「無犯者，最初未制戒，癡狂、心亂、痛惱所纏。」

《五分律》、《根有律》與《四分律》相同。

《巴利律》記載：「癡狂者、最初之犯行者，不犯也。」

4. 其他

《四分律》記載：「若捨雨衣已，乃更作餘用；若著浴衣浴；若無雨衣，若作浴衣；若浣染，若舉處染，無犯。」

《巴利律》記載：「衣被奪者、失衣者、有意外事故時……不犯也。」

《善見論》記載：「無罪者，若少者從親里乞，若自恣請檀越乞，不犯。」

五、原理

（一）雨浴衣帶來的問題

本戒屬於遮戒。

印度的雨季（古印度一年分三季，傳統上認為雨季是從農曆四月十六日到八月十五日），比丘可以使用雨浴衣在雨中洗浴或行路中防雨。如果比丘在規定的時間之外索求、蓄用雨浴衣，不僅會給居士造成經濟負擔，引生譏嫌，還會因為放置、打理和保管雨浴衣花費時間與精力而妨廢道業，故佛制止。

如果為了防止過分索求、蓄用雨浴衣帶來的貪心、經濟負擔等問題，佛陀本可將時間規定在雨季之內，但此戒明顯給比丘留出了一段時間的過渡期。原因有二：一是雨浴衣尺寸較大，需要一定的時間才能乞求到足夠的材料；二是雨季的到來具有不確定性，允許比丘提前蓄雨浴衣，可以避免雨季提前來臨時比丘卻無衣可用的情況。

（二）露天洗浴的風俗

《南海寄歸內法傳》記載，印度是一個四季有花果，冬季無冰雪的國度。那裏的人們很講究衛生，「人多洗沐，體尚清淨，每於日日之中不洗不食」。沐浴可以去除身體汗垢污膩，保持身心舒爽，同時防護瘟疫等。婆羅門教甚至將沐浴儀式化和神聖化，認為其具有淨業贖罪等功效[1]。

《十誦律》記載，雨有除病功德，佛陀開許比丘「露地立洗」[2]。《四分律》

1 「一日以後和一夜以後，適世者應該沐浴並且調息十六次，以贖清過失殺生的罪過。」《摩奴法論》，115 頁。

2 《十誦律》卷 18，《大正藏》23 冊，128 頁上欄。

也有記載：「爾時世尊告諸比丘：『汝等今日盡出在雨中浴，此最後雨，如今閻浮提雨，當知四天下雨亦如此。』時諸比丘聞佛教已，各出屋裸形雨中浴。」可見，在降雨量較多的雨季，露天沐浴是一種方便節約的洗澡方式，加上印度人裹布著裝，穿脫方便，雨中洗浴已成為印度的一種習俗，所以佛陀也隨順因緣建議比丘在雨中洗浴。

但露天沐浴也存在着問題，主要是威儀與淫欲方面的過失。

第一，比丘裸形洗浴，如果沒有遮擋，居士看到之後就會認為比丘沒有威儀、令人羞愧、如同外道。如《四分律》中，毗舍佉母派侍女請僧應供：「時彼婢往僧伽藍門外，遙見諸比丘盡裸形洗浴，見已作是念：『無有沙門，盡是裸形外道。』」

第二，若比丘經常在雨中一起裸形洗浴，彼此容易成為欲心生起的外緣，可能會引發淫欲方面的問題。[1]

可見，在當時，比丘蓄用雨浴衣有實際的需要。

---

1 《薩婆多論》卷 9：「昔有羅漢比丘浴，有一比丘見其身體鮮淨細軟，便欲心生。後不久男根墮落，即有女根，則休道為俗生子。後還遇見，即便識之，知本所因，即歸情求，及羅漢教令悔過，用心純至，還得男根。故宜不露形也。」《大正藏》23 冊，561 頁上欄。

六、總結

(一)諸律差異分析

1. 緣起差異

(1)結構差異

《四分律》、《僧祇律》、《五分律》有一個緣起、一個本制。《鼻奈耶》、《十誦律》、《根有律》、《巴利律》只有一個本制。

(2)情節差異

《鼻奈耶》的本制情節與《四分律》緣起情節相似。《十誦律》、《根有律》、《巴利律》的本制情節與《四分律》本制情節類似，不同點是：《根有律》中，緣起比丘「預前求覓、過後而用，事務繁雜妨廢正修」；《巴利律》中，緣起比丘「早求雨季衣，早作雨季衣而著用；因雨季衣破壞，裸形被雨淋」。《五分律》的緣起和本制情節與《四分律》緣起和本制情節類似。

《僧祇律》與《四分律》差異較大，緣起情節為：「四方各十二由旬內施僧雨浴衣，如《毗舍佉鹿母因緣》廣說。」本制情節為：緣起比丘下著雨衣上著安陀會，捉長柄掃帚掃地，佛陀見此情景後説道：「汝今云何一切時受用雨衣？」之後佛遊行結束返回舍衛城後，為諸比丘制雨浴衣戒。

(3)結論

綜上所述，本戒緣起無需調整，仍取《四分律》的結構與情節。

2. 戒本差異

《四分律》中，「春殘一月在」中的「春」一般理解為漢地的「春季」，在幾部梵巴藏戒本中都對應印度曆的「熱季」。可以看出，祖師翻譯時結合了漢地的時曆和氣候。持用雨浴衣的時間差異較大：《四分律》作「過半月前用浴」，大部分律典與之相似，都是指春季（對應印度的「熱季」）最後半個月前；梵文《有部戒經》、梵文《根有戒經》和藏文《根有戒經》則是指印度

「雨季」最後半個月前，與《四分律》相差了一個季度的時間。此外，《鼻奈耶》、《解脫戒經》中，超過的期限是過前、過後，還是兩者都算，表述得並不清晰。

戒本調整方面，《四分律》「春殘一月在」中的「殘」字原為「剩餘」的意思，不易理解，故依《五分律》等律典將「殘一月在」改為「餘一月」。「當求」的「當」字，據《四分僧戒本》等律典改為更為淺白的「應」字。「半月應用浴」一句，為了避免誤解，依《五分律》等律典在前面增加「餘」字。「若比丘過一月前」一句與前文「一月在」重複，故依《僧祇比丘戒本》將其精簡為「未至」。「過半月前」一句與前文「半月應用浴」重複，故依《僧祇比丘戒本》將其刪除。為了讀誦流暢並和其他戒條相統一，依《四分僧戒本》在「過半月前用浴」一句的最後增加一個「者」字。

3. 辨相差異

（1）能犯心

《四分律》等大部分律典均無發起心的記載，僅藏傳《苾芻學處》提到了發起心為不間斷為自己求雨浴衣的心。本戒參考「月望衣戒」，將發起心設定為不護過前之心。

（2）方便加行

《四分律》中，春季最後一個月前求雨浴衣，犯捨墮。而在《十誦律》、《薩婆多論》中，相同的行為，犯突吉羅，在判罪上與《四分律》差異較大。應以《四分律》的觀點為準。

《四分律》中，春季的最後半個月前「用」雨浴衣，犯捨墮。

《十誦律》中，春季最後半個月前「受持」雨浴衣，犯捨墮;《五分律》中，半月前「持」雨浴衣，犯捨墮;《薩婆多論》、《摩得勒伽》中，過前「畜」雨浴衣，犯捨墮。以上幾部律典中，不需要「用」雨浴衣，只要「持」或「畜」即犯捨墮，在判罪上比《四分律》要嚴格。同樣以《四分律》為準。

關於安居後是否需捨雨浴衣，《四分律》沒有提及。《根有律》、《根有律攝》中，安居結束之後仍不捨雨浴衣，犯捨墮。《薩婆多論》中，安居結束後如果繼續蓄用，犯突吉羅。《僧祇律》中可以蓄雨浴衣到八月十五日，若超過期限，犯越毗尼罪。《五分律》中也可以蓄到八月十五日，若至八月十六日，「不作餘衣，不受持，不施人，不淨施」，犯突吉羅。以上幾部律典中，《根有律》、《根有律攝》判罰最為嚴格；《薩婆多論》、《僧祇律》、《五分律》次之。其中《僧祇律》、《五分律》的時間最為寬鬆。從實際行持來講，七月十五日後，雖然安居結束，但是雨季（夏季、熱季）還未結束，比丘在雨中洗浴時仍需用到雨浴衣，如果安居一結束就捨雨浴衣，則在後續的一個月雨季中，比丘洗浴會很不方便。所以此處還是採取《僧祇律》、《五分律》的觀點，可以蓄用到八月十五日雨季結束。

（3）究竟成犯

《四分律》中沒有明確說明春季最後一月前求雨浴衣的具體成犯時間。而《巴利律》和藏傳《苾芻學處》中，過前求衣，「得衣時成犯」。為了讓此戒的判罪更為方便，借鑒《巴利律》和藏傳《苾芻學處》的觀點，春季最後一個月前乞雨浴衣，「得衣」時究竟成犯。

4. 諸律內部差異

《僧祇律》的緣起中，佛陀因為比丘「一切時」受用雨浴衣而制戒；戒本中，佛陀規定了比丘何時應求，何時應用，而無何時應捨的記載；辨相中，雨浴衣「至八月十五日應當捨」。其他律典中，此戒的緣起、戒本以及辨相三部分基本相符。

（二）調整文本

通過以上諸律間觀點同異的對比與分析，文本在《四分律》的基礎上作如下調整：

1. 緣起

佛在舍衛國祇樹給孤獨園，毗舍佉母請佛及僧應供，讓婢女去僧伽藍通知佛及諸比丘。正好天下大雨，佛陀允許比丘在雨中淋浴，婢女見諸比丘在雨中裸浴，以為是裸形外道，回來報告毗舍佉母「無有沙門，盡是裸形外道」。毗舍佉母知道是比丘在雨中裸浴，便又遣婢女前去請佛及諸比丘。此時諸比丘已經淋浴結束，回到靜室禪坐，婢女見僧伽藍空寂無人，回來報告毗舍佉母「僧伽藍中空，無有比丘」。毗舍佉母知道諸比丘在靜室靜坐思維，便再次讓婢女前去請，婢女到僧伽藍高聲説道：「今時已到。」佛告訴婢女：「汝並前去，我正爾往。」佛陀率千二百五十比丘在很短的時間內到達毗舍佉母家，次第就座，衣服不濕。婢女見佛與諸比丘比自己晚出發卻先到，生起信敬心。毗舍佉母奉獻美食，供養佛及諸比丘，並向佛乞求允許她實現八項願望：一、與客比丘食；二、與遠行比丘食；三、與病比丘食；四、與病比丘隨病藥；五、與看病人食；六、供給比丘食粥；七、給比丘雨浴衣；八、給比丘尼浴衣。佛讚歎並答應。

六群比丘知道佛允許比丘用雨浴衣，便經常求雨浴衣，不捨雨衣而持用其他的雨浴衣，或有雨浴衣仍然裸浴。其他比丘嫌責，並匯報給佛，佛因此制戒。

2. 戒本

若比丘，春餘一月[1]，應[2]求雨浴衣，餘[3]半月應用浴。若未至[4]，求雨浴衣[5]，用浴者[6]，尼薩耆波逸提。

3. 關鍵詞

（1）春餘一月：指印度熱季的最後一個月，傳統上認為對應中國農曆的

---

1 「餘一月」，底本作「殘一月在」，據《五分律》、《彌沙塞五分戒本》改。

2 「應」，底本作「當」，據《四分僧戒本》、《新刪定四分僧戒本》、《十誦律》、《十誦比丘戒本》、《五分律》、《彌沙塞五分戒本》、《解脱戒經》、《根有律》、《根有戒經》、《根有律攝》改。

3 「餘」，底本闕，據《五分律》、《彌沙塞五分戒本》加。

4 「未至」，底本作「比丘過一月前」，據《僧祇比丘戒本》改。

5 「衣」後，底本有「過半月前」，據《僧祇比丘戒本》刪。

6 「者」，底本闕，據《四分僧戒本》加。

三月十六日至四月十五日。

(2) 餘半月：指春餘一月的後半月，傳統上認為對應中國農曆的四月一日至十五日。

(3) 雨浴衣：雨中洗浴時所穿的衣服。

4. 辨相

(1) 犯緣

過前求雨浴衣具足四緣成犯：一、是雨浴衣；二、在春季的最後一個月之前乞；三、不護過前之心；四、得衣時，成犯。

過前用雨浴衣具足三緣成犯：一、時中得的雨浴衣；二、不護過前之心；三、在春季的最後半個月之前用，成犯。

(2) 過前求雨浴衣辨相結罪輕重

①是雨浴衣

②在春季的最後一個月之前乞

若比丘在春季的最後一個月之前乞雨浴衣，捨墮。

③不護過前之心

④得衣時

若比丘過前求雨浴衣，在得衣的時候，捨墮；未得衣，突吉羅。

⑤犯戒主體

比丘若犯，捨墮；比丘尼、式叉摩那、沙彌、沙彌尼若犯，突吉羅。

⑥不犯

春季的最後一個月內求雨浴衣，不犯。

最初未制戒，癡狂、心亂、痛惱所纏，不犯。

(3) 過前用雨浴衣辨相結罪輕重

①時中得的雨浴衣

②不護過前之心

③在春季的最後半個月之前用

若比丘在春季的最後半個月之前用雨浴衣，使用時，捨墮。

④犯戒主體

比丘若犯，捨墮；比丘尼、式叉摩那、沙彌、沙彌尼若犯，突吉羅。

⑤不犯

春季的最後半個月內使用，不犯。

八月十五日（雨季結束）前，把雨衣捨掉作其他用途，不犯。

最初未制戒，癡狂、心亂、痛惱所纏，不犯。

七、現代行持參考

在現代社會，比丘使用雨浴衣較為罕見，很難犯到此戒，然而還是要重視此戒的制戒精神。比丘花費大量時間、精力蓄用不合時宜的物品也會妨廢道業，因此，對於只有在特定時期才會用到的物品，比如取暖電器、風扇等設備，可以交由僧團統一管理，當需要時再從僧團領取。這樣做既能提高物品使用率，又能避免因蓄積過多的生活物資而增長貪心。

28

急施衣戒

一、緣起

(一) 緣起略述

《四分律》有兩個緣起和一個本制。第一個緣起中，佛在毗蘭若，夏安居後準備遊化他國，便遣阿難告知請佛安居的毗蘭若婆羅門，後者此時才想起自己還沒有供佛及僧，便懇請佛陀接受供養，佛陀默然受請。次日比丘應供時不敢受衣，佛陀開許比丘受夏安居衣。第二個緣起中，六群比丘聽說佛陀允許受夏衣，不僅安居期間乞衣、受衣，而且春夏冬不分時節常常乞衣。跋難陀在一處安居，卻到各地分衣並受衣，受到其他比丘的呵責。佛陀知道後規定不可一年中常常乞衣，不可安居期間乞衣、受衣，也不可在一處安居而到其他地方受夏衣分。本制中，大臣被派遣出征平亂，他們不知能否平安歸來，於是想在出征前供養僧團，但是安居未結束，諸比丘不敢受衣，佛陀得知後允許比丘受急施衣並制戒。[1]

1. 制戒地點

《四分律》中，制戒地點為「舍衛國」，《十誦律》[2]與《四分律》相同，《鼻奈耶》[3]為「舍衛國祇樹給孤獨園」，《僧祇律》[4]、《五分律》[5]為「舍衛城」，《根有律》[6]為「室羅伐城給孤獨園逝多林」，《巴利律》[7]為「舍衛城祇樹給孤獨園」。諸律制戒地點因翻譯差異而略有不同，實為同一地點。

---

1 《四分律》卷 10，《大正藏》22 冊，630 頁中欄至 632 頁上欄。

2 《十誦律》卷 8，《大正藏》23 冊，57 頁中欄至 58 頁下欄。

3 《鼻奈耶》卷 6，《大正藏》24 冊，878 頁上欄至中欄。

4 《僧祇律》卷 11，《大正藏》22 冊，321 頁下欄至 323 頁上欄。

5 《五分律》卷 5，《大正藏》22 冊，33 頁中欄至下欄。

6 《根有律》卷 23，《大正藏》23 冊，750 頁下欄至 755 頁上欄。

7 《經分別》卷 4，《漢譯南傳大藏經》1 冊，369 頁至 372 頁；《附隨》卷 1，《漢譯南傳大藏經》5 冊，18 頁。

2. 緣起比丘

《四分律》、《鼻奈耶》、《十誦律》、《僧祇律》、《五分律》、《根有律》、《巴利律》都為「諸比丘」。

3. 緣起情節

《鼻奈耶》只有一個本制，佛陀帶領僧眾在舍衛國安居，其間有居士供養衣服，比丘不敢受取，佛陀考慮到「莫逆檀越意」而開許，並因此制戒。

《巴利律》有一個緣起和一個本制。緣起情節與《四分律》本制相似，本制記載了佛陀開許受急施衣後，比丘們便大肆受急施衣，超過時限，佛以此因緣制戒。

《五分律》有三個緣起、一個本制。第一個緣起中，六群比丘來到估客村，估客祈請比丘在村中安居，並按照六群比丘的要求先施與安居物，但估客離開後六群比丘便到別處安居。估客回來後知道此情況，又請附近的比丘接受供養，但並未如願，因此譏嫌六群比丘。佛因此事而集僧，規定不許安居期間受施。第二個緣起與《四分律》的本制基本一致。第三個緣起中，佛陀開許比丘受急施衣，比丘便常常蓄衣，並且長期「不受持、不施人、不淨施」，遭到長老比丘的譏嫌和佛的呵責。本制中，諸比丘「過衣時畜」，佛陀因此制戒。

《十誦律》、《僧祇律》、《根有律》都有一個緣起和一個本制，且《十誦律》、《僧祇律》本制的故事情節基本相同。其中，《根有律》的緣起情節不僅與《十誦律》、《五分律》的緣起情節類似，而且內容更加詳細。

《十誦律》的緣起中，舍衛國的一些估客供養一處偏遠僧坊的比丘，但是夏月初諸比丘把供養分了以後到別的地方安居。估客們得知後不滿比丘的做法，因為他們的本意是供養在此僧坊常住的比丘，佛陀得知後，呵責緣起比丘不該夏月初分安居物。本制中，諸「鬥將」最初常常吃喝玩樂，後來受到達摩提那比丘尼的教化皈依三寶。波斯匿王派他們出征平叛，其中有些人已經證得慈心三昧，就使用慈心折服敵人。諸鬥將感念達摩提那比丘尼的恩德，請佛陀到舍衛國安居。其餘情節與《四分律》的本制情節類似。

《僧祇律》的緣起中，六群比丘安居不久就到聚落向居士索衣，居士告訴六群比丘安居結束後會有人供養衣。六群比丘卻繼續索衣，引起居士譏嫌，佛陀知道後呵責了六群比丘，並規定安居未結束不得向居士索衣。本制情節與《四分律》不同，只有一位大臣欲供僧衣食。

（二）緣起比丘形象

《四分律》中，大臣出征平亂，覺得生死未卜，決定在臨行之前供養佛陀與僧眾，可知供養者的心情非常急切。因為佛規定安居未結束不得乞衣，受衣，所以比丘只接受了食物，由此可見比丘持戒精嚴。《鼻奈耶》、《十誦律》、《僧祇律》、《根有律》中，緣起比丘形象與《四分律》相似。

《五分律》中，佛開許受急施衣後，諸比丘便常常蓄衣，但不受持、不淨施，到處遊行，可見其對衣貪著，對戒律也不夠重視。

《巴利律》中，比丘因為佛陀不允許受安居施而不敢接受大臣的衣食供養，佛陀開緣後比丘卻大肆受衣、蓄衣，且超過時限，這些行為反映出比丘雖然能夠依照戒相行持，但持戒機械不夠靈活，遇到開緣等較複雜的情況就容易被貪心所縛。

（三）犯戒內因

《四分律》、《鼻奈耶》、《十誦律》、《僧祇律》、《根有律》中，比丘並未犯戒，佛陀因為居士的緊急情況而制戒。

《五分律》和《巴利律》中，比丘在佛開許受急施衣後，由於貪心蓄了很多急施衣，並且不限時地蓄衣，佛因此制定本戒。

（四）犯戒外緣

《四分律》、《鼻奈耶》、《十誦律》、《僧祇律》、《根有律》中，犯戒外緣為：信心居士供養比丘衣。

《五分律》和《巴利律》為居士供養比丘急施衣。

（五）犯戒後的影響

《五分律》中，俗眾譏嫌緣起比丘：「我本自施住此安居，受物而去，與偷何異？」《僧祇律》中，六群比丘的行為導致居士的譏嫌和反問：「尊者但示我諸難，而自不見諸難？尊者得安居錢已，欲罷道？欲餘行去耶？何以多欲貪求？如是何道之有？」《根有律》也有類似記載：「商主及諸商人各生嫌賤：『沙門釋子無有恥愧，破壞淨法。我等初起信芽即令摧折。』」

其他律典無相關記載。

（六）佛陀考量

《四分律》中，佛陀呵斥緣起比丘：「汝云何一切時春夏冬常乞衣，安居未竟亦乞衣，亦受衣，跋難陀釋子異處安居，異處受衣耶？」隨後規定：「不得一切時春夏冬常乞衣，亦不得安居未竟亦乞衣，亦受衣，不得異處安居，異處受夏衣分。」可見佛陀是隨緣教化弟子的，不許比丘在安居期間受衣，則是出於避免被居士譏嫌的考慮。

《四分律》還記載，佛陀將要遊行他處，毗蘭若婆羅門想重新供養佛九十日，佛未答應，婆羅門退而求其次，想次日供養衣食，佛「默然受請」。佛既照顧到了居士的發心，也沒有影響行程。

《十誦律》中，居士在安居結束前十日施衣。佛制戒時，將提前受衣的具體時間也考慮到，這樣比丘持戒時就有了可參考的標準。

（七）文體分析

《四分律》有三個因緣，《鼻奈耶》有一個因緣，《十誦律》、《僧祇律》、

《巴利律》有兩個因緣，《五分律》有四個因緣，《根有律》有兩個因緣、兩個譬喻和一個伽陀。

《四分律》和《五分律》的緣起故事情節比較完整；《鼻奈耶》最為簡略，只是簡單地敘述了故事概要；《根有律》最為詳細，交代了很多故事情節。

《根有律》第一個緣起中，鄔波難陀制止想拜見世尊的老比丘時說道：「老叟，汝豈不聞佛説頌言：『諸法心為首，心勝心速疾；由心清淨故，讚歎並身禮；當受勝妙樂，如影鎮隨形。』」這段偈頌將鄔波難陀的圓滑心理刻畫得淋漓盡致。

二、戒本

《四分律》中，本戒的戒本為：「若比丘，十日未竟夏三月，諸比丘得急施衣。比丘知是急施衣，當受，受已，乃至衣時，應畜。若過畜者，尼薩耆波逸提。」

(一) 若比丘，十日未竟夏三月

《四分律》、《四分律比丘戒本》[1] 作「若比丘，十日未竟夏三月」，意思是：如果比丘，差十天就到夏三月（安居結束自恣的日子）。

與《四分律》相似：

《四分僧戒本》[2]、《新刪定四分僧戒本》[3]、《解脱戒經》[4] 作「若比丘，十日未滿夏三月」，《十誦律》、《十誦比丘戒本》[5]、《僧祇比丘戒本》[6] 作「若比丘，十日未至自恣」，《僧祇律》作「若十日未滿夏三月」。

《根有戒經》[7]、《根有律攝》[8] 作「若復苾芻，前三月雨安居十日未滿」，這裏的「前三月雨安居」與《四分律》的「夏三月」對應，意思相同。

梵文《說出世部戒經》[9] 作"daśāhānāgataṃ kho puna tremāsaṃ kārttikī paurṇamāsī"，意思是：三月（雨安居）的迦提月滿月前十天。

---

1 《四分律比丘戒本》，《大正藏》22 冊，1018 頁上欄。
2 《四分僧戒本》，《大正藏》22 冊，1026 頁上欄。
3 《新刪定四分僧戒本》，《卍續藏》39 冊，266 頁上欄。
4 《解脱戒經》，《大正藏》24 冊，662 頁上欄。
5 《十誦比丘戒本》，《大正藏》23 冊，473 頁下欄。
6 《僧祇比丘戒本》，《大正藏》22 冊，552 頁上欄。
7 《根有戒經》，《大正藏》24 冊 503 頁下欄。
8 《根有律攝》卷 7，《大正藏》24 冊 563 頁下欄。
9 Nathmal Tatia, *Prātimokṣasūtram of the Lokottaravādimahāsāṅghika School,* Tibetan Sanskrit Works Series, no. 16, p. 18.

巴利《戒經》[1]作“dasāhānāgataṃ kattikatemāsikapuṇṇamaṃ”，意思是：三月（雨安居）的迦提月滿月前十天。

梵文《根有戒經》[2]作“daśāham āgatāyāṃ kārtikyāṃ paurṇamāsyāṃ”，意思是：迦提月滿月的前十天。

梵文《有部戒經》[3]作“daśāhānāgatāyāṃ pravāraṇāyāṃ”，意思是「自恣的前十天」，表達得更為簡潔明了，意思與《四分律》相同。

藏文《根有戒經》[4]作“དགེ་སློང་གིས་སྟོན་ཟླ་ཐ་ཆུངས་ཉར་ཞག་བཅུས་མ་ཚང་བ་ཚུན་ཆད་དུ”，意思是「秋季（藏曆九月）滿月的前十天」，推測藏地祖師在翻譯時同樣結合了當地的氣候和曆法。

上述律典對應《四分律》「夏三月」的表述各異，但意思與《四分律》基本相同。五部梵巴藏戒本均缺少與「若比丘」直接對應的內容。

與《四分律》有部分差異：

《五分律》、《彌沙塞五分戒本》[5]作「若比丘，前後安居，十日未至自恣」，相比《四分律》增加了「前後安居」。

《根有律》作「若復苾芻，前三月夏安居，十日未滿、八月半未滿」，這裏的「前三月夏安居」對應《四分律》的「夏三月」，意思相同，但比《四分律》多了「八月半未滿」的表述。

《鼻奈耶》作「十日未至歲」，此處的「歲」可能是指僧尼的戒歲，是以夏安居結束之日為受歲之期。

---

1 Bhikkhu Ñāṇatusita, *Analysis of the Bhikkhu Pātimokkha,* p.151.

2 Anukul Chandra Banerjee, *Two Buddhist Vinaya Texts in Sanskrit,* p. 31.

3 Georg von Simson, *Prātimokṣasūtra der Sarvāstivādins Teil II*, Sanskrittexte aus den Turfanfunden, XI, p. 201.

4 麗江版《甘珠爾》（འཇང་བཀའ་འགྱུར།）第 5 函《別解脱經》（སོ་སོར་ཐར་པའི་མདོ།）11a-11b。

5 《彌沙塞五分戒本》，《大正藏》22 冊，196 頁下欄。

（二）諸比丘得急施衣

《四分律》、《四分律比丘戒本》作「諸比丘得急施衣」，意思是：諸比丘得到緊急供養的衣服。

與《四分律》相似：

《四分僧戒本》、《新刪定四分僧戒本》、《解脫戒經》作「若有急施衣」，《十誦律》、《根有律》、《根有戒經》、《根有律攝》作「有急施衣」，《十誦比丘戒本》、《僧祇律》、《僧祇比丘戒本》、《五分律》、《彌沙塞五分戒本》作「得急施衣」。

梵文《說出世部戒經》作"utpadyeya bhikṣusya ātyāyikaṃ cīvaram"，梵文《根有戒經》作"bhikṣor utpadyetātyayakacīvaram"，意思都是：比丘得到緊急（供養）的衣服。

巴利《戒經》作"bhikkhuno pan'eva accekacīvaraṃ uppajjeyya"，意思是：如果比丘得到緊急（供養）的衣服。

藏文《根有戒經》作"བརྟད་པ་ལས་བྱུང་བའི་གོས་ཤིག་རྙེད་ལ"，意思是：獲得突然（供養）的衣服。

與《四分律》有部分差異：

梵文《有部戒經》作"bhikṣor utpadyetākālacīvaram"，意思是：比丘得到非時的衣服。強調的是「非時」衣，與《四分律》的「急施衣」有所不同。

《鼻奈耶》作「比丘得衣」，與《四分律》相比缺少「急施」的意思。

（三）比丘知是急施衣，當受

《四分律》、《四分律比丘戒本》作「比丘知是急施衣，當受」，意思是：比丘知道是緊急供養的衣服，應當接受。

與《四分律》相似：

梵文《說出世部戒經》作"ātyāyikaṃ manyamāno na bhikṣuṇā pratigṛhṇitavyaṃ"，意思是：比丘知道是緊急（供養）的（衣服），應該接受。

巴利《戒經》作“accekaṃ maññamānena bhikkhunā paṭiggahetabbaṃ”，意思是：比丘知道是緊急（供養）的（衣），應該接受。

與《四分律》有部分差異：

以下律典均未表達《四分律》的「知是急施衣」的意思。

《四分僧戒本》、《新刪定四分僧戒本》作「應受」，《鼻奈耶》作「即當受」。

《僧祇比丘戒本》作「須者得取」，《五分律》、《彌沙塞五分戒本》作「若須應受」，《解脫戒經》作「欲須便受」，《根有律》、《根有戒經》、《根有律攝》作「苾芻須者應受」。

梵文《有部戒經》、梵文《根有戒經》均作“ākāṃkṣatā tena bhikṣuṇā pratigṛhītavyaṃ”，意思是：想要的比丘可以接受。

藏文《根有戒經》作“འདོད་ན་དགེ་སློང་དེས་གོས་དེ་བསླང་བར་བྱའོ།”，意思是：想要的比丘可以接受。

《僧祇比丘戒本》及之後的律典強調了對衣有需求的比丘可以受取。

《十誦律》作「應受，比丘須是衣者當自手取」，《十誦比丘戒本》作「是比丘若須衣得自手取物」，《僧祇律》作「比丘須者得自手取」，這幾部律典相比《四分律》除了強調比丘「須衣」得取外，還多了「自手取」的含義。

(四) 受已乃至衣時應畜，若過畜者，尼薩耆波逸提

《四分律》、《四分僧戒本》、《四分律比丘戒本》作「受已乃至衣時應畜，若過畜者，尼薩耆波逸提」。意思是：接受以後，乃至到衣時（自恣結束後，無迦絺那衣的比丘為一月，有迦絺那衣的比丘為五月）都可以蓄存，如果超過了蓄存的期限，犯捨墮罪。

與《四分律》相似：

《解脫戒經》作「受已衣時應畜，若過畜，尼薩耆波逸提」。

梵文《說出世部戒經》作“pratigṛhṇitvā yāvac cīvaradānakālasamayaṃ nikṣipitavyaṃ| taduttariṃ nikṣipeya nissargikapācattikam”，意思是：接受以後，可以放置到（施）衣的時節，（如果）放置超過（期限），捨墮。

梵文《有部戒經》作“pratigṛhya yāvac cīvarakālasamayā(n) nikṣiptavyaṃ tata uttaram upanikṣipen niḥsargikā pātaya(n)tikā”，意思是：接受以後，可以放置到（施）衣的時節，（如果）放置超過（期限），捨墮。

梵文《根有戒經》作“pratigṛhya yāvac cīvaradānakālasamayād dhārayitavyaṃ tata uttaraṃ dhārayen naisargikā pāyantikā”，意思是：接受以後，可以持守到（施）衣的時節，（如果）持守超過（期限），捨墮。

巴利《戒經》作“paṭiggahetvā yāva cīvarakālasamayaṃ nikkhipitabbaṃ; tato ce uttariṃ nikkhipeyya, nissaggiyaṃ pācittiyaṃ”，意思是：接受以後，可以持有一直到（施）衣的時節，如果超過（期限）繼續持有，捨墮。

以下律典相比《四分律》都缺少「受已」的表述，但意思相同。

《新刪定四分僧戒本》作「乃至衣時應畜，若過者，尼薩耆波逸提」。

《十誦比丘戒本》作「乃至衣時應畜，若過蓄，尼薩耆波夜提」，《十誦律》作「乃至衣時畜，過是畜者，尼薩耆波夜提」。

《僧祇律》作「畜至衣時，若過時畜者，尼薩耆波夜提」，《僧祇比丘戒本》作「畜至衣時，若過時畜，尼薩耆波夜提」。

《根有律》、《根有戒經》、《根有律攝》作「乃至施衣時應畜，若過畜者，泥薩祇波逸底迦」。

藏文《根有戒經》作“བླངས་ནས་གོས་སྦྱིན་པའི་དུས་ཀྱི་བར་དུ་བཅང་བར་བྱའོ། །དེ་ལས་འདས་པར་བཅང་ན་སྤང་བའི་ལྟུང་བྱེད་དོ། །”，意思是：可以持守到施衣的時節，如果持守超過期限，捨墮。

《五分律》、《彌沙塞五分戒本》作「乃至衣時，若過，尼薩耆波逸提」，比《四分律》少了「畜」，但結合上文「若須應受」，意思與《四分律》基本相同。

與《四分律》差異較大：

《鼻奈耶》作「若得新衣，應停至歲，過十日，當用施人，若留者，捨墮」。

三、關鍵詞

(一) 急施衣

梵文《說出世部戒經》作“ātyāyikaṃ（緊急的）cīvaram（衣服）”，意思是：緊急（供養）的衣服（英譯：urgent offering robe）。梵文《根有戒經》作“atyayakacīvara”，該詞由“atyayaka（緊急的）”和“cīvara（衣服）”組成；巴利《戒經》作“accekacīvara”，該詞由“acceka（緊急的、突然的）”和“cīvara（衣服）”組成：意思都和梵文《說出世部戒經》相同。梵文《有部戒經》作“ākālacīvara”，該詞由“ākāla（非時的）”和“cīvara（衣服）”組成，意思與上面兩部戒經稍有差別，可以翻譯成：非時的衣服（英譯：robe arrived at the exact time）。

藏文《根有戒經》作“བརྡད་པ་（突然、急忙）ལས་（從格、來源）བྱུང་བའི་（獲得）གོས（衣）”，意思是：得到突然（供養）的衣服（英譯：urgent offering robe）。

《四分律》較為簡略，將「急施衣」解釋為「受便得，不受便失」，大意是：信眾把應該在安居結束後施與僧眾的衣提前施與僧眾，這時比丘可受衣，若不受，過了施衣時間則不可再受，因為供養的時間比較緊急。

《十誦律》中通過列舉施主的類型來作解釋：「急施衣者，若王施，若夫人施，若王子施，若大臣、大官、鬥將、內官，若女欲嫁時，若病人，若欲煞賊時，如是等人施衣。」《薩婆多論》與《十誦律》類似，同時給出了為什麼叫作「急施衣」的原因：君王、大臣所施的衣服，「以諸貴人善心難得，又難可數見，或有餘急因緣，是故名急施衣」，以及「若女欲嫁時，以至婿家不自在故……若病人施，以善心故以物施僧，令存亡有益。如是等比，盡名急施衣」。可以看出，上述類型的施主施僧「難可數見」，若不接受，以後很難有機緣了，因此，從這個角度看，這兩部律典與《四分律》內涵相同。

《僧祇律》中，「得急施衣者，若女，若男……若欲軍征行時與，征還時與……商人去時與」，同時「施主語比丘言：『若今日不取，明日無。』是名急施衣」。《五分律》記載：「若軍行，若垂產婦，如是等急時施，過時不復施。」《巴利律》解釋為：「或往軍陣者，或遠行者……或不淨信者而起淨信時，若彼遣使至比丘處，言：『大德請來，我作安居施。』此名為特施衣也。」這三部律典列舉的施主類型差異較大，但都屬於「過時不復施」的情況，所施衣物難得，因此內涵仍與《四分律》相同。

《根有律》記載了五種類型的急施衣：「或為自病故施，或為他病者故施，或將死時施，或為死亡故施，或將行時施。」《根有律攝》與《根有律》相同，同時《根有律攝》還有另一種解釋：「急難施衣者，謂非時衣。」

綜上所述，「急施衣」在梵文《說出世部戒經》、梵文《根有戒經》、巴利《戒經》中內涵一致，均為「緊急供養的衣服」；藏文《根有戒經》意為「突然供養的衣服」；梵文《有部戒經》略有差別，指「非時供養的衣服」。漢譯律典中，《四分律》直接是內涵式解釋，指供衣的時間比較緊急，含義與梵文《說出世部戒經》相近，《十誦律》、《薩婆多論》、《僧祇律》、《五分律》、《巴利律》是列舉式解釋，但內涵與《四分律》一致。《根有律》、《根有律攝》列舉了五種類型的急施衣。

（二）夏三月

「夏三月」是指夏安居的三個月時間。與這個詞對應的位置，三部梵文戒本表述各不相同。其中和《四分律》最接近的是梵文《說出世部戒經》，作“tremāsaṃ（三月）kārttikī（迦提月）paurṇamāsī（滿月）”，其中“kārttikī”一詞由“kārttika（迦提月）”而來，傳統上認為對應農曆七月十六日至八月十五日。因此整句話的意思是「（夏安居）三個月（到）迦提月的滿月」，即農曆七月十五日（滿月日）。這一天為前安居三個月的最後一天，比丘僧團要舉行自恣儀式。巴利《戒經》與梵文《說出世部戒經》在語序上稍有差異，但意思相同，作“kattika（迦提月）temāsika（三月）puṇṇamaṃ（滿月）”。梵文《根有戒經》作“kārtikyāṃ（迦提月）paurṇamāsyāṃ（滿月）”，缺少「三月」。藏文《根有戒經》作“སྟོན་ཟླ་བ་ཆུང་（秋季之月）།ཉར་（十五日，滿月日）”，意思是「秋季之月（夏天結束之後）的那個滿月日（英譯：the full moon day of the autumn month）」，即安居結束時。梵文《有部戒經》則直接使用了“pravāraṇa”一詞，意思是「自恣」。藏文《根有戒經》與梵文《有部戒經》表述略有不同，但兩部戒經的意思與其他戒經並無差別。

漢譯律典中，諸律典對應《四分律》的「夏三月」的詞語不盡相同。《僧祇律》與《四分律》相同，《鼻奈耶》為「歲」，《十誦律》、《薩婆多論》、《摩得勒伽》、《五分律》為「自恣」，《根有律》、《根有律攝》為「前三月夏安居」，《巴利律》為「迦提月之滿月」。

關於此關鍵詞的具體內涵，漢譯律典中只有《根有律》、《巴利律》有提及。其中《根有律》記載:「前三月夏安居者，非後安居也。」《巴利律》記載:「『迦提月之滿月』者，謂〔前〕迦提月之自恣日。」內涵與梵文戒經一致。

綜上所述，詞源分析中，諸部戒經記載略有差異，但內涵一致，即（安居）三個月（到）迦提月的滿月。這一天為前安居三個月的最後一天，比丘僧團要舉行自恣儀式。漢譯律典中，翻譯用詞差異較大，並且只有兩部律典有相關解釋；其中《巴利律》含義明確，與梵文戒經內涵一致。

四、辨相

(一) 犯緣

具足以下五個方面的犯緣便正犯本戒：

1. 所犯境

《四分律》中，本戒的所犯境是急施衣。

《鼻奈耶》中，所犯境是「十日未至歲」時獲得的衣。

《巴利律》中，所犯境是「特施衣」。

《根有律》中，除了急施衣外，夏安居中收到的其他利養，也是此戒的所犯境。

藏傳《苾芻學處》中，此戒有三種結罪情況，分別為「早受夏利」、「早分衣」和「夏利遲分」。其中，「早受夏利」的所犯境為：「施主除非親，具在家人之餘四法」在「夏內」布施的「安居中之衣利，多分清淨，應量，非病等因緣急施衣」；而「早分衣」的所犯境與前者相似，差異在於此衣是施主以「病等因緣」而布施的急施衣；「夏利遲分」的所犯境與「早受夏利」的差別為：「物之差別者是自所有，非分後有災難，非由施主語屬其不得自在者，未差藏夏利人，時間在解夏後一日。」[1]

《善見論》、《毗尼母經》、《明了論》沒有此戒的內容，下不贅述。其他律典與《四分律》相同。

2. 能犯心

(1) 發起心

《四分律》中，本戒的發起心不明確。

1 《苾芻學處》，《宗喀巴大師集》卷 5，80 頁。

藏傳《苾芻學處》中，發起心分為三種情況：「早受夏利」的發起心是「無故欲先得衣之心未間斷」；夏內「早分衣」的發起心是「欲取自分」；「夏利遲分」的發起心是「為自利蓄藏」。

其他律典未明確提及發起心。

（2）想心

《四分律》沒有想心的記載。

《巴利律》中，於特施衣有特施衣想、疑、非特施衣想，正犯此戒。不受持、不說淨、不捨衣、不失衣、不壞衣、不燒衣、不被奪衣等情況的想心判罪與特施衣相同。

《根有律攝》[1]中，若未分別作未分別想、疑，均正犯此戒。此律沒有「未分別」的解釋。

藏傳《苾芻學處》中，「想不錯亂」即正犯此戒。

其他律典未明確提及想心。

3. 方便加行

《四分律》中，此戒的方便加行是過前受衣或過後蓄衣。過前受衣是指在自恣前十日之前受衣；過後蓄衣就是蓄衣超過了期限，具體見究竟成犯。

《根有律》中，接受急施衣後蓄藏過限，正犯此戒。此外，在處理夏安居應分的利養時，「於夏內分夏利養，或過時而畜」這兩種行為均正犯此戒。

藏傳《苾芻學處》中，「早受夏利」的方便加行為在夏安居內接受衣服供養，「早分衣」則是在夏安居內分掉居士供養的急施衣，而「夏利遲分」的方便加行是將衣物「不分而蓄藏之」。

其他律典都只提到比丘過後蓄衣的情況，過前受衣的情況則沒有明確的記載。

1　《根有律攝》卷 7，《大正藏》24 冊，563 頁下欄至 564 頁上欄。

4. 究竟成犯

《四分律》沒有究竟成犯的明確記載，但從上下文來判斷，過前受急施衣應該是得衣時成犯，過後蓄急施衣應是規定期限結束時成犯。關於蓄衣的期限，如果在自恣結束後接受急施衣，「不受迦絺那衣一月，受迦絺那衣五月」。如果還沒有自恣，律中記載：「若自恣有九日在，比丘得急施衣，比丘知是急施衣應受，受已即九日應畜，到自恣竟。不受迦絺那衣一月，受迦絺那衣五月，更增一日。」也就是比自恣結束後受衣的期限多了一天。其他在自恣前十天內受衣的情況可以據此類推。

《摩得勒伽》記載：「急施衣過十日，尼薩耆波夜提。」即接受急施衣後，蓄藏超過十日正犯此戒。

《鼻奈耶》中，安居結束後，過十日正犯。如：「十日未至歲，比丘得衣，即當受。若得新衣，應停至歲。過十日，當用施人；若留者，捨墮。」

藏傳《苾芻學處》分為三種情況：如果「早受夏利」，則「受竟成犯」；如果是夏內「早分衣」，則「得自分時成犯」；如果「夏利遲分」，則「過十六日之夜分」正犯此戒。

有些律典與《四分律》不同，可以蓄到衣時，若超過則正犯。如《僧祇律》：「衣時者，若無迦絺那衣，得至八月十五日；有迦絺那衣，得至臘月十五日。」《五分律》關鍵詞之中記載：「衣時者：受迦絺那衣時。」

《十誦律》記載：「若是處不受迦絺那衣，諸比丘夏末月末後日，是衣應捨，若作淨，若受持；若不捨，不作淨，不受持，至冬初月初日地了時，尼薩耆波夜提。若是住處受迦絺那衣，是諸比丘冬末後月末後日，是衣應捨，應作淨，若受持；若不捨，不作淨，不受持，至春初月初日地了時，尼薩耆波夜提。」《薩婆多論》[1]與之類似。

《根有律》中，蓄急施衣的具體期限為：安居結束後，「不張羯恥那衣一月，若張羯恥那衣五月」。超過期限，則正犯此戒。而夏安居利養「夏內分」

---

1 《薩婆多論》卷5，《大正藏》23冊，538頁中欄。

和「過時而畜」究竟成犯的時間，此律並未說明。

《根有律攝》與《根有律》相同，如律文：「若不張羯恥那衣齊九月半，若張羯恥那衣至正月半，此是世尊開饒益事，過此而畜，咸得捨墮。」

《巴利律》記載：「『若蓄過此』者，無授與迦絺那衣之時，過雨期最後日〔八月十五日〕者，捨墮；有授與迦絺那衣之時，過迦絺那衣〔特權〕停止之日〔十二月十五日〕者，捨墮。」

上述律典中，《巴利律》和《根有律攝》的內容均從是關鍵詞中提取。

5. 犯戒主體

《四分律》中，犯戒主體是比丘，比丘尼同犯。

《薩婆多論》、《五分律》與《四分律》相同。

《摩得勒伽》[1] 中，比丘和學悔沙彌均正犯此戒。

其他律典的犯戒主體只提到了比丘。

（二）輕重

1. 所犯境

《四分律》中，本戒的所犯境是急施衣，結捨墮罪，未提及其他情況。除《摩得勒伽》外，其他律典正犯的情況如上犯緣所述。

《摩得勒伽》中，急施衣，犯捨墮；不淨衣、不淨縷織衣、減量衣，犯突吉羅。

2. 能犯心

（1）發起心

除了藏傳《苾芻學處》外，諸律均無明確記載。藏傳《苾芻學處》正犯本戒的發起心如上犯緣所述。

---

1 《摩得勒伽》卷 9，《大正藏》23 冊，619 頁下欄。

（2）想心

《四分律》沒有想心的記載。

《巴利律》中，於特施衣有特施衣想、疑、非特施衣想，均犯捨墮；於非特施衣有特施衣想者，突吉羅；於非特施衣有疑想者，突吉羅；於非特施衣有非特施衣想者，不犯。此外，於不受持、不說淨、不捨衣、不失衣、不壞衣、不燒衣、不被奪衣，分別作受持、說淨、捨衣、失衣、壞衣、燒衣、被奪衣想，犯捨墮。

《根有律攝》中記載，若未分別作未分別想、疑，皆犯捨墮。分別作未分別想，犯墮罪，但是不用捨；作未分別疑，突吉羅。分別、未分別作分別想，不犯。

藏傳《苾芻學處》中，「想不錯亂」犯捨墮。

其他律典沒有關於想心的判罪。

3. 方便加行

《四分律》中，若比丘過前受衣或過後蓄衣，結捨墮罪，沒有其他的判罪情況。

《薩婆多論》記載：「除十日急施衣，一切安居衣必待自恣時分，若安居中分，突吉羅。」

《五分律》記載：「從今不聽於安居內受安居施，犯者突吉羅。」

《巴利律》記載：「捨墮衣，不捨而受用者，突吉羅。」

諸律正犯本戒結捨墮罪的情況如上犯緣所述。

4. 究竟成犯

《四分律》中，過前受衣，得衣時犯捨墮；過後蓄衣，在規定期限結束時犯捨墮。

其他律典如上犯緣所述。

5. 犯戒主體

《四分律》中，比丘、比丘尼同犯捨墮；式叉摩那、沙彌、沙彌尼若犯，突吉羅。

《薩婆多論》、《五分律》與《四分律》相同。

《摩得勒伽》中，比丘和學悔沙彌均犯捨墮。此外，律中還記載：「本犯戒畜急施衣過十夜，突吉羅；乃至污染比丘尼人過十夜，突吉羅。」

其他律典的犯戒主體只提到了比丘。

（三）不犯

1. 能犯心不具足

《四分律》中，作奪想、失想、燒想、漂想，不犯。

《根有律攝》中，分別、未分別作分別想，不犯。

《巴利律》中，於非特施衣有非特施衣想，不犯。

2. 方便加行不具足

《四分律》記載：「不犯者：得急施衣，不過前，不過後，不犯。」

《巴利律》中，「於〔衣〕時中受持、說淨、捨」，不犯。

3. 犯戒主體不具足

《四分律》記載：「無犯者：最初未制戒、癡狂、心亂、痛惱所纏。」

《五分律》、《根有律》與《四分律》相同。

《巴利律》記載：「癡狂者、最初之犯行者，不犯也。」

4. 開緣

《四分律》記載：「若為賊奪衣，若失衣，若燒衣，若漂衣，過前不犯。……有嶮難道路不通，多諸賊盜、惡獸難，若河水大漲，王者所執繫閉，命難、梵行難，若彼受寄比丘或死，或出行，或捨戒，或賊劫，或為惡獸所害，或為水漂，過後無犯。」

《根有律》記載：「若於十日中得五種急施衣，分之無犯；若在夏中，或時施主欲得自手而行施者，取亦無犯；若其差得藏衣苾芻，或可施主作如是語：『我行還自手當施。』雖過時分畜亦無犯。」

《根有律攝》記載：「無犯者，謂已差得掌衣人。」

《巴利律》中，「失衣、壞衣、燒衣、被奪而取、以親友想而取」，不犯。

五、原理

（一）防貪

本戒屬於遮戒，目的在於防止比丘貪利蓄衣，約束比丘的貪煩惱。

從諸部廣律對「衣」的規定中可以看出，「安居後供衣」是比丘衣服的主要來源之一，機會較少。此戒就是為了使比丘不至於損失「安居衣」而開許的急施捨。

（二）急施衣的開遮

安居結束後，比丘會補充、修整衣物，居士一般會在這個時候供養衣物。若遇到特殊情況，居士會在安居尚未結束時供養衣物，如多部律典提到，大臣欲領軍出征，想供養比丘急施衣的情況。軍隊即將出征，大臣沒有時間等到比丘安居結束。大臣供養衣物，可見其對三寶信仰虔誠，同時祈求三寶護佑其平安歸來。在這諸多因緣下，佛陀悲憫施主，開許比丘提前接受急施衣。另外，在衣料貴重的古印度，比丘若不接受供養，則會錯失良機，再得到衣物就又要花費一番功夫，從律典的記載來看，這也是佛陀開許比丘提前接受急施衣的重要原因。

除軍隊出征這種情況外，諸律典還記載了「女欲嫁時」、「女人還歸時」、「垂產婦」、「或為自病故施，或為他病者故施，或將死時施，或為死亡故施，或將行時施」等情況。其共同點是：居士都有緊急的因緣，不能等待。此時比丘應該考慮對方的難處，接受其提前供養的急施衣。另外，律典記載，如果是王、大臣等布施，「或不信者起信時，或不淨信者而起淨信時」等情況，出於弘法的需要，比丘也可以提前接受供養。

佛陀在制戒時，雖然為居士考慮而有所開許，但又堅持原則。為防止比丘無節制地受衣，佛陀規定比丘只能在自恣前十日內受急施衣。自恣後，與其他長衣相同，比丘應該將急施衣受持、作淨或者捨與他人，若超過時限繼續蓄衣便結捨墮罪。

（三）比丘與大臣、將軍的關係

比丘面對的信眾，從王到百姓涉及到各個階層。佛世時，比丘與大臣、將軍交往比較常見，這些有信仰的權勢者常常供養比丘，比如《四分律》中，二大臣說道：「我等常眾僧夏安居竟，為僧設食及施衣。」《僧祇律》中，大臣也說道：「我常年年安居竟，飯僧施衣。」諸律均記載，這些大臣在出征前還專門供養比丘急施衣。大臣被派去出征平亂，不知能否平安歸來，出征前供養比丘，一是延續其每年供僧的習慣，二是在生死攸關的戰鬥開始之前，通過供僧獲得福德，得到心靈的慰藉，這也是出征者迫切的希望。

六、總結

（一）諸律差異分析

1. 緣起差異

（1）結構差異

《四分律》有兩個緣起、一個本制。《鼻奈耶》只有一個本制。《五分律》有三個緣起、一個本制。《十誦律》、《僧祇律》、《根有律》、《巴利律》有一個緣起、一個本制。

（2）情節差異

《鼻奈耶》與《四分律》本制情節一致。

《十誦律》、《僧祇律》、《五分律》、《根有律》、《巴利律》情節與《四分律》有一些差異。《十誦律》、《僧祇律》、《五分律》都提到了差十日安居結束，這對《四分律》戒本的「十日未竟夏三月」做了說明，可以補充到《四分律》的緣起情節中；同時《十誦律》、《五分律》還提到估客發心供養比丘，比丘分完供養後去別的地方安居，引起估客的不滿。《根有律》中，商人發心供養比丘，比丘將安居物享用完後回到安居的地方，同樣引起商人的譏嫌。此外，《五分律》還提到了比丘蓄急施衣不淨施，和比丘蓄衣過衣時導致佛陀制戒；《巴利律》也同樣提到了比丘蓄衣過衣時導致佛陀制戒。《五分律》、《巴利律》關於比丘蓄衣過衣時的情節對《四分律》戒本的「受已乃至衣時應畜」做了說明，也可以補充到《四分律》的緣起情節中。

（3）結論

綜上所述，本戒仍以《四分律》的緣起結構和情節為準，補充《五分律》的差十日安居結束和比丘蓄衣過衣時導致佛陀制戒的情節。

2. 戒本差異

整體而言，除《鼻奈耶》外，諸律戒本差異不大。關於受急施衣的期限，諸律表述和《四分律》不太相同，不過對照幾部非漢文戒本可以確定所表達的含義相同，均為安居結束前十天。其他方面諸律基本相同。

戒本調整方面，《四分律》中，「未竟夏三月」的意思是安居未結束，一般不易理解，依《十誦律》等律典將其修訂為「未至自恣」。「諸比丘得」略顯重複，依《四分僧戒本》等律典將其修訂為「若有」。「知是急施衣當受，受已乃至衣時應畜」過於繁瑣，依《僧祇比丘戒本》將其修訂為「須者得取，蓄至衣時」。依《僧祇律》等律典在「若過」後增加「時」，使文意更加清晰。

3. 辨相差異

（1）能犯心

《四分律》等大部分律典中都沒有明確提及發起心，僅藏傳《苾芻學處》記載了發起心的內容：時間不同，受衣的發起心也不同，如欲早受衣之心、「欲取自分」之心、「為自利蓄藏」之心等。

本戒參考「月望衣戒」，將發起心設定為不護過限之心。

（2）方便加行

《四分律》中，此戒的方便加行是過前受衣或過後蓄衣。《根有律》與《四分律》相同。《薩婆多論》中，若過前受衣，結突吉羅罪，如：「除十日急施衣，一切安居衣必待自恣時分，若安居中分，突吉羅。」

其他律典的辨相都沒有明確說明過前受衣的結罪情況，但是在緣起中，佛不許比丘夏內受安居衣，否則應結突吉羅罪，如《五分律》：「不聽於安居內受安居施，犯者突吉羅。」由此可推測，若過前受，應結突吉羅罪。《僧祇律》的緣起中，佛規定比丘安居期間不可乞衣。《十誦律》中，比丘夏初月分安居物，佛予以呵責。

藏傳《苾芻學處》只提到過前受衣的結罪情況。

諸律典中共提到了四種方便加行：第一種是過前受衣和過後蓄衣，如《四分律》、《僧祇律》、《五分律》等律典；第二種如《摩得勒伽》，只提到過前受衣，未提過後蓄衣；第三種僅過後蓄衣，未提過前受衣，如《鼻奈耶》；第四種方便加行如藏傳《苾芻學處》，包括過前受衣，夏中分衣，過後蓄衣，但這種方式僅出現在此律中。

綜合以上情況，從制戒緣起和制戒精神來看，過前受衣和過後蓄衣都應該被禁止，故本戒的方便加行取第一種觀點。

（3）究竟成犯

諸律中，究竟成犯共有三種情況：過前受衣、過後蓄衣、夏中分衣。夏中分衣僅藏傳《苾芻學處》一部律有記載，故此處不予討論。此處僅討論過前受衣和過後蓄衣的究竟成犯。

①過前受衣

《四分律》、《根有律》中，得衣時究竟成犯，藏傳《苾芻學處》為受竟。諸律表述不同，但觀點相同。此處究竟成犯設定為得衣時。

②過後蓄衣

不同律典過後蓄衣正犯的標準不同，大致有以下幾種。《四分律》、《根有律》中，過前受衣的天數加上迦提月之後蓄衣的天數不能超過十日，過十日則正犯；《十誦律》、《巴利律》等律典中可以蓄衣到迦提月（或一月，或五月）結束，過迦提月則犯，但不同部派迦提月的算法不同；《鼻奈耶》中，安居結束後過十日，正犯；藏傳《苾芻學處》則是安居結束過一日，即過十六日之夜分，正犯。根據實踐的需求，此處究竟成犯取《四分律》的觀點。

4. 諸律內部差異

諸律中，此戒的緣起、戒本以及辨相三部分相符。

（二）調整文本

通過以上諸律間觀點同異的對比與分析，文本在《四分律》的基礎上作如下調整：

1. 緣起

佛在毗蘭若，安居結束後欲人間遊行。請僧安居的婆羅門想起自己還沒有供養，懇請佛陀接受供養。次日請僧應供時，婆羅門施衣，比丘不敢接受，佛陀便開許比丘受夏安居衣。

六群比丘聽說佛陀開許受夏衣之後，不僅安居期間乞衣、受衣，而且春夏冬不分時節常常乞衣。跋難陀聽說異處安居的比丘得到很多衣，他就到各安居處去分得很多衣。佛陀知道後規定不可一年中常常乞衣，不可安居期間乞衣、受衣，不可去其他安居處分衣。

佛在舍衛城，波斯匿王派兩位大臣平亂，大臣擔心不能平安歸來，想供養比丘，但是當時安居尚未結束，諸比丘不敢受衣。阿難告訴佛陀自恣餘十日，佛陀規定比丘安居結束前十日內可以受急施衣。

佛陀允許比丘受急施衣後，有比丘蓄衣，且不受持，不施人，不淨施，佛陀知道後規定只能蓄衣到衣時。此後仍舊有比丘蓄衣過衣時，佛陀以此制戒。

2. 戒本

若比丘，十日未至自恣[1]，若有[2]急施衣，比丘須者得取，畜至衣時[3]。若過時[4]畜者，尼薩耆波逸提。

3. 關鍵詞

急施衣：緊急時供養的衣服。信眾因緊急事緣，把本該安居結束施與僧眾的衣提前供養僧眾，這時比丘受衣則得衣；若不受，過了時間則錯失機會，不可再受。因此供衣的時間比較緊迫。

4. 辨相

(1) 犯緣

過前受衣具足四緣成犯：一、是急施衣；二、不護過限之心；三、過前受衣；四、得衣時，成犯。

過後蓄衣具足四緣成犯：一、是急施衣；二、不護過限之心；三、過後

---

1 「未至自恣」，底本作「未竟夏三月」，據《十誦律》、《十誦比丘戒本》、《僧祇比丘戒本》、《五分律》、《彌沙塞五分戒本》改。

2 「若有」，底本作「諸比丘得」，據《四分僧戒本》、《新刪定四分僧戒本》、《解脫戒經》改。

3 「須者得取，蓄至衣時」，底本作「知是急施衣當受，受已乃至衣時應畜」，據《僧祇比丘戒本》改。

4 「時」，底本闕，據《僧祇律》、《僧祇比丘戒本》加。

蓄衣；四、第十一日明相出，成犯。

（2）辨相結罪輕重

①過前受衣的結罪輕重：

a. 是急施衣

是應量的急施衣，捨墮；若過前受不淨衣、減量衣等，突吉羅。

b. 不護過限之心

c. 過前受衣

d. 得衣

安居結束前超過十日受衣，得衣時，捨墮。

②過後蓄衣的結罪輕重：

a. 是急施衣

是應量的急施衣，捨墮；若過前受不淨衣、減量衣等，突吉羅。

b. 不護過限之心

c. 過後蓄衣

d. 第十一日明相出

從過前受衣開始，至過後蓄衣的天數總和超過十日，第十一日明相出時，捨墮。

③犯戒主體

比丘、比丘尼若犯，捨墮；式叉摩那、沙彌、沙彌尼若犯，突吉羅。

④不犯

若不過前受衣，不犯。

若不過後蓄衣，不犯。

若被賊奪衣，若失衣，若燒衣，若漂衣，過前受衣，不犯。

若衣作奪想、失想、燒想、漂想，若有險難道路不通，若有賊盜難、惡獸難，若河水大漲，若被強力者所執，若被繫閉，若有命難、梵行難，若受寄比丘命終，或出行，或捨戒，或遭賊劫，或被惡獸所害，或被水所漂，過後蓄衣，不犯。

若是被差遣掌管衣服，蓄衣不犯。

最初未制戒時，癡狂、心亂、痛惱所纏時，不犯。

七、現代行持參考

相比佛世，現代社會中居士供養僧團的方式更加多樣化，但類似急施衣的情況已經很罕見了，因而現代社會的比丘不容易犯到此戒。

從本戒的制戒精神來看，佛陀一方面希望比丘在安居期間專注用功辦道，令道業增長，不會因求取供養而荒廢修行；另一方面，在面對看似不符合戒律規範的急施衣時，佛陀能夠站在居士的角度考慮，做出適當的開緣，這樣做既保護居士的發心，又堅持原則。這對於現代比丘以及僧團管理者來說仍然具有實踐意義。

29

蘭若有疑離衣戒

一、緣起

（一）緣起略述

《四分律》有一個緣起和一個本制。佛在舍衛國祇樹給孤獨園時，諸比丘住在阿蘭若，時常遭到盜賊毆打並強奪衣物。諸比丘為了躲避賊難，就聚集到祇洹精舍居住，佛知道後，聽許住在「有疑恐懼」阿蘭若的比丘離衣宿。六群比丘聽說此事之後，就將衣留給其親友比丘看護，自己則去遊行。但這種情況並不符合離衣宿的條件，因此六群比丘遭到諸比丘與佛陀的呵責，佛由此制戒。[1]

1. 制戒地點

《四分律》中，制戒地點為「舍衛國祇樹給孤獨園」，《鼻奈耶》[2] 與《四分律》相同。《十誦律》[3] 為「舍衛國」，《僧祇律》[4] 為「舍衛城祇洹精舍」，《五分律》[5] 為「舍衛城」，《根有律》[6] 為「室羅伐城逝多林給孤獨園」，《巴利律》[7] 為「舍衛城祇樹給孤獨園」。

2. 緣起比丘

《四分律》中，緣起比丘為「六群比丘」，《鼻奈耶》為「婆覆」，《十誦律》

---

1 《四分律》卷 10，《大正藏》22 冊，632 頁上欄至 633 頁上欄。

2 《鼻奈耶》卷 6，《大正藏》24 冊，878 頁中欄。

3 《十誦律》卷 8，《大正藏》23 冊，57 頁上欄至中欄；卷 53，《大正藏》23 冊，390 頁下欄；卷 57，《大正藏》23 冊，423 頁下欄。

4 《僧祇律》卷 11，《大正藏》22 冊，323 頁上欄至下欄。

5 《五分律》卷 5，《大正藏》22 冊，31 頁下欄至 32 頁中欄。

6 《根有律》卷 24，《大正藏》23 冊，755 頁上欄至 757 頁上欄。

7 《經分別》卷 4，《漢譯南傳大藏經》1 冊，372 頁至 375 頁；《附隨》卷 1，《漢譯南傳大藏經》5 冊，18 頁。

為「毗訶」，《僧祇律》為「優波離」，《五分律》、《巴利律》為「諸比丘」，《根有律》為「六眾苾芻」。

3. 緣起情節

《鼻奈耶》、《十誦律》只有一個本制，且情節類似，緣起比丘失衣，其他比丘不知如何處理，佛因此制戒。與《四分律》的不同之處在於衣物並非被強盜所搶劫。

《巴利律》有一個緣起和一個本制。緣起情節與《四分律》的緣起類似；本制中，緣起比丘將衣服放置在居士家，出行超過六夜，衣服「失、壞、燒、鼠嚙」，佛因此制戒。

《僧祇律》有兩個緣起和一個本制。第一個緣起的情節與《鼻奈耶》、《十誦律》的本制類似；第二個緣起是佛派優波離尊者去沙祇國滅諍事，長老因僧伽梨重帶不走，擔心離衣宿，由於優波離尊者往返需要六日，佛允許可以離衣宿六日；本制故事中，優波離尊者去沙祇國，諍事未滅，但離衣的時限快到，便回到城中，佛因此開許僧為其作一月不失衣宿羯磨，並制定本戒。

《根有律》有五個緣起和一個本制。第一個緣起記載得最為詳細，敘述了比丘被奪衣的前因後果，後面的緣起和本制較為簡單。第一個緣起中，大富長者為比丘建造了一個住所，且供養豐厚，此事被盜賊知道後，策劃在眾僧誦戒的時候強奪比丘的財物。諸比丘衣財盡被偷劫，只好晝伏夜出，裸形至佛所向同行求衣覆體，佛陀因此開許在阿蘭若處住的比丘將三衣中的一衣存放於俗舍內。之後的四個緣起中，比丘將衣寄存在村舍內，在不合適的時間到居士家給其帶來不便：比丘往村中與衣共宿，佛規定不應在居士家住；比丘天未亮就去取衣，看到女人露形，佛規定不應晚上去；比丘在村外等待明相出，被賊盜和虎狼等所擾，佛規定應在寺裏等待明相出；比丘因三寶事需要出界，由於衣寄放在村舍而不敢去，佛因此開許六夜離衣；最後，六眾比丘離衣七夜而不悔改，佛由此制定本戒。

《五分律》有七個緣起和一個本制。第一個緣起的情節與《四分律》的緣起差異較大。第一個緣起中，阿蘭若比丘聽聞強盜要搶劫他們，便避難逃走，後來擔心離衣宿，又回到原來的住處，被守株待兔的強盜殺害，佛因此讚歎持戒，開許有難緣的情況下將衣寄放在白衣家。之後簡略地敘述了其他緣起，佛規定，在聚落附近住的比丘和無恐怖處住的比丘不可以將衣物寄存在白衣家；比丘寄存衣物之後，為了防止衣變壞需去居士家曬衣，為了不讓居士生厭應該十日曬一次衣；若為三寶事離衣，不可超過六夜；後比丘離衣超過六夜，佛由此制定本戒。

(二)緣起比丘形象

《四分律》中，六群比丘聽說佛開許離衣宿，就離衣人間遊行，表現出愛鑽漏洞的一面。

《十誦律》中，佛讚歎長老毗訶比丘「隨所往處，與衣鉢俱」，這說明緣起比丘重視戒律。《僧祇律》中，緣起比丘因「滅諍事」外出，擔心離衣宿便返回安居地，可見其持戒態度嚴謹。

《五分律》中，緣起比丘聽說佛開許有事緣離衣六夜，便「著粗弊衣行」超過六夜，可見其持戒意識不強。《根有律》中，當其他比丘問緣起比丘離衣七夜的原因時，緣起比丘回答道：「具壽！遣經六夜至第七夜，豈飲酒啖蒜耶？」可見緣起比丘不以為然，對戒律輕忽懈怠。

《巴利律》中，緣起比丘長時間將衣寄存在居士家中，沒有人打理，「其衣失、壞、燒、鼠囓」，導致自己「粗服惡衣」，展現出一個不愛惜三衣、邋遢的比丘形象。

《鼻奈耶》、《五分律》中，緣起比丘形象描述不明顯。

(三)犯戒內因

《四分律》中，緣起比丘因為懶惰而犯戒，如律文：「六群比丘與我知識親友，留衣在此，出人間遊行，是故我等為曬衣。」

《五分律》、《根有律》、《巴利律》中，緣起比丘的犯戒內因是輕忽佛陀的規定。《巴利律》中，比丘知道佛「聽許在阿蘭若處住者，三衣中之一衣置於〔村落〕之民家」，於是離衣遊行超過六夜；《根有律》中，比丘覺得離衣超過規定期限一夜不像飲酒啖蒜那麼嚴重。

《鼻奈耶》、《十誦律》、《僧祇律》中，比丘沒有犯戒，以下從略。

(四) 犯戒外緣

《四分律》、《五分律》、《根有律》、《巴利律》中，比丘外出遊行是比丘犯戒的外緣。

(五) 犯戒後影響

《五分律》、《根有律》中，比丘將衣寄存在居士家，給居士帶來不便。《五分律》中，比丘擔心衣服「日久濕穢，蟲嚙腐爛」，就經常去看衣，居士對此感到厭惡；《根有律》中，比丘明相未出到居士家，碰到女人露形而卧。

(六) 佛陀考量

《五分律》中，比丘寧捨身命也不願犯戒，佛為此而讚歎持戒；但佛陀並沒有讓比丘效仿，而是開許比丘將衣寄存在居士家，避免這類事情再次發生，為了一件衣犧牲生命不是佛願意見到的。佛陀一方面讚歎，鼓勵比丘持戒，一方面開緣，逐步調整規定，目的是防止比丘陷入教條主義，或者找藉口給自己開脱。這對比丘體會佛陀制戒的意趣，理解戒律的開遮持犯，顯得尤為重要。

（七）文體分析

《四分律》、《巴利律》都有兩個因緣，《鼻奈耶》有一個因緣，《十誦律》有一個因緣和一個譬喻，《僧祇律》有三個因緣，《五分律》有八個因緣，《根有律》有六個因緣和兩個伽陀。

《鼻奈耶》和《十誦律》的因緣，以及《巴利律》的第一個因緣簡略地交代了比丘失衣的經過。《巴利律》的第二個因緣中，比丘離衣超過六夜，故事情節與第一個因緣銜接不連貫，因為前面並沒有提到不能離衣過六夜，說明可能還有其他因緣沒有記錄下來。《僧祇律》、《五分律》、《根有律》沒有缺少因緣的情況。

《四分律》和《僧祇律》都側重本制的因緣故事，且與其他因緣之間有較強的連貫性，使整個故事的前因後果更加清晰。《僧祇律》的本制中，羯磨文記錄得比較詳細，內容豐富。

《五分律》、《根有律》與其他律典不同，其因緣記載得很詳細。從最初佛允許比丘將衣服寄存在居士家，到佛陀面對諸多因緣制定規範，直至最後制戒，為讀者理解佛陀制戒的意趣提供了很好的素材。《五分律》還交代了一個比較恐怖的背景，「有八月賊，常伺捕人，殺以祠天」，乃至於最後將比丘殺害，「須血取血，須肉割肉」，給讀者內心帶來一定的衝擊。《根有律》中，第一個因緣詳細地記錄了比丘被奪衣的前因後果，展現出比丘當時的生活背景，如誦戒時說偈頌：「佛在給園中，能斷諸纏惑，諸根皆寂定，告眾如是言。」對於了解比丘當時的日常生活及誦戒布薩提供了很好的參考。

二、戒本

《四分律》中，本戒的戒本為：「若比丘，夏三月竟，後迦提一月滿，在阿蘭若有疑恐懼處住。比丘在如是處住，三衣中，欲留一一衣置舍內，諸比丘有因緣，離衣宿乃至六夜。若過者，尼薩耆波逸提。」

(一) 若比丘，夏三月竟，後迦提一月滿，在阿蘭若有疑恐懼處住

《四分律》作「若比丘，夏三月竟，後迦提一月滿，在阿蘭若有疑恐懼處住」，意思是：如果比丘，夏安居結束，之後的迦提月一個月已滿（即八月十五日以後），（比丘）在懷疑有危險的、恐怖的阿蘭若處住。

與《四分律》相似：

《四分律比丘戒本》[1] 作「若比丘，夏三月竟，後迦提一月滿，在阿蘭若有疑恐怖處住」。

《四分僧戒本》[2]、《新刪定四分僧戒本》[3] 作「若比丘，夏三月安居竟，至八月十五日滿已，若迥遠有疑恐怖畏難處」，「至八月十五日滿已」和「迥遠有疑恐怖畏難處」分別對應《四分律》的「後迦提一月滿」和「阿蘭若有疑恐懼處」，所表達的意思相同。

與《四分律》差異較大：

《十誦律》作「若比丘，三月過，未至八月，未滿歲，若阿練兒比丘，在阿練兒處住，有疑怖畏」，《十誦比丘戒本》[4] 作「若比丘，夏三月過有閏，未滿

1 《四分律比丘戒本》，《大正藏》22 冊，1018 頁上欄至中欄。
2 《四分僧戒本》，《大正藏》22 冊，1026 頁上欄。
3 《新刪定四分僧戒本》，《卍續藏》39 冊，266 頁上欄至中欄。
4 《十誦比丘戒本》，《大正藏》23 冊，473 頁下欄至 474 頁上欄。

八月，若阿蘭若比丘在阿蘭若處住，意有疑恐怖畏難」。

《五分律》、《彌沙塞五分戒本》[1] 作「若比丘，住阿練若處，安居三月，未滿八月，若處有恐怖」，《僧祇比丘戒本》[2] 作「夏三月未至夏末月，比丘在阿練若處住，有疑恐怖」。

梵文《說出世部戒經》[3] 作 "upavarṣaṃ kho punaḥ tremāsaṃ kārttikī paurṇamāsī bhikṣu cāraṇyake śayanāsane viharanti samaye sapratibhaye sāśaṃkasaṃmate"，意思是：三月安居結束至迦提月滿月時，比丘又住在可疑、認為危險的處在閑靜處的住所。

巴利《戒經》[4] 作 "upavassaṃ kho pana kattikapuṇṇamaṃ. Yāni kho pana tāni āraññakāni senāsanāni sāsaṅkasammatāni sappaṭibhayāni"，意思是：安居結束到迦提月滿月時，有一些懷疑有危險的、恐怖的閑靜處的住所。此戒本缺少與「若比丘」直接對應的內容。

《十誦律》及之後的律典表達的意思是：雖然安居已過，但還沒有到迦提月滿月（八月十五日）。與《四分律》有所不同。

《僧祇律》作「夏三月未滿，比丘在阿練若處住，有恐怖疑」。

梵文《有部戒經》[5] 作 "trayomāsānāgate kārttike pūrṇamāse ūnavarṣāraṇyako bhikṣu(r) āraṇyakeṣu śayyāsaneṣūpagataḥ sy(ā)t sāśaṅkasaṃmateṣu sabhayasaṃmateṣu sapratibhayabhairavasaṃmateṣu"，意思是：未到三個月迦提月滿月時，雨安居沒有結束，比丘住在認為可疑、危險、恐怖的且處在閑靜處的住所。

《僧祇律》及梵文《有部戒經》這兩部律典表達的意思是：安居還沒有結束。相比《四分律》差異較大。

---

1 《彌沙塞五分戒本》，《大正藏》22 冊，196 頁下欄。

2 《僧祇比丘戒本》，《大正藏》22 冊，552 頁上欄。

3 Nathmal Tatia, *Prātimokṣasūtram of the Lokottaravādimahāsāṅghika School*, Tibetan Sanskrit Works Series, no. 16, p. 18.

4 Bhikkhu Ñāṇatusita, *Analysis of the Bhikkhu Pātimokkha*, p. 160.

5 Georg von Simson, *Prātimokṣasūtra der Sarvāstivādins Teil II*, Sanskrittexte aus den Turfanfunden, XI, p. 201.

《根有律》、《根有戒經》[1]、《根有律攝》[2]作「若復眾多苾芻，在阿蘭若處住，作後安居，有驚怖畏難處」，這三部律典特指「後安居」這一情況，與《四分律》差異較大。

梵文《根有戒經》[3]作"bhikṣavaḥ khalu saṃbahulāḥ āraṇyakeṣu śayanāsaneṣu na varṣakā bhavanti sāśaṅkasaṃmateṣu nānābhayasaṃmateṣu sapratibhayabhairavasaṃmateṣu"，意思是：眾多的比丘在認為可疑、危險、恐怖的且處在閑靜處的住處，作後安居。

藏文《根有戒經》[4]作"དགེ་སློང་རབ་ཏུ་མང་པོ་དག་གནས་མལ་དགོན་པ་དོགས་པ་དང་བཅས་པར་གྲགས་པ། འཇིགས་པ་དང་བཅས་པར་གྲགས་པ། འཇིགས་པ་ཐ་དད་པས་འཇིགས་སུ་ཉེ་བ་དང་བཅས་པར་གྲགས་པ་དག་ཏུ་དབྱར་ཕྱི་མར་གནས་ལ།"，意思是：眾多比丘在共許為疑難、怖畏及各種共許為可怕的住處，作後安居。

《根有律》及之後的律典除了強調是「後安居」，還提到了有「眾多」比丘住在阿蘭若處。

《解脫戒經》[5]作「若比丘，在阿蘭若有疑怖畏處」，表述較為簡略，且缺少對時間的要求。

《鼻奈耶》作「三月後一月，阿練兒比丘住空閑處，欲有所至，前有虎狼盜賊」。

（二）比丘在如是處住，三衣中欲留一一衣置舍內

《四分律》作「比丘在如是處住，三衣中欲留一一衣置舍內」，意思是：比丘在這樣的地方居住，想要將三衣中的任何一件放置到房舍中。

與《四分律》相似：

梵文《根有戒經》作"ākāṃkṣatā āraṇyakena bhikṣuṇā trayāṇāṃ

1 《根有戒經》，《大正藏》24 冊，503 頁下欄。

2 《根有律攝》卷 7，《大正藏》24 冊，564 頁上欄。

3 Anukul Chandra Banerjee, *Two Buddhist Vinaya Texts in Sanskrit*, p. 31.

4 麗江版《甘珠爾》（འཇང་བཀའ་འགྱུར།）第 5 函《別解脫經》（སོ་སོར་ཐར་པའི་མདོ།）11b。

5 《解脫戒經》，《大正藏》24 冊，662 頁上欄。

cīvarāṇām anyatamānyatamaṃ cīvaram antargṛhe upanikṣiptavyaṃ”，意思是：（如果）願意，住在閑靜處的比丘們可以把三衣中的任何一件衣放置在房舍中。

巴利《戒經》作“tathārūpesu bhikkhu senāsanesu viharanto ākaṅkhamāno tiṇṇaṃ cīvarānaṃ aññataraṃ cīvaraṃ antaraghare nikkhipeyya”，意思是：比丘在這樣的（恐怖閑靜處）住處居住，如果願意的話，可以把三衣中的任意一衣放置在房舍中。

與《四分律》有部分差異：

《四分律比丘戒本》作「比丘在如是處住，三衣中，欲留一一衣置村舍內」。《四分僧戒本》、《新刪定四分僧戒本》作「比丘在如是處住，於三衣中，若留一一衣置村舍內」，相比《四分律》多了「村」字。

以下律典缺少與《四分律》的「比丘在如是處住」對應的內容。

《十誦比丘戒本》作「若是比丘欲三衣中若一一衣著舍內」，《解脫戒經》作「比丘三衣中若留一一衣置舍內」。

梵文《說出世部戒經》作“ākāṃkṣamāṇena bhikṣuṇā trayāṇāṃ cīvarāṇām anyatarānyataraṃ cīvaram antaragṛhe nikṣipitavyaṃ”，梵文《有部戒經》作“ākāṃkṣatāraṇyakena bhikṣuṇā trayāṇāṃ cīvarāṇām anyatamānyatamaṃ cīvaram antargṛhe upanikṣiptavyaṃ”，兩部梵文戒經的意思都是：（如果）願意，比丘可以把三衣中的任何一件衣放置在房舍中。

《根有律》、《根有戒經》、《根有律攝》作「苾芻欲於三衣中隨留一衣置村舍內」，「村舍內」相比《四分律》的「舍內」增加一個「村」字。

《僧祇律》作「比丘三衣中若一一衣得寄著家內」，《僧祇比丘戒本》作「〔有因緣事，〕三衣中若一一衣得寄家內」。這兩部律典的「家內」對應《四分律》的「舍內」。

藏文《根有戒經》作“དགེ་སློང་དགོན་པ་པས་འདོད་ན་ཆོས་གོས་གསུམ་ལ། ཆོས་གོས་གང་ཡང་རུང་བ་ཁྱིམ་གཞན་དུ་གཞག་པར་བྱའོ།”，意思是：閑靜處比丘如果願意，可以把三衣中的任何一件衣放置在白衣家。這裏的「白衣家」對應《四分律》的「舍內」。

與《四分律》差異較大：

《十誦律》作「是比丘欲三衣中隨一一衣著界外家中」。

《五分律》、《彌沙塞五分戒本》作「聽寄一一衣著界內白衣家」。

以上律典中，對應《四分律》的「舍內」，《十誦律》作「界外家中」，《五分律》、《彌沙塞五分戒本》則是「界內白衣家」。

《鼻奈耶》作「此比丘從空閑處以三衣送寄城內」，與《四分律》及其他律典都不相同。

（三）諸比丘有因緣離衣宿，乃至六夜

《四分律》作「諸比丘有因緣離衣宿，乃至六夜」，意思是：諸比丘有原因離衣宿，只能到六夜。

與《四分律》相似：

《四分律比丘戒本》作「諸比丘有因緣得離衣宿，乃至六夜」，《四分僧戒本》作「及有因緣離衣宿，乃至六夜」，《新刪定四分僧戒本》作「及有緣事離衣宿，乃至六夜」，《僧祇律》作「比丘有因緣事，得齊六宿」。

梵文《說出世部戒經》作“syāt tasya bhikṣusya kocid eva pratyayo tasmāc cīvarād vipravāsāya, ṣaḍāhaparamaṃ tena bhikṣuṇā tasmāc cīvarād vipravasitavyaṃ”，意思是：（如果）這個比丘（需要）以任何原因離開這件衣服，該比丘最多可以離開這件衣服六夜。

巴利《戒經》作“siyā ca tassa bhikkhuno kocid-eva paccayo tena cīvarena vippavāsāya, chārattaparamaṃ tena bhikkhunā tena cīvarena vippavasitabbaṃ”，意思是：對於這位比丘來說，如果有任何需要離衣的因緣，比丘因為這樣的因緣最多可以離開這件衣六夜。

與《四分律》有部分差異：

《十誦律》作「此比丘有因緣出界外，離衣宿，齊六宿」，《十誦比丘戒本》作「若有因緣出界故，離衣宿，極至六夜」。

《五分律》作「若有因緣出界外，離此衣宿，乃至六夜」，《彌沙塞五分戒本》作「若有因緣出界，離此衣宿，乃至六夜」。

《解脫戒經》作「及有因緣出界，離衣，乃至六夜」。

《根有律》、《根有戒經》、《根有律攝》作「若苾芻有緣須出阿蘭若界者，得齊六夜離衣而宿」。

梵文《有部戒經》作“syād āraṇyakasya bhikṣos tathārūpapratyayo bahiḥsīmaṃ gantuṃ ṣaḍrātraparamam āraṇyakena bhikṣuṇā tataś cīvarād vipravastavyaṃ”，意思是：如果住在閑靜處的比丘（需要）以任何原因前往界外，住在閑靜處的比丘最多可以離開這件衣服六夜。

梵文《根有戒經》作“syāt khalv āraṇyakasya bhikṣos tadrūpapratyayo bahiḥsīmāṃ gantuṃ ṣaḍrātraparamam āraṇyakena bhikṣuṇā tasmāc cīvarād bahiḥsīmāṃ vipravastavyaṃ”，意思是：如果住在閑靜處的比丘（需要）以任何原因前往界外，住在閑靜處的比丘最多可以在界外離開這件衣服六夜。

藏文《根有戒經》作“དགེ་སློང་དགོན་པ་པ་ལ་མཚམས་ཀྱི་ཕྱི་རོལ་ཏུ་འགྲོ་དགོས་པ་དེ་ལྟ་བུའི་རྐྱེན་ཞིག་བྱུང་ན་དགེ་སློང་དགོན་པ་པ་དེས་ཞག་དྲུག་གི་མཐའ་ཚུན་ཆད་དུ་ཆོས་གོས་དེ་དང་མཚམས་ཀྱི་ཕྱི་རོལ་ཏུ་འབྲལ་བར་བྱའོ།”，意思是：如果閑靜處比丘有原因需要往界外走，閑靜處比丘最多可以在界外離開這件衣服六夜。

以上律典與《四分律》相比，均有「出界外」或類似的表述。

《僧祇比丘戒本》作「有因緣事，〔三衣中若一一衣得寄家內〕離六宿」，此律典相比《四分律》缺少對「離衣宿」的直接表述，但由於律典記載有「三衣中若一一衣得寄家內」，因此從整條戒來看，其內涵與《四分律》基本相同。

與《四分律》差異較大：

《鼻奈耶》作「此比丘行得六宿離三衣」，相比《四分律》缺少「有因緣」的表述。此外，這裏是「離三衣」，而《四分律》的「離衣」是指離三衣其中的一衣，兩者差異較大。

（四）若過者，尼薩耆波逸提

《四分律》、《四分僧戒本》、《新刪定四分僧戒本》、《四分律比丘戒本》作「若過者，尼薩耆波逸提」，意思是：如果超過了期限，犯捨墮罪。

與《四分律》相似：

《根有律》、《根有戒經》、《根有律攝》作「若過者，泥薩祇波逸底迦」，

《五分律》、《彌沙塞五分戒本》、《解脫戒經》作「若過，尼薩耆波逸提」。

《鼻奈耶》作「若過六宿，捨墮」，與《四分律》相比多了「六宿」。

《十誦律》作「過是宿者，尼薩耆波夜提」，《十誦比丘戒本》作「若過宿，尼薩耆波夜提」。

梵文《有部戒經》作“tata uttaraṃ vipravasen niḥsargikā pātayantikā”，梵文《根有戒經》作“tata uttari vipravasen naisargikā pāyantikā”，兩部梵文戒經的意思都是：（如果）離（衣）超過（期限），捨墮。

藏文《根有戒經》作“དེ་ལས་འདས་པར་འབྲལ་ན་སྤང་བའི་ལྟུང་བྱེད་དོ། །”，意思是：如果超過此限定，捨墮。

與《四分律》有部分差異：

《僧祇律》、《僧祇比丘戒本》作「若過者，除僧羯磨，尼薩耆波夜提」，比《四分律》多了「除僧羯磨」。

梵文《說出世部戒經》作“taduttariṃ vipravaseya anyatra bhikṣu saṃmutīye nissargikapācattikam”，意思是：（如果）離（衣）超過（期限），除非比丘們同意，捨墮。

巴利《戒經》作“tato ce uttariṃ vippavaseyya, aññatra bhikkhusammutiyā, nissaggiyaṃ pācittiyaṃ”，意思是：如果離（衣）超過這個（期限），除非比丘們同意，捨墮。

三、關鍵詞

(一) 阿蘭若處

三部梵文戒本均作“āraṇyaka”，意思是：森林、曠野（英譯：forest, wild），可理解為閑靜處。巴利《戒經》作“āraññaka”，意思與梵文相同。

藏文《根有戒經》作“དགོན་པ”，意思是：空閑處，閑寂處（英譯：solitary place）。

《四分律》記載：「阿蘭若處者，去村五百弓。遮摩羅國弓長四肘，用中肘量取。」

《十誦律》記載：「阿練兒處者，去聚落五百弓。於摩伽陀國是一拘盧舍，於北方國則半拘盧舍。」《薩婆多論》記載：「阿練若處者，去聚落五百弓，名阿練若處。胡步四百步，一百弓。」《僧祇律》記載：「阿練若處者，長五肘弓五百弓，中間無有放牧人屋，是名阿練若處。」《巴利律》記載：「阿蘭若住處者，言離〔村〕最少五百弓之處。」

《根有律》記載：「在阿蘭若住處者，去村五百弓，有一拘盧舍名阿蘭若處，四拘盧舍名一踰膳那，從七極微至踰膳那，有十八種差別，如前廣說。」《根有律攝》記載：「阿蘭若者，謂去村一拘盧舍。」

綜上所述，詞源分析中，梵、巴戒經都是指森林、曠野；藏文《根有戒經》指空閑處、閑寂處。漢譯律典中，除《根有律攝》中記載「去村一拘盧舍」外，《四分律》、《十誦律》、《薩婆多論》、《僧祇律》、《根有律》以及《巴利律》都指距離聚落「五百弓」外的地方，儘管這幾部律典關於「弓」的標準不盡相同，但都是從距離聚落的長度來解釋的，其內涵應該相同，都是指遠離聚落，偏遠、寂靜的地方。

（二）有疑處、恐怖者

梵文《說出世部戒經》作“sapratibhaye（危險的、不確定的）sāśaṃka（危險的）saṃmate（認為）”，意思是：可疑的、認為危險的地方（英譯：where is doubtful and considered riskful）。梵文《有部戒經》作“sāśaṅka（危險的）saṃmateṣu（認為）sabhaya（可怕的）saṃmateṣu（認為）sapratibhaya（危險的、不確定的）bhairava（恐怖的）saṃmateṣu（認為）”，梵文《根有戒經》作“sāśaṅka（危險的）saṃmateṣu（認為）nānābhaya（可怕的）saṃmateṣu（認為）sapratibhaya（危險的、不確定的）bhairava（恐怖的）saṃmateṣu（認為）”，意思都是：認為可疑、危險、恐怖的地方（英譯：which are considered doubtful, fearful and dangerous）。巴利《戒經》作“sāsaṅka（危險的）sammatāni（認為）sappaṭibhayāni（恐怖的、有害的）”，意思是：認為危險的、恐怖的地方（英譯：which are considered risky, which are dangerous）。藏文《根有戒經》作“དོགས་པ་（懷疑）དང་（連詞）བཅས་པར་（具有）གྲགས་པ་（共許）འཇིགས་པ་（怖畏可怕）དང་（連詞）བཅས་པར་（具有）གྲགས་པ་（共許）།འཇིགས་པ་（怖畏可怕）ཐ་དད་པས་（各種種類）འཇིགས་སུ་རུང་བ་（可怕的）དང་（連詞）བཅས་པར་（具有）གྲགས་པ་（共許），意思是：共許為疑難、怖畏及各種共許為可怕的地方（英譯：the residence being considered doubtful, fearful and dangerous）。

《四分律》記載：「有疑處者，疑有賊盜。恐怖者，中有恐怖賊盜。」強調的是賊盜。《十誦律》中，怖畏的對象包含了惡比丘，如律文：「有疑處者，疑是中失物，乃至失一水器。有畏者，是中有怖畏，乃至畏惡比丘。」《僧祇律》記載：「恐怖者，若殺劫奪。疑者，雖無殺劫奪，有疑心畏須臾間當殺人奪人衣。」《巴利律》記載：「具有危險者，於僧園、於僧園境內，可見賊所住、立、坐、卧之處。〔具有〕恐怖者，於僧園及僧園境內，曾見為賊所殺、所奪、所打也。」

《根有律攝》記載：「有驚者，謂知此處有賊欲來。有怖者，一見賊來已被傷殺。有畏難者，謂數有賊來。又有師子虎狼及非人類，應如次配。又復賊難，或師子等難，或蚊、虻、蛇、蠍，或寒熱等難，如次配前驚等四句。」

《根有律》記載：「有驚怖畏難處者，驚謂恐有賊來，怖謂虎豹狼等，畏難謂蚊、虻、蛇、蠍、風熱等事。」這兩部律典不但有賊，還包括了一些凶猛或讓人心生怖畏的動物。

其他律典沒有這個關鍵詞的解釋。

綜上所述，詞源分析中，梵巴藏戒經內涵一致，都是指認為有恐怖、怖畏的地方或者懷疑有危險、恐怖的地方。漢譯律典內涵基本一致，均列舉了一些讓人心生怖畏的對象，其中賊為這些律典所共有；除此以外，《僧祇律》、《巴利律》提到了「殺」，《十誦律》提到了惡比丘，《根有律》、《根有律攝》提到了凶猛或讓人心生怖畏的動物。

（三）夏三月竟，後迦提一月滿

梵文《說出世部戒經》中作"upavarṣaṃ（結束）kho punaḥ（表示強調）tremāsaṃ（三月）kārttikī（迦提月）paurṇamāsī（滿月）"，意思是：三個月（夏安居）結束到迦提月滿月時（英譯：having spent the three months of the rainy season to the kattika full moon）。巴利《戒經》與之相似，但缺少了「三月」這個詞，作"upavassaṃ（結束）kho pana（表示強調）kattika（迦提月）puṇṇamaṃ（滿月）"，意思是：（三個月的夏安居）已經結束到迦提月滿月時（英譯：having spent the rainy season to the kattika full moon）。梵文《有部戒經》作"trayomās（三月）ānāgate（未到）kārttike（迦提月）pūrṇamāse（滿月）ūnavarṣa（安居不足）"，意思是：安居沒有到三個月的迦提月滿月時（英譯：having not spent the three months of the rainy season up to the kattika full moon）。梵文《根有戒經》僅作"na（沒有）varṣakā（前安居）"，其中"varṣakā"由"varṣa（雨）"一詞演化而來，引申為「雨安居」，加上否定詞"na"，意思是：不入雨安居，也是「後安居」的意思。藏文《根有戒經》作"དབྱར་ཕྱི་མ"，字面意思是「後夏」，引申為「後安居（英譯：the rainy season has been at an end）」。

《四分律》沒有相關記載。

《五分律》記載：「安居三月者，前安居。未滿八月者，後安居。」《十誦律》記載：「未滿歲者，後安居。」《薩婆多論》與《十誦律》相同。《根有律》記載：「後安居者，謂從六月十六日為始。」《根有律攝》與《根有律》相同。上述律典都為後安居，與梵文《根有戒經》內涵一致。

《僧祇律》記載：「安居三月者，從四月十六日至七月十五日。未滿者，未至八月十五日。」

綜上所述，詞源分析中，諸部戒經之間略有差異，其中梵文《根有戒經》與藏文《根有戒經》內涵一致，都是指後安居。漢譯律典中，《十誦律》、《薩婆多論》、《五分律》、《根有律》、《根有律攝》與梵文《根有戒經》內涵一致。

四、辨相

(一) 犯緣

具足以下五個方面的犯緣便正犯本戒：

1. 所犯境

《四分律》中，本戒的所犯境是有恐怖賊盜或疑有賊盜的阿蘭若。出自律典的戒條和關鍵詞。

《毗尼母經》[1] 沒有明確提到阿蘭若，僅提到比丘遇到「盜賊難、軍賊難」。

其他律典的所犯境均指具有恐怖因素的阿蘭若，不過對恐怖因素的記載有些差別。

《薩婆多論》[2] 中，所犯境是有賊難的阿蘭若。

《僧祇律》中，所犯境是有恐怖、或疑恐怖的阿蘭若。意思如律文：「怖者，若殺劫奪。疑者，雖無殺劫奪，有疑心畏須臾間當殺人奪人衣。」出自律典的戒條和關鍵詞。

《巴利律》中，所犯境是「具有危險與恐怖之阿蘭若住處」，其中「危險」和「恐怖」分別解釋為：「具有危險者，於僧園、於僧園境內，可見賊所住、立、坐、卧之處。〔具有〕恐怖者，於僧園及僧園境內，曾見為賊所殺、所奪、所打也。」均從戒條和關鍵詞中提取。

《善見論》[3] 中，所犯境也是恐怖阿蘭若，律典解釋為：「恐怖者，若自見賊，若聞人道，是名恐怖。」

上述律典中，阿蘭若的恐怖因素均是盜賊，與《四分律》相同。

---

1 《毗尼母經》卷 7，《大正藏》24 冊，844 頁上欄。

2 《薩婆多論》卷 5，《大正藏》23 冊，538 頁上欄至中欄。

3 《善見論》卷 15，《大正藏》24 冊，779 頁上欄。

《鼻奈耶》中，所犯境是有虎狼、盜賊的空閑處。從緣起中的「阿練兒（空處也）」可推知《鼻奈耶》的「空閑處」應該指阿蘭若處。

《根有律》中，所犯境是「有驚、怖、畏難」的阿蘭若處，律典解釋為：「驚謂恐有賊來，怖謂虎豹狼等，畏難謂蚊、虻、蛇、蠍、風熱等事。」

《根有律攝》[1]中，所犯境也是「有驚、怖、畏難」的阿蘭若處，不過含義與《根有律》不同。《根有律攝》記載：「有驚者，謂知此處有賊欲來。有怖者，一見賊來已被傷殺。有畏難者，謂數有賊來。又有師子、虎、狼及非人類，應如次配。又復賊難，或師子等難，或蚊、虻、蛇、蠍，或寒熱等難，如次配前驚等四句。」

上述三部律典中，比丘怖畏的對象包括盜賊、虎狼、蚊蟲乃至寒熱等。另外，《根有律》、《根有律攝》這兩部律典的所犯境是從戒條中提取出來的，而對所犯境的解釋是從關鍵詞裏提取出來的。

《摩得勒伽》[2]的所犯境是「阿練若比丘怖畏處」，《五分律》和藏傳《苾芻學處》[3]的所犯境是恐怖阿蘭若處，這三部律典都沒有指出具體的恐怖因素。其中，《五分律》的所犯境取自戒條。

《十誦律》中，所犯境是「有疑、怖畏」的阿蘭若，律典解釋為：「有疑處者，疑是中失物，乃至失一水器；有畏者，是中有怖畏，乃至畏惡比丘。」該律典將丟失物品和惡比丘都算作懷疑和怖畏的對象，範圍最寬，與其他律典差異較大。此律的所犯境來自戒條和關鍵詞。

《明了論》沒有關於此戒的辨相記載，下不贅述。

2. 能犯心

（1）發起心

《四分律》沒有提到本戒的發起心。

---

1 《根有律攝》卷 7，《大正藏》24 冊，564 頁上欄至中欄。

2 《摩得勒伽》卷 2，《大正藏》23 冊，574 頁中欄；卷 9，《大正藏》23 冊，619 頁中欄至下欄。

3 《苾芻學處》，《宗喀巴大師集》卷 5，74 頁。

藏傳《苾芻學處》中，此戒的發起心是「恣意欲離未間斷」。

其他律典都沒有關於發起心的記載。

（2）想心

《四分律》沒有記載想心正犯的情況。

《巴利律》中，離衣過六夜，有過六夜想、疑、減六夜想，均正犯；若不捉衣有捉想，亦正犯；沒有遇到失、壞、燒、被奪的難緣，而作遇到難緣想，亦正犯。只要符合事實，無論想心如何，均正犯。

藏傳《苾芻學處》中，想心是「想不錯亂」。

其他律典均沒有關於想心的記載。

3. 方便加行

《四分律》中，方便加行是：夏三月安居結束，並且迦提月也過去後，比丘將衣寄存在村舍中或者是有別的因緣，而對三衣中的任意一件離衣宿超過六夜。這裏包括四個元素，即允許離衣的時間、開許離衣的因緣和所離的衣、可以存衣之處、離此衣宿超過六夜。其他律典的方便加行與《四分律》結構相似，但內容均不盡相同，有些《四分律》差別較大。

（1）允許離衣的時間

《四分律》中，戒本記載的時間是「夏三月竟，後迦提一月滿」。

《鼻奈耶》記載的時間是「三月後一月」，《十誦律》記載的時間是「三月過，未至八月，未滿歲」，《巴利律》記載的是「夏安居竟後至迦提月之滿月」。這幾部律典的表述雖然不同，但含義相同，均是指七月十六日至八月十五日這一個月。其中，《十誦律》、《巴利律》的時間取自戒條。

《毗尼母經》和《善見論》中，雖沒有明確說明離衣的期限，但是從難緣為「迦提月」這一記載可以看出，允許離衣的期限應該是迦提月。

《摩得勒伽》沒有關於時限的明確記載。

《五分律》記載的時間為：「安居三月者，前安居。未滿八月者，後安居。」《僧祇律》記載：「安居三月者，從四月十六日至七月十五日。未滿者，未至八月十五日。」這兩部律典的記載相同，其時間段均是從四月十六日至八月十五日。此外，這些內容均取自關鍵詞。

《根有律》記載的時間是：「後安居者，謂從六月十六日為始。」即六月十六日之後三個月的後安居期間。《根有律攝》記載的時間是「作後安居」，與《根有律》相同。《根有律》的記載取自關鍵詞，《根有律攝》取自戒條。

藏傳《苾芻學處》記載的時間是「未張羯恥那衣」，即非迦絺那衣時。

《薩婆多論》記載的時間是「從七月十六日次第六夜」，即七月十六日至七月二十一日。

可以看出，各部律典允許離衣的時間差別較大，與《四分律》相同的僅有藏傳《苾芻學處》一部律典。

（2）開許離衣的因緣與允許離的衣

《四分律》中，比丘因住在恐怖阿蘭若而將衣寄存在村舍中，或者有其他因緣離衣，這兩種情況都開許離衣六夜。律典沒有說明其他因緣的具體所指。其他律典也有類似的記載：《僧祇律》的「因緣」是指「為塔、為僧事」，《五分律》「有因緣出界外六宿」的「因緣」是指「有塔事、和尚阿闍梨及以他事」，《根有律》和《根有律攝》的「因緣」是指「三寶事」及「別人事」，《巴利律》的「因緣」是指「有因由、有應作之事」。這些解釋均來自關鍵詞。

比丘因恐怖阿蘭若而將衣寄存在村中，諸律對可以寄存的衣物記載不同。《四分律》中，開許寄存的衣是三衣中任何一件。《鼻奈耶》、《十誦律》、《摩得勒伽》、《善見論》與《四分律》相同。《薩婆多論》沒有明確要求。《根有律》、《根有律攝》、《巴利律》為三衣中任何一件，但是只允許留一件。《僧祇律》中，僅可寄存鬱多羅僧。《五分律》中，可寄存僧伽梨或鬱多羅僧，如律文：「若僧伽梨，若優多羅僧，隨所重，寄一衣；不得寄安陀會，以著身故。禮拜、入僧、乞食，不得單著故，不得寄二。」藏傳《苾芻學處》中，可寄存的是「有加持之大衣」。《毗尼母經》為「三衣」。其中，《根有律攝》、《巴利律》的記載取自戒條，《僧祇律》、《五分律》取自關鍵詞。

（3）可以存衣之處

《四分律》中，可存衣之處為村舍，取自戒條和關鍵詞。《根有律》和《根有律攝》可存衣之處與《四分律》相同，取自戒條。

《鼻奈耶》中，可存衣之處是「城內」;《摩得勒伽》中，可存衣之處是「白衣家內」;《僧祇律》中，「俗人家不得寄，可信人家當還寄」;《巴利律》中，可存衣之處是「行乞界周圍之村」;《善見論》中，可存衣之處是「聚落中」;《毗尼母經》中，可存衣之處是「知舊白衣舍」。上述律典中表述與《四分律》不同，但含義相同。其中，《僧祇律》、《巴利律》取自關鍵詞。

《十誦律》的戒條中，可存衣之處是「界外家中」，「家」的位置是在僧界外，這是上面諸律典沒有提到的。

《五分律》的戒條中，可存衣之處是「界內白衣家」，與《十誦律》差別較大。一般情況下，作法攝衣界要除去村舍，因此村舍不屬於攝衣界的範圍。而《五分律》中「界內白衣家」的含義，就是在恐怖阿蘭若的這種情況下比丘可以將衣放在攝衣界內的村舍。

《薩婆多論》記載了兩種情況，如律文:「此衣應寄眾僧界內，若白衣舍無賊難處。」

(4)離衣過六宿

《四分律》中，比丘離衣超過六宿即正犯。而《毗尼母經》中，比丘僅可五日五夜離衣宿。

《善見論》記載比丘應該「寄衣已六夜一往看」，但是此律沒有記載什麼樣的行為會犯此戒。

其他律典均與《四分律》相同。

4. 究竟成犯

《四分律》中，究竟成犯是「第七夜明相出」，也就是第八日明相出時。《十誦律》、《根有律攝》、《根有律》、《薩婆多論》、《巴利律》、藏傳《苾芻學處》與之相同。

《毗尼母經》中，究竟成犯是第六日明相出時，比《四分律》提前了一天。

《鼻奈耶》、《摩得勒伽》、《僧祇律》、《五分律》、《善見論》中，究竟成犯均為「過六宿」，但沒有說明成犯的時間點。

5. 犯戒主體

《四分律》中，本戒的犯戒主體是比丘，其他律典與《四分律》相同。其中，藏傳《苾芻學處》的犯戒主體為「有阿蘭若誓願」的比丘。

（二）輕重

1. 所犯境

《四分律》中，比丘在有恐怖賊盜或疑有賊盜的阿蘭若，可以離衣六宿。若超過六夜則結捨墮罪，沒有提到其他的結罪情況。

其他律典正犯捨墮的結罪見上犯緣，沒有犯輕的記載

2. 能犯心

（1）發起心

關於發起心的結罪情況，《四分律》沒有記載。

其他律典中，僅藏傳《苾芻學處》提到比丘若「恣意欲離未間斷」而離衣，結捨墮罪。

（2）想心

《四分律》沒有想心結罪的記載。

《巴利律》中，離衣過六夜作過六夜想、疑，或作減六夜想，結捨墮罪；若離衣六夜以下作過六夜想、疑，結突吉羅罪；離衣六夜以下作減六夜想，不犯。若不捉衣作捉衣想，或沒有遇到失、壞、燒、被奪等難緣而作遇到難緣想，若離衣均結捨墮罪。

藏傳《苾芻學處》中，「想不錯亂」犯捨墮。

其他律典均沒有關於想心的記載。

3. 方便加行

《四分律》以及其他律典正犯捨墮的情況如上犯緣所述。

此外，《四分律》記載：「除三衣已，離餘衣宿者，突吉羅。」《摩得勒伽》

中，若是離「不淨衣」，結突吉羅罪。《五分律》記載：「若一宿、二宿，乃至五宿，事訖不還，突吉羅。」《善見論》中，「寄衣已六夜一往看」，但沒有判罪的記載。

4. 究竟成犯

《四分律》中，若比丘離衣「六夜竟……第七夜明相出」，犯捨墮罪；「經六夜，第七夜明相未出前」，不犯。《根有律攝》記載：「過六夜至第七夜，明相未出得惡作罪；若明相出便得捨墮。」其中第七夜明相出之前也結罪，這一點與《四分律》不同。

其他律典的究竟成犯僅有正犯的記載，如上犯緣所述。

5. 犯戒主體

《四分律》中，比丘犯此戒結捨墮罪；比丘尼、式叉摩那、沙彌、沙彌尼若犯，結突吉羅罪。

《五分律》中，比丘犯捨墮；沙彌犯突吉羅。沒有比丘尼、式叉摩那、沙彌尼的結罪情況。

《薩婆多論》中，「此是不共戒」，比丘結捨墮罪，而「餘四眾盡無此戒」。與《四分律》、《五分律》差異較大。

其他律典中，比丘結捨墮罪，沒有比丘尼和下三眾的判罪情況。其中，藏傳《苾芻學處》的犯戒主體為「有阿蘭若誓願」的比丘。

（三）不犯

1. 能犯心不具足

《四分律》中，若對衣作劫奪想、失想、漂想、燒想，不犯。

《根有律攝》記載：「本心暫去即擬還來，因事稽留不至衣所，無離衣過。」

《巴利律》記載：「六夜以下有減想者，不犯也。」

2. 犯戒主體不具足

《四分律》記載：「無犯者，最初未制戒，癡狂、心亂、痛惱所纏。」《五分律》、《根有律》與《四分律》相同。

《巴利律》記載：「癡狂者、最初之犯行者，不犯也。」

3. 開緣

《四分律》中，「若船濟不通，道路嶮難，多諸盜賊，有惡獸，河水瀑漲，強力所執，或為繫閉，或命難，或梵行難」，離宿不犯。

《摩得勒伽》中，若「八難中一一難起」，離宿不犯；「僧伽梨作羯磨已，離宿不犯」。

《根有律》記載：「若有八難隨一事來，捨去無犯。」

《根有律攝》記載：「其無犯者，有八難事，或得眾法。」

《巴利律》中，「離衣六夜、離衣六夜以下、離衣六夜再入村界內住而不出，六夜內捉衣、捨、失衣、壞失、燒衣、被奪而取、以親厚想取、僧認許」，均不犯。

《善見論》和《僧祇律》中，若僧羯磨允許離宿，則不犯。

藏傳《苾芻學處》記載了三種不犯的情況：（1）迦提月；（2）僧團作羯磨開許；（3）返回放衣處所的路上有災難。

五、原理

（一）戒律對比丘人身及財產的保護

本戒屬於遮戒。從戒本和緣起來看，本戒制定於「離衣宿戒」之後，相當於專門為居住在恐怖阿蘭若的比丘開緣離衣六天。

比丘遠離人群，居住在阿蘭若，其目的是遠離世俗的五欲，尋求清淨、空寂的環境以利於修行；但這也給比丘帶來了安全隱患——被盜賊搶劫，或者被野獸等傷害。尤其是安居結束後，很多居士會供養比丘，因為比丘在安居期間密集修行，功德非常殊勝；此時比丘會得到較多物品，處於一年中最「富裕」的時候，更容易成為盜賊的目標。

古印度的「秋賊」會在八月之後搶劫，多部律典記載了這方面的資訊。如《根有律》:「時憍薩羅國至八月半後多有賊盜，名為秋賊。」《善見論》:「迦提月賊者，迦提月無雨，秋賊起……殺人奪物。」

一般情況下比丘不能離三衣過夜，但若有特殊因緣，比丘可以將三衣中的一件，或體量大，或價值高，寄放在村落中。一旦有難緣，比丘不用擔心衣服被盜，同時可以迅速離開。如此，比丘才能心無罣礙，安心修道。不過，人衣分離的時間也不宜太久，以免衣服損壞、丟失。

本戒所防範的另一方面，是比丘因放逸懈怠而忽略了對衣物的護理。這些衣物都是居士發心供養的，比丘雖因難緣而將其寄託於人，但自己也要定期去打理，不能將保管和維護的責任完全託付給他人。

（二）比丘與賊人

1. 盜賊的危害

佛世時，阿蘭若比丘往往成為盜賊搶劫的對象。關於本戒，諸律均有阿蘭若比丘被盜賊搶劫的記載。

《巴利律》記載：「諸比丘雨季安居竟而住阿蘭若處，迦提賊〔思〕『比丘得財』而襲之。」可見當時有盜賊專門針對比丘作案，一方面造成比丘損失財物，另一方面也威脅到比丘的人身安全。《四分律》提到比丘被盜賊傷害，盜賊「奪比丘衣鉢、坐具、針筒什物，兼打撲諸比丘」。更有甚者，《五分律》中，「有八月賊，常伺捕人，殺以祠天」。盜賊可能信奉某種外道，不僅劫財，還殺人祭祀，比丘和人民無不驚怖。

2. 防備盜賊

從律中可以看出盜賊的貪婪、殘忍以及行事詭計多端。如《五分律》中，盜賊中有一人曾經出過家，知道比丘為了持戒不會離衣宿，所以勸説群賊在比丘住處守候，最終群賊殺死了返回的比丘。《根有律》中，盜賊派人假冒居士打探僧團財產情況，莫訶羅比丘由於缺乏安全意識，指示賊人僧團財物所在，以致給僧團造成了巨大的損失。

針對上述情況，《十誦律》中，佛給出應對之策，如律文：「諸比丘先備防賊具，賊來已即入房舍，閉門下店上樓閣上，作大音聲恐怖諸賊，擊鐘振鈴。」可見，在處理強盜等惡人的事件時，一味地忍讓並非上策，積極採取應對措施才是佛所提倡的。

六、總結

(一) 諸律差異分析

1. 緣起差異

(1) 結構差異

《四分律》、《巴利律》有一個緣起、一個本制。《鼻奈耶》、《十誦律》有一個本制，《僧祇律》有兩個緣起、一個本制。《五分律》有七個緣起、一個本制。《根有律》有五個緣起、一個本制。

(2) 情節差異

《鼻奈耶》、《十誦律》的情節與《四分律》類似，不同點是《四分律》是阿蘭若比丘被賊奪衣，《鼻奈耶》、《十誦律》是阿蘭若比丘因為將衣留在阿蘭若而丟失。

《僧祇律》第一個緣起的情節和《四分律》的緣起情節類似，但描述更為詳細；第二個緣起中，佛派優波離尊者去沙祇國滅除諍事，根據其往還的時間開許離衣六宿；本制中，優波離尊者到沙祇國後發現難以在短時間內滅諍，佛開許僧為其做一月不失衣宿羯磨。

《五分律》的情節與《四分律》差異較大。《五分律》第一個緣起中，劫賊「常伺捕人，殺以祠天」，阿蘭若比丘聽聞強盜要搶劫他們，便避難逃走，因為擔心離衣宿，後夜又回到原來的住處，被強盜殺害。接下來的幾個緣起情節為：近聚落住比丘離衣宿；無恐怖處比丘離衣宿；比丘將衣物寄存在居士家後不去家曬衣；比丘將衣物寄存在居士家後頻繁去曬衣；比丘有三寶事或其他事要出界外，害怕離衣不敢去；比丘出界外一宿，事未辦完就回來了。最後的本制中，比丘離衣超過了六夜，佛陀由此制戒。

《根有律》第一個緣起的情節與《四分律》的緣起情節類似，但《根有律》詳細敘述了比丘被奪衣的前因後果，以及裸形去室羅伐城求覓衣服的情節。第二個緣起中，比丘將衣寄存在村舍內，還往村中與衣共宿，讓居士心生厭煩。第三個緣起中，比丘天不亮就前往村中，看到女人露形。第四個緣起中，比丘在村外等待明相出來，被賊盜和虎狼等猛獸驚怖。第五個緣起、本制的情節與《五分律》第七個緣起、本制的情節類似。

《巴利律》緣起情節與《四分律》緣起情節類似；本制中，比丘將衣放置在居士家，長時間不去曬衣導致衣服「失、壞、燒、鼠嚙」。

（3）結論

綜上所述，本戒緣起無需調整，仍取《四分律》的結構與情節。

2. 戒本差異

關於本戒的適用時限，諸律差異較大。《四分律》、《四分僧戒本》、《新刪定四分僧戒本》、《四分律比丘戒本》為夏安居結束，迦提月一個月已滿，即八月十五日以後。《鼻奈耶》、《十誦律》、《十誦比丘戒本》、《僧祇比丘戒本》、《五分律》、《彌沙塞五分戒本》、梵文《說出世部戒經》是安居已過但未到八月十五日這段時間。《僧祇律》、梵文《有部戒經》是安居還沒有結束。《根有律》、《根有戒經》、《根有律攝》、梵文《根有戒經》和藏文《根有戒經》是後安居。《解脫戒經》無相關記載。

關於存放三衣的地點，《四分律》為「舍內」。《四分僧戒本》、《新刪定四分僧戒本》、《四分律比丘戒本》、《根有律》、《根有戒經》、《根有律攝》為「村舍內」或類似的地方。《十誦律》、《五分律》、《彌沙塞五分戒本》、《僧祇律》、《僧祇比丘戒本》、藏文《根有戒經》都是俗人「家內」，其中《十誦律》要求是「界外」俗人家中，而《五分律》、《彌沙塞五分戒本》要求是「界內」俗人家中。《鼻奈耶》是「城內」。此外，《僧祇律》、《僧祇比丘戒本》、梵文《說出世部戒經》和巴利《戒經》還都提到僧團作羯磨開緣的情況。

戒本調整方面，為了使適用期限顯得更加清晰，借鑒《四分僧戒本》、《新刪定四分僧戒本》，在「夏三月」後補入「安居」，同時將「後迦提一月滿」改為「至八月十五日滿已」，更加直白。借鑒《十誦律》、《五分律》等律典將「有疑恐懼」改為「有疑恐怖」，並將其移到「處住」的後面，使文意更加易於理解。「在如是處住」與前文意思重複，依《十誦律》、《十誦比丘戒本》

等律典將其刪除。依《十誦律》、《根有律》等律典將「欲留一一衣」改為「隨留一衣」，表述更為精確，並據《僧祇律》、《僧祇比丘戒本》在前面補入「得」字。「諸比丘」一句略顯重複，依《五分律》、《彌沙塞五分戒本》等律典改為「若」。為了突出「六夜」的時間限制，借鑒《十誦比丘戒本》的表述，將「乃至六夜」改為「極至六夜」，並據《四分律比丘戒本》、《根有律》等律典在前面補入「得」字。

3. 辨相差異

（1）所犯境

關於阿蘭若的恐怖因素，諸律均有記載。《四分律》、《薩婆多論》、《僧祇律》、《巴利律》、《善見論》、《毗尼母經》中，阿蘭若的恐怖因素均是盜賊。《鼻奈耶》、《根有律》、《根有律攝》中，阿蘭若的恐怖因素包括盜賊、虎狼、蚊蟲乃至寒熱等非人為的因素。《十誦律》將懷疑丟失水器和怖畏惡比丘都算作可以開許離衣的條件，與其他律典不同。《摩得勒伽》、《五分律》和藏傳《苾芻學處》沒有指出具體的恐怖因素。

從實際行持來看，不僅是盜賊，虎狼、蚊蟲、寒熱，乃至懷疑丟失物品和怖畏惡比丘等同樣會給比丘帶來危險或護衣的不便，因此也應予以開許。

（2）能犯心

只有藏傳《苾芻學處》記載了本戒的發起心，即「恣意欲離未間斷」。這裏參考「月望衣戒」，將發起心定義為不護過限之心。

（3）方便加行

①允許離衣的時間

《四分律》是迦絺那衣已出，具體時間是八月十五日以後。藏傳《苾芻學處》是非迦絺那衣時。《根有律》、《根有律攝》是後安居，從六月十六日開始的三個月期間。《僧祇律》、《五分律》是前安居和後安居期，從四月十六日至八月十五日。《鼻奈耶》、《十誦律》、《巴利律》是七月十五日安居結束到八月十五日一個月。《薩婆多論》是從七月十六日至七月二十一日。

諸律對離衣時間的要求有些差別，其中相同的是：諸律均認為迦絺那衣時比丘可以離衣宿；再者，若比丘在恐怖阿蘭若居住或有一些特殊的事緣，不論安居還是未安居，都有離衣的必要。因此《四分律》和藏傳《苾芻學處》更符合實際持戒的經驗，即非迦絺那衣時，比丘可離衣六宿。

②開許離衣的因緣和可寄存之衣

《四分律》中，比丘因住在恐怖阿蘭若而將衣寄存在村舍中，或者有其他因緣離衣，這兩種情況都開許離衣六夜。「其他因緣」具體所指，律典沒有說明。其他律典也有類似的記載，但大多沒有詳細說明，其中《僧祇律》指「為塔、為僧事」，《根有律》和《根有律攝》指「三寶事及別人事」，《巴利律》指「有因由、有應作之事」。按照這些律典，本戒界定為三寶事或有因由應作之事，均可離衣。

關於可以寄存的衣服，《四分律》開許寄存三衣中任何一件，《鼻奈耶》、《十誦律》、《薩婆多論》、《摩得勒伽》、《根有律》、《根有律攝》、《巴利律》、《善見論》與《四分律》相同，《僧祇律》僅可寄存鬱多羅僧，《五分律》可寄存僧伽梨和鬱多羅僧中的一件，藏傳《苾芻學處》可寄存「有加持之大衣」。

上述差異應該是由各律典對三衣功用認定不同導致的。《五分律》中，禮拜、入僧、乞食時穿僧伽梨和鬱多羅僧均可，因此留哪一件在白衣家都沒問題；而《僧祇律》中，比丘入聚落必須穿僧伽梨，所以這件衣是不能寄存在白衣家的。藏傳《苾芻學處》與《僧祇律》類似。

從實踐來看，持戒過程中可能會遇到各種情況，三衣中任何一件都有被寄存的可能。因此，此處取《四分律》、《十誦律》等多數律典的規定。

③可存衣之處

《四分律》中，可存衣之處為村舍。《鼻奈耶》、《摩得勒伽》、《僧祇律》、《根有律》、《根有律攝》、《巴利律》、《善見論》、《毗尼母經》與《四分律》基本相同。《薩婆多論》記載了兩種情況，「眾僧界內」和「白衣舍無賊難處」。《十誦律》是「界外家中」，《五分律》則是「界內白衣家」。

比丘將三衣寄存起來，目的是保護三衣。無論是村舍還是僧房，只要地方安全，都可以作為存衣之處。因此，參考《薩婆多論》的觀點，將衣寄存在安全的僧房或白衣舍。

④其他衣

關於其他衣離衣宿的情況，律典記載較少。《四分律》記載：「除三衣已，離餘衣宿者，突吉羅。」《摩得勒伽》中，若離「不淨衣」，結突吉羅。此處按《四分律》處理。

（4）究竟成犯

本戒中，諸律都記載比丘可以離衣六宿，若過六宿便正犯。但諸律對過六宿的時間點看法不同。

《四分律》中，究竟成犯是「第七夜明相出」，也就是第八日明相出時正犯。《十誦律》、《薩婆多論》、《根有律》、《根有律攝》、《巴利律》、藏傳《苾芻學處》與《四分律》相同。《毗尼母經》比《四分律》提前了兩天。《鼻奈耶》、《摩得勒伽》、《僧祇律》、《五分律》、《善見論》僅提到「過六宿」，沒有記載具體的時間點。

從實踐來看，若第六夜結束，即第七日明相出時就犯的話，比丘在第六夜就很難護衣了，因為明相剛出就犯了；另外，「齊六宿」也意味着不可「七宿」。因此，取《四分律》、《十誦律》等律典的觀點，第七夜明相出時究竟成犯。

4. 諸律內部差異

《十誦律》的戒本和辨相都記載了此戒適用的時間，「三月過未至八月」，而緣起沒有相關內容。《鼻奈耶》無辨相，只有戒本記載了時間為「三月後一月」。

其他律典中，此戒的緣起、戒本以及辨相三部分相符。

（二）調整文本

通過以上諸律間觀點同異的對比與分析，文本在《四分律》的基礎上作如下調整：

1. 緣起

（1）緣起

佛在舍衛國祇樹給孤獨園，諸比丘夏安居結束，八月十五日以後在阿蘭若處住，被賊劫奪衣鉢、坐具、針筒、什物，而且被打。諸比丘害怕劫賊，都去祇桓精舍住。阿難將此事向佛匯報，佛聽許比丘在有難阿蘭若住可以離衣宿。

（2）本制

六群比丘聽説佛聽許在「有疑恐懼」阿蘭若住的比丘離衣宿，於是將衣寄存在親友比丘處，自己外出遊行。諸比丘將此事匯報給佛陀，佛因此制戒。

2. 戒本

若比丘，夏三月安居[1]竟，至八月十五日滿已[2]，在阿蘭若處住[3]，有疑恐怖[4]。比丘[5]三衣中，得[6]隨留一衣[7]置舍內，若[8]有因緣，得[9]離衣宿極[10]至六夜。若過者，尼薩耆波逸提。

3. 關鍵詞

（1）有疑恐怖：認為有恐怖、怖畏的地方或者懷疑有危險、恐怖的地方。

（2）夏三月安居竟：指在前安居結束後。

1 「安居」，底本闕，據《四分僧戒本》、《新刪定四分僧戒本》加。

2 「至八月十五日滿已」，底本作「後迦提一月滿」，據《四分僧戒本》、《新刪定四分僧戒本》改。

3 「處住」，底本闕，據《十誦律》、《十誦比丘戒本》、《僧祇比丘戒本》、《根有律》、《根有戒經》、《根有律攝》改。

4 「怖」，底本作「懼處住」，據《僧祇比丘戒本》、《五分律》、《彌沙塞五分戒本》改。

5 「丘」後，底本有「在如是處住」，據《十誦律》、《十誦比丘戒本》、《僧祇律》、《解脱戒經》、《根有律》、《根有戒經》、《根有律攝》刪。

6 「得」，底本闕，據《僧祇律》、《僧祇比丘戒本》加。

7 「隨留一衣」，底本作「欲留一一衣」，據《根有律》、《根有戒經》、《根有律攝》改。

8 「若」，底本作「諸比丘」，據《十誦比丘戒本》、《五分律》、《彌沙塞五分戒本》改。

9 「得」，底本闕，據《四分律比丘戒本》、《根有律》、《根有戒經》、《根有律攝》加。

10 「極」，底本作「乃」，據《十誦比丘戒本》改。

4. 辨相

（1）犯緣

本戒具足六緣成犯：一、是有疑恐怖處；二、非迦絺那衣時；三、受持三衣中任何一件；四、有因緣離衣；五、不護過限之心；六、第七夜明相出時，成犯。

（2）辨相結罪輕重

①是有疑恐怖處

②非迦絺那衣時

③受持三衣中任何一件

離三衣中任何一件，捨墮；離其他衣，突吉羅。

④有因緣離衣

若為三寶事，為塔事，為和尚阿闍梨事，為別人事或有其他應作之事，可以離衣六夜，若過六夜，捨墮；非為三寶事或有應作之事等，將衣寄置僧房或白衣舍而離衣一夜，犯離衣宿捨墮。

⑤不護過限之心

⑥第七夜明相出時

若比丘離衣宿過六夜，當第七夜明相出時，捨墮；若已過六夜，第七夜明相未出前到達放置衣物的地方，或捨衣，或用手捉衣，或到達投石所及處，不犯。

⑦犯戒主體

比丘若犯，捨墮；比丘尼、式叉摩那、沙彌、沙彌尼若犯，突吉羅。

⑧不犯

若對衣作劫奪想、失想、漂想、燒想，離衣宿過六夜，不犯。

若水路不通、道路險難，有盜賊、惡獸，若河水瀑長，若被強力所執，若被他人繫閉，若有命難、梵行難等因緣時，離衣宿過六夜，不犯。

最初未制戒，癡狂、心亂、痛惱所纏，不犯。

七、現代行持參考

現代社會，盜賊搶奪出家人三衣的情況比較少見，而且比丘一般不需要寄存衣物，因此不會犯到本戒。此戒的制戒精神在於，比丘要及時照看寄存在他處的物品，不應疏於打理乃至置之不理。

此外，安全穩定的環境有利於比丘修道。除非有特別的因緣，否則比丘應當避免住在有治安風險的地方。值得注意的是，現代社會的比丘在受到盜賊或者惡勢力的侵擾時，不應一味地姑息退讓，讓個人和僧團蒙受損失，應當在遵守戒律、保證人身安全的前提下，合理地自衛，同時運用法律手段如法捍衛自己和僧團的權益。

30

迴僧物入己戒

一、緣起

（一）緣起略述

《四分律》有一個本制和一個隨制。本制中，佛在舍衛國祇樹給孤獨園，一居士喜好布施，準備供養佛及比丘僧飯食和好衣。跋難陀聽說後，趕往居士家對居士說供僧的種種殊勝，並勸居士將供僧的衣服供養自己。第二天眾僧著衣持鉢到居士家應供，居士見眾比丘皆威儀具足，內心懊悔。諸比丘得知原因後，呵責跋難陀，並向佛陀匯報，佛呵責跋難陀並制定此戒。後來有比丘拿了供僧的物品但自己不知道，知道實情後或作懺悔，或感到慚愧，佛陀因此規定「知是僧物」才正犯，增制了此戒。[1]

諸律緣起差異比較：

1. 制戒地點

《四分律》中，制戒地點為「舍衛國祇樹給孤獨園」，《鼻奈耶》[2]與《四分律》相同。《十誦律》[3]為「舍衛國」，《僧祇律》[4]為「舍衛城」，《五分律》[5]為「王舍城」，《根有律》[6]為「室羅伐城逝多林給孤獨園」《巴利律》[7]為「舍衛城祇樹給孤獨園」。

---

1 《四分律》卷 10，《大正藏》22 冊，633 頁上欄至下欄。

2 《鼻奈耶》卷 6，《大正藏》24 冊，878 頁中欄至下欄。

3 《十誦律》卷 8，《大正藏》23 冊，59 頁上欄至 60 頁下欄；卷 53，《大正藏》23 冊，390 頁下欄。

4 《僧祇律》卷 11，《大正藏》22 冊，323 頁下欄至 324 頁中欄；卷 33，《大正藏》22 冊，495 頁上欄至中欄。

5 《五分律》卷 5，《大正藏》22 冊，30 頁中欄至下欄。

6 《根有律》卷 24，《大正藏》23 冊，757 頁上欄至 759 頁中欄。

7 《經分別》卷 4，《漢譯南傳大藏經》1 冊，375 頁至 378 頁；《附隨》卷 1，《漢譯南傳大藏經》5 冊，56 頁。

2. 緣起比丘

《四分律》中，緣起比丘為「跋難陀」，《五分律》與《四分律》一致。《鼻奈耶》為「夜舍」，《十誦律》、《巴利律》為「六群比丘」，《僧祇律》為「難陀、優波難陀」，《根有律》為「鄔波難陀」。

3. 緣起情節

《十誦律》、《巴利律》只有一個本制，情節與《四分律》本制類似。不同點在於：《十誦律》中，緣起比丘得到衣服後，回到僧團向其他比丘炫耀；《巴利律》中，緣起比丘勸施主將供僧的物品供養自己，但遭到拒絕，於是強索衣物。

《五分律》有一個本制和一個隨制，情節與《四分律》類似。

《根有律》有一個緣起和一個本制。緣起中，居士供養羅睺羅住處，後因羅睺羅有事離開，居士又將其捨給僧伽，佛以此因緣告訴諸比丘：將已經布施出去的物品再布施給他人，施者和受者都非法；本制情節與《四分律》基本一致，不同點在於《根有律》中，緣起比丘教施主在佛和其他比丘應供的過程中，當面將原先準備供僧的衣物施給了自己。

《鼻奈耶》與《四分律》差別較大。《鼻奈耶》只有一個本制，夜舍和比丘僧遊行，居士供養僧「飯餅甘饌」和「白氎」，夜舍將「達嚫所得物」據為己有，佛陀因此制戒。

《僧祇律》也只有一個本制，情節與《四分律》差異最大。《僧祇律》中，緣起比丘勸居士將供僧的衣服供養自己，居士因為已經答應將衣服供僧，所以委婉地拒絕了緣起比丘，緣起比丘生氣離開。居士覺得僧是殊勝的福田，應該供僧，但又顧慮緣起比丘「於王邊有力」，可能會給自己帶來麻煩。最後，居士對二者都沒有供養，佛陀因此制戒。

（二）緣起比丘形象

《四分律》中沒有緣起比丘形象的具體描寫。《鼻奈耶》與《四分律》相同。

《十誦律》中，緣起比丘得知有施主欲供養佛及僧，「聞衣名心動」，看見衣服後「倍生貪心」，誘導施主將衣服布施給自己，得到衣服後，主動向其他比丘炫耀。刻畫了一個貪心重、能言善辯、愛炫耀的比丘形象。《五分律》緣起比丘形象與《十誦律》相似。

《僧祇律》中，緣起比丘聽到其他比丘說有施主欲供養，迫不及待地向比丘詢問施主的資訊，第二天「晨朝著入聚落衣，往到其家」。在誘導居士供養自己時，表明自己常常出入王家貴族，暗示能給其帶來利益，如律文：「我當著入王家，禮敬世尊，若貴勝家。若人問我：『汝何處得？』我當答：『某信心優婆夷邊得。』」當居士沒有答應供養他的時候，緣起比丘態度強硬，如律文：「比丘言：『與以不與，自從汝意。』作是語已，便出去。」刻畫了一位急性子、態度強橫的比丘形象。與《僧祇律》對比鮮明的是《巴利律》，緣起比丘求衣的態度可謂低聲下氣：「賢者！眾僧有多施主，而有多食。我等唯依止於汝等，見汝等而住此處。汝等若不與我等，誰與我等耶？賢者！此衣與我等。」

《根有律》中，緣起比丘形象豐富。當緣起比丘得知居士「有一雙疊欲持奉施」，心裏想：「彼必定是貴價之衣，我若不能奪此衣者，我更不名鄔波難陀矣。」表現得非常自信。之後，緣起比丘自誇是「明閑三藏為大法師，善能敷演辯才無礙」，誘導居士將疊供養自己，但沒有馬上接受供養，而說：「長者！汝雖解施未體其儀，當待片時佛僧食訖，持此白疊在上座前，告大眾言隨喜，然後當施於我。」由此可見緣起比丘比較看重供養程序的合法性。

（三）犯戒內因

《四分律》中，犯戒內因是緣起比丘貪求施主供養的物品。

其他律典與《四分律》相同。

（四）犯戒外緣

《四分律》中，「有一居士恆好惠施，意欲飯佛、比丘僧兼布施好衣」，緣起比丘知道後，勸施主將衣服供養給自己。可見，居士欲供養僧團是比丘犯戒的外緣。

其他律典也大致相同。如《鼻奈耶》：「長者婆羅門普識夜舍，供養比丘僧飯餅甘饌，及白氈施比丘僧。」《十誦律》：「有一居士，發心欲與佛及僧飲食復與僧衣。」《僧祇律》：「有一女人語比丘言：『尊者！某日我當供養僧並施僧衣。』」《五分律》：「眾多居士，共請佛及僧。」《根有律》中，一長者「欲供佛及僧苾芻」。《巴利律》：「有一集團為僧伽備衣食，云：『我等供奉衣食。』」

（五）犯戒後的影響

1. 對僧團的影響

《四分律》中，緣起比丘誘導施主將本打算供僧的物品供養自己，給僧團造成損失。《僧祇律》中，比丘雖然沒有成功迴施僧物入己，但使施主放棄了供僧計劃，同樣給僧團造成損失。其他律典與《四分律》相同。

2. 對居士的影響

《四分律》中，在緣起比丘勸說下，施主改變了供養的對象，後來居士見長老比丘威儀具足，大聲說道：「我云何為如是嚴整眾僧衣而作留難？」表現出其內心的後悔與懊惱。《五分律》中，施主譏嫌緣起比丘：「本為施僧，如何復得迴與一人？」《僧祇律》中，緣起比丘的行為引起施主瞋恨，如律文：「以是故不與僧，瞋比丘故，亦復不與。」

（六）佛陀考量

《僧祇律》中，佛陀核實了情況後，並沒有種種呵責緣起比丘，直接制戒，而是給緣起比丘開示「此是惡事，有二不可，令施者失福，受者失衣」。還叮囑道：「汝常不聞我以無數方便，讚歎少欲，毀呰多欲？」佛此舉是希望緣起比丘認識到自己身為一名比丘的功德和責任：「僧是良福田」，是信眾培福的對象，這是僧的功德；不讓施者失福，不讓僧眾失利，這是比丘的責任。

《根有律》中，佛陀得知長者將之前施給羅怙羅的住處迴施給了僧伽，並沒有強制讓其歸還，而是集眾為諸比丘開示何為「施不如法、受不如法、不淨受用」，以及八種不淨迴施的情況，最後勸諫諸比丘歸還羅怙羅「先所住處」。佛陀希望比丘意識到他們現在的住處屬於非法施物，同時也是為了解決羅怙羅沒有住處的問題。佛陀的這種處理方式是為了讓僧眾認識到：當遇到問題的時候，不能簡單、武斷地判斷，應明理明事，關顧多方面的緣起。

（七）文體分析

《四分律》有兩個因緣，《五分律》、《根有律》與《四分律》相同，其他律典都只有一個因緣。

《四分律》、《鼻奈耶》、《巴利律》的緣起情節單一，語言簡潔。《十誦律》、《僧祇律》、《根有律》的心理描寫細膩生動。如《十誦律》描寫施主心理：「夏時已過心中憂愁，作是言：『今何痛惱苦急乃爾？我本心欲與佛及僧飲食，復與僧衣。時世饑儉乞求難得，我財物少，夏時已過，心中憂愁苦急不滿我願。我今當從僧中少多，請比丘與食與僧衣，令我福德不空。』」《僧祇律》：「去已優婆夷作是思惟：『我若當與是比丘，不與僧者，僧是良福田。若不與是比丘者，是比丘於王邊有力，能為我作不饒益事。以是故不與僧，瞋比丘故，亦復不與。』」反映出施主內心的糾結。《五分律》中，緣起故事的情節有層次，富有邏輯，按照「施主準備供僧——緣起比丘巧言迴僧物入己——迴僧房遭譏嫌——施主供僧正行——世尊說法制戒」的順序來敘述，寥寥數語但內容豐富。如描寫施主準備供僧的過程：「其中有破薪者、取水者、掃灑地者、敷坐具者、布華者、敷高座者、辦具食者。」語言高度概括，很有畫面感。

《四分律》中，有供僧得大福報的記載：「眾僧有大善利，有大威力，有大福德，施眾僧者多。」其他律典也有相關記載，如《十誦律》：「我今何不從僧中請少多比丘，與食便與僧衣，令我不失福德。」《五分律》：「我實歡喜，作諸供養，務令飲食，種種甘美，亦當以衣，布施眾僧。」《根有律》中，比丘讚歎施主：「仁今獲得三業初善，由供佛僧自手營辦。」通過描述施主供養的心情以及獲得的功德等，突出律典的教化功能，鼓勵和引導社會大眾護持教法和僧團。

二、戒本

《四分律》中，本戒的戒本為：「若比丘，知是僧物，自求入己者，尼薩耆波逸提。」

(一) 若比丘，知是僧物

《四分律》、《四分律比丘戒本》[1] 作「若比丘，知是僧物」，意思是：如果比丘，知道是僧團的物品。

與《四分律》有部分差異：

《解脫戒經》[2] 作「若比丘，知他與僧物」，《根有戒經》[3]、《根有律攝》[4] 作「若復苾芻，知他與僧利物」，《根有律》作「若復苾芻，知他與眾物」。這三部律典比《四分律》多了「他與」的內涵。

《四分僧戒本》[5]、《新刪定四分僧戒本》[6] 作「若比丘，知他欲與僧物」。《十誦律》、《僧祇律》、《僧祇比丘戒本》[7] 作「若比丘，知物向僧」，其中「向」有「接近」的意思，此句可以理解為「物品即將屬於僧」。《十誦比丘戒本》、《五分律》、《彌沙塞五分戒本》[8] 作「若比丘，知檀越欲與僧物」。

梵文《說出世部戒經》[9] 作"yo puna bhikṣur jānan sāṃghikāṃ lābhaṃ saṃghe pariṇatam"，意思是：任何比丘，知道是已經施向僧團的利養。

---

1 《四分律比丘戒本》，《大正藏》22 冊，1018 頁中欄。

2 《解脫戒經》，《大正藏》24 冊，662 頁上欄。

3 《根有戒經》，《大正藏》24 冊，503 頁下欄。

4 《根有律攝》卷 7，《大正藏》24 冊，566 頁中欄。

5 《四分僧戒本》，《大正藏》22 冊，1026 頁上欄。

6 《新刪定四分僧戒本》，《卍續藏》39 冊，266 頁中欄。

7 《僧祇比丘戒本》，《大正藏》22 冊，552 頁上欄。

8 《彌沙塞五分戒本》，《大正藏》22 冊，196 頁下欄。

9 Nathmal Tatia, *Prātimokṣasūtram of the Lokottaravādimahāsāṅghika School,* Tibetan Sanskrit Works Series, no. 16, p. 18.

梵文《有部戒經》[1]作"yaḥ punar bhikṣur jānaṃ sāṃghikaṃ lābhaṃ pariṇatam"，梵文《根有戒經》[2]作"yaḥ punar bhikṣur jānan sāṃghikaṃ lābhaṃ pariṇatam"。意思都是：任何比丘，知道是施向僧團的利養。

巴利《戒經》[3]作"yo pana bhikkhu jānaṃ saṅghikaṃ lābhaṃ pariṇataṃ"，意思是：任何比丘，知道是施向僧團的利養。

藏文《根有戒經》[4]作"ཡང་དགེ་སློང་གང་དགེ་འདུན་ལ་བསྔོས་པའི་རྙེད་པ་ཤེས་བཞིན་དུ"，意思是：知道是有意欲供僧的利養。此戒本缺少與《四分律》「若比丘」直接對應的內容。

以上《四分僧戒本》及之後的律典的意思更傾向於物品將要屬於僧團，和物品已經屬於僧團相比差別較大。

《鼻奈耶》作「若比丘，知是比丘僧物，〔自入己。〕檀越欲施比丘僧物」，相比《四分律》，此處多出了「檀越欲施比丘僧物」。

（二）自求入己者，尼薩耆波逸提

《四分律》、《四分律比丘戒本》作「自求入己者，尼薩耆波逸提」，意思是：將物品轉為自己的，犯捨墮罪。

與《四分律》相似：

《十誦律》作「自求向己，尼薩耆波夜提」。

《四分僧戒本》、《新刪定四分僧戒本》作「自迴入己者，尼薩耆波逸提」，《根有律》、《根有戒經》、《根有律攝》作「自迴入己者，泥薩祇波逸底迦」，《解脱戒經》作「自迴入己，尼薩耆波逸提」，《十誦比丘戒本》、《僧祇律》、《僧祇比丘戒本》作「自迴向己，尼薩耆波夜提」，《五分律》、《彌沙塞五分戒本》作「迴以入己，尼薩耆波逸提」。

---

1 Georg von Simson, *Prātimokṣasūtra der Sarvāstivādins Teil II,* Sanskrittexte aus den Turfanfunden, XI, p. 202.

2 Anukul Chandra Banerjee, *Two Buddhist Vinaya Texts in Sanskrit,* p.31.

3 Bhikkhu Ñāṇatusita, *Analysis of the Bhikkhu Pātimokkha,* p.165.

4 麗江版《甘珠爾》(འདུལ་བ་ཀ་འགྱུར།) 第 5 函《別解脫經》(སོ་སོར་ཐར་པའི་མདོ།) 11b。

以上《四分僧戒本》及之後的律典中，「迴」字對應《四分律》的「求」字。

梵文《說出世部戒經》作“ātmano pariṇāmeya nissargikapācattikam”，梵文《有部戒經》作“ātman(aḥ) pariṇāmayen niḥsargikā pātayantikā”，意思都是：轉成自己的，捨墮。

梵文《根有戒經》作“ātmanaḥ paudgalikaṃ pariṇāmayen naisargikā pāyantikā”，意思是：轉成自己個人的，捨墮。

巴利《戒經》作“attano pariṇāmeyya, nissaggiyaṃ pācittiyaṃ”，意思是：如果轉成自己的，捨墮。

藏文《根有律》作“གང་ཟག་བདག་ལ་སྔར་ཏུ་འཛུག་ན་སྤང་བའི་ལྟུང་བྱེད་དོ།།”，意思是：轉換成自己個人的，捨墮。

與《四分律》有部分差異：

《鼻奈耶》作「自入己。〔檀越欲施比丘僧物〕，求以入己，捨墮」，此處比《四分律》多出「自入己」。

三、關鍵詞

僧物

梵文《有部戒經》、梵文《根有戒經》均作“sāṃghikaṃ（屬於僧團）lābhaṃ（所得、利養）pariṇatam（轉變、迴向）”，其意思是：轉向僧團的利養（英譯：a gain allocated to the samgha）。巴利《戒經》為“saṅghikaṃ lābhaṃ pariṇataṃ”，含義與梵文《根有戒經》相同。梵文《說出世部戒經》作“sāṃghikāṃ lābhaṃ saṃghe pariṇatam”，相比前面兩部梵文戒本增加了“saṃghe（位於僧團）”一詞，意思稍有變化，為：轉向僧團、在僧團的利養（英譯：a gain allocated to and accumulated in the samgha）。

藏文《根有戒經》作“དགེ་འདུན་ལ་བསྔོས་པའི་རྙེད་པ”，可拆分為“དགེ་འདུན་（僧眾）ལ་（連詞）བསྔོས་པའི་（有意欲的）རྙེད་པ（利養）”，意思是：意欲供僧的利養（英譯：a property intended for the community of monks）。

《四分律》中，「僧物」的解釋為：「僧物，為僧故，已與僧。僧物者，已許僧；為僧者，為僧故作，未許僧；已與僧者，已許僧、已捨與。」律中先是從廣義上將與僧有關的物品分為三種類別，即「僧物」、「為僧故」和「已與僧」三種：「僧物」，律中解釋為「僧物者，已許僧」，即施主已經口頭允諾供僧，但還沒有交付給僧團的物品；「為僧故」，律中解釋為「為僧故作，未許僧」，即施主已經準備將物品供僧，但還沒有口頭允諾；「已與僧」，律中解釋為「已許僧、已捨與」，即施主口頭允諾供養，並且物品已經交給了僧團。

《十誦律》中對應的詞為「知物向僧」。其中「向僧」，律中解釋為「發心欲施僧，未與」，施主欲供養的物品還沒有交給僧團，但無法判斷施主是已經聯繫僧團並答應供養物品，還是施主內心作意準備供養給僧團。《僧祇律》也為「知物向僧」，「向僧」解釋為「意趣向僧之物」，內涵與《十誦律》類似。

《巴利律》記載：「『僧之〔……〕物』者，布施僧之物。」含義不明確。巴利語廣律中有進一步解釋，“saṅghassadinnaṃ hoti pariccattaṃ”，其中“saṅghassa”意為「僧團的（屬格）」，“dinna”為「已允許」，合起來為「已允許施與僧團的」；“hoti”意為「是、有存在」；“pariccattaṃ”的意思為「已經放棄（所有權），已經永遠捨棄」，是完成時態。綜合起來，整句含義為：（居士）已經捨棄了（對物品的所有權），並且已經決定好了要施捨給僧團。

《五分律》中對應的解釋為：「我當持此物，與彼眾僧。」與《四分律》有所不同，相同點在於施主也有供養的意願，但物品也沒有交給僧團。

僧物都包含什麼，諸律中也有記載。《四分律》記載：「僧物者，衣鉢、坐具、針筒，下至飲水器。」所囊括的物品範圍很廣。《巴利律》記載：「所得者，衣服、飲食、房舍、病資具藥湯乃至粉藥丸、楊枝、未織絲之謂。」與《四分律》相似，供養的物品種類更加豐富。《十誦律》列舉了衣、鉢、藥品等，「若衣鉢、戶鉤、澡灌、時藥、夜分藥、七日藥、終身藥」，內涵與《四分律》、《巴利律》相同。

《根有律》記載：「此處所言謂是衣利。」《根有律攝》中所指的僧物也僅限於衣物，與《根有律》相同。藏傳《苾芻學處》中說：「所迴施之物除飲食，是餘利養。」[1] 這三部律典對所供養的物品有所限制。

綜上所述，「僧物」一詞，梵、巴戒經的詞源分析內涵一致，都是指「轉向僧團的利養」。藏文《根有戒經》指「意欲供僧的利養」，與梵、巴戒經內涵相同，但含義更清晰。漢譯律典中，《四分律》為施主內心確定要拿來供養僧團，但還沒有交付給僧團的物品，《十誦律》、《僧祇律》、《五分律》、《巴利律》與《四分律》內涵一致。對於「僧物」所包含的物品，《四分律》、《十誦律》、《巴利律》物品種類豐富，而《根有律》、《根有律攝》以及藏傳《苾芻學處》則有所限制。

1 《苾芻學處》，《宗喀巴大師集》卷 5，78 頁。

四、辨相

(一) 犯緣

具足以下五個方面的犯緣便正犯本戒：

1. 所犯境

《四分律》中，所犯境為「已許僧」的物品。

《鼻奈耶》中，所犯境為「檀越欲施比丘僧物」，即施主想要施給僧的物品。《僧祇律》為施主打算供僧之物。《五分律》為「欲與僧物」，即施主準備供養僧團的物品，如律文：「若人發心，作是語：『我當持此物，與彼眾僧。』」《巴利律》為「布施僧之物」，結合緣起分析，指的是居士準備布施給僧團的物品；關鍵詞還介紹了相關物品的種類，如：「衣服、飲食、房舍、病資具藥湯乃至粉藥丸、楊枝、未織絲之謂。」《十誦律》為「發心欲施僧，未與」的物品，強調了物品還沒有交給僧團，關鍵詞列舉的供僧物品種類有：「衣鉢、戶鉤、澡灌、時藥、夜分藥、七日藥、終身藥。」《薩婆多論》[1] 為「向僧」之物，「僧」包括比丘僧和比丘尼僧。《摩得勒伽》[2]、《善見論》[3] 為施僧之物。以上律典表述雖與《四分律》略有差異，但內涵一致。

《根有律》、《根有律攝》[4] 與其他律典略有差別：首先，兩部律的所犯境僅限於衣物；其次，居士準備供養一個或多個比丘，或是僧團的物品，均為此戒的所犯境。其中，《根有律攝》的所犯境要求施主內心決定「今我此物施與僧伽」，並且「或身或語而作施相」。

---

1 《薩婆多論》卷 6，《大正藏》23 冊月 539 頁上欄至中欄。

2 《摩得勒伽》卷 2，《大正藏》23 冊，574 頁中欄、575 頁中欄；卷 9，《大正藏》23 冊，619 頁下欄。

3 《善見論》卷 15，《大正藏》24 冊，779 頁上欄。

4 《根有律攝》卷 7，《大正藏》24 冊，566 頁中欄至 569 頁上欄。

藏傳《苾芻學處》[1]的所犯境與其他律典不同，如律文：「施主是在家人，具足五種名言，身平等住，於自及所施境均不共財。所迴施之物除飲食，是餘利養，清淨，滿量，施主已施他人。所迴奪之境具足比丘六法，惟第六是與自財異。」

《毗尼母經》、《明了論》沒有本戒的辨相，下不贅述。

2. 能犯心

（1）發起心

《四分律》中沒有關於發起心的明確記載，但從方便加行「自求入己」可推斷《四分律》的發起心為：對居士準備供僧的物品生起據為己有之心。

藏傳《苾芻學處》的發起心為「非盜心，以餘貪心迴向自己，未間斷」，強調發起心要一直相續到最後不間斷。

其他律典與《四分律》相同。

（2）想心

《四分律》中，「已許作許想」，正犯本戒。

《十誦律》中，欲施僧作欲施僧想、疑或不作欲施僧想，都正犯本戒。對打算布施僧團的物品不論作何種想，都不影響本戒判罪。

《巴利律》中，於供養有供養想、疑，或是非供養想，均正犯此戒。

《根有律攝》中，「實迴作迴想、疑」，正犯此戒。

藏傳《苾芻學處》中，「想不錯亂」，正犯本戒。

其他律典也有想心的記載。《鼻奈耶》與《五分律》的戒條中，如果比丘「知」這些物品是準備供僧的，「入己」則正犯此戒。《薩婆多論》中，「知檀越以物施僧」。《僧祇律》記載：「若知物向僧，迴向己，尼薩耆波夜提。」《根有律》記載：「若復苾芻，知他與眾物，自迴入己者，泥薩祇波逸底迦。」《善見論》中，「無罪者，若不知與僧」，由此可以反推出：知是僧物，才正犯此戒。

---

1 《苾芻學處》，《宗喀巴大師集》卷 5，78 頁至 79 頁。

《摩得勒伽》沒有想心的記載。

3. 方便加行

《四分律》中，本戒的方便加行為「自求入己」，意思是將居士準備供養的物品轉給自己。

《鼻奈耶》為「求以入己」，《十誦律》為「自求向己」，《薩婆多論》為「自求向己」，《摩得勒伽》、《僧祇律》、《善見論》為「自迴向己」，《五分律》為「迴以入己」，《根有律》為「自迴入己」，《根有律攝》為「攝為私物」，《巴利律》為「迴入為己有」。上述律典與《四分律》表達不同，但含義相同。

藏傳《苾芻學處》的方便加行為：「以具足五相語說迴施方便」，以此將施主準備供養給別人的物品轉給自己。

4. 究竟成犯

《四分律》中沒有明確提及本戒的究竟成犯。

《根有律》中，得到物品時正犯此戒。《根有律攝》中，「得物屬己」正犯此戒。《巴利律》中，拿到手時正犯此戒。《善見論》中，「得物入手」正犯此戒。藏傳《苾芻學處》記載：「由彼因緣得時成犯。」這幾部律典究竟成犯相同，即得到物品時正犯本戒。

其他律典與《四分律》相同。

5. 犯戒主體

《四分律》中，犯戒主體為比丘，比丘尼同犯。

《十誦律》、《薩婆多論》、《五分律》與《四分律》相同。

其他律典的犯戒主體只提及比丘。

（二）輕重

1. 所犯境

《四分律》中，若所犯境為「已許僧」的物品，結捨墮罪。

其他律典結捨墮罪的情況，如上犯緣所述。

《根有律攝》還記載，將非僧物迴入己的判罰有兩種觀點：一種是將供養其他單個或多個比丘的物品迴入己，犯捨墮；另一種觀點則認為，若將供養某單個或多個比丘的物品迴入己，僅犯突吉羅。

《十誦律》中，居士供養其他人的物品，比丘將這些物品迴轉給僧團或個人等，只要違背施主的心意，均犯突吉羅。《薩婆多論》中，如果比丘將居士準備供養某人的物品，將其迴轉給其他人，犯突吉羅；比丘應該將此物品歸還給施主打算供養的人，否則犯盜。如律文：「若比丘知物向一人，迴向餘人，應還取此物已，歸此物主，作突吉羅懺；若不還彼物，計錢成罪。」

《五分律》中，居士「欲與塔物」，將其轉給自己，犯突吉羅。此外，如果將「欲與人物」迴給自己，或是迴給僧、其他人、塔，均犯突吉羅。

藏傳《苾芻學處》記載：「迴飲食類之利養……惡作罪。」

關於父母供僧的物品，諸律記載有所不同。《十誦律》中，若「母為眾僧作衣」，或「母為眾僧作順比丘物」，比丘將這些物品轉給自己，犯捨墮；若是在僧界外取這些物品，得突吉羅。《摩得勒伽》有兩種判罪情況：《摩得勒伽》卷 2 中，比丘從母親那裏將其準備供養僧團的「僧衣」或者「時藥、七日藥」轉給自己，犯捨墮；《摩得勒伽》卷 9 記載：「父母衣施僧已迴向己，突吉羅。」《根有律攝》記載：「若父母衣物及以資具，欲施僧伽迴入己者，得惡作罪。」

2. 能犯心

（1）發起心

《四分律》中，從方便加行可推斷，對居士準備供僧的物品生起據為己有之心，犯捨墮。

藏傳《苾芻學處》的發起心為「非盜心，以餘貪心迴向自己，未間斷」，強調發起心要一直相續到最後不間斷，才犯捨墮。

其他律典的發起心與《四分律》相同。

（2）想心

《四分律》記載：「若已許作許想者，尼薩耆波逸提；若已許心疑，突吉羅。若未許作許想，突吉羅；若未許疑，突吉羅。」「若已許作不許想」，不犯。

《十誦律》記載：「若比丘向中生向想，得尼薩耆波夜提；若向中生不向想，亦得尼薩耆波夜提；若向中生疑，尼薩耆波夜提。」即施主發心施僧，不論比丘作何種想，將物品轉給自己，都結捨墮罪。若不向中生向想、疑，得突吉羅；若不向中生不向想，不犯。

《巴利律》記載：「於供養有供養想而迴入為己有者，捨墮；於供養有疑想而迴入為己有者，捨墮；於供養有非供養想而迴入為己有者，捨墮。」還記載：「於非供養有供養想者，突吉羅；於非供養有疑想者，突吉羅；於非供養有非供養想者，不犯也。」

《根有律攝》記載：「實迴作迴想、疑，得捨墮罪；不迴迴想、疑，突色訖里多；迴及不迴作不迴想，無犯。」

藏傳《苾芻學處》中，「想不錯亂」，結捨墮罪。

《鼻奈耶》、《五分律》戒條中記載，如果比丘「知」這些物品是準備供僧的，犯捨墮。《薩婆多論》中，「知檀越以物施僧」，《僧祇律》中，「知物向僧」，《根有律》中，「知他與眾物」，均犯捨墮。《善見論》記載，「無罪者，若不知與僧」，由此可以反推出：知是僧物，才犯捨墮。

《摩得勒伽》沒有想心的記載。

3. 方便加行

《四分律》中，「自求入己」，結捨墮罪。諸律典雖與《四分律》表述不同，但含義一致，如上犯緣所述。

諸律中，其他加行結罪的情況如下：

（1）僧物

《四分律》記載：「若物許比丘僧轉與比丘尼僧者，突吉羅；若許比丘尼僧轉與比丘僧者，突吉羅。」《十誦律》、《根有律》與《四分律》相同。

《摩得勒伽》記載：「若比丘迴僧物與比丘尼僧，突吉羅。」《根有律攝》也有類似記載：「或知他與此處僧伽，遂便迴與餘處僧伽，及苾芻尼眾；或復知與此尼僧伽，遂便迴與彼尼僧伽及苾芻眾；或與二眾迴之與一，或可翻此；若僧伽破，迴法部物與非法部，或復翻此。咸得惡作。」

《四分律》記載：「若物許四方僧轉與現在僧者，突吉羅；若物許現前僧轉與四方僧者，突吉羅。」《十誦律》記載：「若比丘僧破為二部比丘，知是物向此一部，求向餘一部，突吉羅。」《薩婆多論》中，「若比丘知檀越以物施此僧者，迴向餘僧者」，犯突吉羅；「若比丘知檀越以自恣臘與此眾僧，迴向餘僧」，犯突吉羅，比丘需要將物品歸還給檀越本來要供養的僧團，否則「計錢成罪」，「面門臘」與「自恣臘」相同。《僧祇律》記載：「知物向此僧，迴與餘僧者，越毗尼罪。」《五分律》記載：「若迴欲與僧物……與餘僧、比丘尼僧、二部僧、四方僧……皆突吉羅。若迴欲與比丘尼僧、二部僧、四方僧物亦如是。」《根有律》中，「若苾芻知屬一僧伽物，迴與餘僧伽」，犯突吉羅；「知與二部僧伽物，迴與苾芻僧伽；知與二部僧伽迴，與苾芻尼僧伽；若知苾芻僧伽物，迴與二部僧伽；知與苾芻尼僧伽物，迴與二部僧伽；若其僧伽破為二部，知與此部迴與彼部」，均犯突吉羅。《巴利律》與《根有律》相同。藏傳《苾芻學處》中，「若他施此寺之物而為轉施餘寺」，犯突吉羅。

（2）塔物

《四分律》記載：「若物許僧轉與塔者，突吉羅；若許塔轉與僧者，突吉羅。」《巴利律》中，「以供養於僧者迴入他僧或塔者，突吉羅」。此律還記載，「以供養於塔者迴入於他塔」，或者轉給他人，犯突吉羅。《薩婆多論》中，「若比丘知檀越以物施僧，迴向彼塔」，犯突吉羅。《五分律》中，「若迴欲與僧物」，與塔，犯突吉羅；「若迴欲與塔物」，與比丘僧、比丘尼僧、二部僧、四方僧、餘人、餘塔，均犯突吉羅。《根有律》記載，「若知與此窣睹波物，迴與餘窣睹波」，犯突吉羅。

（3）畜生物

《十誦律》記載，若比丘知是此畜生，求向彼畜生，突吉羅。《僧祇律》記載：「知物向此畜生，迴與餘畜生，越毗尼心悔。」《五分律》中，「迴與此畜生一摶飯，與彼畜生」，犯突吉羅。《根有律》記載：「若苾芻，與此傍生食，迴與彼傍生，得惡作罪；若覓不得，迴與無犯。若擬與傍生物迴將與人，擬與人物迴與傍生，得惡作罪。」《根有律攝》記載：「或時將食擬施貧寒，及以傍生轉惠餘者，乖本心故，亦犯惡作；求不得者，無犯。」《善見論》中，將僧物「迴施與他乃至畜生」，犯突吉羅；同時還記載：「欲與此畜生，迴與彼畜生，得突吉羅罪。」

（4）其他

《四分律》記載：「許異處與異處，突吉羅。」

《十誦律》中，居士準備供僧的物品，「若向三二一，突吉羅」。《薩婆多論》中，如果比丘將居士準備供僧的物品「向三二一比丘」，即迴轉給其他比丘，犯突吉羅。

《僧祇律》記載：「若知物向僧……迴與餘人，波夜提。」「知向此眾多人，迴與彼眾多人，越毗尼罪。」「知物向一人迴向一人，越比尼罪。」《五分律》中，「若迴欲與僧物，與餘人，波逸提」。《根有律》中，知屬比丘物，迴轉給其他比丘或僧伽，犯突吉羅；知屬僧伽物，迴轉給一、二或三個比丘，犯突吉羅。此律還提到，「如是女、男、半、釋迦苾芻尼及下三眾，若多若少與此彼更相迴互」，皆犯突吉羅。《巴利律》記載：「以供養於人者迴入於他人或僧或塔者，突吉羅。」

《根有律》中，「若苾芻知與此佛像物，迴與餘佛像」，犯突吉羅。《善見論》與《根有律》類似，律中記載：「欲供養此像，迴與彼像，悉突吉羅罪。」

《根有律》還記載，供養給寺、房、廊、門物、柱間、閣上的物品，「展轉相迴，皆得惡作」。此律記載：「若知與踏道初磴，迴與第二、第三，或迴與塔身，或與簷級；或此畔物迴與餘畔，或迴與覆鉢，或迴與方台輪相初級，乃至寶瓶法輪立柱，或復從此迴至下基，如上迴互皆得惡作罪。」此外，「若與此貧人物，迴與彼貧人，得惡作罪；若覓不得者，迴與無犯」，「若與出家物迴與俗人，或復翻此，得惡作罪；若覓不得者無犯」。《根有律攝》記載：「若房、廊、簷宇、門戶、椽、梁等，違施主本心迴作餘事或非其處亦惡作罪。」此外，《根有律攝》還記載：「知他意與一別人，即便迴與一、二、多人及與僧伽，如是與二、多、僧伽，迴與餘四，由不入己，得惡作罪。」

藏傳《苾芻學處》記載：「如於彼施處而迴轉與餘人……或於一寺中彼施東房而迴向西房等；或對迴之境一是有情，一非有情，或俱非有情；或於一寺中彼施東邊而迴向西邊；或同是東邊而迴向另一處，如是等類皆惡作罪。又如意欲迴向於彼而實未與；或死人利物持往界外加持，或未加持而分，或於彼利養有自在之人未到齊即分；或於安居中共同有分之利養，二三人即分，亦惡作罪。」此律還記載：「若於寺廟不留守護者，造次棄捨而去；守護之比丘，若無他比丘來，未守十年而去；在守護期間未與附近之寺院作異處褒灑陀、共同利養之羯磨，去時未將寺院資具寄存他寺；若此寺後有比丘來住時，他寺未還前比丘所寄存之物者；若所寄處未還與能寄之比丘，未取彼物授予新來比丘……若施主將已施此寺之物又轉施他寺時，未用力奪取；若此寺物他寺來借而不借與等。皆惡作罪。」

《摩得勒伽》中，「手印迴向」，也就是以手印的方式告知居士將僧物迴給自己，犯突吉羅；若比丘在僧界外將供養給僧團的衣物迴轉給自己，犯突吉羅；「若僧界內不和合分衣」，犯突吉羅。

4. 究竟成犯

《四分律》中沒有究竟成犯的明確記載。

《根有律》記載：「迴時得惡作，得便捨墮。」《根有律攝》記載：「為方便時得惡作罪，得物屬己便犯捨墮。」《巴利律》記載：「前方便為突吉羅；至手者，捨墮。」《善見論》記載：「初教迴向已，突吉羅罪；得物入手，尼薩耆波夜提罪。」藏傳《苾芻學處》中，「由彼因緣得時」，捨墮。

其他律典與《四分律》相同。

5. 犯戒主體

《四分律》記載，比丘若犯此戒，結捨墮罪，比丘尼同犯；式叉摩那、沙彌、沙彌尼若犯，結突吉羅罪。《薩婆多論》、《五分律》與《四分律》相同。

《十誦律》記載，比丘、比丘尼犯此戒，結捨墮罪。

其他律典只有比丘的記載，沒有提到比丘尼和下三眾。

（三）不犯

1. 犯戒主體不具足

《四分律》：「無犯者，最初未制戒，癡狂、心亂、痛惱所纏。」《五分律》、《根有律》與《四分律》相同。

《巴利律》：「癡狂者、最初之犯行者，不犯也。」

2. 能犯心不具足

《四分律》記載：「不犯者，若不知，若已許作不許想，若許少勸令與多，若許少人勸與多人，欲許惡勸與好者，或戲笑語，若誤語，或獨處語，或夢中語，欲説此乃説彼，無犯。」

《十誦律》中，「若不向中生不向想，不犯」。

《巴利律》中，「於非供養有非供養想者，不犯也」。

《根有律攝》中，「若暫借用者，無犯」；「迴及不迴作不迴想，無犯」。

《善見論》記載：「無罪者，若不知與僧。」

《五分律》的緣起中，「若不知與僧物」，不犯。

3. 開緣

《五分律》記載：「若白僧，僧與；若施主自迴欲與僧物，與已。不犯。」

《根有律》記載：「若覓不得，雖違本心與餘無犯。」「若王力使迴者皆無犯。」

《根有律攝》記載：「報施主知、隨他許者，無犯。」此外，此律還有一種情況：「見他將物施無恥眾，自觀己身福勝於彼，為益施主便迴入己者無犯。」

藏傳《苾芻學處》記載：「若大菩提處、轉法輪處、從天降處、現大神通處之四佛塔處，若布施某一處未能成辦時，可互相迴轉餘處。若此四處均未成辦，不得迴向他處。若施他處未能成辦時，可迴向此四處之任何一處。除此四處之外，餘三寶塔處可互相迴轉。」

五、原理

(一) 防範貪心及維護僧團利益

1. 性遮分析

本戒屬於遮戒。

比丘將居士打算供僧的物品佔為己有，於內使眾僧失利，於外損減施主的福報。如《僧祇律》記載：「此是惡事，有二不可，令施者失福，受者失衣。」

2. 對煩惱的約束

此戒主要約束比丘的貪心。佛世時，衣物價貴難得，比丘面對將要供養僧團的衣物，難免會生起貪心。如《十誦律》：「六群比丘聞衣名心動……見衣倍生貪心。」《根有律》：「時鄔波難陀聞已作是念：『彼人請佛及僧，以一雙疊擬將奉施，彼必定是貴價之衣。我若不能奪此衣者，我更不名鄔波難陀矣。』」其他律典中，比丘犯戒也主要是因為對衣物的貪著。

3. 對僧團和居士利益的保護

對於僧團而言，此戒能夠防止供養僧團的物資被比丘個人佔有。只有僧團的生活物資得到保障，僧團內的比丘才能夠安心修道。

比丘將準備供養眾僧的物品轉給自己，導致僧團其他比丘失去應得的利養；如果居士不再供養僧團，轉而只供養個別比丘，這會造成比丘不和，使得僧團內部發生矛盾，不利於僧團的清淨和合。

對於居士而言，比丘將居士準備供僧的物品轉給自己，可能會損惱居士。如《四分律》中，居士就因此後悔：「我云何為如是嚴整眾僧衣而作留難？」《五分律》中，居士議論：「我等今日，食無不備。某等無故，持施僧物獨與一人，闕此達嚫，寧無慚愧！」《僧祇律》中，居士因為緣起比丘強索僧物的態度生起煩惱而不再供養，如律文：「去已優婆夷作是思惟：『我若當與是比丘，不與僧者，僧是良福田。若不與是比丘者，是比丘於王邊有力，能為我作不饒益事。以是故不與僧，瞋比丘故，亦復不與。』」居士看到緣起比丘的貪婪，心中難免失望不滿，甚至會減弱對整個僧團的信心；再者，居士看見僧團大眾應供時威儀具足、清淨莊嚴，想到自己辛苦積攢準備拿來供僧的物品，卻被個別比丘提前索走，不能獲得供僧的福報，內心難免懊惱。

（二）供養得福

本戒中，居士熱心於供養，其動機源於想要通過供養「大善利、有大威力、有大福德」的僧團來獲得功德。如《十誦律》中，居士因為財物少，夏時已過，不能供養僧團而「心中憂愁苦急」。通過供養獲得功德的觀念在古印度是非常深入人心的。如婆羅門教的《摩奴法論》記載：「他在死後所獲得的布施的果報隨受施者的身分和自己的虔誠而或多或少。」[1]《僧祇律》中，居士發現供養一位比丘遠遠不如供養僧團而更讓他覺得值得。這裏同樣反映出居士供養僧團以求福報的心理。

（三）施僧果報多

此戒說明了比丘個人與僧團的關係。比丘是僧團的一分子，其生活所需，如僧房、卧具等，大多是從僧團領取的。而僧團作為眾多比丘的集合，肩負著為大眾提供物質保障的任務，同時也是比丘的學修平台。因此，比丘對僧團是一種依止關係。

這種關係所帶來的好處顯而易見。僧團在分配物資時，一般按照戒臘次第和個人需求來分配。這就防止了物資分配不公，避免了有些比丘物資匱

---

1 《摩奴法論》，126 頁。

乏，而有些比丘物資過多的問題。使得比丘沒有衣食之憂，可以安心辦道。

本戒禁止比丘將居士準備供養僧團的物品佔為己有。一些律典中，比丘會鼓勵居士供養僧團，如《僧祇律》:「若有人來欲有布施，問比丘言:『尊者！我欲布施，應施何處耶？』比丘應答言：『隨汝心所敬處便與。』施主復問：『何處果報多？』答言：『施僧果報多。』施主復言：『何等清淨持戒，有功德僧？』比丘應答言：『僧無有犯戒不清淨。』若人持物來施，比丘應語言：『施僧者得大果報。』」

六、專題

迴僧物入己犯捨墮或犯盜的辨析

「迴僧物入己戒」的所犯境是居士發心供養「已許僧」的物品。如《四分律》記載：「僧物者，已許僧。為僧者，為僧故作，未許僧。已與僧者，已許僧、已捨與。」比丘迴「已許僧」物入己，即犯本戒。對於「已與僧物」，因為已經捨與僧，屬於僧團所有物，比丘轉給自己則犯盜。因此，對於供僧的物品，「已許」和「已與」是兩個關鍵的時間點，決定了比丘犯哪一條戒，然而律典對這兩個時間點並無進一步的說明，需要進行辨析。

（一）南山律的解讀

道宣律師在《行事鈔》中將「已許僧」定義為「通明施僧，而未分僧別二異」，即如果居士想要供養，但還只是一個大概的供養意向，沒有想好要供養僧團還是供養個人，這種情況下的供養物品即為「已許僧」。「已與僧」則定義為「已許僧，已捨與僧（此決施於僧，不許別屬，迴犯棄）」，也就是居士內心已經決定施僧。在解釋將僧物轉與塔，以及將四方僧物轉與現前僧時，道宣律師同樣認為居士「未決定」供僧，否則「若決別施，隨前犯」。[1] 元照律師在《資持記》中也持同樣的觀點：「必迴決施，隨境成盜。」[2]

也就是說，南山律中，只有當居士還沒有決定是供養僧團還是供養個人的時候，才符合本戒的所犯境；如果居士已經決定要供養僧團，此時物品就為僧團所有，比丘迴轉給自己就會犯盜。

對於南山律這樣判定，有兩個方面的問題值得商榷。

首先，從實際生活經驗來看，居士供養時，一般從發心之初就會有明確

1 《四分律刪繁補闕行事鈔校釋》，931 頁。
2 《四分律行事鈔資持記校釋》，1733 頁。

的供養對象，「未分僧別二異」的情況是很少見的。律典各方面的記載也並不支持這一界定標準，下文將詳細闡述。

其次，居士內心是否已經決定供僧，這一點從比丘個人的角度並不容易判斷。如果居士已經確定供僧而比丘不知，那麼比丘會因為迴僧物入己的行為而被判犯根本罪，失去比丘身分。照此推理，如果居士在「決定施」之後又單方面取消原定供養計劃（比如轉而供養比丘個人），也屬於盜僧物。無論從世間所有權成立的一般規則，還是從「大盜戒」成犯的條件，這種判定方法或許過於嚴格。

（二）根據律典的記載來分析

從諸律緣起故事來考察施主要供養的對象是否明確。

首先，從律典中對施主供養意願的相關描述可以看出，居士當時內心明確想布施僧團。比如《四分律》中，居士「意欲飯佛、比丘僧，兼布施好衣」。《十誦律》中，居士「發心欲與佛及僧飲食，復與僧衣」。《僧祇律》中，一女人對比丘說道：「尊者！某日我當供養僧，並施僧衣。」《五分律》中，居士告訴跋難陀「亦當以衣，布施眾僧」。

其次，緣起比丘勸說居士的話，可以作為印證居士明確要供養僧團的側面依據。如《四分律》中，緣起比丘勸說居士：「汝今食施眾僧，衣可施我一人。」《十誦律》中，六群比丘對居士說道：「僧多有衣，舉在一處朽壞蟲啖，若令用者，當與我等，我等衣少，得施當用。」《五分律》中，跋難陀對居士說道：「眾人施僧，衣物甚多……若與我者，我當自著。」《根有律》中，鄔波難陀告訴供僧的長者：「佛之徒眾有千二百五十人，得汝一衣，更待獲得千二百四十九衣已，方可共分。」可以看出，緣起比丘非常清楚居士最初供養的對象是僧團。諸律中，緣起比丘想盡各種方法勸說居士改變供養對象，其意圖正是為了讓居士將打算供養給僧團的衣，轉而供養給緣起比丘自己。

最後，從居士的反應也可以看出其主觀意願是供僧。如《四分律》中，居士將衣供養緣起比丘後，後悔道：「我云何為如是嚴整眾僧衣而作留難？」從居士的話可以看出，他原本確定要供僧。又如《僧祇律》中，優婆夷拒絕緣起比丘想要將供養轉給自己的提議時説道：「我家更無有物，我正欲與僧者，若與阿闍梨，我已許僧；我若有者，亦當別與阿闍梨亦與僧。」這位優婆夷內心很清楚僧團是「良福田」，如律文：「我若當與是比丘，不與僧者，僧是良福田。」《五分律》中，雖然最後居士們還是把衣服轉施與比丘，但是這一行為仍然受到部分居士的譏嫌：「本為施僧，如何復得迴與一人？」《巴利律》中，居士拒絕六群比丘的索衣行為時，説自己是例行供僧：「大德！我等不能與，我等每年備衣與食布施僧。」

從緣起故事的三個角度來看，諸律中，居士的供養意願明確，並非「未分僧別二異」。

此外，從關鍵詞「僧物」的定義來看，其他律典與《四分律》大致相同。如《十誦律》:「發心欲施僧，未與。」《僧祇律》:「意趣選物向僧。」《五分律》:「若人發心，作是語：『我當持此物，與彼眾僧。』」從這些定義可以看出施主已經確定要供僧，符合「決施於僧」的條件；也可以看出物品還沒有正式交給僧團，屬「未捨與」的狀態。這種情況下若按照上述南山律的判定結果，緣起比丘犯盜。

綜上所述，從律典的緣起故事和關鍵詞的辨析來看，南山律將「未分僧別二異」作為「已許僧」，將「決施於僧」作為「已與僧」，這在諸律中是找不到依據的。

(三) 如何判定「已許僧」和「已與僧」？

什麼時候為「已許僧」？如何判定？可以深入律典作進一步辨析。

《僧祇律》、《五分律》、《根有律》的緣起故事中，居士向來到家中乞食的比丘表達了自己的供養意願。《十誦律》和《巴利律》中，居士則親自到僧團中表達了自己的供僧意願。另外，《五分律》、《巴利律》的關鍵詞中，居士向他人明確表達了自己的供養意願。《五分律》：「欲與僧物者：若人發心，作是語：『我當持此物，與彼眾僧。』」《巴利律》中，關鍵詞「已許」(pariṇataṃ)的解釋為“nāma（名）dassāma（我們將施捨）karissāmā（我們將做）tivācā（語、話）bhinnā（分別）hoti（是、有存在）”。即已許的內涵為居士説過「我們將要施捨」或者「我們將要（為僧團）做」這樣的話。

根據以上幾部律典的記載，可以得出以下結論：當居士明確地向僧團或者比丘表達了自己的供養意願時（也包括請別人轉達的情況），即為「已許僧」。這樣判定也符合一般人的心理規律：當施主初發心供僧到最後內心確定要供僧，但沒有對他人説，此時不能算作已許諾供僧，因為施主的意願可能變化；而一旦將供僧意願告訴別人後，因為有人見證，所以施主的意願變化的可能性就比較小，如果告知的對象是供養對象，則更是一種明確的承諾了。

對「已與僧」的判定，也需要藉助常識性的推理。當施主作出供僧的決定和承諾後，物品所有權仍屬於居士，是「已許僧」而不是「已與僧」。只有當居士完成供僧的環節（比如通過某種形式和僧團代表的交接，無論是實物層面還是契約層面），物品的所有權才轉移到僧團，物品正式歸僧團所有。

（四）總結

道宣律師及元照律師對本戒的判罰標準定義得較為嚴格，可能是出於良苦用心，讓後世比丘因忌憚犯盜而克制自己的貪煩惱，遠離「迴僧物入己」的行為。不過這樣的判罰可能過於嚴格，而且從諸律各方面的記載來看也沒有支持此判罰標準的有力證明。

根據上面的論述，對於「迴僧物入己」的行為，文稿在《四分律》的基礎上補充以下細節，作為判罰的標準：

（1）施主發心施僧，但還未向僧團或者僧團的比丘説明，此時比丘若迴僧物向己，犯突吉羅；

（2）施主發心施僧，並且已經向僧團或者僧團的比丘説明，此時比丘若迴僧物向己，犯捨墮；

（3）施主已經將物品的所有權轉交給僧團（實物或者契約），則物品屬於僧團。如果比丘已經知道物品屬於僧物，仍然轉給自己，就犯盜。

七、總結

（一）諸律差異分析

1. 緣起差異

（1）結構差異

《四分律》有一個本制、一個隨制，《五分律》與之相同。《鼻奈耶》、《十誦律》、《僧祇律》、《巴利律》有一個本制。《根有律》有一個緣起、一個本制。

（2）情節差異

《鼻奈耶》、《十誦律》、《巴利律》本制情節與《四分律》本制情節類似，《五分律》情節與《四分律》一致。

《僧祇律》、《根有律》情節與《四分律》有一些差異。《僧祇律》中，優婆夷沒有供養緣起比丘，也沒有供僧；《根有律》的緣起中，佛陀藉着長者將供養比丘個人的寺院轉而供養給僧團的因緣給諸比丘開示了施與受的如法與非法。

（3）結論

綜上所述，本戒緣起無需調整，仍取《四分律》的結構與情節。

2. 戒本差異

諸律差異集中在對「僧物」的表述上。相比《四分律》的「知是僧物」，其他律典包括五部梵巴藏戒本的意思均為知道是將要供養給僧團的物品，也就是說現在還不屬於僧團。此外，梵文《說出世部戒經》相比《四分律》還多出了「在僧團的」這一表述。

根據緣起、關鍵詞和辨相的記載，《四分律》的「知是僧物」表述比較模糊，容易產生歧義。今依《四分僧戒本》、《新刪定四分僧戒本》將其修訂為「知他欲與僧物」，使其更加清晰、明了。「自求入己者」中的「求」，據《四分僧戒本》、《新刪定四分僧戒本》等律典改為「迴」，以使表述更為準確。

3. 辨相差異

（1）所犯境

《四分律》中，所犯境為「已許僧」的物品，即施主內心確定供養僧團，但還沒有交給僧團的物品。《鼻奈耶》、《十誦律》、《薩婆多論》、《摩得勒伽》、《僧祇律》、《五分律》、《巴利律》、《善見論》與《四分律》內涵一致。《根有律》、《根有律攝》的所犯境為「欲供僧之衣利物」，僅限衣物，與其他律典略有差別。藏傳《苾芻學處》的所犯境是除飲食外的利養。

《根有律攝》還記載，迴非僧物入己有兩種觀點：一種是將供養其他比丘個人、幾個人或者大眾的物品迴入己，捨墮。另一種為「知他與別人物自迴入己，但犯惡作」。結合實際情況，將施主供養給個人的物品轉給自己和將供僧的物品轉給自己，性質是不同的，前者造成的影響相對較輕，由此看來第二種判罰比較合理。

關於父母供僧的物品，《十誦律》和《摩得勒伽》卷 2 中，比丘若犯，得捨墮罪。若是物界外取，得突吉羅。但《摩得勒伽》卷 9 還記載將父母施給僧的衣迴向己，結突吉羅。《根有律攝》記載，若父母衣物及資具，欲施僧伽迴入己者，得惡作罪。比丘父母準備供僧的物品，如果比丘自己想要，通常父母都會答應，所以將父母供僧的物品轉給自己，這種情況現實中還是會遇到。一方面，比丘父母對供養僧團還是供養個人的界限經常是模糊的，甚至會認為二者沒有區別；另一方面，比丘將父母供僧的物品轉給自己，通常父母並不會因此而譏嫌比丘，這和比丘將其他居士供僧的物品轉給自己還是有區別的。因此，《根有律攝》的判罰較為合理。

（2）能犯心

①發起心

《四分律》中，以迴物入己之心犯本戒，結捨墮罪；若以迴物入其他對象之心犯本戒，結突吉羅罪。而藏傳《苾芻學處》的發起心為「非盜心，以餘貪心迴向自己，未間斷」，強調發起心要相續到最後不間斷。此處以《四分律》為準。

②想心

《四分律》記載：「若已許作許想者，尼薩耆波逸提；若已許心疑，突吉羅；若未許作許想，突吉羅；若未許疑，突吉羅。」「若已許作不許想」，不犯。《十誦律》和《巴利律》中，施主發心施僧，不論比丘做何種想，將物品轉給自己，都結捨墮罪。《根有律攝》記載：「實迴作迴想、疑，得捨墮罪。」「迴及不迴作不迴想，無犯。」由此可見，《四分律》、《根有律攝》側重於依心判罰，《十誦律》、《巴利律》側重於依境判罰。此處以《四分律》為準。

（3）方便加行

《僧祇律》中「知向此眾多人，迴與彼眾多人，越毗尼罪」。《根有律》記載，知屬苾芻物，迴與餘苾芻，惡作。知屬僧伽物，迴與餘苾芻，惡作。與此佛像物，迴與餘佛像，惡作。這些情況在比丘現實持戒中有可能會遇到，加以採納。

（4）究竟成犯

《四分律》中沒有究竟成犯的明確記載，但《根有律》、《根有律攝》、《巴利律》、《善見論》、藏傳《苾芻學處》均提到比丘迴僧物時突吉羅，得到物品時正犯本戒，結捨墮罪。以上五部律典的持犯標準，有利於比丘在持戒過程中判罪，值得借鑒。

（5）不犯

《五分律》記載：「若白僧，僧與；若施主自迴欲與僧物，與已。不犯。」這一開緣雖然在其他律典中沒有記載，但從現實情況考慮比較合理。

4. 諸律內部差異

諸律中，此戒的緣起、戒本以及辨相三部分相符。

（二）調整文本

通過以上諸律間觀點同異的對比與分析，文本在《四分律》的基礎上作如下調整：

1. 緣起

（1）本制

佛在舍衛國祇樹給孤獨園，一居士欲供僧飯食與衣服，跋難陀聽到後讓居士將衣服布施給自己。第二天比丘來應供，居士看到長老比丘威儀具足，內心懊惱。比丘問明原因後呵責跋難陀並匯報給佛陀，佛陀因此制戒。

（2）隨制

有比丘拿了供僧的物品但自己不知道，知道實情後或作懺悔，或感到慚愧，佛陀知道後增制此戒，規定比丘在「知他欲與僧物」的情況下，將僧物轉為自己所有犯本戒。

2. 戒本

若比丘，知他欲與[1]僧物，自迴[2]入己者，尼薩耆波逸提。

3. 關鍵詞

（1）欲與僧物：本戒中特指施主發心要供養僧團，並且已經向僧團或者僧團的比丘說明，但還沒有交付給僧團的物品。

（2）迴物入己：將物品轉為自己所有。

4. 辨相

（1）犯緣

本戒具足五緣成犯：一、欲與僧的物品；二、作欲與僧物想；三、以迴物入己之心；四、迴物入己；五、得到物品時，成犯。

---

1 「他欲與」，底本作「是」，據《四分僧戒本》、《新刪定四分僧戒本》改。

2 「回」，底本作「求」，據《四分僧戒本》、《新刪定四分僧戒本》、《十誦比丘戒本》、《僧祇律》、《僧祇比丘戒本》、《五分律》、《彌沙塞五分戒本》、《解脱戒經》、《根有律》、《根有戒經》、《根有律攝》改。

（2）辨相結罪輕重

①欲與僧的物品

迴他人欲與僧團的物品入己，捨墮；迴父母欲與僧團的物品入己，突吉羅；迴他人欲與別人的物品入己，突吉羅。

②作欲與僧物想

欲與僧物作欲與僧物想，捨墮；欲與僧物作欲與僧物疑，突吉羅；非欲與僧物作欲與僧物想或疑，突吉羅；欲與僧物作非欲與僧物想，不犯。

③以迴物入己之心

以迴物入己之心犯本戒，捨墮；若以迴物入其他對象之心，突吉羅。

④迴物入己

迴物入己，捨墮；物許此僧轉與彼僧，突吉羅；物許僧轉與塔，或物許塔轉與僧，突吉羅；將與此佛像物，迴與餘佛像，突吉羅；他人欲供僧的物品，迴與其他個人或團體，突吉羅；屬於此比丘物，迴與其他比丘，突吉羅；物許此眾多人，迴與彼眾多人，突吉羅。

⑤得到物品

迴物時，突吉羅；得到物品時，捨墮。

⑥犯戒主體

比丘、比丘尼若犯，捨墮；式叉摩那、沙彌、沙彌尼若犯，突吉羅。

⑦不犯

若不知是欲與僧的物品，不犯。

若許少勸令與多，不犯。

若許少人勸與多人，不犯。

若欲許惡者，勸與好者，不犯。

若戲笑語，若誤語，或獨處語，或夢中語，或欲說此乃說彼，無犯。

若白僧，僧與己，不犯。

若施主自迴欲與僧物，與己，不犯。

最初犯人，或癡狂、心亂、痛惱所纏時，不犯。

（3）專題判罪總結

當居士明確地向僧團或者比丘表達了自己的供養意願時（包括請別人轉達的情況），即為滿足「已許僧」的條件。當居士完成供僧的環節（比如通過某種形式和僧團代表的交接，無論是實物層面還是契約層面），物品的所有權才轉移到僧團。對於迴僧物入己的行為，文稿在《四分律》基礎上補充以下細節，作為判罰的標準：

①施主發心施僧，但還未向僧團或者僧團的比丘說明，此時比丘若迴僧物向己，犯突吉羅；

②施主發心施僧，並且已經向僧團或者僧團的比丘說明，此時比丘若迴僧物向己，犯捨墮；

③施主已經將物品的所有權轉交給僧團（實物或者契約），則物品屬於僧團。如果比丘明已經知道物品屬於僧物，仍然轉給自己，就犯盜。

八、現代行持參考

現代社會，居士的供養愈加豐富。比丘因貪著供養而迴僧物入己的行為還是有可能會發生。因此，比丘仍然需要嚴格持守本戒。

如果施主已經有供養僧團的意願，比丘應隨喜施主，不要輕易引導施主改變供養對象，否則很有可能會觸犯此戒。對於已經供養僧團的物品，即所有權已經轉移的物品，在沒有徵得僧團同意的情況下就轉給個人，則會犯盜。當然，如果施主想供養比丘，如果不是必需物品，可以勸其供養僧團或三寶，這樣功德更大。

比丘持守本戒，不應有損公肥私、損人利己的心。從寺院管理來看，可以安排專門的人對接居士供養的事宜，這樣可以有效地減少犯戒外緣；對於執事比丘而言，面臨居士供僧的情況很多，對境時應當把握內心狀態，以免犯戒。

三十捨墮（下）

比丘戒研究　第五冊

作　　者

淨業編委會

責任編輯

林沛暘　蕭嘉敏

裝幀設計

Sands Design Workshop

排　　版

Sands Design Workshop

出　　版

明報出版社有限公司

發　　行

明報出版社有限公司
香港柴灣嘉業街 18 號
明報工業中心 A 座 15 樓
電話：2595 3215
傳真：2898 2646
網址：http://books.mingpao.com/
電子郵箱：mpp@mingpao.com

版　　次

二〇二四年四月初版

印　　刷

美雅印刷製本有限公司

I S B N

978-988-8829-21-7